中国金融发展报告·2019

金融科技

模式变革与业务创新

邓　辛　编著
上海财经大学金融学院
上海财经大学金融科技研究中心

Financial Technology

Model Change and Business Innovation

上海财经大学出版社

图书在版编目(CIP)数据

金融科技:模式变革与业务创新/邓辛编著. 上海财经大学金融学院,上海财经大学金融科技研究中心. —上海:上海财经大学出版社,2019.12

(中国金融发展报告·2019)

ISBN 978-7-5642-3421-8/F·3421

Ⅰ.①金… Ⅱ.①邓… ②上… ③上… Ⅲ.①金融-科技发展-研究报告-中国 Ⅳ.①F832

中国版本图书馆 CIP 数据核字(2019)第 259064 号

□ 责任编辑 石兴凤

□ 封面设计 张克瑶

金融科技:模式变革与业务创新

邓 辛 编著

上海财经大学金融学院

上海财经大学金融科技研究中心

上海财经大学出版社出版发行

(上海市中山北一路 369 号 邮编 200083)

网 址:http://www.sufep.com

电子邮箱:webmaster@sufep.com

全国新华书店经销

上海华业装璜印刷厂印刷装订

2019 年 12 月第 1 版 2019 年 12 月第 1 次印刷

710mm×960mm 1/16 27.75 印张(插页:2) 425 千字

定价:98.00 元

前 言

中国金融发展报告是上海财经大学金融学院的一个重要成果，体现着我院学者长期研究的学术积淀，以及对每年金融热点问题的深刻思考。十多年来，本报告的主题涵盖了金融制度、金融体系、金融机构、金融业务等各个方面。结合当下的金融发展，本次报告的主题是金融科技(FinTech)。

近年来，金融科技(FinTech)的概念在全球范围内备受瞩目，无论是欧美发达国家，还是各主要发展中经济体，无论是企业界、学术界，还是监管政府部门，都高度重视金融科技的发展与规范问题。一些有远见的国家，已经将其作为本国未来金融业的核心竞争力加以培养和支持。

根据毕马威发布的最新报告显示，全球金融科技领域的投资活动从2010年的319笔迅速增长到2018年的2 196笔，投资额度也从90亿美元增长到1 118亿美元，这体现了资本市场对金融科技的追捧。金融科技的细分领域也从最开始的网络支付、网络贷款扩展到金融顾问服务、消费金融、保险、监管等众多领域。毫无疑问，金融科技已成为金融行业不可逆转的发展趋势。

“金融科技”从字面意思来看，它是“金融”和“科技”的结合体。事实上，金融科技的诞生与发展历程远不止这么简单，金融和科技从一开始就密不可分。虽然过去金融行业的科技手段与ABCD[①]的技术含量比相形见绌，但是我们不能否认它们在当时给金融业带来了颠覆式的改变。追溯一下历史，政府为了更好地记录财政支出和税务缴纳而搭建的系统，硬币、纸币等形式货币的使用以及股票的诞生等，都是科技在金融行业的早期应用。

---

① ABCD指人工智能、区块链、云计算和大数据技术。

现在,“金融科技”被赋予了更加专业化的含义。金融稳定理事会在2016年3月发布的对金融科技的专题研究报告中将“金融科技”定义为技术带来的金融创新,它能创造新的业务模式、应用、流程或产品,从而对金融市场、金融机构或金融服务的提供方式造成重大影响。中国人民银行金融研究所互联网金融研究中心则将金融科技分为狭义和广义两种:狭义定义指金融机构运用包括云计算、大数据以及区块链等新型的数据分析和存储技术,加强经营管理,提升服务效率和市场竞争效率;广义定义除了强调对新的管理技术和方法的应用,还包括这些应用对金融业态和金融运营模式的影响。

在起步阶段,科技类公司主导了金融科技行业的发展,但随着金融科技的潜力被激发和对固有商业模式的冲击,越来越多的传统金融机构发现金融业态颠覆背后所隐藏的巨大商机,新旧金融机构开始走向合作,并介入到整个传统金融模式中。总之,在这个领域,既存在科技公司提供各有特色的金融服务现象,也存在传统金融机构使用最新的金融科技提供传统服务的现象。基于对这些现象问题的思考和研究,笔者决定编写这样一本发展报告。

本报告介绍了金融科技在国内外的发展近况和具体应用场景。为了使读者对金融科技有更为切身和深刻的了解,报告中加入了翔实的案例分析。该中国金融发展报告的主要内容包括四个部分:

第一部分为概况篇,主要介绍中国以及全球金融科技的发展情况、全球金融科技融资趋势比较分析和金融科技的相关基础技术。

第二部分为金融科技发展与应用篇,主要介绍科技在传统金融行业中的具体应用,具体包括金融科技在商业银行、另类信贷、证券行业、资产管理行业以及保险行业中的应用情况,最后介绍了科技在金融监管中的具体应用。

第三部分为经典案例篇,主要介绍国内知名金融科技公司,具体包括蚂蚁金服、微众银行、度小满、京东数科、建信科技、金融壹账通、众安保险。

第四部分为学术文献和趋势展望篇,主要介绍了最近两年来国内外重要期刊上有关金融科技方面的最新研究进展情况,并对未来五年内中国金融科技企业和监管政策的展望。

按照学院的要求,本次报告由笔者负责编写提纲,由硕博研究生负责整理初稿材料，之后由笔者统一修改完稿。本报告从提纲编写到后期修改整个过程均得到金融学院常务副院长柳永明的详细指导和大力支持，主要参与编写的人员如下：朱熠璇（第一章）、彭嘉欣（第二章和第十八章）、陈松（第三章）、黄效东（第四章）、胡龄月（第五章、第十二章、第十五章）、贺霖（第六章、第十三章）、江旭东（第七章、第十六章）、杨刚（第八章、第十七章和第十九章）、郭璐（第九章、第十四章）、郭范勇（第十章和第十八章）、钟正庭（第十一章）。

由于时间仓促，本书还存在很多缺点。比如，第二部分中对金融科技具体应用的分析，很多观点和数据来自他人文献和资料，缺乏深入的剖析；第三部分的案例篇很多基于企业公开数据，缺乏一手资料，需要不断地建设，进行补充。这些不足之处，只能留待未来进一步完善。欢迎读者提出批评指正意见，联系方式：deng. xin@mail. shufe. edu. cn。

邓 辛
2019 年 10 月 21 日

第二部分　金融科技发展与应用篇

第三部分 经典案例篇

第四部分　学术文献和趋势展望篇

第一部分

概况篇

第一章

全球金融科技的发展

一、金融科技的起源和历史

现代金融科技的发展历史有 150 年左右，按不同的发展重心和特点可以分为三个阶段：FinTech 1.0 由发达国家推动，重基础设施建设，金融市场全球化；FinTech 2.0 由发达国家推动，重传统金融机构引入科技，金融市场数字化，互联网科技公司的涌现和发展为之后 FinTech 3.0 打下基础；FinTech 3.0 则引入了移动互联网技术，创业公司和科技公司开始提供金融服务，发展中国家有机会弯道超车，鉴于发展中国家在金融科技领域的迅猛发展，将这个阶段发生在亚洲和非洲的金融科技革命定义为 FinTech 3.5。

（一）FinTech 1.0（1866—1967 年）：金融全球化

金融全球化开始的标志性事件是 1866 年世界第一条跨大西洋海底电缆的成功铺设，这让欧美的主要市场可以即时通信，将世界经济金融连成整体。

第二次世界大战期间，金融全球化的进程受到阻碍，但是科技，如通信加密技术和密码破解系统却在战争的作用下快速发展。IBM 公司（International

Business Machines Corporation)后来将这种破译代码的工具嵌入了早期的计算机中。计算机技术突飞猛进的发展为日后人工智能的发展在技术上奠定了基础。20 世纪 50 年代,美国出现了信用卡;1966 年,万事达卡国际组织的前身成立,创造了新的信用卡体系;1964 年,美国施乐公司发明了电报的进阶版本——传真机。

(二)FinTech 2.0(1967—2008 年):金融数字化

1967 年,英国的巴克莱银行引入了世界上第一部自动取款机,标志着现代金融科技 2.0 的开端。同年,美国德州仪器公司制造出的手持金融计算器,使得金融业的运作更加高效、便捷,提高了金融工作效率。

在支付领域,银行自动清算业务(BACS)、纽约清算所银行同业支付系统(CHIPS)和环球同业银行金融电讯协会(SWIFT)陆续成立,为国际金融交易提供了清算上的后盾。在证券交易领域,1971 年成立的纳斯达克(NASDAQ)实现了股票的自动报盘,降低了股票买卖价差,提高了场外市场的流动性。

支付和交易系统的自动化同时也带来了风险。1974 年,赫斯塔特银行因无力兑付美元清算命令而倒闭。1987 年的"黑色星期一",全球股市在道琼斯指数暴跌的影响下先后大幅跳水。这些风险促进了各国的监管者们谋求合作机制,为监管科技打下了基础。

随着 20 世纪 90 年代互联网的兴起,1995 年美国的富国银行率先利用万维网向客户提供网上账户核验服务,拉开了互联网在金融领域应用的帷幕,也为此后的 FinTech 3.0 打下了基础。

(三)FinTech 3.0(2008 年至今):金融移动化

此次金融科技的发展,伴随着 2008 年的全球金融危机。传统金融界陷入僵局,金融科技却快速发展:金融危机的失业效应为金融科技提供了人才资源;金融机构试图通过科技手段提高盈利能力;公众对以银行为代表的传统金融机构的不信任也为金融科技公司提供了市场空间。

2008 年还见证了智能手机的革新。移动数据传输速度的加快,为

FinTech 3.0 在移动终端领域的开拓提供了广阔的舞台。

在 FinTech 3.0 阶段,金融科技的科技感得到不断强化。金融科技产业在以人工智能、区块链、云计算和大数据为代表的技术核心的驱动下,涉足支付结算、财富管理、借贷融资、零售银行和保险等领域。“科技创新”正在代替“金融模式创新”。

发展中国家有机会弯道超车。鉴于发展中国家在金融科技领域的迅猛发展,将这个阶段发生在亚洲和非洲的金融科技革命定义为 FinTech 3.5。亚非地区的金融科技得以高速发展的原因有:(1)发展中国家的银行业不如发达国家发展完备,给了金融科技增长的机会。(2)亚非地区的中产阶级群体庞大,为金融科技在技术难点上的突破提供了人力资源。(3)发展中国家可能存在规章制度不健全、对数据的保护和竞争机制的约束不够严格的问题。对于公司而言,花费在应对政府监管上的成本减少,可以拿出更多的资金来打磨产品,攻克技术难关。

二、技术的宏观发展情况和政策环境

(一)大数据

经过多年的数据发展和积累,大数据的数量、分析速度与种类都发生着急速的变化。可穿戴设备、智能家居等智能硬件的兴起,再次扩充了数据的维度,使得可获取的数据维度扩展到线下。非结构化数据体系下,人工建模+数据已经难以满足数据分析需求。由于传统数据分析模型对于多维度、多形态的数据存在不适用的情况。大数据+机器学习是金融数据计算分析的未来。目前,大数据已经发展到公司及第三方处理分析大量终端用户数据的阶段,为金融科技公司提供了良好的数据基础,进而促进了个人征信、授信、风控以及保险定价等金融领域的发展。

瑞士洛桑国际管理学院 2017 年度《世界数字竞争力排名》显示,各国数字竞争力与其整体竞争力呈现出高度一致的态势,即数字竞争力强的国家整体竞争力也很强,同时也更容易产生颠覆性创新。金融行业的大数据分析应用模型仍处于起步阶段,全球金融大数据缺乏统一的存储管理标准和互通共享平台,对个人隐私的保护还未形成可信的安全机制。以美国、英国、韩国和日本等为代表的发达国家一向重视大数据在促进经济发展和社会变革、提升国家整体竞争力等方面的重要作用,以提升从海量和复杂数据中获取知识、挖掘价值的能力,进而推动科学与工程领域创新步伐加速,积极捍卫本国数据主权,力争在数字经济时代占得先机。

美国是率先将大数据从商业概念上升至国家战略的国家,2012 年白宫科技政策办公室发布《大数据研究和发展倡议》,当前更是把大数据视为重要的战略资源,大力抢抓大数据技术与产业发展先发优势。2014 年,美国发布《大数据:把握机遇,守护价值》白皮书,再次重申要把握大数据可为经济社会发展带来创新动力的重大机遇。2016 年,美国发布《联邦大数据研发战略计划》,形成涵盖技术研发、数据可信度、基础设施、数据开放与共享、隐私安全与伦理、人才培养以及多主体协同七个维度的系统的顶层设计,打造面向未来的大数据创新生态。

英国在 2012 年便将大数据作为八大前瞻性技术领域之首。2017 年 11 月,英国面向全社会发布《工业战略:建设适应未来的英国》白皮书,内容涉及人工智能和大数据经济方面,将英国置于人工智能和大数据革命的前沿。2018 年 4 月底,英国专门发布《工业战略:人工智能》报告,立足引领全球人工智能和大数据发展,从鼓励创新、培养和集聚人才、升级基础设施、优化营商环境以及促进区域均衡发展五大维度提出一系列实实在在的举措。

对于亚洲国家的大数据发展现状和趋势,日本、韩国等发达国家及地区均将发展大数据作为重要的国家战略,印度等国家更是将发展大数据产业视作实现经济赶超的黄金机遇。以韩国为例,2016 年年底,韩国发布以大数据等技术为基础的《智能信息社会中长期综合对策》,以积极应对第四次工业革命的挑战。韩国将大数据产业定义为九大战略性产业之一,目标是到 2019 年使韩国跻身世界大数据三大强国。日本政府还带头使用大数据,在一般网站公开了国家统计和地图等庞大的数据,希望通过统一数据的表达术语、书写形式、文件格式等;并积极与国际接轨,在 2020 年建立起能够涵盖欧美的全新门户型数据网站[①]。

（二）人工智能

人工智能在金融领域中的应用，相较于大数据而言核心突破在于深度学习、智能分析和最终的智能决策。大数据、云计算、智能硬件以及后续的区块链技术等都是支撑人工智能上层技术的基础。从目前人工智能在金融领域的应用趋势来看，计算智能通过与大数据技术的结合应用，已经覆盖营销、风控、支付、投顾、投研、客服务各金融应用场景。

2019 年 1 月，联合国下属的世界知识产权组织（WIPO）公布了研究报告称，中、美两国在全球人工智能领域的竞争中处于领先地位。但在中、美之外，英国、法国、日本均在人工智能领域全面布局。2016 年 10 月，美国国家科学技术委员会（National Science and Technology Council）连续发布了两个重要战略文件——《为人工智能的未来做好准备》和《国家人工智能研究与发展战略规划》，将人工智能上升到国家战略层面，为美国人工智能的发展制定了宏伟计划和发展蓝图；2016 年 12 月，美国再次发布报告——《人工智能、自动化和经济》，重点讨论了人工智能驱动的自动化对经济的预期影响，并描述了可以增加人工智能益处并降低其成本的广泛战略。

在欧洲，英国的人工智能企业独占鳌头，其后为德国、法国，但自 2005 年始，英国每年新增 AI(Artificial Intelligence)企业数就已超越法、德两国每年新增 AI 企业数之和。近年来，英国在人工智能领域投入了大量的资源。首先，在科研方面，英国政府通过自然科学理事会（EPSRC）对于英国的大学在人工智能科技研发领域进行了 1 700 万英镑的投资，新设立了 1 000 个政府资助的人工智能博士项目，大力发展人工智能学科研究。截至 2019 年 4 月，超过 30 所大学开设人工智能研究生课程。其次，英国支持全球资本在英国投资人工智能产业，并对人工智能企业进行扶植和采取税收减免政策。在 2017 年英国就吸引到来自全球的 120 亿英镑投资，目前英国共拥有超过 220 家人工智能初创企业。

在亚洲，中国的人工智能发展一枝独秀，人工智能企业总数占亚洲总数的

---

① 野村综合研究所：《日本的大数据应用环境和发展状况》。

68.67%。仅北京与上海的人工智能企业数之和,就与亚洲其他国家或地区的人工智能企业数之和相当。[①]

(三)云计算

无论是国度政策和战略层面,还是产业创新、学术研讨,云计算都备受瞩目,它深化了产业改造,让越来越多的企业看到创新并抓住机遇,全球云计算市场正在同时增长。云计算被看作继 PC、互联网改造之后的第三次 IT 浪潮,已成为信息产业展开的重要支撑。云计算是助力企业转型的中心驱动力,它带来了生活、消费方式和商业方式的根本性改变,引发整个产业改造。云计算技术发展已经进入成熟期,金融云的应用也正在向更加核心和关键的"深水区"迈进,将更加关注安全稳定与风险防控。

2017 年,全球公有云 IaaS 市场占有率前五名分别为亚马逊 AWS、微软 Azure、阿里云、Google 以及 IBM,其中,亚马逊市场占有率最高达 51.8%,处于绝对领先地位。[②] 在过去 5 年里,云计算行业的专利申请就增加了 1 倍多。[③] IBM、微软和 Google 三家总部位于美国的公司位列榜单前三名,且另有英特尔、亚马逊、惠普三家美国公司入选云计算专利前十大所有者。这意味着,云计算专利前十名单中,美国公司占据 6 个席位,也进一步表明,全球云计算提供是以美国为中心。中国公司华为成功入选全球云计算专利前十大所有者名单,并在排名中力压美国惠普、德国 SAP,名列第八。华为作为一家成立 30 余年的以技术起家的公司,在云和基础设施方面有着深厚的积累,并极其重视知识产权和专利研发。

(四)区块链

全球各国普遍对区块链技术本身持支持态度,积极推动区块链技术运用于日常生活的各个方面。除新加坡、菲律宾承认比特币等加密数字货币的合法性外,其余各国均先后表示将禁止比特币流通交易。ICO(Initial Public

① 乌镇智库发布报告:《全球人工智能发展报告(2018)》。

② 数据来源:Gartner 前瞻产业研究院。

③ 德国专利数据公司 IPlytics 的统计数据。

Offering)方面，各国虽未明确下令禁止，但也采取了一些严格的监管、审查、风险提示。调查显示，对于区块链在金融领域的应用，合规风险与应用效果是受访企业最关心的问题。目前，中国的区块链技术处于初步发展阶段，部分相关应用，如比特币、ICO等已被明令禁止，未来区块链应用的合规风险仍是金融业关注的焦点。

尽管从理论上看，区块链能大大降低金融业基础设施的成本，其技术的延展性也十分广泛，但是目前区块链技术还不成熟，高频校验、灾备恢复、技术标准、与法律法规相关的问题亟待解决，相关应用能否真正落地具有极大的不确定性。同时，鉴于全球金融业区块链技术应用的案例较少，大部分企业对区块链技术持谨慎态度。表1—1为亚洲各国关于区块链的相关政策。

表1—1　　亚洲各国关于区块链的相关政策

	ICO	比特币等加密数字货币交易	区块链技术本身
印度	暂无	2018年2月，财政部宣布加密货币为非法货币，但尚未采取具体措施禁止比特币等的交易	2017年12月，印度迈向区块链合法化，成立新的区块链基金会。2018年2月，印度总理发言肯定区块链技术的颠覆性和创新性
越南	暂无	2017年10月，越南央行宣布规定，禁止使用比特币作为支付手段，接受或提供虚拟货币支付者，将被处以9 000美元左右的罚款	前景广阔，2018年越南区块链研究中心正式签约成立
菲律宾	2017年12月，虽未明确禁止ICO，但ICO的项目需要经过证监会严格审查	菲律宾是首个给予比特币合法地位的国家，两大比特币交易所获批，正式发放运营牌照	支持态度，新加坡与菲律宾达成合作，共同开发区块链跨境支付
印度尼西亚	暂无	不承认比特币的合法性，考虑出台新的严厉监管措施，从2018年起禁止比特币交易	支持态度，鼓励在跨境支付、邮政等方面的运用
泰国	监管持谨慎的态度，强调合法合规性，2017年7月，泰国Omise通过ICO获得2 500万美元	缺乏合适的法规，视为非法行为，中央银行已经完全禁止比特币的流通交易	支持态度，国家证券交易所正在建设区块链市场；邮政开发和应用区块链技术

续表

	ICO	比特币等加密数字货币交易	区块链技术本身
马来西亚	2017 年 9 月,发布风险提示,声明 ICO 可能不受马来西亚监管,使投资者面临欺诈风险,或涉及洗钱、资助恐怖主义等	2017 年底,马来西亚央行宣布不承认比特币的合法性,将采取措施禁止	乐观、支持态度,鼓励地方发展区块链产业,呼吁国外区块链公司到马来西亚落地投资
新加坡	承认 ICO 的合法性,大多数 ICO 募集资金的规模并不大,基本位于 150 万美元到 1 500 万美元之间,是全球第三大 ICO 枢纽	新加坡政府承认比特币交易的合法性,并出台相应的税收条款,认为比特币交易是商业行为,不会过多干涉	采取开放、包容的态度,随着 IBM、金融管理局(MAS)等的区块链项目的开展落地,新加坡有望成为亚洲区块链中心

数据来源:思特略(Strategy)顾问公司、普华永道等。

三、全球主要市场格局

金融科技全球发展,共识认为存在两种机制:一种是中国模式,属于爆发式增长模式,通过市场需求的拉动加上技术应用的创新实现发展,这样的模式在印度、肯尼亚等欠发达国家都得到了很好的实现;另一种是美国模式,属于渐进式发展模式,依靠技术推动实现创新,但存在市场需求不够旺盛、消费者的体验和拥抱相对没有特别强烈等问题。①

(一)英国

自 2008 年以来,英国发展成为全球金融科技中心。近年来,英国 FinTech 产业快速发展。从金融科技渗透的行业来看,根据安永金融科技数据库统计,半数以上的英国金融科技公司聚焦于银行支付,另有约 20%集中在信用和贷款行业。其中,投资倾向于聚焦后者,这也反映了 P2P 作为替代性金融(Alternative Finance)在英国贷款中的地位。

伦敦是英国的金融科技中心,也是欧洲最成功的金融科技中心。伦敦活

① 浙江大学互联网金融研究院《2018 全球金融科技中心指数(GFHI)》。

跃着历史悠久的大型银行的创投基金，聚焦金融科技的天使投资人、创投资本家，以及新型金融融资工具如众筹集资和P2P借贷等，这些都是金融创新公司早期阶段营运资金的重要来源。近年来，受益于国家政策，一些伦敦之外的城市凭借着逐渐成熟的商业环境以及较低的运营和生活成本吸引了越来越多的金融科技公司和人才，尤以曼彻斯特为代表，其是英国巴克莱银行（Barclays Bank）和劳埃德银行（Lloyds Bank）的技术根据地，除了AccessHay和DueCourse等优秀的金融科技公司，还拥有众多加速器项目（Innovate Finance等）以及活跃的投资机构（Forth Oest Fund、GMAF和MADAS等）。

英国的优势主要来自三大方面：第一，悠久的殖民统治历史为英国全球分工及合作奠定了坚实的基础。英国至1500年后，就开始了全球扩张策略，《国富论》也提及了英国的财富来源主要来自全球分工及贸易。殖民文化造成的意识形态的一致性，也给英国金融科技产业的发展带来了实质性的优势。一方面，英国企业在国外投资并购方面、文化方面或意识形态方面的阻力不大，增长的金融科技企业并购交易规模、更高级别的并购活动以及交易地域的多样性，表明金融科技板块在全球范围内走向成熟。另一方面，英国也具有吸引国际资本的强大力量，促进了本国金融科技产业的发展。第二，英国政府在金融科技产业方面的积极布局是优于其他西方发达国家的。第三，英国的教育培养体系十分完善，为金融科技产业的人才输送提供了强有力的支撑。

近年来，英国正在成为全球互联网金融中心。英国目前在金融科技领域的绝大多数成功可以归功于被良好扶持以及良好运营的生态圈。当然英国在金融科技行业中人才、资本以及需求的储备已经很充裕，但是英国为金融科技良好发展所提供的政策环境，使得英国在与世界上其他领先的金融科技中心的比较中凸显竞争优势。伦敦地区则在金融科技生态方面拔得了头筹，首创监管沙盒的模式①，助力监管创新，促进了金融科技的均衡发展。

---

①　英国政府提出了一系列监管新兴业态的方案。其中，sand box regulation（即监管沙盒）以实验的方式，在一个政府设定的"安全区域"内，让金融科技企业大胆创新并且政府提供及时的监管反馈服务。该监管理念也被多个英联邦国家采纳（比如，澳大利亚、新加坡等）。

(二)美国

美国的金融科技市场十分成熟,各细分领域的企业融资规模相对均衡。其中,支付领域的企业融资规模占比最高,达到 30%。[①] FinTech 这个名词更早在 1980 年初就已经在华尔街业界使用,而 FinTech 业界的出现也是在美国特殊的行业发展环境下自发成长的,政府并未介入。

美国金融市场经过逾百年的发展,能够提供比较完善的、全方位的产品和服务。发展年代较早的银行金融机构实力雄厚,极具竞争力,竞争也十分激烈;传统的银行金融机构一直非常积极地在利用互联网等科技进行金融服务的创新。美国的金融科技行业,只能在传统大金融企业不涉及的新领域里发展,例如,信用卡市场的发展现状抑制了网上支付的发展。根据毕马威统计显示[②],2018 年,美国金融科技投资总额达 525 亿美元,较 2017 年 240 亿美元增长超过 1 倍,成交量创下 1 061 宗新纪录。并购及收购成为主要的投资活动,美国境内的金融科技风投资金也从 70 亿美元大幅增加至 114 亿美元。总额 170 亿美元的 Refinitiv 交易在 2018 年第四季度 254 亿美元的总投资中占据榜首。

美国的金融科技发展地域分布比较集中,最有代表性的是硅谷和纽约。美国的金融科技从硅谷起源,硅谷拥有相对成熟的金融科技专才,金融科技生态系统内完善的互连结构,使得创业企业能够从具备金融科技投资经验的大型风险投资基金中获益。纽约是全球金融中心,紧密依托华尔街庞大的资本基础和既有的金融市场专才,涌现出一批金融科技机构。硅谷的最大优势是科技创新,众多的金融科技独角兽企业在此孵化而生,而 GAFA(Google、Apple、Facebook、Amazon)四大企业也将持续在金融科技领域扩大投资。美国顶级的金融科技公司有很多,比如总部设在芝加哥的 Avant 专注在线借贷领域,为介于优级信用和次级信用之间的人提供服务。还有一些企业在金融细分领域中较有影响力,比如专注于互联网保险的 Oscar Health,以及专注于财

---

① 数据来源:波士顿咨询。

② 毕马威 KPMG 发布报告:《金融科技脉搏——2018 年下半年》。

富管理的 Wealthfront。

美国的优势来自两大方面：第一，基础科学的研发能力位于国际前列。近期，政府还加大了在 STEM（Science、Technology、Engineering、Mathematics）计划的基础研究的投资力度，以及积极发展交叉学科体系的设计与落实。这将对美国金融科技业的发展具有深远的意义：一方面，美国是科技创新的先驱者，比如，美国的大数据研究是国际一流的，原因在于美国占有科技研发的先发优势。另一方面，科技人才的培养及积累，特别是创新科技人才的培养也是至关重要的。第二，美国企业的商业能力以及企业的战略规划能力。这就表现在美国企业能够快速地将基础研究（发明）迅速地转化为商业或社会价值，也就是说，基础研究（发明）能够快速转化成先进的生产力。而战略的规划能力体现在企业能够提前聚焦，优化企业的资源分配，打有准备的仗。例如，商业新趋势（比如，智能手机、商业智能服务等）大多数是美国优先发现的。

（三）新加坡

北美地区金融业发展较为成熟，金融服务人群覆盖比例高，消费者对基本的金融需求满足度较高，金融科技侧重于为消费者提供更加便捷的金融服务，作用更类似于“锦上添花”。在亚太地区，特别是以中国和东南亚各国为代表，金融服务水平相对滞后，仍存在大量未开发市场，金融科技使金融服务触及海量长尾用户，作用更类似于“雪中送炭”。整体来看，亚太地区对金融科技应用的市场需求广阔，发展潜力巨大。

新加坡是世界领先的金融中心和世界金融科技领域具有领先地位的有力竞争者。新加坡在政府支持、资金来源、创新中心建设和监管沙盒设立等方面都做得非常出色。新加坡的经商便利程度较高，英语作为商务语言的优势使其成为全球金融资本进入亚洲市场的首选门户。作为世界范围内最有利于发展 FinTech 的地区，新加坡拥有相对宽松的“监管沙盒”制度、一系列跨区域的合作协议和超过 80％的互联网覆盖率。

2016 年是金融科技（FinTech）在新加坡飞速发展的一年，与金融科技相关的宣布和活动层出不穷，目前已有超过 300 家金融科技起步公司落户新加坡，超过 20 家跨国金融机构和科技企业在本地设立创新实验室和研究中心，其中过半数都是在 2016 年设立。全球最大的金融科技中心 LATTICE80 也于 2016 年在新加坡开设。新加坡有很多顶级的金融科技公司,比如 Bluzelle、Dragon Wealth、Fastacash、Match Move Pay、Moolah Sense、Crowdonomic、Otonomos、Fitsense 等。在新加坡,电子钱包在现阶段难以动摇传统信用卡的主导地位,P2P 的运营受到了前所未有的严格监管,区块链金融却能茁壮成长,毫无疑问,这里存在着更多的机遇和挑战。

(四)澳大利亚

澳大利亚的金融科技行业正在快速发展,是金融科技的"后起之秀"。毕马威报告中显示澳大利亚拥有先进的互联网银行和移动终端产业,是全球金融市场进入亚洲生态经济区的理想入口。2016 年,澳洲的金融科技投资额大幅度上升,25 项交易共产生 6.56 亿美元投资。[①] 5 年里,从 2012 年金融科技仅融资 5 100 万美元,到 2016 年融资超过 6 亿美元,澳洲已经创建了一个健康、活跃的金融科技行业。

澳大利亚有很多世界顶尖的金融科技公司,全球前 100 的金融科技公司澳洲有 9 家。其中,Prospa、Tyro 和 SocietyOne 进入了前五十强。由于澳大利亚仍严重依赖采矿业,2015 年 12 月开始的国家创新与科学发展规划,若能够全面实施,则可能有助于澳大利亚经济朝着更高的方向发展创新,以弥补一些差距,特别是风险资本的可用性(全球第四十)和通过信息通信技术创造新的商业模式(全球第四十一)。[②] 2019 年伊始,澳大利亚新兴金融科技生态系统获得政府关注,联邦政府出资约 5 亿英镑致力于创新相关产业。

(五)中国

全球金融科技的产业中心主要分布在英国、美国、新加坡、澳大利亚和中国等国家或地区。下面以地域分类,对这些国家或地区的金融科技发展情况进行简要梳理。目前,全球形成了七大全球金融科技中心城市与 23 个区域金

---

① 数据来源:ACBNews。

② 世界经济论坛发布的报告:《2016 年的全球信息技术报告》。

融科技中心城市。其中，七大全球金融科技中心城市依次分别为北京、旧金山、纽约、伦敦、上海、杭州与深圳。数据显示，23 个区域金融科技中心城市中，亚洲和美洲占据 15 席，欧洲占据 7 席。全球区域金融科技中心发展态势特征总体呈现亚洲、美洲走在前列，欧洲发展稍缓的发展格局。表 1－2 为海外与中国金融科技公司的对比情况。

表 1－2　　　　海外与中国金融科技公司的对比

<table>
<tr><th>海　外</th><th>中　国</th></tr>
<tr><td rowspan="2">Paypal(美国,1998 年)</td><td>支付宝(2004 年)</td></tr>
<tr><td>财付通(2005 年)</td></tr>
<tr><td>Paypal 货币市场基金(美国,1999 年)</td><td>余额宝(2013 年)</td></tr>
<tr><td>Directline(英国,1985 年)
InsWeb(美国,1995 年)</td><td>众安保险(2013 年)</td></tr>
<tr><td rowspan="2">Kickstarter(美国,2009 年)</td><td>点名时间(2011 年)</td></tr>
<tr><td>京东众筹(2014 年)</td></tr>
<tr><td rowspan="3">Angellist(美国,2010 年)
Wefunder(美国,2012 年)</td><td>天使汇(2011 年)</td></tr>
<tr><td>天使客(2014 年)</td></tr>
<tr><td>36 氪股权投资(2015 年)</td></tr>
<tr><td rowspan="2">SFNB(美国,1995 年)
Egg(英国,1998 年)
乐天银行(日本,2009 年)</td><td>深圳前海微众银行(2014 年)</td></tr>
<tr><td>浙江网上银行(2014 年)</td></tr>
<tr><td rowspan="3">Zopa(美国,2005 年)
LendingClub(美国,2006 年)</td><td>拍拍贷(2007 年)</td></tr>
<tr><td>91 金融(2011 年)</td></tr>
<tr><td>宜人贷(2012 年)</td></tr>
</table>

北京是金融科技行业的监管部门所在地，拥有在科技与信息工程领域世界排名前茅的众多高校，同时金融科技企业数量较多。上海是国内的金融中心，也是互联网经济比较发达的区域，金融科技发展具备良好的基础。上海是金融科技企业竞争的必争之地，深圳是金融机构的云集之地，互联网创业的氛围也非常浓厚，为金融科技发展奠定了基础。根据毕马威统计，北京、上海、深

圳分别有21、15、7家金融科技公司入围了五十强。[①]

中国香港特别行政区具备发展金融科技的优质“土壤”,拥有较为完善的法制、充裕的专才、发达的信息资讯以及投资初创企业的多方资金渠道等优势。德勤的报告中指出,中国香港特别行政区在2016年全球金融科技中心排名中位列第5位,前4位分别为伦敦、新加坡、纽约和硅谷。中国台湾地区正在积极发展金融科技行业,其拥有金融体系完善、征信体系健全、资讯基础雄厚、用户对新科技的尝试意愿较高等优势。近期中国台湾地区金融管理委员会通过大幅放宽金融业转投资金融科技相关产业限制,借此推动中国台湾地区金融科技行业的发展。

(六)印度

2018年,印度GDP总量位列全球第六位,是世界第二人口大国,经济增速超过7%,是世界增速最快的主要经济体,也是金砖国家和G20成员。2016年,莫迪政府提出“印度崛起(Start Up India,Stand Up India)”的口号,正式从国家政策的高度助力印度创业风潮,以期在印度全国范围内建立创业创新的生态系统,在境内推出了一系列针对互联网的友好政策,包括统一支付系统(UPI),建立身份系统Adhaar,以及打造数字战略,并将其写入政府预算报告。印度金融科技在区块链、支付、P2P、智能投顾、普惠金融、技术驱动的银行综合服务、互联网金融安全与生物识别方面存在众多的亮点和潜力。

印度互联网支付的参与方包括电信系、电商系、银行系、钱包公司系、支付银行系,各自都有代表性企业。印度征信行业尚处于探索阶段,拥有巨大的长尾市场。过去几年,印度尝试了几项指导方针和改革,如向小型金融银行、支付银行发放多种差异化银行牌照,并引入统一支付界面,将印度无银行账户的人口纳入正式金融服务目录,加强了支付生态系统。

银行业价值链的拆分仍处于初级阶段,但开放的数字经济正迅速成为现实,这是显而易见的。印度金融服务业目前正在应对一些长期存在的挑战,例如,利润率不断下降和不良资产不断增加。由于非传统金融参与者的进入、转

① 毕马威中国2016年发布的报告:《中国领先金融科技公司50》。

移，该行业也具备成熟的机会。印度政府和监管机构的多项举措，已导致印度转向平台驱动型经济。印度要拥抱开放的银行业架构，释放共享生态系统的真正潜力，必须建立在四个基础上，即政府、监管机构、传统机构和金融科技。

2018 年，全球人工智能支出预计将达到 191 亿美元，其中，银行业占比将达到 17%。银行和金融机构正在与科技公司合作，并考虑从目前的人工智能部署模型向高影响的认知和预测过程过渡，建立模型的目标是基于低影响规则的流程。人工智能在印度正以超过 400%的速度发展，与人工智能相关的初创企业在过去 5 年吸引了 1.5 亿美元的投资①。

印度在区块链的技术发展，据标准普尔估计，区块链有潜力在未来五年创造高达 50 亿美元的商业价值②。2016 年，区块链在印度获得了知名度。因此，金融机构和金融技术公司已开始大举投资这项技术。区块链在印度金融服务领域的发展与全球同行一致。许多特定行业的协会正在为许多用例构建区块链原型。玩家也加入了国际联盟以获得曝光。除了银行业，许多保险公司和 1 家领先的印度证交所也在探索区块链。自 2016 年以来，贸易融资、跨境支付、票据贴现、数字身份和供应链融资一直是印度区块链的首选应用领域③。区块链有潜力在支付、贸易融资、了解客户、减少欺诈、清算和结算等领域重新定义开放和共享经济。许多金融机构正与金融科技公司联合成立财团，实现共同发展。

表 1—3　　印度主要金融科技企业成立背景

公司名称	成立时间	融资总额（美元）	主要投资方	主要业务领域
Lendingkart	2014 年	4 665 万	Saama Capital、Mayfield Fund、Darrin Capital Management、Anicut Capital 等	中小企业网贷

① KPMG（毕马威）发布报告：《Fintech in India-Powering a digital economy》，2018 年 9 月。

② Blockchain can add USD 5 billion to Indian economy in 5 years：NASSCOM official，*Business Standard*，27 July，2018.

③ Blockchain can add USD 5 billion to Indian economy in 5 years：NASSCOM official，*Business Standard*，27 July，2018.

续表

公司名称	成立时间	融资总额（美元）	主要投资方	主要业务领域
Electronic Payments and Services	2014 年	4 000 万	Apis 成长基金、Aavishkaar	支付、ATM 服务外包
Capital Float	2013 年	4 353 万	红杉资本、SAIF Partners、IFMR Capital 等	中小企业网贷
IFMR Holdings	2013 年	2 690 万	Accion、LeapFrog、PROPARCO	普惠金融
Mswipe Technologies	2011 年	3 000 万	Matrix Partners India、Falcon Capital、Axis Bank 等	企业并购、POS 金融解决方案
Citrus Pay	2011 年	3 250 万	红杉资本、Ascent Capital	移动支付、支付网关
Paytm	2010 年	10.6 亿	蚂蚁金服、赛富基金、英特尔等	电商、在线支付等
Freecharge	2010 年	1.74 亿	红杉资本、Tybourne、Snapdeal 等	移动支付、在线充值
Vistaar Finance	2010 年	7 532 万	WestBridge Capital、Sarva Capital、Omidyar Network	中小企业网贷
Mobikwik	2009 年	1.27 亿	GMO、联发科技、红杉资本等	移动支付
BankBazaar	2008 年	8 000 万	亚马逊印度、富达成长基金	网贷及保险产品
PolicyBazaar	2008 年	6 960 万	老虎基金、PremjiInvest	中小企业网贷
Billdesk	2000 年	1.57 亿	TA Associates、March Capital Partners	支付
Financial Software and Systems	1991 年	超过 5 700 万	PremjiInvest	电子支付、金融交易服务解决方案

数据来源：嘉银新金融研究院与清华大学金融科技研究院互联网金融实验室联合发布《印度金融科技研究报告》。

开放的数字经济要蓬勃发展，强有力的政府支持是一个关键组成部分。为了推动印度走向数字经济，政府在监管机构的支持下正积极致力于创建一个进步的数字生态系统。政府正在加速向“存在、纸张和无现金的服务交付”体系迈进，这一体系通常被称为“印度栈”（India Stack）。过去数年，在“数码印度计划”下，多个数码平台相继成立：电子印花、政府电子市场（GeM）、电子票据和贸易应收账款电子贴现系统（TReDS）平台、货物和服务税收网络、所得税申报表和 BBPS 平台运行良好。

消费者偏好和法规遵守义务的合规上升。在这个机遇与挑战并存的时代，印度人工智能革命也即将到来。总体来看，印度的金融科技整体处于初创期向成长期过渡阶段，巨大的潜力正逐步释放，并受到资本市场的狂热追捧。

参考文献

[1]毕马威：《2018 金融科技脉动——全球金融科技投资报告》，2019。

[2]白宫科技政策办公室：《大数据研究发展倡议》，2012。

[3]瑞士洛桑国际管理学院：《 2017 年度世界数字竞争力排名》，2018。

[4]美国白宫：《大数据：把握机遇，守护价值》白皮书，2014。

[5]英国商业、能源和工业战略部（BEIS）：《工业战略：建设适应未来的英国》白皮书，2017。

[6]野村综合研究所：《日本的大数据应用环境和发展状况》，2018。

[7]乌镇智库：《全球人工智能发展报告（2018）》，2019。

[8]浙江大学互联网金融研究院：《2018 全球金融科技中心指数（GFHI）》，2019。

[9]毕马威 KPMG：《金融科技脉搏——2018 年下半年》，2019。

[10]毕马威 KPMG：《2019 年上半年全球金融科技投资报告》，2019。

[11]国家金融与发展实验室金融科技研究中心与金融科技 50 人论坛（CFT50）：《中国金融科技运行报告 2018》，2019。

[12]波士顿咨询：全球金融科技的发展趋势全球执委电话会议（939 会议），2017。

[13]世界经济论坛：《2016 年的全球信息科技报告》，2016。

[14]毕马威中国：《中国领先金融科技公司 50》报告，2016。

[15]毕马威 KPMG：《Fintech in India－Powering a digital economy》，2018 年 9 月。

[16]Blockchain can add USD 5 billion to Indian economy in 5 years: NASSCOM official, Business Standard, 27 July, 2018.

[17]嘉银新金融研究院与清华大学金融科技研究院互联网金融实验室:《印度金融科技研究报告》,2018。

第二章

中国金融科技的发展（2018－2019年）

一、宏观环境

（一）严监管

金融科技在促进创新和服务效率的同时也带来了一些问题与风险隐患，比如，2018年年初的虚拟货币暴涨及年中P2P大规模暴雷。过去几年，监管方在网络借贷、第三方支付、虚拟货币交易场所和ICO等方面密集出台了多项严监管措施。2019年8月，中国人民银行印发《金融科技（FinTech）发展规划（2019－2021年）》，明确提出未来三年要强化金融科技监管，建立健全监管基本规则体系，加快推进监管基本规则拟订、监测分析和评估工作，探索金融科技创新管理机制，服务金融业综合统计，增强金融监管的专业性、统一性和穿透性。这意味着金融科技的强监管将常态化。同时，监管科技（Regtech）在金融科技监管上将发挥持续性作用。

央行副行长潘功胜在2018年12月中国互联网金融论坛上的发言或许代表了未来金融科技的监管趋势。他指出，任何金融活动都不能脱离监管体系，不能以技术之名掩盖金融活动的本质;不论对金融机构、互联网企业还是金融科技企业,应按照实质重于形式的原则,落实穿透式监管;互联网金融和金融科技并未改变金融的风险属性,其与网络、科技相伴而生的技术、数据、信息安全等风险反而更为突出。从这个意义上讲,互联网金融或金融科技应该接受更为严格的监管。

图 2—1 梳理了 2018—2019 年我国监管层颁布的与金融科技有关的部分措施及政策,图 2—2 总结了中国金融科技监管体系。事实上,金融科技的监管机构还包括地方政府和市场辅助管理机构(如中国互联网金融协会),这里不再列出。

图 2—1　2018—2019 年我国监管层颁布的与金融科技相关的部分措施及政策

(二)促转型

在严监管的宏观背景下,影子银行、资产管理业和金融控股公司等非银行业金融监管政策正在加强并细化,金融科技依托生存的环境被压缩。为了满足监管的需求,金融科技转型节奏加快,主要体现在以下三个方面:

1. 由运营效率走向更全面的行业监管效率

中国金融市场潜力大,发展速度迅猛,跨行业、跨市场的新型金融产品很多,但这些金融创新往往隐含着新的金融风险,为了应对这些金融风险,需要加强金融监管。但金融监管的人力成本越来越高,面对如此巨大的市场和众多产品、金融机构和金融数据,传统模式下事后的、手动的、基于传统结构性数据的监管范式已不能满足金融科技新业态的监管需求。在此背景下,监管科

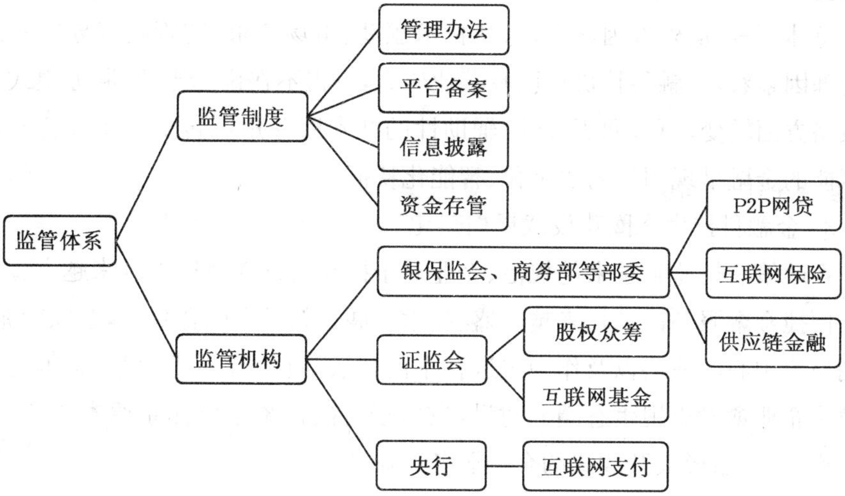

图 2—2　中国金融科技监管体系

技(Regtech)应运而生。Regtech 不仅可以用来监管金融科技的发展,还可以满足监管当局对金融风险进行识别、防范和划界能力的提升,使监管由过去的"被动应对风险"转变为"主动预防风险",以科技应对科技,行业监管效率由此提高。

进入 2019 年后,BATJ(百度、阿里巴巴、腾讯、京东)四大互联网公司助力监管科技应用正成为新常态。证监会于 2018 年 8 月印发的《中国证监会监管科技总体建设方案》更是标志着监管科技建设工作的顶层设计完成,并进入了全面实施阶段。

2. 金融科技服务的主要模式由 To C 转变为 To B

经过近 20 年的发展,中国互联网 C 端用户已逐步饱和,市场格局稳定,创新空间有限,消费级互联网市场已进入聚焦客户黏性的存量时代。而企业级互联网市场前景可期,BAT(百度、阿里巴巴、腾讯互联网公司)等巨头已纷纷布局 B 端市场,大数据、人工智能、物联网等新兴技术正与企业业务深度融合。金融领域落地应用显著,金融科技服务的主要模式开始从 To C 向 To B 转变,金融科技 B 端市场服务需求进一步显现,供给机构也纷纷出现,甚至有

资料来源:易观。

图 2—4 移动支付行业产业图谱

2018 年移动支付行业具有以下几个特点:

1. 移动支付市场规模爆发式增长,用户规模稳定增长

2013 年以来,在支付宝、微信支付等第三方移动支付平台的推动下,中国移动支付市场迎来爆发式增长。据中国支付清算协会数据显示,2018 年,中国移动支付业务 605.31 亿笔,金额 277.39 万亿元,同比分别增长 61.19%和 36.69%(见图 2—5)。

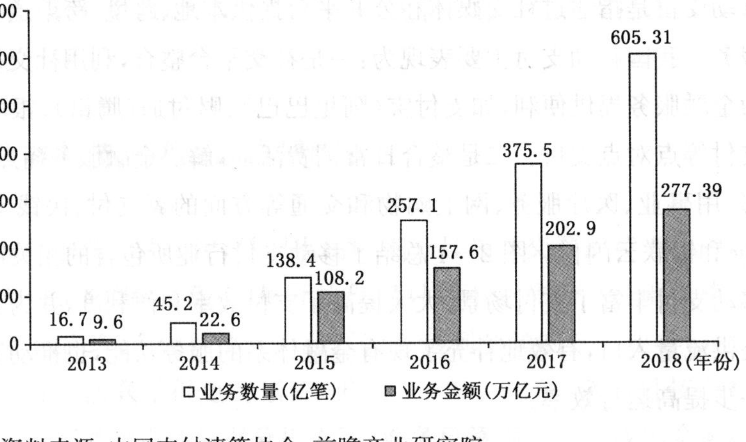

资料来源:中国支付清算协会、前瞻产业研究院。

图 2—5 2013—2018 年中国移动支付业务规模

用户规模方面,2013－2018 年,我国移动支付用户规模逐年增长。根据 CNNIC(China Internet Network Information Center,中国互联网络信息中心)统计,截至 2018 年 12 月,我国手机网络支付用户规模达到 5.83 亿,较 2017 年增长率为 10.7%,占手机网民的 71.4%(见图 2—6)。

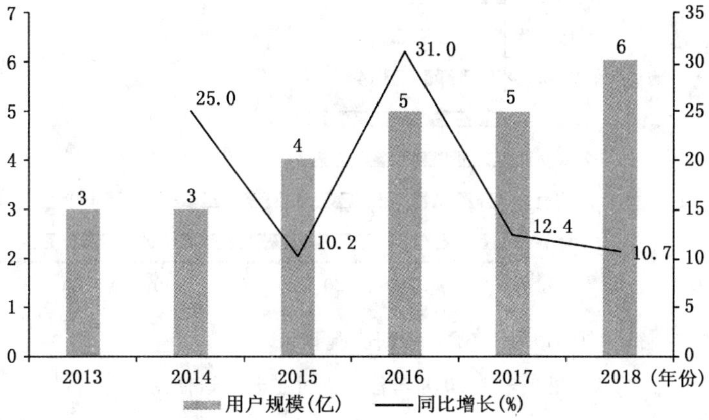

资料来源:CNNIC、前瞻产业研究院。

图 2—6　2013—2018 年中国移动支付用户规模及增长

国内移动支付市场的崛起,一是中国以电子商务为代表的规模庞大且仍在迅速发展的互联网经济,特别是移动互联网经济,为移动支付的快速扩张提供了根本动力;二是中国消费者信用卡持有率较低,因此可以直接跨越支票、刷卡支付进入到移动支付,受到原有支付习惯的影响较小;三是监管机构鼓励创新与防范风险并重的监管政策提供了相对宽松的监管环境,明确了非金融支付机构的合法地位,完善了支付业务的管理,预留了支付创新的空间,弥补了监管漏洞,推动业务规范发展,增强了用户使用移动支付的信心。

另外,通过技术创新,移动支付已经深入渗透到中国居民的各个生活场景,进一步改善了移动支付的受理环境,引导用户由刷卡交易向移动扫码支付的交易习惯改变。根据中国银联统计(见图 2—7),2018 年,移动支付在实体零售和网购消费领域,使用频率分别为 57%和 48%,成为移动支付的主要使用场景;公共交通、外卖场景使用频率也超过 20%;购买火车票/机票、转账汇款、信用卡还款、充值缴费或购买虚拟产品、医疗支付、购买理财产品等场景使用率也逐渐提升。

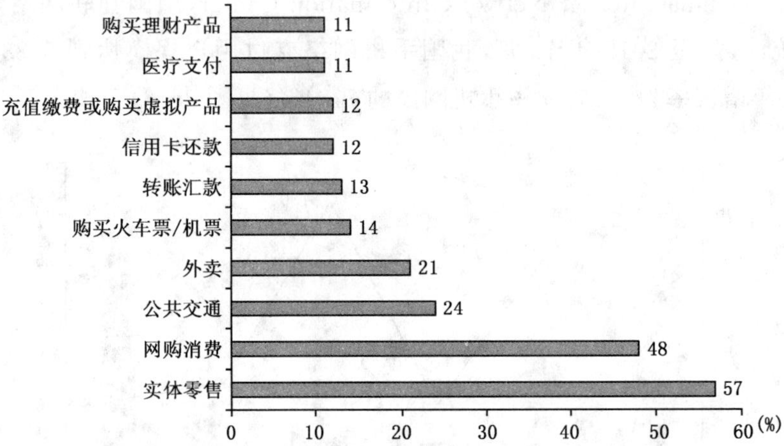

资料来源:中国银联、前瞻产业研究院。

图 2—7 2018 年移动支付主要场景使用率

国内移动支付市场的崛起,远远甩开了欧美发达国家(见图 2—8)。2018 年,中国移动支付渗透率高达 71%,而美国移动支付比例为 50%,英国为 48%,德国为 49%,法国为 40%,日本作为移动支付的起源国,手机支付比例也仅为 30%。

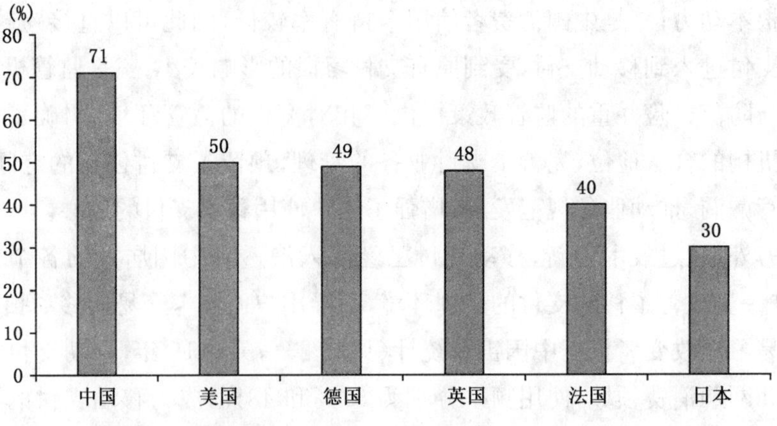

资料来源:前瞻产业研究院。

图 2—8 2018 年全球主要国家移动支付渗透率对比

2. 双寡头市场格局稳固,共同渗透率为93.3%

截至2018年年底,财付通和支付宝的用户渗透率分别为86.4%和70.9%(见图2—9),两巨头均拥有庞大的用户群体,共同渗透率已达到93.3%,较2017年增加了4.2个百分点,且非常接近于移动支付的整体用户渗透率(94.7%),双寡头格局持续凸显。

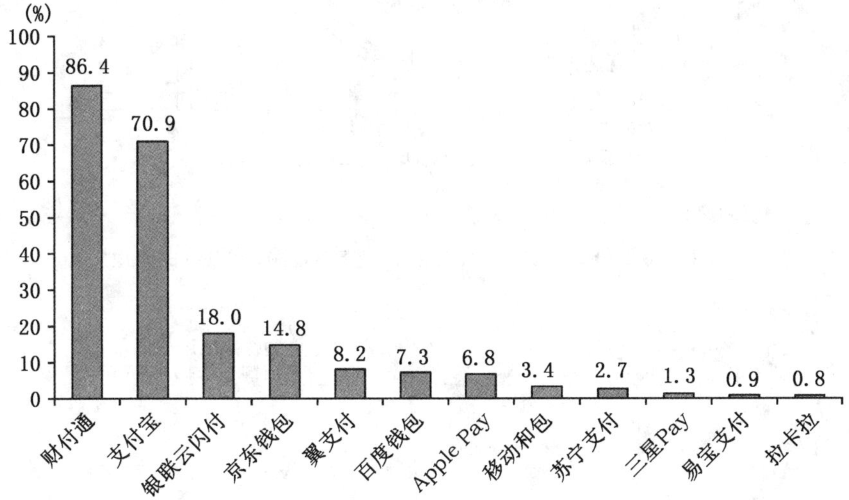

资料来源:前瞻产业研究院。

图2—9　2018年中国移动支付各品牌渗透率对比

从支付规模来看(见图2—10),财付通和支付宝总体支付规模依然接近九成。调查数据显示,2018年,财付通和支付宝的交易金额占比合计为89%,其中,财付通为44%,支付宝为45%;而同时交易笔数占比合计为92%,与上年持平,其中,财付通为54%,支付宝为38%。

虽然财付通和支付宝双寡头竞争格局稳固,但强势制度背景支撑的银联及传统商业银行积极探索新的发展模式,通过与实体商业结合切入移动支付市场,有望迎来新一轮发展机遇,并打破现有支付宝、财付通双寡头市场格局。

3. 移动支付延续强监管态势,监管政策持续收紧

图2—11总结了2017—2019年移动支付行业的一些重大监管条例,可以看到,近几年监管层对移动支付行业愈发重视。

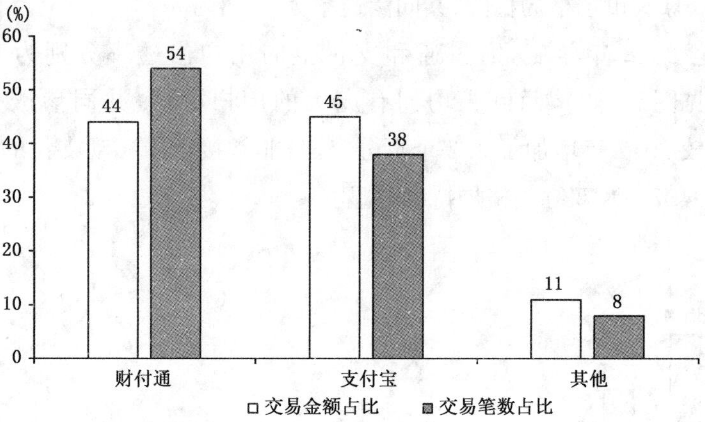

资料来源:前瞻产业研究院。

图 2—10　2018 年财付通、支付宝的交易金额、笔数所占比重

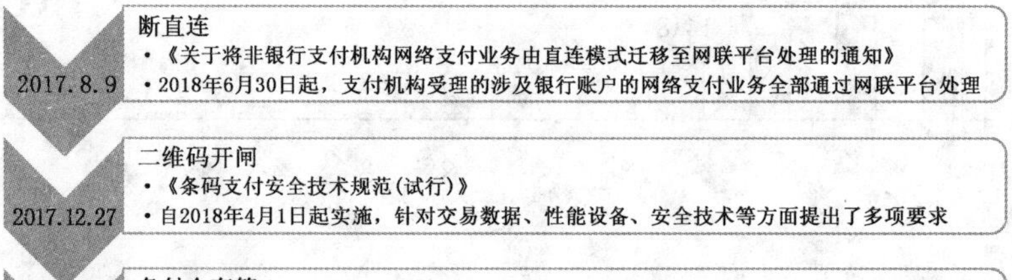

图 2—11　2017—2019 年移动支付行业的一些重大监管条例

2016 年以前第三方支付行业的快速发展得益于行业监管环境的宽松，而随着行业乱象的频发，国家也加强和加快了对行业的整顿清理，主要表现在平台运营牌照发放方面。自 2011 年 4 月底央行签发首批第三方支付牌照至今，央行总计签发了 271 张第三方支付牌照；但在 2015 年 8 月份，央行注销了 3 张支付牌照，结束了第三方支付牌照“只发不撤”的历史。据统计，从第一批续展决定到 2019 年 7 月 31 日，央行共注销了 33 张支付牌照(见表 2—1)，目前市场上存量有效支付牌照为 238 张。

表 2—1　　已注销支付牌照

牌照注销机构名单(至 2019 年 7 月)	
资和信网络支付有限公司	西安银信商通电子支付有限公司
通联商务服务有限公司	北京交广科技发展有限公司
浙江盛炬支付技术有限公司	北京中诚信和支付有限公司
上海付费通企业服务有限公司	山西兰花商务支付有限公司
易通支付有限公司	哈尔滨金联信支付科技有限公司
上海富友金融网络技术有限公司	安徽瑞祥资讯服务有限公司
彬德电子商务服务有限公司	长沙商联电子商务有限公司
上海华势信息科技有限公司	乐富支付有限公司
温州之民信息服务有限公司	湖南财信金通电子商务有限责任公司
海南海岛一卡通支付网络有限公司	上海千悦企业管理有限公司
北京润京搜索投资有限公司	长沙星联商务服务有限公司
上海畅购企业服务有限公司	合肥新思维商业管理有限责任公司
广东益民旅游休闲服务有限公司	北京中汇金支付服务有限公司
浙江易士企业管理服务有限公司	北京国华汇银科技有限公司
上海通卡投资管理有限公司	安徽长润支付商务有限公司
普天银通支付有限公司	永超源支付科技有限公司
湖北蓝天星支付有限公司	

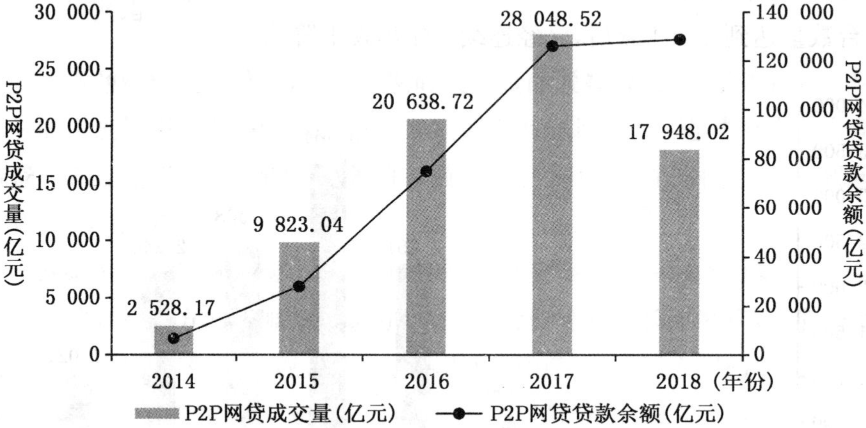

数据来源:网贷之家研究中心。

图 2—13 2014—2018 年 P2P 网贷成交量及贷款余额走势

随着成交量逐步下降,P2P 网贷行业贷款余额[①]增长趋势也开始放缓。2018 年贷款余额与 2017 年水平相当,这主要是由于 2018 年的问题平台中不乏贷款余额超亿元的中型平台,使得行业的贷款余额受到影响。此外,出借人信心受挫、成交量下降、监管要求平台控制规模等因素,使得行业贷款余额在 2018 年停滞不前。

(3)综合收益率

2018 年,P2P 网贷行业总体综合收益率为 9.87%(见图 2—14),相比 2017 年 P2P 网贷行业总体综合收益率上升了 40 个基点(1 个基点=0.01%)。2018 年,综合收益率小幅回升,主要是因为下半年行业负面舆情较多,出借人信心下降,不少平台为吸引新的出借人和提高老用户的留存率,进行了加息活动。从 2018 年月度综合收益率走势看,1 月至 6 月的综合收益率稳定在 9.6%附近,7 月开始收益率出现明显的上升,8 月之后综合收益率突破 10%。

① 贷款余额仅包括本金,不包括利息,贷款余额历史数据同步进行回溯处理。

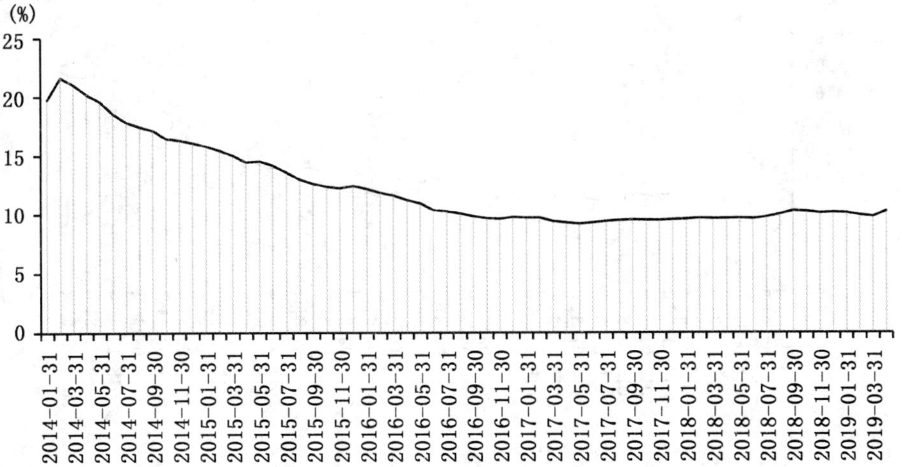

数据来源:网贷之家研究中心。

图2—14 2014年1月—2019年4月P2P行业综合利率走势

(4)借款期限

2018年,P2P网贷行业平均借款期限为13.05个月,相比2017年拉长了3.86个月。如图2—15所示,从2014年开始P2P网贷行业的借款期限一直呈现拉长的趋势,这主要是因为随着行业发展趋于成熟,打着“期限短、高利率”旗号的小平台逐渐清退,当前正常运营平台尤其是大体量平台,更倾向于发布长期项目标的,从而带动行业平均借款期限拉长。2019年4月的数据显示,P2P网贷行业平均借款期限已经上升至15.74个月,达到历史新高。

(5)出借人与借款人

据测算,2018年P2P网贷行业投资人数与借款人数分别约为3 963万人和4 290万人,较2017年分别下降22.28%和0.53%。从数据可以看出,P2P网贷行业人气,尤其是投资人数出现了明显下降。出现这一现象主要与P2P网贷行业的风险事件爆发有关。

(6)融资情况

据网贷之家研究中心不完全统计,截至2018年底,P2P网贷行业共发生239例融资事件,总融资金额547.54亿元。其中,2018年共发生25例融资事

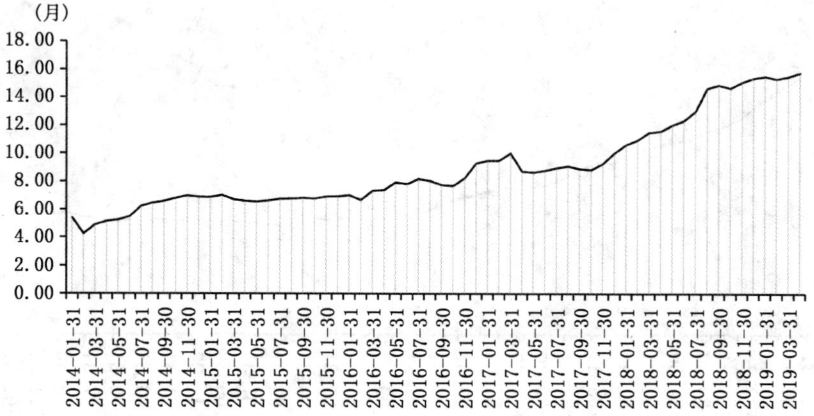

数据来源:网贷之家研究中心。

图 2—15　2014 年 1 月—2019 年 4 月 P2P 行业平均借款期限走势

件,相比 2017 年减少 13 例,总融资金额约 117.93 亿元,环比 2017 年增加 29.85 亿元,但相比行业规模增速较快的 2015 年和 2016 年,融资热度有所下降(见图 2—16)。

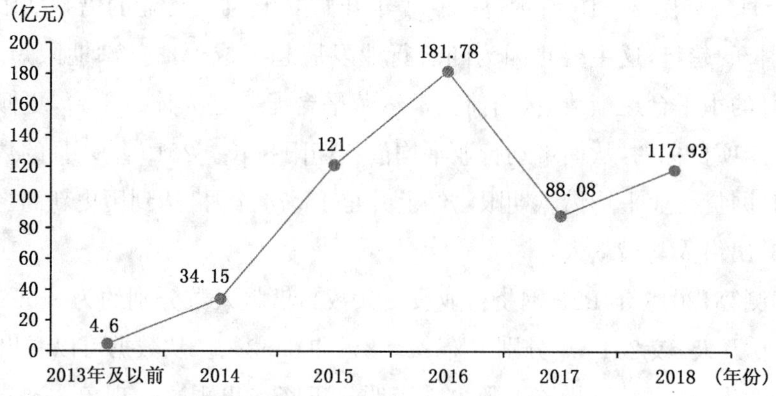

数据来源:网贷之家研究中心。

图 2—16　P2P 网贷行业融资金融①

---

① 其中汇率按照 6.85 计算,未公布规模的不纳入统计,融资金额为数千万元的按两千万元计算;2018 年统计数据不包括问题平台的融资。

此外,2018年融资金额高的原因主要得益于陆金所12月获得的13.3亿美元融资,若不将此例融资纳入统计,2018年总融资金额仅为26.83亿元,相比2017年减少了61.25亿元。

整体而言,近几年P2P网贷行业的融资热度呈现下降趋势,这主要因为随着监管体系的全面形成,平台基本都进入了合规整改阶段,未来是否能通过备案均是未知数,行业乃至平台未来发展的不确定性增加,再加上近两年资本市场大环境整体低迷,资本方的投资相对谨慎所致。

但未来随着P2P网贷平台备案完成,政策的不确定性可以基本消除,平台也均在监管方的监督之下,整个行业的风险有所降低,发展前景明朗,预计2019年融资情况相比2018年会有所好转。

本报告第二部分第五章将对P2P借贷发展历史和现状将进行详细的梳理。

2. 众筹发展现状①

(1)新上线平台数量骤减

据不完全统计,截至2018年12月底,国内上线过的众筹平台共计约860家。从2011年互联网众筹平台在我国出现开始,经过三年的发展,众筹行业在2014年的发展进入爆发期,淘宝众筹、京东众筹等相继出现,众筹投资方式增多,众筹市场放量增长,众筹行业2.0版开启。到2015年和2016年,众筹行业发展达到顶峰,年新增平台分别为289家和283家。但2017年之后,由于互联网金融热度下降及政策监管趋严,众筹平台增量断崖式下跌,2017年全年仅增加70家,2018年为14家(见图2—17)。

(2)运营中众筹平台不足200家

从图2—18看,2016年,在运营中的众筹平台达到顶峰,共532家,物权型平台以155家领先;2017年开始,各类平台数量急跌,在运营中的平台全年仅294家;截至2018年12月底,在运营中的平台仅余147家。

分类别看,物权型平台跌幅最为严重,高达85.81%;股权型、权益型平台走势趋同;公益型平台最为稳定;综合型平台跌幅为78.05%,仅次于物权型

① 众筹数据来自烯易《2019互联网众筹行业研究报告》。

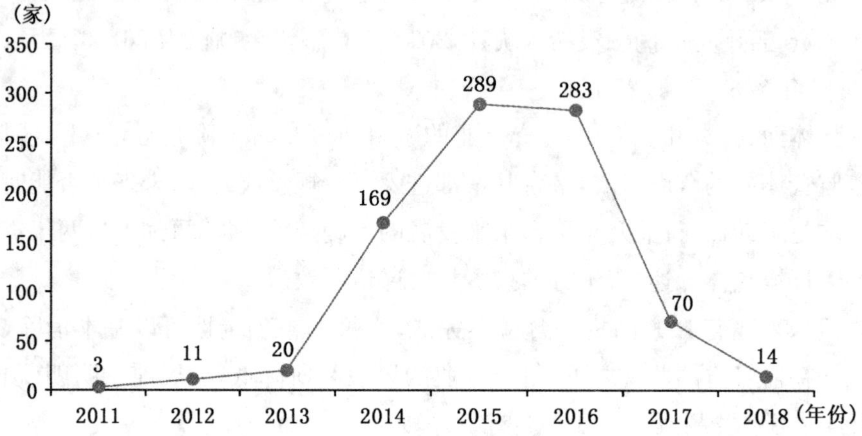

图 2—17 新上线众筹平台数额

平台。2018 年,股权型平台 52 家,居行业之首;权益型平台以 47 家居于第二。

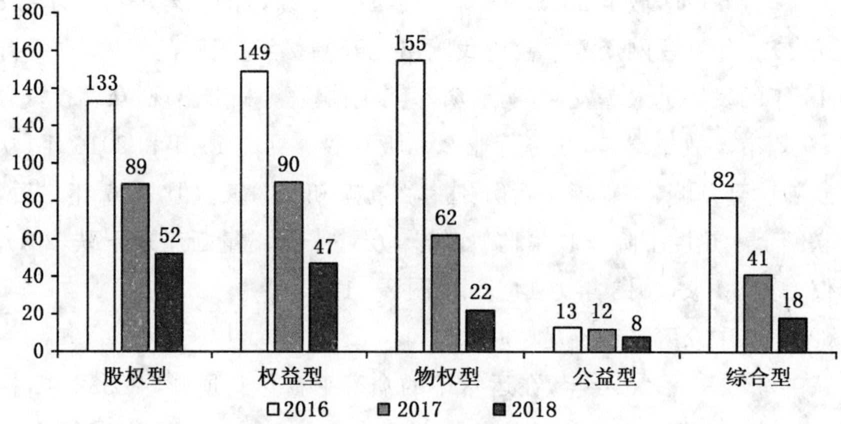

图 2—18 2016—2018 年在运营中的众筹平台分类走势

(3)股权型在运营平台超权益型平台数量

从运营中的平台分类占比看(见图 2—19),2016 年,物权型平台占比最高,达 29%。然而,从 2017 年开始,由于政策及行业原因,物权型众筹平台暴雷严重,截至 2018 年 12 月底,物权型平台行业内占比降至 15%,下降近一半;2017 年,股权型和权益型平台数量超过物权型,且占比相近,同步增长,并在 2018 年底,在运营中股权型平台超权益型平台,占比为 36%;公益型平台占比份额较小,由 2%增长至 5%;综合型平台占比略有下降,三年占比分别为 15%、14%、12%。

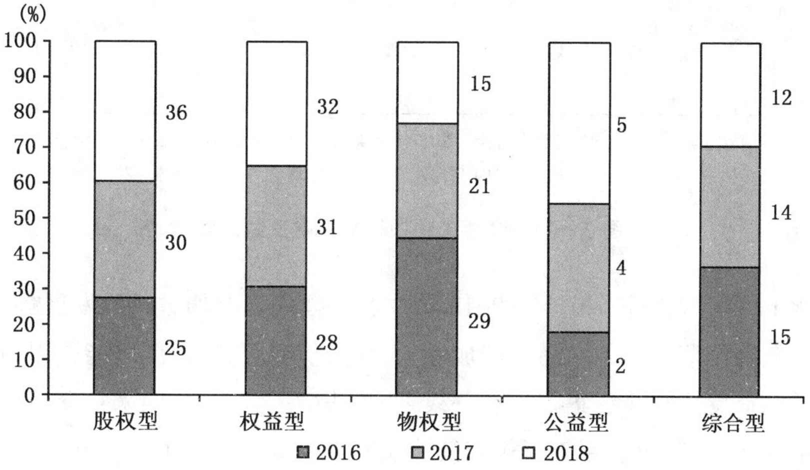

图 2—19 2016—2018 年众筹平台占比分布

(4)众筹成功项目与融资额总体呈增加趋势

截至 2015 年,众筹平台总融资额约为 110 亿元;2016 年开始,与众筹平台数量大幅下跌不同,众筹成功项目和融资额整体均呈上升走势。2018 年上半年,共获取项目 48 935 个,成功项目数为 40 274 个,成功项目融资额达到 137.11 亿元,与 2017 年同期成功项目融资总额 110.16 亿元相比增长了 24.46%,行业整体数据较为乐观(见图 2—20)。

平台的大幅度减少与成功项目和融资额走高的相反趋势,说明众筹行业已经出现头部平台资源聚拢,行业将向着更加规范、合理的方向发展。

(5)股权型成功项目数、融资额均负增长

由图 2—21、图 2—22 可知,除股权型项目外,物权型、权益型、公益型项目都有不同程度的增长,而股权型项目双跌,尤其是成功项目数,2018 年上半

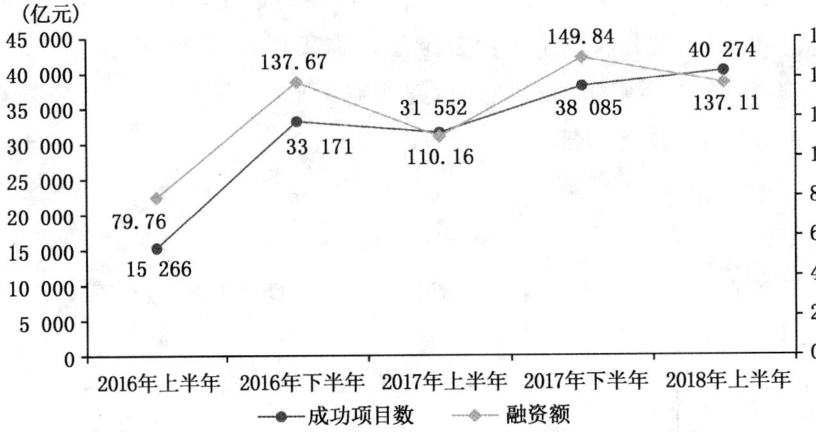

图 2—20 众筹成功项目数及融资额走势

年同比下降 41.71%。相较于 2015 年左右股权众筹势如破竹的发展势头,目前股权众筹可谓进入了寒冬。造成股权众筹逆势下跌的原因可能是因为股权型项目融资特征与非法集资只有一线之隔,法律风险较大,向来是众筹行业踩雷的重灾区,且股权众筹流程相较其他众筹类型也更为烦琐。

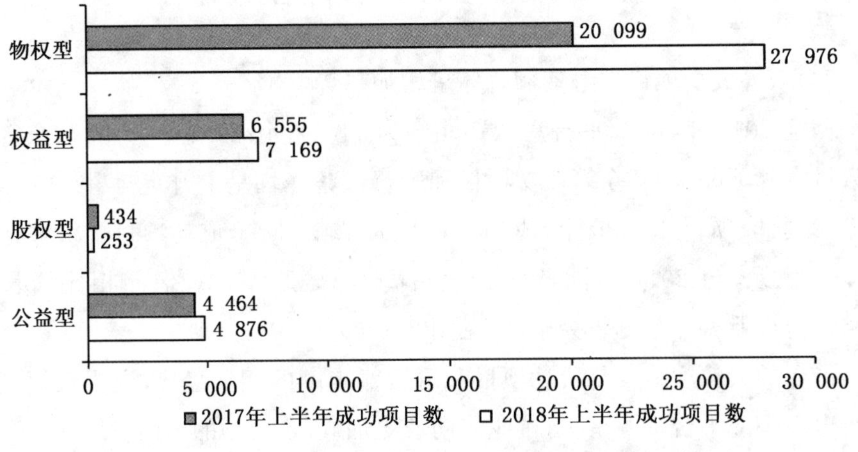

图 2—21 2017 年、2018 年上半年各类众筹成功项目对比

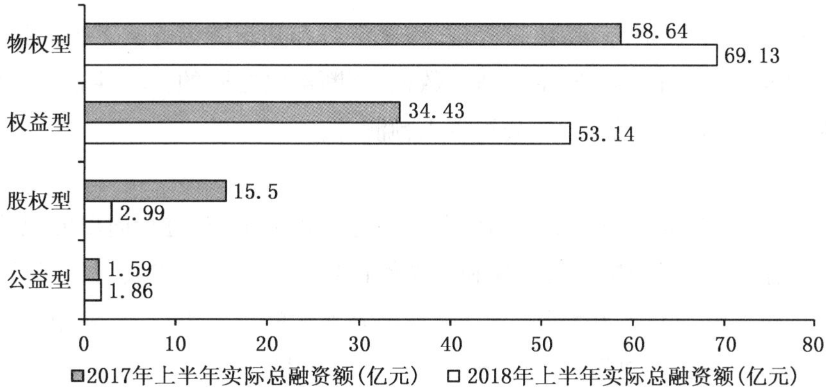

图2—22　2017年、2018年上半年实际总融资额对比

(6)项目日趋多样化,酒店、民宿等成热点

众筹行业进入寒冬,平台大量退出市场,很多尚存众筹平台努力开拓新的渠道,多行业推出众筹项目。近年来,酒店、民宿、农业、网络电影等成为众筹的热点。多彩投作为目前众筹行业的领先企业,主打酒店、民宿等项目融资;开始吧众筹涉及行业主要有民宿、农业、休闲、餐饮等;摩点众筹以文化创意为主,主要从事影视、游戏、动漫及其衍生周边的项目众筹。

(三)财富管理

财富管理是以客户为中心,根据客户的财务状况、风险偏好、现金流和财富需求,为其提供一套关于资产、负债、流动性管理的财富计划。金融科技在财富管理行业方面的应用主要包括以下四个方面:

1. 社交投资

社交投资集社交、移动、交易等功能于一身,是信息共享功能与金融投资策略结合在一起的一种财富管理模式。社交投资为专业投资分析人员和投资者搭建了交流平台,基本逻辑是基于移动客户端和大数据分析等互联网技术手段,为广大长尾客户提供原本由高净值客户才能享受的投资顾问服务,具有普惠性和开放性。国内比较有名的社交投资平台包括雪球、一起牛、新浪理财师、金贝塔、傻瓜理财、京东财迷、牛股王等。

ent)问卷;资产配置采取风险平价(Risk Parity)理论模型;组合选择采用多因子打分法,对基金进行归因;交易执行:智投系统实现自动生成调仓信号,向投资人发出调仓信号;风险跟踪:对投资组合实行 7/24 监控,降低风险等级;绩效分析:阶段性绩效回归产品,剖析基金的风格和收益风险来源。基于上述路径,基金公司着重自主研发针对自家公司的智能投顾工具,如嘉实基金的"金贝塔",盈米基金旗下的"且慢"以及银华基金的天玑智投;等等。

综览国内金融智能投顾发展状况,相对国外全自动智能投顾与产品差异化发展而言,国内智能投顾产品的运作模式、标的资产、收费模式、服务模式与内容的同质现象严重,鲜有金融机构侧重底层算法等核心基础技术研究,注重原始核心竞争力培育,其结果必然导致智能投顾创新发展向金融业各子行业的龙头集中。

(四)数据分析

数据分析基于优质数据资源,应用大数据分析技术,提升风险评估水平并改善金融服务。我国数据分析的重点领域就是信用评级,即基于非传统的在线数据源和行为分析,如购物行为和社交媒体网站的信息,来了解并确定客户的风险概况。根据央行 2019 年 4 月 12 日公布的数据,个人和企业征信系统已采集 9.9 亿自然人(见图 2—23)、2 591.8 万户企业和其他组织的信息,分别接入机构 3 564 家和 3 465 家,年度查询量分别达到 17.6 亿次和 1.1 亿次,是目前全球最大的征信机构。

上述市场主体中,个体工商户一般以个人身份向银行申请授信,但目前仍有 4.6 亿自然人没有信贷记录。企业近 3 500 万户主体中,接入央行征信的超 2 500 万户,即使考虑到"空壳公司",企业征信中的"白户"仍然广泛存在。这说明仅靠商业银行、公共服务机构、少数市场化征信机构等的信息整合远远无法满足市场的需求,而且过高的信息采集成本也限制了其使用范围。

网上支付的普遍化为线上征信提供了可行条件,这是因为移动端的数据维度更多,可以使用户"画像"更立体,服务体验更好,数据的实时获取和解析让风控有效性得以提升,在很大程度上填补了中小民营企业在个人征信建设领域的空白(见图 2—24)。

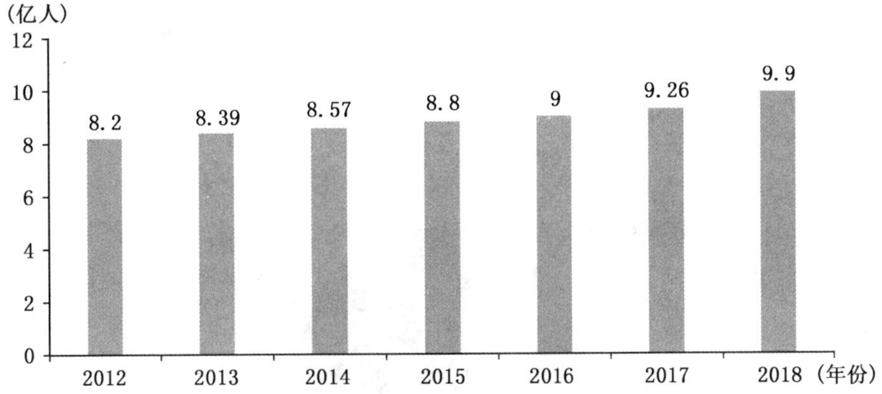

资料来源:中国人民银行、前瞻产业研究院。

图2—23　2012—2018年中国个人征信系统自然人记录数量

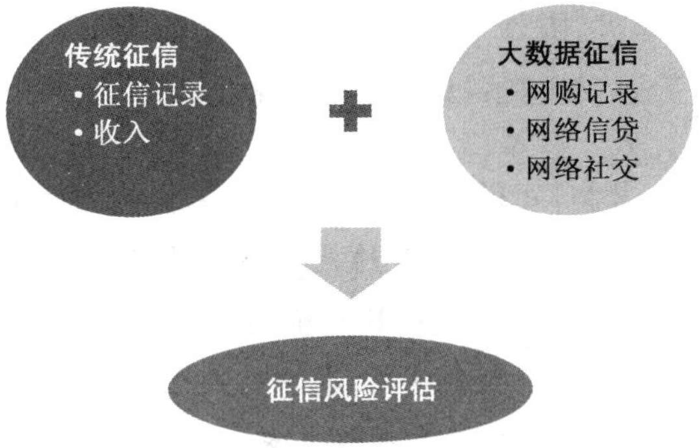

图2—24　传统征信与大数据征信下信用风险评估内容

专栏2—1

百行征信

百行征信由市场自律组织——中国互联网金融协会与芝麻信用、腾讯征信、前海征信、考拉征信、鹏元征信、中诚信征信、中智诚征信、华道征信8家市随着互联网、智能电子产品的不断普及,除了在传统信贷领域得到应用外,征信的应用场景也不断地延伸扩展(见图 2—26)。芝麻信用的应用场景已经衍生到生活的方方面面,包括神州租车、共享充电宝、未来酒店、小猪短租、花呗等场景。考拉征信也在住宿、旅游、餐饮等生活方面有所应用。

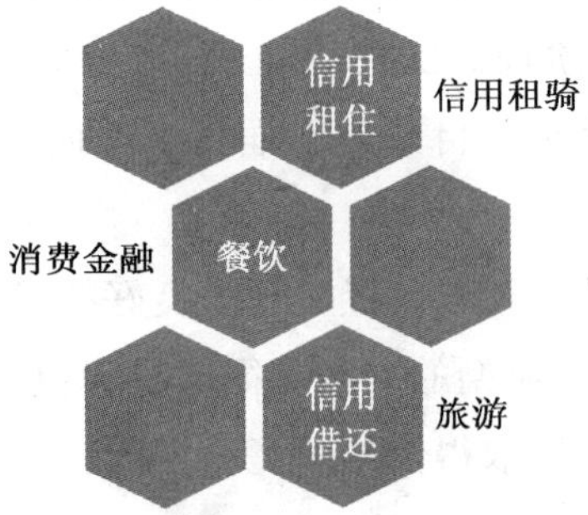

资料来源:前瞻产业研究院。

图 2—26 大数据征信在生活领域的应用场景

(五)其他金融产品

1. 智能合约

智能合约是按照既定的合约条款,当触发某些特定条件时,能够自动执行的计算机程序。早在 1993 年,数字合约和数字货币专家尼克·萨博(Nick Szabo)就提出了智能合约的概念,但受困于当时数字金融系统无法满足可编程交易的需要,智能合约在金融体系中未得到实质性的应用。随着金融科技的飞速进步,区块链等技术的出现为智能合约从虚拟转化为现实提供了可能。智能合约是区块链技术的重要应用,基于区块链"去中心化"及数据不可篡改的特点,智能合约实现了整个交易流程的透明化和可追踪,并可避免恶意行为对正常执行合约的干扰。基于区块链上的外汇交易所 FXCO(Forex Coin Omnipotent)当前正在尝试将数字资产以智能合约的方式注入外汇交易平台,使交易由智能合约自动执行,由记账转为真实资产交易。而在已经落地的智能合约应用场景中,基于以太坊智能合约钱包的 CryptoKitties 游戏是当前最为成功的应用,交易一旦成功,就算发布方自己都无法更改。

理论上来讲，智能合约可以在各个方面提高我们的生活质量，但智能合约的落地还不足 6 年，目前还处于发展初期，应用还是一些比较初级的游戏类、交易所类，就算是发展较早的以太坊项目，如今也还是被人们所诟病。

智能合约的很多优点也是其局限所在，比如说，智能合约的不可篡改性，因为代码的构建依旧是人来完成的，App 况且还需要不断地测试和迭代，智能合约的运行如果出现了问题，不人为干涉也是不现实的。目前看来，智能合约还只是停留在合约阶段，距离人们想象中的智能还有很远的路要走。

2. 数字货币

数字货币是电子货币的一种，但是又明显区别于传统电子货币，它依靠密码技术来创建、发行并实现流通，可以用来进行真实的商品和服务交易，如比特币、莱特币、以太币、瑞波币等。基于其去中心化、匿名性强、支付便捷的特征，数字货币在跨境贸易、支付清算和商务汇款等方面有着非常大的发展潜力。

我国正处于数字货币的研发阶段。从 2014 年央行开始对法定数字货币展开研究到现在，我国法定数字货币在理论和实践方面已取得丰硕成果。中国人民银行选择了票据市场作为法定数字货币的试验田。2016 年 12 月，数字票据基于区块链的全生命周期的登记流转和基于数字货币的票款对付(DVP)结算功能已经全部实现，这意味着数字票据交易平台原型系统已开发成功并达到预期目标，显示数字货币在数字票据场景的应用验证落地。2017 年 1 月，已按计划完成数字票据平台、数字货币系统模拟运行环境的上线部署，并与中国工商银行、中国银行、浦发银行、微众银行、杭州银行等多家试点银行进行了网络试联通。2018 年 9 月，成功实现湾区贸易金融区块链平台项目一期预定目标——基于区块链技术的贸易金融底层平台建成，且实现了应收账款贸易融资场景的应用。2019 年 2 月，人民银行副行长范一飞在全国货币金银工作会议上明确表示，2019 年我国要深入推进数字货币的研发。

专栏 2—2

电子货币、虚拟货币与法定数字货币的区别

电子货币是指法定货币的电子化,电子支付服务最初是由银行等金融机构提供的,如银行卡和网银等。随着第三方支付机构等非金融机构的出现,电子支付更加便捷,界面更加友好。电子货币为公众提供了新的支付手段,但最终要回归银行系统。虚拟货币是价值的数字化表现,是由私人机构发行并且使用的记账单位,可分为封闭型、半封闭型和开放型三种,最为典型的是比特币。数字货币在虚拟货币的基础上,还要求能被用于真实的商品和服务交易,而不局限在网络游戏中。法定数字货币由央行发行并做信用背书。

电子货币和虚拟货币同法定数字货币有明显区别。法定数字货币本身是货币,和纸币、硬币共同构成现金,而电子货币只是电子化的法币,是支付手段的创新,基本上无信用风险,有内在价值且价值波动较小,处于银行体系可监控范围之内,而虚拟货币,尤其是比特币等基于区块链技术的虚拟货币,具有去中心化的特点,无实际信用和价值支撑,价值波动大,而且易被洗钱、恐怖融资等非法活动利用,增加了金融体系的风险。

目前,我国关于法定数字货币的定义是数字化的人民币,属于法定加密数字货币,其本身是货币而不仅仅是支付工具,可以从四个维度对法定数字货币的本质内涵进行界定和剖析:法定数字货币在价值上是信用货币;从技术上看是加密货币;在实现上是算法货币;在应用场景上则是智能货币。

三、机构发展情况

与科技有关的金融服务种类繁多,既有传统的金融服务如财富管理、保险、支付和银行业务,又有新兴领域如 P2P(Peer-to-Peer)贷款或区块链技术。在起步阶段,科技类公司主导了金融科技行业的发展,但随着金融科技的潜力

被激发和对固有商业模式的冲击，越来越多的传统金融机构发现金融业态颠覆背后所隐藏的巨大商机，新旧金融机构开始走向合作，并介入到整个传统金融模式中。总之，在这个领域，既存在科技公司提供各有特色的金融服务的现象，也存在传统金融机构使用最新金融科技提供传统服务的现象。金融科技公司和传统金融机构之间的界限日渐模糊。

(一)金融科技公司及发展趋势分析

金融科技公司以技术服务为主业，具有创新和开拓的基因，大多数该类企业最初与金融并不相关，而是在后期发展中将业务逐步向金融行业倾斜，且这类企业多半是互联网领域的相关科技公司，如阿里巴巴旗下的蚂蚁金服、京东旗下的京东数科、百度旗下的度小满金融等。本报告第三部分将对一些典型的金融科技公司展开详细介绍，这里仅就中国金融科技公司的发展趋势展开分析。

1. 竞争格局上，行业趋于整合，市场集中度提升

综观金融科技行业，细分领域庞杂，初创企业众多，特别是2013年以来的互联网金融热潮，吸引了大批的企业进入市场。经过数年的发展与竞争，金融科技市场格局开始呈现整合趋势。

根据中国金融科技企业数据库的统计，2008—2014年间，新注册的金融科技公司数一直呈增长的趋势，由348家增长至5 127家，在2013—2014年增长率甚至达到100%以上。这一阶段正好就是互联网迅速普及的时期，市场出现了量化派、百融金服等金融科技公司。同期，蚂蚁金服独立，成为阿里旗下金融服务公司，并推出余额宝；京东金融也开始独立运营，定位为服务金融机构的科技公司。而从2016年开始，新注册的公司数量呈现断崖式下降。到2017年，新成立的金融科技公司435家，仅为2014年的8%(见图2—27)。

市场上新进企业的大幅骤减可能由以下两方面的原因造成：

一是市场竞争程度愈发激烈。经历了多年的高速发展，金融科技领域的公司数量已经达到一定量级，在2015年的顶峰时，注册的金融科技公司已多达4 308家，而大部分公司的业务集中在风控、营销和运营层面，这些是科技最广泛的应用场景，也是目前金融科技公司争夺最激烈的领域。

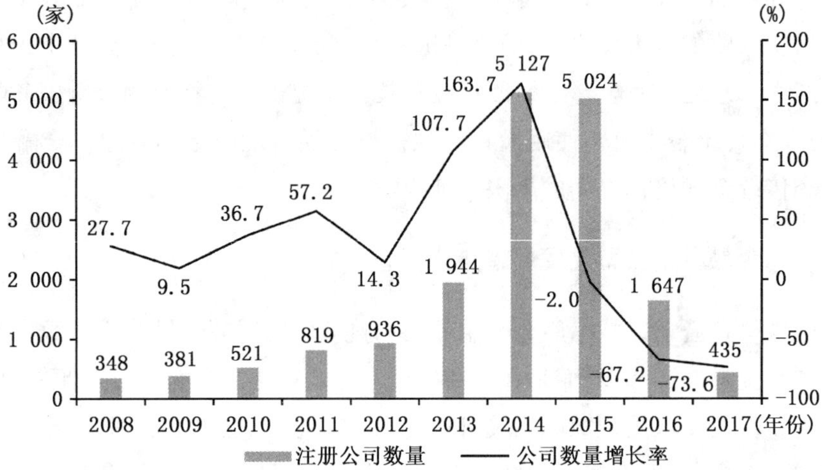

图 2—27　2008—2017 年中国金融科技公司注册数量变化

二是监管日渐趋严。随着严监管的常态化,部分领域的业务空间已出现阶段性的天花板,如网络借贷领域,监管部门明确表态要严格控制增量、消化存量,在客观上推动了行业洗牌。在这两方面的压力下,实力不济的机构选择加速转型或者退出市场。监管与市场共同驱动着金融科技公司的整合。

总之,科技行业具有赢者通吃的天然特性,更容易形成巨头垄断的行业局面。同时,随着传统金融机构逐渐从目标客户变成强有力的竞争对手,可以预见,伴随着行业的不断整合,少数突围者将引领潮流,行业格局逐步确定。

2. 服务上,金融科技应用认知深化

随着金融科技的发展和客户行为的变化,金融机构对金融科技的理解认知持续深化。移动化、5G、通信、AI 等技术的发展无一不帮助着金融科技公司从“客户”向“用户”①服务理念的转变。金融科技的表现形式也不再仅仅只是停留在金融本身,而是贯穿于生活的诸多环节,如由传统的投资理财扩充到水、电、煤气等日常开销的支付,进而联结到消费、保险以及健康等相关流程和

① 在新零售背景下,客户和用户是属于完全不同的两个概念。客户就是单位时间内只光顾一次或者几次,不具备黏性和忠诚度的人群。用户则是不断复购,采购和使用同一个商户提供的商品,有很高的忠诚度的人群。用户具有核心价值,比如,缴费的会员。

环节,金融科技公司提供的服务表现得更为基础。

未来金融科技创新的关键,将在如何借助金融科技无缝无感融入客户的生产和生活,为客户提供简单、便捷的产品和服务上。根据麦肯锡的一项研究①,目前 3/4 的用户期待"即刻"服务,即通过线上对接五分钟内享受服务。在此背景下,"刷脸"(人脸识别)在成为转账、开户、ATM 存取款等金融服务新标配的同时,也已深入如门禁、门店点餐、酒店入住、航空旅行等生活的各个方面。在此过程中,越来越多的金融服务模块已通过 SDK(Software Development Kit)/API(Application Programming Interface),无感嵌入各类场景中。

随着技术的不断成熟与应用,客户对金融科技的认识持续加深,对金融服务和产品的期望将不断升高。未来金融科技赛道上的佼佼者,一定也是良好客户体验的提供者。

3. 模式上,由金融服务向科技赋能转型

2018 年,众多金融科技公司纷纷表示未来"不再做金融业务",而回归技术服务。其中,度小满从百度独立,京东金融改名京东数科,360 金融从三六零剥离上市。高度相似的战略转变,包含着金融科技创新者们的新共识:未来赋能和合作带来的价值将大于竞争。一方面,金融强监管下,过去靠传统业务驱动的模式发展面临较大挑战,如牌照获取难、资本金约束大、资管政策收紧等,网贷、理财、支付等很多业务受限,最好的调整转型方式就是与传统持牌机构合作;另一方面,科技在未来竞争中的作用日益重要,而发挥自身的优势,有望形成差异化优势,也可以获得更高的市场估值和更多的青睐。

在金融科技化的道路上,除了 BATJ 等互联网巨头,神州数码、长亮科技等传统金融 IT 服务商,以及众多细分领域的金融科技平台,均陆续加入科技赋能的行列。这些科技赋能者,试图将纷繁复杂的场景、流量、数据、风控、资金、产品等金融要素标准化,并从用户管理、产品定价、渠道营销、运营模式等方面,优化传统金融机构的服务链条,市场有望形成"场景流量方——平台赋能方——金融机构"的多元合作新模式。

① 麦肯锡咨询:《中国银行业 CEO 季刊:极致客户体验——银行未来竞争的护城河》,2017 年。

4. 市场上,重心由服务C端向B端转变

过去,金融科技创业者或行业巨头都瞄准C端市场,以C端流量为基础,将网络贷款、在线支付、资产管理等视为直接服务C端的主要发力点。但市场格局逐渐稳定,创新空间有限,消费级互联网市场已进入聚焦客户黏性的存量时代,而企业级互联网市场前景可期。致力于开发B端业务,为金融机构提供(2B2C①)相关科技服务,成为众多金融科技公司未来布局的重点。目前2B2C发展带来的平台生态已初具格局,金融科技B端市场服务需求进一步显现、BATJ等巨头纷纷布局B端市场,甚至有新兴公司登陆资本市场。毕马威预测到2020年,中国相关市场规模将超过12万亿元,前景广阔。

(二)金融科技公司应对传统金融机构的SWOT分析

1. 自身优势

(1)可充分利用O2O(online to offline)模式

金融科技公司在自身互联网技术的支持下率先实现了线上领域的突破,这是传统金融机构的短板。而低廉的线上运营成本使得其充分利用线上优势来为发展线下领域提供捷径成为可能,这种逆向发展模式的创新型思路成为金融科技企业独一无二的发展基础及优势。

以蚂蚁金服为例,它提出无人超市概念,大量投资打车软件、外卖软件(以早期较大力度的优惠活动吸引客户,培养大众新的消费习惯,拓宽业务领域),发展1212线下购物狂欢(对应于“双11”线上大幅度促销活动,培养“节日文化”,加强大众消费力度)、以支付宝为代表的第三方移动支付平台在实体店的基本全覆盖等,这些手段在保证线上平台服务质量的基础上准确定位,发挥专业优势,全面入侵多种线下领域。

在顺应供给侧改革的新形势下,O2O模式为企业的长期生存、提升竞争力提供思路。同时线上线下同步发展有助于拓宽用户数量,加强企业知名度,扩大影响力及覆盖面。

(2)依托场景更具多样性和创新性

① “2B”指“To Business”,即企业;“2C”指“To Customers”,即消费者。

相较于传统金融机构,金融科技运用互联网技术带来的先天性优势,可以不受时间和地域限制,有效扩大覆盖面,其处理信息能力之强、反应速度之快、等候时间之短、服务质量之高都能对传统金融服务形成极大冲击,有利于其辐射到传统服务所不能覆盖的群体。比如蚂蚁金服,其旗下的淘宝推出亲情账号,让老年人可以进行简单购物而不用担心繁琐的支付流程,扩大老年群体的利用率,通过便捷和重复性高的操作吸引客户。

此外,金融科技公司还可以以自身客户包为基础,利用线上平台推广业务的优势,加速业务拓展,进军不同的行业和领域。

当前,个人生活场景线上化发展态势明显。国家统计局数据显示,2018年全年,全国网上零售额90 065亿元,比上年增长23.9%。其中,实物商品网上零售额70 198亿元,增长25.4%,占社会消费品零售总额的比重为18.4%,比上年提高3.4个百分点;吃、穿和用类商品分别增长33.8%、22.0%和25.9%。在满足个人线上生活需求方面,更具创新力的互联网公司发挥了十分重要的作用,在衣、食、住、行、医各个领域均有效地弥补了传统服务机构的缺位。线上流量为商业变现提供了市场机会,内生于互联网企业的金融科技公司,在线上获客方面更占上风,可以依托多样的线上消费场景研发金融服务方案。相比而言,传统金融机构研发的产品同质性较高。

(3)技术能力更为突出

金融科技公司是技术上叠加金融场景,尤其以底层技术的应用为擅长。例如,根据百度官网显示,百度推出的度小满金融使用百度金融大脑作为底层基础架构,构建出了一套AI FinTech解决方案。而传统金融机构则主要是金融场景上叠加技术,更注重通过技术手段搭建平台,建立金融生态圈,所以两类机构对技术的重视程度不一样。

此外,金融科技公司对技术人员也更具吸引力。在机制上,金融科技公司的结构更加扁平化,决策机制更灵活,在用工、内部项目孵化、人员晋升等方面灵活性更好,对创新项目失败的容忍度和接受度更高。而传统金融机构大多数是国企,在机制上不如金融科技公司灵活。所以,这也是金融科技公司的主要竞争优势。

2. 自身劣势

(1)大众信赖度不足

对于蚂蚁金服旗下的招财宝、蚂蚁聚宝等理财服务,大众大多处于观望状态,或被其相较于传统银行或金融机构较高的短期回报率吸引,只投入少部分资金,便于及时抽身,并未将其视作自身资产管理的重要组成部分。

对此,金融科技公司应着重培养客户的黏性,提高宣传力度,以加强可信度,建立稳定的资金流,才有利于长远发展。

(2)品牌优势不明显

除了BATJ等互联网巨头设立的金融科技公司外,在各自细分领域,还存在着大量的互联网系统金融科技公司,而这些公司大多属于创业型公司,市场知名度有限。而大部分传统金融机构本身已在中国金融服务领域打响了品牌知名度,可以说,它们在进军金融科技行业时是“自带光环”,中小型金融科技公司无法比拟。

(3)线下客户资源数量有限

传统金融机构经过多年运营,在开展传统的线下金融业务方面,积攒了丰富的客户资源,在线下市场营销、产品研发、风险控制等各个方面,能力从一般意义而言比金融科技公司更强,因此在传统金融行业的金融科技创新时,也更加能贴合线下金融服务需求。而金融科技公司在提供线下金融服务方面劣势较为明显,线下客户资源数量有限。

3. 外部机会

(1)市场潜力大,可发展用户多

对比传统金融行业的支付、消费金融、资产管理、股权融资等,金融科技行业的规模显然还处于初级阶段(见图2—28、图2—29)。金融科技业务待开发领域较多,在不断更新的互联网技术的支持下,其市场潜力大,可发展用户多。在当下实体经济不景气的现实情况下,更应充分发挥金融科技的带动作用。

另外,金融科技公司还可以将视野聚焦于国外,拓宽市场。比如,截至2019年1月10日,支付宝全球用户数已经突破10亿,除了内地用户熟悉的支付宝,世界上还有9个本地版的“支付宝”,分别位于印度、泰国、韩国、菲律宾、中国香港、马来西亚、印度尼西亚、巴基斯坦、孟加拉国。全球还有近20亿人没有享受到银行服务,金融科技公司可在海外市场寻得商机。

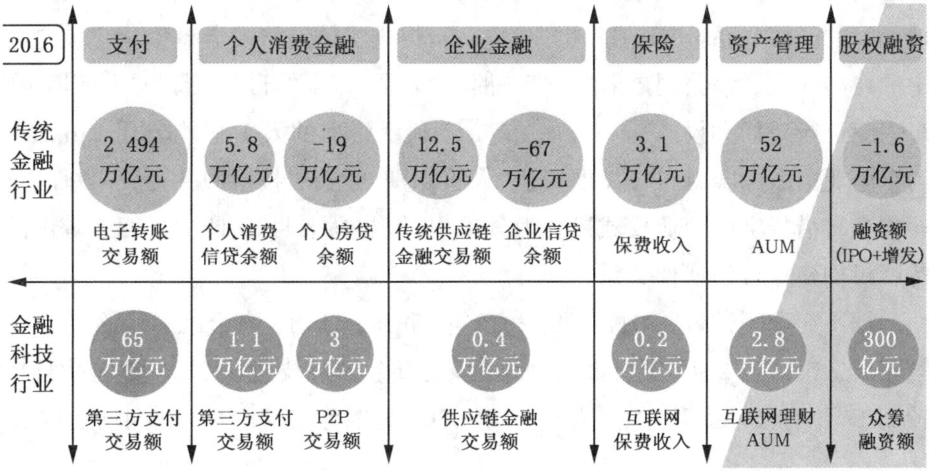

图 2—28　金融科技行业与传统金融行业规模对比(1)①

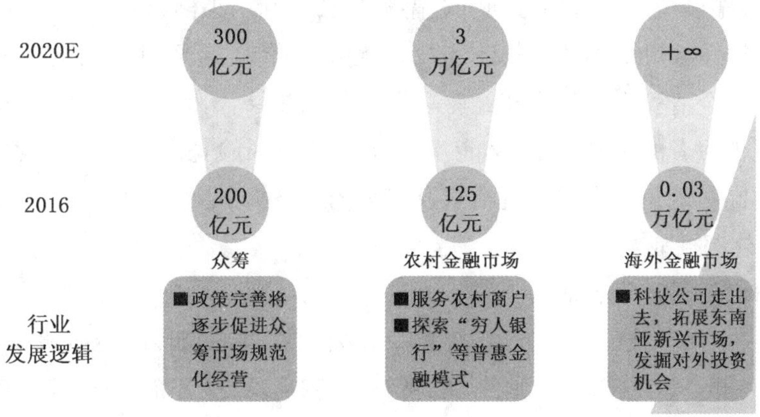

图 2—29　金融科技行业与传统金融行业规模对比(2)②

在我国“一带一路”发展政策下，金融科技公司还可以在开发跨国跨币种转账服务、寻找智能手机普及率高的国家发展移动支付等业务上寻求机遇，在

① 王宝华:《金融科技行业的新趋势与新机会》,2018 年。
② 王宝华:《金融科技行业的新趋势与新机会》,2018 年。

加速公司自身及互联网金融服务发展的基础上,加强“一带一路”沿线国家或地区间的经济联系,实现国际贯通,进一步促进实体经济发展。借贷宝就是其中的典型代表。该公司趁着“一带一路”的东风,以及“开放亚洲”的大环境,在东南亚进行布局和投入。一方面,借贷宝利用旗下的人工智能公司 Linkface 为东南亚国家的金融科技发展提供“人脸识别”等底层技术服务;另一方面,公司尝试将借贷宝的商业模式进行海外输出,拟与马来西亚、印度尼西亚等国的持牌机构建立合作伙伴关系。

据不完全统计,从 2017 年到 2018 年,我国已有 13 家金融科技企业在美国完成上市。据 2018 年财报数据显示,上市金融科技企业 2018 年业绩整体较 2017 年有大幅提升,如宜人贷、乐信、360 金融等,2018 年净利润均超过 10 亿元。

(2)与传统金融机构合作共赢

近两年来,传统金融机构与金融科技公司合作的案例屡见不鲜,机构合作已成为金融科技发展的新方向。金融科技公司利用小额、高频的消费场景,较低的服务成本,灵活的体制机制和技术优势,与传统金融机构在金融牌照、风险管控、资金清算方面的丰富经验和平台基础相结合,既可以简化用户操作流程,满足消费者的不同需求,又能互相借鉴,降低风险,实现长效稳定发展与互利共赢,同时避免了客户分流给双方带来的经济损失。

4. 外部挑战

(1)大量的竞争者涌入

随着金融科技的不断发展,金融科技公司在外部与传统金融机构竞争和同行业内部竞争的双重压力下,如何树立品牌形象、提升企业核心竞争力并在应对行业良性竞争的前提下寻求自身的健康、稳步发展,势必成为金融科技公司未来发展的一大难题。

(2)风险隐患多及控制压力大

金融科技产品及业务的多样化不但丰富了人们的选择,也加大了风险隐患及风险控制的压力。相较于传统金融服务中需要本人持身份证去指定地点办理并签署承诺协议等必备步骤的特点,网上金融产品交易降低了进入门槛,且不够成熟的产品机制、技术未达标的网上交易系统通常会使部分人有机可乘,加大了风险暴露程度。以蚂蚁金服为例,余额宝的成功推出使得天弘基金短期内迅猛发展,稳坐行业龙头宝座,但急剧扩张之下面临的风险隐患、如何有效控制资金流动及资金规模急剧扩大带来的隐患成为亟待解决的问题。

此外,客户在自身操作过程中由于保管不善或遭受黑客攻击等原因而造成损失,进而面临的潜在风险也值得关注。如何加强客户自身意识和防范水平,同时控制企业自身经营与管理的风险、保护客户数据安全、防止信息泄露成为金融科技公司发展中面临的新的挑战。

(3)合规性与监管压力

如果将2013年算为中国互联网金融的元年,到现在不过短短几年的时间,整个行业的风向标却已经经历了多次变更。从最早的P2P到互联网金融,随着2015年监管收紧,FinTech的提法开始替代互联网金融,继而又衍生出Techfin的分支,而最近,“不做金融”的提法又被越来越多的公司提起。这些现象的发生与监管的趋紧不无关系。中央多次强调要持牌经营,打好防范化解金融风险攻坚战。监管措施不仅具体到细分业务领域,如现金贷持续收紧,第三方支付“断直连”,在宏观层面上也将针对非传统金融机构出台一系列管理办法,如《关于加强非金融企业投资金融机构监管的指导意见》《金融控股公司监管办法》。牌照获取方面,监管层的审批存续标准也愈发严格,像滴滴、美团这样的企业同样要斥巨资“曲线”拿牌。未来,金融科技行业将逐步走向合规,短期套利的机会将越来越少,那些没有价值创造能力的金融科技企业将被市场淘汰。

(4)政策扶持力度不够

虽然政府支持科技自主创新并给予一定的信贷支持,但由于金融科技发展时间较短,缺少统一政策框架的支持,导致资金支持政策不够完善,缺乏系统性安排,对于小微企业初期的资金运作与发展的帮助作用有限,虽已力求增强授信力度,但没有解决直接融资市场不发达的情况,不利于金融科技企业的长效、全面化发展。

同时,关于金融科技发展的政策不具有导向性,侧重点不明确,没有有效降低信息不对称带来的逆向选择和道德风险,金融市场秩序没有得以充分维护。金融科技企业如何在这些情况下艰难发展、生存成为一大难题,但随着政策的逐步改进与实施后的带动作用和政府力量的合理边界的有效利用,这一难点会逐步得到克服。

(5)融资渠道不畅通

据统计,金融科技目前在我国主要以中小型企业为主,但是贷款问题对于中小型企业来说还是一大难题,中小型企业的贷款覆盖率仅仅刚达到16%,还有很多微型企业根本就贷不到款。之所以造成这种贷款困难的问题,其最主要的原因就是融资渠道堵塞,不完善。

因为科技型企业本身存在很大的风险,所以金融机构不会去冒险,它们在放贷的时候就会更倾向于大中型民营企业和国有企业,从而很容易忽略科技型中小企业的一些融资需求。中国已经有很多中小型金融科技企业,但是这些企业的上市条件苛刻,门槛较高,就造成一些发展前景良好的企业因没有这么过硬的条件而无法获得发展资金。

(6)金融科技软环境还没有形成良好的创新生态

目前,国内各省份各地区均存在着金融科技环境不良的情况,主要问题在于公众的不信任、没有完善的法律条文、服务手续繁琐及成本高。首先,信任问题。信用体系刚处于萌芽阶段,从2011年开始建成以来,在此过程中虽然取得了很多可观的成就,但还存在很多问题,需要进一步完善。其次,法律问题。金融法律体系开始发展,已经快要成型,2006年以来就有多项条文,但是有一个巨大的问题就是法律条文之间的联系松散,不成体系,离预期的效果还差很远。

(三)传统金融机构及发展趋势分析

传统金融机构包括银行、券商、保险公司、信托、基金等。这类机构是金融服务的传统供应商,在意识到科技的重要力量后,它们逐步加大技术的投入,或成立金融科技子公司,或购买相关科技服务和商业模式,或外包部分业务给相关科技公司,以平安集团、建设银行为代表。金融服务仍是该类机构的主导业务,技术是该类机构提高金融服务效率、培养核心竞争力、加快转型的辅助手段。

在金融科技浪潮中,传统金融机构依托多年的金融电子化、信息化建设基础,积极拥抱移动互联网、大数据、云计算、人工智能、区块链等新兴科技手段,大大推进了整个金融业资源配置效率的提升和成本的下降。第十四章和第十五章将详细介绍两个传统金融机构的金融科技应用案例。

技术的高速发展为传统金融注入了全新的活力,也带动着传统金融机构的转型。在新兴金融业态的冲击下,以银行为代表的传统金融机构首当其冲,面临巨大的挑战。为了提升金融服务效率、增强市场竞争力,传统金融机构纷纷开始强化自身的科技属性,将金融科技作为公司的战略重点与转型方向,一些金融机构甚至将公司的未来发展方向直接定位于科技公司,如招商银行宣称要成为"金融科技银行",平安集团立志于成为金融科技公司,浦发银行正在打造"浦发大脑",浙商银行提出要"拥抱金融科技,打造未来银行",中国银行董事长陈四清更是相信,"传统银行一定会在科技领域打一个大的翻身仗"。

外部环境也为传统金融机构的发展提供了有利的条件。金融科技公司本身在金融业务的扩展上就受到资本、资源的约束,监管的加强更是提高了这类公司进入金融市场的门槛。在这种环境下,持牌金融机构凭借其资源优势成为金融科技公司青睐的合作对象。可以预见,未来传统金融机构将在金融科技发展中发挥重要作用。

(四)传统金融机构应对金融科技公司的 SWOT 分析

金融科技初创企业的崛起,对传统金融机构形成了一定的冲击,下面将从传统金融机构视角,运用 SWOT 方法,分析传统金融机构相对于金融科技初创企业而言具有的自身优势、自身劣势、外部机会及外部挑战。

1. 自身优势

(1)政策支持

传统金融机构是国家经济发展的重要引擎,享有国家政策支持。传统金融机构的政策优势主要体现在经营牌照优势上,传统金融机构自成立就严格受国家法律制度的认可和监督,并设定极高的行业准入门槛,因此相比新兴挑战者金融科技初创企业具有牌照优势。

(2)实力雄厚,品牌溢价优势显著

传统金融机构具备金融科技研发创新和取得竞争优势的先决条件,就是雄厚的资本和资产实力。据不完全数据统计,传统金融机构在金融市场上的市场份额,包括资产规模、交易规模、资金规模及数量和覆盖面都占有绝对优势。首先,完善的经营网络,齐全的金融业务,这是任何一家金融科技初创企业都无法比拟的;其次,传统金融机构成立时间长,且国家对其审批非常严格,历经金融危机的考验。因此,与金融科技初创企业相比,传统金融机构的信誉度和安全性更高,更具认知度和忠诚度。

(3)客户资源丰富

客户资源是金融业的立身之本、行业机构发展和竞争的有力武器。传统金融机构经过长期的发展运营和渠道拓展,积累了各层次的个人和企业客户资源。而且传统金融机构通过战略、利益协调机制和关系定价等策略,与客户建立和维持长期而全面的关系。而金融科技初创企业品牌知名度有限,产品竞争激烈,客群定位更多在技术优势凸显的长尾用户上,客户类别有限导致客户互补性较弱,对平台的流动性管理要求提高。

(4)风险控制体系健全

传统金融机构一方面面对日趋严格的外部监管和日益激烈的同业竞争,为维护自身优势地位,引入先进的风控理念和风控技术,完善风险管理制度和组织架构,不断强化自身的风险管理体系,提高风险控制能力;另一方面,传统金融机构在保持业务发展、结构优化和盈利增长的同时,坚持审慎风险管理原则,确保客户资金安全和资产优良,在实现风险、资本和业务协同发展中实践并积累了丰富的风险管理和控制经验。与此同时,金融科技初创企业的监管还处于比较空白的状态,在风险管理和控制方面无论是理念、技术还是人才等都逊于传统金融机构,还有待加强和完善。

(5)金融专业人才储备

当下,在金融产品很容易被快速克隆,硬件设施已不能成为竞争砝码的背景下,软实力成为传统金融机构竞争的着力点。传统金融机构聚焦人才的培养,不仅包括熟知金融运行规律的金融人员,还包括风险管控人员、技术开发人员等,以此来获取持久的竞争力。而对于金融科技初创企业,引入架构完整的专业金融人才团队,成本高昂且稳定性差,成为当下金融初创企业业务拓展面临的掣肘。

2. 自身劣势

(1)新技术运用能力不足

传统金融机构虽然经过多年的运营和发展,已具备强大的电子支付、清算和结算系统,完善的金融业务处理能力,安全认证、安全处理等技术。但由于基础设施系统庞大、维护成本昂贵,加之信息化重视程度不够、自主创新能力不足,而且出于机构内部利益平衡考虑、新技术的监管和风险的担心等问题,往往会对新技术的运用抱以谨慎和怀疑的态度,反应迟缓和被动,在新技术的运用上难免显得捉襟见肘。

(2)产品设计缺乏创新

传统金融机构秉持以金融产品为中心的服务理念,在多数金融产品的开发中,并没有将客户放在中心地位,没有针对性地对客户的消费习惯、交易信息及消费需求等进行深层次的数据挖掘与分析,因此,金融产品的设计和营销缺乏创新和特色,对客户体验的重视和关注不足,限制了客户流量的增加。

(3)业务流程繁琐

传统金融机构给客户留下的印象往往是"贵、繁、慢",究其原因主要是对历史路径及组织形态的过分依赖,对风险的过度把握及细节的追求,从而忽略了机构服务质量、效率及客户体验。以银行信贷为例,银行的信贷流程一般是借款申请、贷前调查、风险评估、逐级审批、合同签订、贷款发放,流程环节多且复杂,审批流程时间也较长。而金融科技初创企业的贷款借助于互联网或移动设备等设施,借贷过程简单很多,客户通过鼠标一键点击就可完成审批流程,便捷又高效。

(4)对技术人才的吸引力不强

在很多传统的金融企业科技人员仍然被理解为系统管理员,而把信息技术部门简单当成一个后台基础支撑部门,在企业受重视程度较低,与高层的沟通机会少,没有一个有效的科技创新氛围。加上金融企业对科技人员的能力和经验等级划分界定模糊,导致科技人员的积极性不高、存在感不强,这是近年来金融行业科技人才流失的原因之一。

3. 外部机会

(1)数字化身份系统的建设契机

身份是一切经济活动得以进行的关键。当前,随着社会的互联网化和网络化不断外延,数字化身份以一种抽象的方式实现对多样化信息的超越,降低交易成本,打破交易时空的界限,促使交易更加自由化和安全化,提高交易发生的频率,优化配置社会资源。但是目前的数字身份系统是一个全球痛点问题,只局限在探索阶段,数字化身份系统的滞后严重制约了高效的、安全的、基于数字的金融科技产品的发展和传递步伐。传统金融机构具备引领数字化身份建设的先发优势,多年的业务经营积累了海量的用户信息,完善的业务操作和数据使用监管原则,交易中介转变身份中介的可行性优势,信息和资产存储深得消费者信任等方面都可使其在与金融科技初创企业的数字化能力竞争中拔得头筹。

(2)大数据技术的发展

大数据技术发展有助于传统金融机构实现精准营销和降低风险。海量的互联网行为数据能够提供用户的喜好、未来购买意向以及购买动机等真实信息,通过挖掘分析网络行为数据,不仅能够帮助传统金融机构快速洞悉用户购买产品的真实想法,还能发掘影响用户购买决策的关键因素。在此基础上,传统金融机构能够及时为用户推送符合其购买意愿的个性化产品,提升产品营销的精准度,缩短产品营销周期,提高传统金融机构的运营效率。其次,传统金融机构借助大数据技术对金融行业积淀的海量数据进行分析,不仅考虑与用户相关的业务的历史数据,还会将多个与业务相关的弱变量加入风控模型,例如,将用户水电费的缴纳情况纳入大数据风控模型中,从而更加细致、准确地判断用户的信用情况,能够有效降低信用评估、产品研发、机构运营和决策制定等环节的金融风险,大幅降低金融行业的风险损失。

(3)合作共赢的发展机会

金融科技初创企业依托于互联网技术,为客户提供便捷、高效、低成本的金融产品和服务,客户的消费模式及消费偏好习惯都发生着根本的改变,客户不再满足于标准化的金融产品,更加青睐于差异化、个性化且快捷的金融产品和服务。金融科技初创企业的迅猛发展,为传统金融机构带来了“鲶鱼效应”,倒逼着传统金融机构在业务层面通过收购、与初创企业战略合作合资的模式开展合作,在资本层面通过投资、孵化加速初创企业举措积极实现战略转型。

4. 外部挑战

(1)金融中介角色弱化

在过去的金融市场上,传统金融机构是资金流、信息流和客户流的中枢,但随着金融科技初创企业的发展,传统金融机构的中介角色有逐渐弱化的趋势,"金融脱媒"越来越深化。传统金融机构的"金融脱媒"体现在三个方面:一是客户不再依赖传统金融机构中介的间接融资,而是依托互联网平台进行直接融资,实现资金供求双方的直接匹配,形成资金脱媒;二是数据挖掘技术和智能搜索引擎掌握海量客户信息,解决了信息不对称的问题,降低了交易成本,增加了交易机会,实现了信息脱媒;三是客户不直接与传统金融机构接触,而是通过第三方平台开展金融交易,传统金融机构的客户忠诚度受到挑战,造成客户关系脱媒。

(2)收入来源受到威胁

传统金融机构的收入来源主要来自两个方面:一方面是存贷利息差收入,另一方面是手续费及交易佣金收入。随着金融科技初创企业的业务范围不断延伸,特别是网络借贷平台、第三方支付平台和理财销售平台的崛起,传统金融机构的借贷业务和中间业务逐渐被替代,越来越多的客户资源和市场份额被抢占,两部分的收入受到蚕食,传统金融机构的收入来源和盈利能力受到挑战。

(3)经营模式受到冲击

传统金融机构的经营模式受到的冲击体现在两个方面:一是随着新兴技术的快速发展,人们的消费习惯发生着根本改变,个性化、差异化和场景化的金融产品和服务更受青睐,越来越多的消费者减少了对传统金融机构的传统服务的依赖。二是传统金融机构无法应对个人消费者、中小企业及其他未被金融服务覆盖的客户群体的风险分散化和多样化的挑战。金融科技初创企业在这两方面表现出极强的竞争力。传统金融机构要顺应 FinTech 发展趋势,对重构金融业态的理解不能停留在物理网点的替代上,要认识到 FinTech 不仅仅是一种科技赋能,而且是金融和科技深度融合后带来的商业模式的彻底变革。

(五)金融科技公司与传统金融机构的融合

由上述SWOT分析可以看到,无论是金融科技公司还是传统金融机构,合作对于两者都是一个新的发展机遇。结合传统金融机构在资金储备、风控经验、产品研发、客户经营管理以及用户在金融产品及信贷业务上的数据优势,与金融科技公司用户流量、社交生活数据、技术上的优势,可以最大限度地实现协同效应,规避业务合规和监管政策风险。因此,越来越多的传统金融机构与金融科技公司选择合作,或者合并收购,以期取二者之长,实现优势互补。

根据普华永道2018年的调查结果显示,尽管传统金融机构加大了对新技术的自主研发和应用,它们与金融科技公司的合作仍在继续,且合作层面不断深化。中国金融科技公司与传统金融机构的业务合作方式目前主要集中在服务提供与购买和合作伙伴关系两方面。当然,在金融与科技融合的大趋势下,合作模式是多样的。除了上述两种主要方式外,传统金融机构还建立了相关风险投资基金,为金融科技公司提供资金、成为金融科技公司投资人、为金融科技公司提供金融服务等,这些模式的数量虽然并不多,但也不乏值得借鉴的成功案例。

1. 业务合作

(1)合作现状

银行方面,中国工商银行、中国农业银行、中国银行、建设银行、交通银行、中国邮储银行六大国有银行已经分别与京东、百度、腾讯、蚂蚁金服、苏宁金融、腾讯达成战略合作(见表2—3);股份制商业银行的合作案例包括招商银行与华为、兴业银行与微软、中信银行与大众点评、浦发银行与宜信、中国民生银行与360等。

券商、基金、保险行业的对外合作也是如火如荼:前海开源基金同魔活儿智投合作,在其App上线“开源智投”,通过引入魔活儿团队的基金投研力量及在智能大数据分析方面的积累,为客户提供组合配置方案;中国人寿携手百度实施“智慧国寿”战略,利用百度先进的科技手段如云计算、人工智能技术实现“价格实时发现、资源精准匹配、产品按需提供、服务随时响应、风险提前预警”;财通证券与蚂蚁金服签订战略合作协议,借助蚂蚁金服的消费标签、支付标签、芝麻信用等阿里系用户数据标签，实现对客户的精准画像、精准营销、精准服务等。

表 2—3　　六大国有商业银行与金融科技公司的合作情况

合作时间	合作方	合作领域	主要内容
2017 年 3 月 28 日	建设银行＋阿里巴巴、蚂蚁金服	信用卡、支付等	在信用卡线上开卡、线上线下渠道业务、电子支付业务以及信用体系互通等方面开展合作
2017 年 6 月 16 日	中国工商银行＋京东金融	征信、消费金融、供应链金融	双方的全面业务合作主要集中于金融科技、零售银行、消费金融、企业信贷、校园生态、资产管理、个人联名账户等方面
2017 年 6 月 20 日	中国农业银行＋百度	共建金融大脑	围绕金融科技、金融产品、渠道用户三大方向开展合作并共建“金融科技联合实验室”
2017 年 6 月 22 日	中国银行＋腾讯	成立金融科技联合实验室	共建普惠金融、云上金融、智能金融和科技金融
2017 年 8 月 22 日	交通银行＋苏宁	银行卡、支付、金融产品、供应链金融	打通线上与线下场景，成立交行－苏宁智慧金融研究院，研究基础性科技以及智能商务、智能交互等跨界领域
2018 年 6 月 14 日	中国邮储银行＋腾讯	互联网金融、消费信贷、供应链金融、公司金融	邮储银行与腾讯公司、微众银行将充分发挥各自的优势，在金融业务、金融科技等领域开展全方位、多层次的合作

普华永道《2017 年全球金融科技调查中国概要》显示，中国 48％的金融机构正在向金融科技公司购买服务，未来 3 至 5 年，68％的金融机构将增加与金融科技公司的合作。另外，公开数据显示，蚂蚁金服已服务 200 余位合作伙伴，包括 100 余家银行、60 余家保险机构和 40 余家基金与证券公司。而尚未分拆出来的腾讯金融科技，凭借腾讯云与传统金融机构的合作，在银企纵深合

作时代,也拥有漂亮的数据。京东金融的数据显示,目前合作伙伴涵盖400余家银行,120余家保险公司,110余家基金公司,40余家证券、信托、评级机构。总之,传统金融机构与金融科技公司的合作已成为业界常态。

(2)机遇与挑战

①机遇

传统金融机构通过购买金融科技公司的先进技术和服务,可以改进业务运营模式和服务方式,倒逼其改革。比如,传统金融机构可以对移动客户端、网上营业厅进行改造,在账户体系、产品开发销售等环节优化创新;又比如,传统金融机构可以在已有的风险控制金融架构基础上,在用户、技术资源方面引入金融科技企业的大数据、云计算以及人工智能等工具,强化风险控制能力。

百度世界大会·度小满智能金融论坛上,度小满金融CEO朱光透露了近年来度小满与金融机构合作的一些核心数据:度小满为合作伙伴创造的利息收入累计超50亿元,不良率低于业界平均值;某城商行与度小满金融合作后,这家银行的风险成本下降了50%;度小满与南京银行合作一年多来,度小满帮助南京银行获得利息收入3.7亿元,业务不良率降低1%左右。传统金融机构在度小满等互联网金融科技公司的赋能之下,金融效率和盈利能力都有大幅提升。

而传统金融机构则可以为金融科技企业提供融资服务,由传统金融机构建立相关风险投资基金来为金融科技企业提供资金,又或者由传统金融机构建立相关孵化项目等,这样金融科技公司就可以专心于研发技术。另外,金融科技公司也可以通过与传统金融机构合作间接获得业务经营牌照(资质),越过互联网金融行业的监管门槛,这更多地体现在征信、评级、贷后管理等方面。例如,2018年8月,阿里巴巴以35亿元入股华泰证券,成为华泰证券第六大股东,就是金融科技公司借助传统金融机构券商牌照进驻证券市场的典型案例。

②挑战

传统金融机构和金融科技公司尽管都有强烈的合作意愿,但由于多方面的差异,在实际操作过程中仍然存在一定的问题。

根据普华永道2018年的一项调查数据(见图2—30),在传统金融机构和金融科技公司的合作中,双方都认为管理方式和企业文化的差异是亟待克服和解决的重要挑战。传统金融机构经历了较长的发展阶段,管理方式和企业文化相对固化且深入,而金融科技公司大部分成立时间较短,管理方式和企业文化多处在探索阶段,管理方式也相对灵活,这就造成了二者间的矛盾。

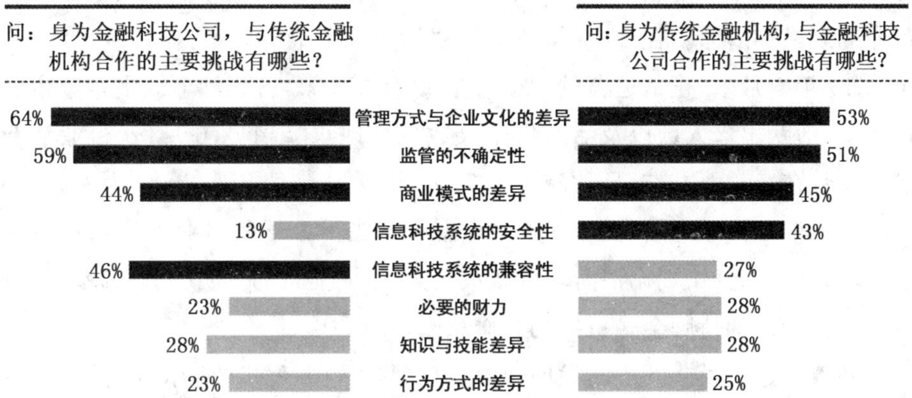

图 2—30　金融科技公司与传统金融机构在合作中所面临的主要挑战

另一方面,大多数的金融科技公司更擅长针对消费者(To C)的服务。与传统金融机构合作转变为针对机构(To B)的服务,这就需要在技术产品之外,再搭建新的营销团队,而无论是对产品本身的推广,还是合作双方的包容度,都是存在着沟通上的挑战的,因此,金融科技公司的技术输出存在不可忽视的壁垒。

除此之外,监管的不确定性也是传统金融机构和金融科技公司合作过程中面临的一大问题。监管是一把双刃剑,一方面可作为催化剂,确保一个良好、健康的市场环境;另一方面,监管也可能制约创新。

比如,互联网金融的发展提高了整个金融体系的运行效率,但网贷平台的违约事件、各类非法集资等不良行为频发使得互联网金融风险加剧,促使政府不断加强监管整治力度。2017 年 12 月,互联网金融风险专项整治、P2P 网贷风险专项整治工作领导小组办公室下发《关于规范整顿"现金贷"业务的通知》,对市场上快速发展的现金贷业务进行了规范,内容包括资格监管、业务监管和借款人适当性监管。2018 年 8 月,该领导小组又下发了《关于开展 P2P

网络借贷机构合规检查工作的通知》,随此通知一同下发的还有《P2P 合规检查问题清单》(包含 108 条),新一轮全国范围内的 P2P 合规检查拉开帷幕。2019 年,备案成为互联网金融行业的最大变数。于网贷平台而言,能否通过备案,几乎是生和死的区别;于行业而言,备案能否于 2019 年落地,决定着各方对 P2P 的信心,落地后备案平台的数量和结构也在一定程度上决定了 P2P 行业的规模和潜力。在 2019 年备案延期的大背景下,网贷行业持续出清,截至 2019 年 6 月末,正常运营的 P2P 平台仅有 856 家,占累计上线平台数量的 13.6%;活跃出借人数以及活跃借款人数也呈现双降趋势,6 月份,行业活跃借款人数在 244 万左右,环比减少 2.79%;活跃出借人数则在 232 万左右,环比减少 4.53%①。可以看出,互联网金融平台当下处于裁撤业务线的危机早期阶段,远远未到市场出清阶段。政策层面、行业前景的不明晰大大减弱了具有“求稳”天性的持牌金融机构的合作意愿。

随着新金融模式的不断发展成熟,政府监管也会逐步改变推进,这种监管环境的变化让金融机构和金融科技公司之间合作的不确定性增加。在新的监管趋势下,如何将金融科技领域所积累的经验和传统金融行业的风控能力相结合将是关键。

(3)传统金融机构与金融科技公司业务合作发展趋势分析

相比于中小规模的传统金融机构,规模较大的传统金融机构的资金、资源、风控能力更丰富,风险承受能力更低,所以它们有资本、有能力和金融科技公司直接竞争,通过建立自己的金融科技团队,在这波金融科技浪潮中尽可能多地抢得红利,同时也能减少合作中的经营风险。

而中小规模的传统金融机构,它们没有大型金融机构财大气粗,无法自行开发研究,但它们更为偏好风险,决策机制更有活力,内部决策机制和转型速度也更加有效率,与金融科技公司的业务模式贴近,合作反而容易实现创新,所以未来中小规模的传统金融机构与金融科技公司的业务合作将更为频繁。

2. 收购

(1)收购现状

---

① 数据来源于零壹智库。

根据MEDICI发布的研究报告显示,2018年前11个月,在全球传统金融机构与金融科技公司之间的收购交易共发生27起,交易总值14亿美元,包括10家资产管理公司收购了10家金融科技公司,9家银行已经收购了11家金融科技公司,5家保险公司收购了6家金融科技公司。规模排名前三的交易分别是:Intermediate Capital集团以13.6亿美元收购英国会计、教育和商业市场软件和服务提供商IRIS Software;慕尼黑再保险公司以3亿美元收购物联网开发平台提供商Relayr;苏格兰皇家银行以6 600万美元收购小型企业和自由职业者财务管理软件Freeagent。

金融科技公司收购传统金融机构(如银行、保险、财富管理公司)的情况比较罕见,一般交易金额也较小。在全球所有金融科技公司收购传统金融机构的交易中,没有交易价值超过10亿美元的案例,只有5起交易的价格超过1亿美元,而在那些已经完成的金融科技公司对传统金融机构的收购案中,大多数收购对象为财富管理公司和保险公司。2019年,德国金融科技公司Raisin宣布公司正在收购位于法兰克福的MHB银行,以扩大零售客户存款服务业务。目前,Raisin已完成了一笔总额1.14亿美元的D轮融资。收购交易仍有待德国金融监管机构BaFin和欧洲中央银行批准。

在中国,传统金融机构与金融科技公司之间的收购案例也比较罕见,当前仅存在传统金融机构收购金融科技公司的案例。比如,2019年香港交易及结算所有限公司拟以2.33亿元增资作为中国内地金融科技领军企业之一的深圳市融汇通金科技有限公司。如果双方能够最终确定收购的所有细节,那么此项收购将于2019年第二季度完成。根据港交所发布的声明,此项收购是为了提高交易所的技术能力,帮助港交所减少对第三方供应商的依赖。

(2)优、劣势分析

相比于合作,直接收购对收购方可能更为有利。收购之后,收购方可以将金融科技创新与自身的商业模式充分融合,完全掌控与客户的关系。收购方同样有权决定技术的战略发展方向、是否向竞争对手提供相关技术等。

然而,与合作战略相比,收购战略也存在一些劣势。

首先,与合作相比,收购的价格高。其次,传统金融机构和金融科技公司之间可能存在着较大的估值差异。因此,为了完成收购交易,收购方必须资本化并募集大量的资金。这也是迄今为止大多数收购都是由拥有较多资本和资源的大型金融机构发起的原因。

除此之外,金融科技文化差异也是收购中不可忽视的因素。特别是将成立初期、高速成长的金融科技公司与成熟的传统金融机构进行文化结合时,这将变得尤其敏感,在风险和合规方面的文化差异可能最为突出。传统的金融机构是受监管的实体,而金融科技公司一般由其创始人进行管理和控制。公司的创始人往往具有较强的创业精神,这种创业精神最终能给传统的金融机构带来极大的好处。但在公司合并期间,因为金融科技公司更加关注公司和客户量的增长,而传统金融机构往往专注于合规操作和风险控制,两者的文化差异很容易凸显。

参考文献

[1]毕马威:《2018 金融科技脉动——全球金融科技投资报告》,2019。

[2]徐忠,孙国峰,姚前:《金融科技:发展趋势与监管》,中国金融出版社,2017。

[3]廖岷:《金融科技发展的国际经验和中国政策取向》,中国金融出版社,2017。

[4]莫菲,赵大伟:《科技重塑金融: FinTech 实践与展望》,中国金融出版社,2017。

[5]Wilson,Jay D. 2017. Creating Strategic Value through Financial Technology Early Stage FinTech Valuation Issues,10. 1002/9781119318682:156－184.

[6]麦肯锡:《极致客户体验——银行未来竞争的护城河》,中国银行业 CEO 季刊,2018。

[7]网贷之家:《2018 年中国网络借贷行业年报》,2019。

[8]Hill J. 2018. FinTech and the Remaking of Financial Institutions.

[9]Susanne C,Janos B. 2016. The FinTech Book.

[10]王达:《论全球金融科技创新的竞争格局与中国创新战略》,《国际金融研究》,2018(12):10－20。

[11]中国信息通信研究院:《中国金融科技产业生态分析报告》,2018。

[12]艾瑞咨询:《夜明前——2017 年中国金融科技发展报告》,2017。

[13]普华永道:《2018 年中国金融科技调查报告》,2018。

[14]清科研究所:《2018 年中国金融科技投资趋势分析报告》,2018。

[15]道口金科:《中国金融科技行业发展报告》,2018。

[16]中国民生银行研究院:《我国银行系统金融科技子公司发展状况及趋势分析》,2019。

[17]葛成唯,陈瑞,曾英,彭玉芳:《基于企业属性的金融科技公司估值研究》,《现代管理科学》,2017(11):112—114。

[18]陈泽鹏,黄子译,谢洁华,李成青,肖杰:《商业银行发展金融科技现状与策略研究》,《金融与经济》,2018(11):22—28。

[19]陈剑锐:《从二八定律到长尾至上:FinTech 时代商业银行的演化路径》,《银行家》,2019(1):71—73。

[20]吴朝平:《商业银行与金融科技公司的联合创新探讨》,《新金融》,2018(2):54—58。

[21]麦肯锡咨询:《中国银行业 CEO 季刊:极致客户体验——银行未来竞争的护城河》,2017。

[22]国家信息中心,中国经济信息社,蚂蚁金服:《2019 中国移动支付发展报告》,2019。

[23]易观:《中国移动支付行业专题研究 2018》,2018。

[24]烯易:《2019 互联网众筹行业研究报告》,2019。

[25]王宝华:《金融科技行业的新趋势与新机会》,2018。

第三章

基础技术的发展

一、大数据技术

(一)大数据技术简介

在移动互联网迅猛发展、信息爆炸的背景下，移动硬盘容量从 GB 逐渐过渡到 TB，互联网公司所要处理的数据级别从 PB 跃升到 EB 乃至 ZB[①]，如百度每天处理的数据量将近 100PB，相当于 5 000 个国家图书馆的信息量的综合。大数据是指大规模的数据集合，具有海量的数据规模、快速的数据流转、多样的数据类型和价值密度低四大特征。

我们正从“小数据”时代大跨步迈入“大数据”时代，很多传统的工具和方法已经不适合数据分析的工作要求和流程。在“大数据”时代之前，传统的商业数据，包括互联网数据，主要以结构化方式存储，因此主要使用关系型数据

---

① GB、TB、PB、EB 等都是数据大小的单位，从小到大转换公式为：1 024KB＝1MB；1 024MB＝1GB；1 024GB＝1TB；1 024TB＝1PB；1 024PB＝1EB；1 024EB＝1ZB。

库技术,SQL 是结构化查询语言,代表企业是 Oracle。然而,从“大数据”概念诞生到现在,数据越来越以半结构化甚至非结构化形式组织。如果采用传统技术管理,所需成本之高难以想象。换言之,传统的数据库及其计算分析方法已逐渐不再适合新型数据库。因此,在探索的过程中,整个行业逐渐形成了一套与以前不同的、较为系统科学的大数据处理流程。一个完整的大数据处理流程主要分为数据采集、数据存储与管理、数据业务计算、数据分析和可视化、数据展示共五步。在背后强大的技术支持下,每一步形成一个完整的工作流程,具体架构如图 3—1 所示。

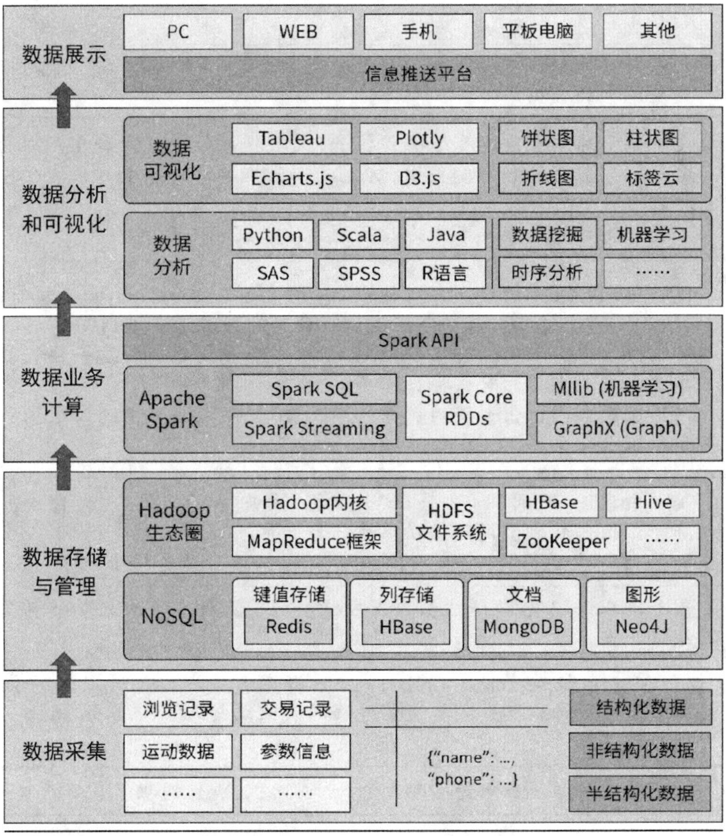

图 3—1　大数据处理流程架构

专栏 3—1

表 3—1　大数据发展历程

年　份	事　件
2005	Hadoop 项目诞生 Hadoop 是由多个软件组成的生态系统,共同实现功能全面和灵活的大数据分析
2006	云计算概念被提出
2008	“大数据”得到部分美国知名计算机科学研究人员的认可 业界组织计算社区联盟,发表白皮书《大数据计算:在商务、科学和社会领域创建革命性突破》
2010	肯尼斯·库克尔在《经济学人》上发表了长达 14 页的大数据专题报告《数据,无所不在的数据》
2011	麦肯锡全球研究院发布了一份报告《大数据:创新、竞争和生产力的下一个新领域》,大数据开始备受关注,这也是专业机构第一次全方位地介绍和展望大数据 工信部把信息处理技术作为四项关键技术创新工程之一
2012	瑞士达沃斯召开的世界经济论坛上,大数据是主题之一,会上发布的报告《大数据,大影响》宣称,数据已经成为一种新的经济资产类别 美国政府在白宫网站公布了《大数据研究和发展倡议》,这一倡议标志着大数据已经成为重要的时代特征 阿里巴巴集团推出大型的数据分享平台“聚石塔”,为电商及电商服务商等提供数据云服务
2014	美国白宫发布了 2014 年全球“大数据”白皮书研究报告《大数据:抓住机遇,守护价值》,鼓励使用数据以推动社会进步 2014 年,“大数据”首次出现在中国当年的《政府工作报告》中
2015	国务院正式印发《促进大数据发展行动纲要》,标志着大数据正式上升为国家战略
2016	Computing Research 发布《2015 大数据市场评论》,表明 2015 年没有将大数据和大数据分析集成到其运营过程的企业比例从 33%降到 16% 大数据开始作为企业决策的重要支撑,在商业市场上发挥巨大价值
2017	国内政策的接连出台为推动大数据产业快速成长提供了良好的发展环境

资料来源:亿欧智库,国联证券研究所。

近几年,PC、手机等各种传感设备数量快速增长,在互联网快速普及、物联网加速渗透的背景下，数据量快速增长集聚，为大数据产业提供了海量的数据基础。GPU、FPGA、TPU 等高算力芯片不断涌现，为大数据的处理提供了硬件基础。云计算、人工智能等新技术的出现也为大数据产业发展提供了技术支撑。云计算可以实现按需收费，有可扩展的存储计算能力，降低了企业应用大数据的难度和成本，使企业可以灵活应用大数据解决方案，促进大数据产业的发展。人工智能通过深度置信神经网络等领先算法提高大数据算法的效率性。

金融行业数据资源丰富，而且业务发展对数据的依赖程度高。大数据技术在金融领域的应用起步早、发展快，已经成为金融行业的基础能力。当前，金融行业的大数据应用已经非常普遍和成熟，也取得了较为显著的应用成效，最大的特点是数据资产化愈加凸显、有深度的大数据分析变得越来越重要，用户画像和知识图谱成为最重要的技术。除了传统实体知识图谱外，事件图谱（描述动态关系）开始越来越重要，即实时性要求越来越高。

2018 年，中国大数据产业规模（包括数据资源建设、大数据软硬件产品的开发、销售和租赁活动，以及相关信息技术服务）为 6 200 亿元，同比增长 32%，2020 年中国大数据市场产值预计超过 1 万亿元，年均复合增速近 30%（见图 3—2）。

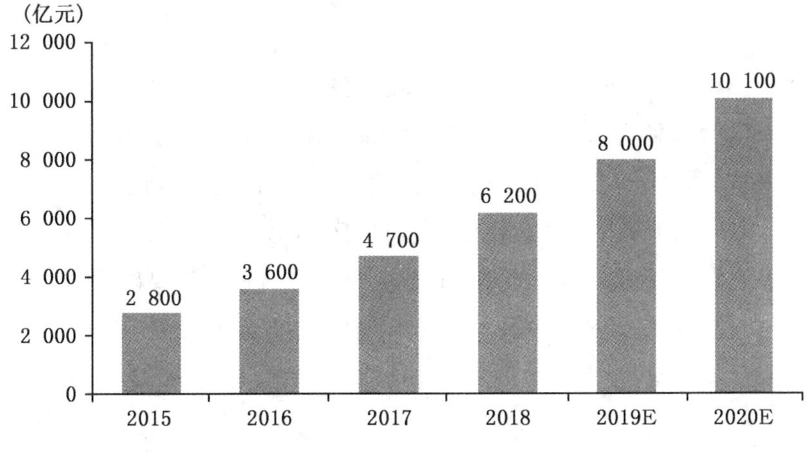

图 3—2　中国大数据市场产值

(二)大数据技术在金融行业中的应用

大数据在金融行业中的应用非常广泛,以资产质量判断和业务推荐为核心,展开了横跨银行业、证券业、保险业的广阔应用图景。

在银行业,大数据技术主要用于信贷风险评估和供应链金融。信贷风险评估方面,传统的银行信贷业务以用户过往的信贷数据和交易记录为基础,判断相应的违约概率并决定是否认可贷款。现在,使用大数据分析技术,银行可以把内部数据(信贷和交易记录)与外部数据(如客户消费信息、征信记录等)进行深度整合,获得更多维度的全量数据,结合客户的历史信用、行业发展状况和实时经营情况得到更接近事实的结论。供应链金融方面,银行通过企业之间的投资、控股、借贷、担保以及股东和法人之间的关系,生成企业间关系图谱,并通过分析关联企业的征信情况来对信贷风险进行有效的控制。

在证券业,大数据技术可用于量化投资和智能投顾。量化投资方面,所获得的数据的维度得到拓宽,证券业对市场行情的了解更为精准,从而可以构建和提取出更多的量化因子,结合股票市场投资反应和市场情绪,预测市场行情。智能投顾方面,通过大数据分析和模型量化,可以个性化判定风险偏好和交易预期,从而实施线上的投资顾问服务;同时,通过自然语言处理(NLP)技术,可以制作智能金融客服机器人,对标准化的问题进行回答,降低金融客服的工作成本。

在保险业,大数据技术可用于骗保识别和风险定价。骗保识别方面,同样通过内外部数据的有机整合,可以建立相应的保险欺诈识别模型,对异常数据进行有效监测,从而挑出疑似诈骗索赔,即“骗保”情况。风险定价方面,以车险为例,保险公司可以通过安装在汽车上的智能监控装置,收集车辆的行车数据、行为数据、健康数据等,以此确定当期保费。当真正需要出险时,也可以通过机器学习技术实现图片定损,大大提升索赔效率,降低操作成本。

二、人工智能技术

(一)人工智能技术简介

人工智能是指开发和应用相应的计算机系统，来执行通常需要人类智力才能完成的任务，例如视觉感知、语音识别、手势控制、机器学习和语言处理等。人工智能主要有六大热门的研究领域：计算机视觉、图像识别、机器学习、自然语言处理、语音识别、机器人。2016 年堪称人工智能(Artificial Intelligence)元年，如果说 AlphaGo 点燃了民众对人工智能的关注，2017 年开年 AlphaGo 升级版“Master”的全胜纪录则让民众对人工智能的“威力”有了更深的认知。人工智能一般分为计算智能、感知智能和认知智能三个层次。

人工智能根据从底层到应用的技术逻辑可以分成基础层、技术层、应用层(见图3－3)。基础层从硬件和理论层面，为人工智能的实现提供了根本保

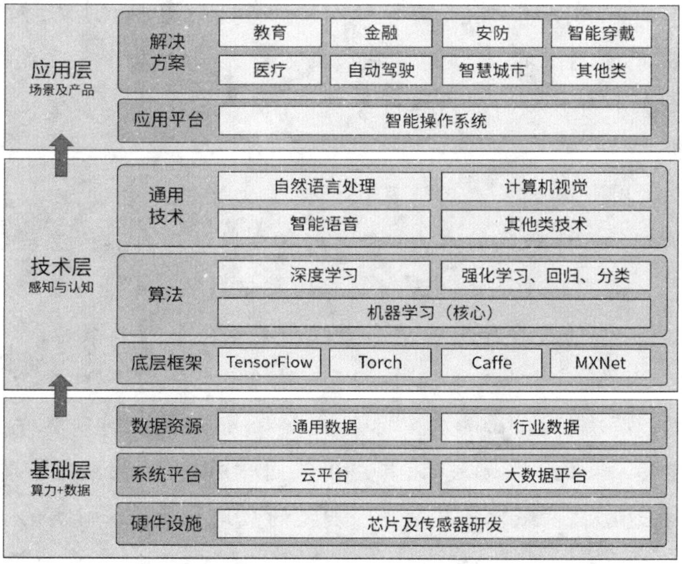

资料来源：招商银行研究院。

图 3—3　人工智能的技术逻辑

障,主要包括 AI 芯片和深度学习算法。技术层是基于基础层的支撑,设计出的解决某一类过去需要人脑解决问题的通用方法,具体包括智能语音、计算机视觉、自然语言处理以及其他类这四大人脑功能的处理方法。应用层是基于技术层的能力,去解决具体现实生活中的问题。比如,计算机视觉技术可以用于安防领域的人脸识别,自然语言技术可以用于智能客服等。

专栏 3-2

四类 AI 技术

智能语音指的是利用计算机对语音信息进行分析处理,以模仿人类实现能听、能说等语音能力的技术,语音识别和语音合成目前是其核心应用。智能语音技术当前的发展已经比较成熟,在很多领域的应用已经接近人类的水平,比如智能语音交互就在迅速成为主流的人机交互方式。

计算机视觉指的利用计算机对图像或视频信息进行处理分析,以模拟实现人类通过眼睛观察和理解外界世界的技术,当前的主要应用包括图像视频的复原和增强、分割和识别、理解和自动匹配等。计算机视觉技术给机器安上了智慧的眼睛,能替代很多原本需要人类才能完成的工作。随着近年来计算机视觉技术在多个领域的应用取得突破,目前其已成为人工智能最为炙手可热的技术分支。

自然语言处理指的是利用计算机对语言文字进行分析,以模拟实现人类对于语言的理解和掌控的技术,当前的主要应用包括自然语言理解和自然语言生成。自然语言处理是实现认知智能的关键技术,虽然当前依然面临较大的挑战,但其未来的进步和突破对人类社会的意义将十分深远。

其他类指的是基于人工智能算法对一些特定类问题进行方案设计,利用计算机将其智能解决的技术,其从实际效果来看,针对相应问题实现了模拟人类智能。这类技术相比前三类技术,其应用范围相对较窄,基础性较弱,为了便于分类,我们将这些技术统称为其他类。典型的应用场景包括棋类的 AlphaGo,智能游戏选手 AlphaStar,金融领域的反欺诈反洗钱、智能投顾、自动交易等。

资料来源:招商银行研究院。

人工智能的发展从最开始的定理证明以及逻辑程序语言，到神经网络理论的提出以及应用，可以用于解决一些简单的单一问题，但是实践中对于复杂问题的解决并不理想。随着硬件的进步、卷积神经网络模型优化、参数训练技巧的发展等，人工智能进入了基于互联网大数据的深度学习阶段，将大数据、神经元网络和数学统计的方法结合在一起，使得人工智能技术更有实用性，实际解决很多传统的需要人类大脑才能解决的问题，取得了巨大的成功。

（二）人工智能技术在金融行业中的应用

人工智能正在迅速被金融服务行业所采用，但尚处于初期和快速发展的阶段，可以分为：以客户为中心（或“前台”）的使用，包括信用评分、保险营销和理赔、聊天机器人等；以运营为重点（或“后台”）用途，包括支付处理、交易和投资组合管理等。

在银行业，人工智能技术可以用于信用评分。贷款人长期依赖信用评分为公司和零售客户做出贷款决策。历史上，金融机构的交易和支付历史数据是大多数信用评分模型的基础。这些模型使用回归、决策树和统计分析等工具，使用有限数量的结构化数据生成信用评分。潜在借款人必须拥有足够数量的历史信用信息才能被视为“可评价”。在缺少此信息的情况下，无法生成信用评分，潜在的、信誉良好的借款人通常无法获得信用并建立信用记录。现在，银行和其他贷方越来越多地转向额外的、非结构化和半结构化的数据源，包括社交媒体活动、移动电话使用和短信活动，以捕捉更精确的信用评分，并提高贷款的评级准确性。将机器学习算法应用于这一新数据集合，可以评估消费行为和支付意愿等定性因素。这类方法允许更高、更快、更便宜地划分借款人的质量，并最终导致更快的信贷决策。

在保险业，人工智能和机器学习应用程序可以大大增加一些保险部门的功能，例如，承保和索赔处理。在承保中，基于 NLP 的 AI 系统可以改进大型商业承保和生活或残疾承保。这些应用程序可以通过过去的索赔培训学习，以突出人类决策者的关键考虑因素。在索赔处理上，机器学习技术可用于确定维修成本并自动分类车辆事故损坏的严重程度，帮助减少索赔处理时间和运营成本。

人工智能还可应用于聊天机器人(Chatbots),是帮助客户处理或解决问题的虚拟助手。这些自动程序使用NLP以自然语言(通过文本或语音)与客户端交互,并使用机器学习算法来改进。一些金融服务公司在他们的移动应用程序或社交媒体中正在推出聊天机器人。虽然许多机器人仍处于试用阶段,但随着聊天机器人越来越多地在年轻一代中使用,未来仍然具有巨大的增长空间。金融服务公司使用的当前聊天机器人很简单,通常提供余额信息或提醒客户,或回答简单的问题。值得注意的是,聊天机器人的使用增加与消息传递应用程序的使用增加有关。聊天机器人越来越倾向于提供建议并促使客户采取行动。除帮助金融机构的客户做出财务决策之外,金融机构还可以通过与聊天机器人的互动获取有关其客户的信息而受益。虽然过时的客户数据存储基础设施已经减缓了许多司法管辖区金融机构中聊天机器人的发展,但亚洲金融机构和监管机构已经开发出了目前正在积极使用的更复杂的聊天机器人。保险业还探讨了使用聊天机器人提供实时的保险建议。

此外,人工智能还可以应用在交易和投资组合管理方面,主要有三个方面。首先,使用人工智能和机器学习技术,可以分析社交媒体数据,为众多金融机构,如银行、对冲基金、高频交易商以及投资平台提供"情绪指标"。这已经有相对较长的历史。其次,机器学习可用于创建"交易机器人",来降低交易成本。众所周知,买方自己的交易对市场价格的影响很难建模,特别是对于流动性较低的证券而言,因为过去可比较的交易数据很少。人工智能工具可以通过引入机器学习方法来减少交易对价格和流动性的影响。此外,人工智能可用于帮助确定交易时点,以最小化给市场带来的影响。这些模型可用于为一系列情景设定最佳交易时间表,然后在实际交易进展时进一步调整时间表。最后,在投资组合管理中,人工智能和机器学习工具被用于识别价格变动的新信号,相比现有模型,可以更有效地利用数据和市场研究。机器学习工具的工作原理与传统投资中使用的现有分析技术相同。关键任务是识别来自数据的信号,在该数据上可以在不同的时间范围内进行与价格水平或波动性相关的预测,以产生更高的回报。为了使AI和机器学习有效,量化交易员需要对所使用的工具进行良好的监督和理解。许多量化基金表示它们还不能完全自动化。目前,机器学习可能只会推动一小部分量化基金的交易。

三、云计算技术

（一）云计算技术简介

云计算为用户提供可用的、便捷的、按需的网络访问，使其进入可配置的计算资源共享池，采用按使用量收费的模式。计算资源包括网络、服务器、存储、应用软件、服务。云计算用户只需投入很少的管理工作，与服务供应商进行很少的交互就能快速获取计算资源。云计算将分散的计算资源集中起来形成共享的资源池，通过网络进行组织调配，从而实现大规模的信息处理，并优化信息处理效率。在传统的部署框架里，企业的系统架构部署和运行维护消耗着大量的成本与时间。通过云计算技术，可以将计算、存储、网络等资源虚拟化，形成数据库，从而可以快速实现产品的部署，减少管理和建设环节，提升企业的运营效率。

云计算具有以下几个特点：

1. 计算能力强

“云”具有相当大的规模，拥有众多的服务器，从而赋予了用户超强的计算能力。

2. 高可靠性

“云”使用了数据多副本容错、计算节点同构可互换等措施来保障服务的高可靠性，使用云计算比使用本地计算机可靠。

3. 按需计费

云计算通过虚拟化技术构建了一个庞大的资源池，云计算系统可以进行计量服务，能够检测、计量甚至控制资源的使用情况，同时用户可以按照自己的需求使用相关的资源，从而实现按需计费。

4. 资源共享

云计算的虚拟化技术将计算机物理资源如服务器、网络、内存及存储等映射为虚拟资源，并可安装和部署多个虚拟机，实现多用户共享物理资源的目的。

5. 成本低

由于"云"的特殊容错措施可以采用极其廉价的节点来构成云，"云"的自动化集中式管理使大量企业无须负担日益高昂的数据中心管理成本，"云"的通用性使资源的利用率较之传统系统大幅提升，因此用户可以充分享受"云"的低成本优势。

云计算主要分为公有云、私有云和混合云。公有云通常指第三方提供商为用户提供的云，公有云的核心属性是共享资源服务；私有云是为用户单独使用而构建的云，从而实现对数据的安全性和服务质量的最有效控制；混合云融合了公有云和私有云。云计算的服务模式分为基础设施即服务（IaaS）、平台即服务（PaaS）和软件即服务（SaaS）（见表 3—2）。

表 3—2　云计算的服务模式

层　级	功　能
基础设施即服务（IaaS）	主要提供计算基础设施服务，由云服务提供商把 IT 系统的基础设施层建设好，并对计算设备进行池化，然后直接对外出租硬件服务器、虚拟主机、存储或网络设施（负载均衡器、防火墙、公网 IP 地址及诸如 DNS 等基础服务）等，企业自主安装和管理操作系统、运营环境、数据库、组件和应用等
平台即服务（PaaS）	主要提供软件研发平台服务，即云服务提供商把基础设施层和平台软件层都搭建好，然后将平台软件层作为服务出租出去，客户可自主选择半平台 PaaS（只安装操作系统，其余用户自己选择）或全平台 PaaS（安装操作系统、数据库、中间件、运行库等全部平台软件），然后在 PaaS 平台上进行软件开发、测试、在线部署等工作。另外，为了让消费者能直接在云端开发调试程序，PaaS 云服务提供商还得安装各种开发调试工具。租户只要开发和调试软件或者安装、配置和使用应用软件即可
软件即服务（SaaS）	主要提供互联网软件服务，即将软件部署在云端，让用户摆脱购买软件，再自行安装、维护、升级的困扰，只需使用云端设备接入计算机网络，然后通过浏览器或接口使用应用程序。SaaS 提供商为企业搭建信息化所需要的所有网络基础设施及软件、硬件运作平台，并负责所有前期的实施、后期的维护等一系列服务，客户不需要除了个人电脑和互联网连接之外的其他 IT 投资就可以通过互联网获得所需要软件和服务

根据中国信通院数据，2018 年云计算市场规模为 1 363 亿美元，同比增长 23.01%，其中，SaaS 市场规模最大，为 871 亿美元（见图 3—4）。2019 年至 2022 年全球云计算市场的平均增速在 19.01%左右，呈逐年放缓趋势；到 2022 年，预计全球云计算市场规模将超过 2 700 亿美元。在此前的爆发式增长后，云计算市场的增速呈放缓趋势，进入了平稳发展阶段。

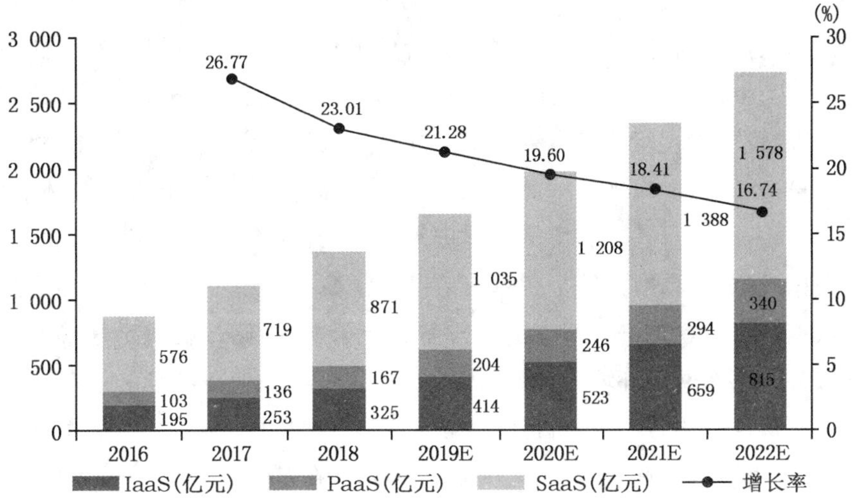

资料来源：中国信通院，东莞证券研究所。

图 3—4　全球云计算规模

(二)云计算技术在金融行业中的应用

金融行业一直属于数据密集型行业，随着互联网金融的高速发展，金融机构面临着产品迭代越来越快、业务数据量越来越大的挑战。云计算技术作为基础设施为金融企业提供了低成本的、高效的服务模式，提升了金融行业的信息化水平。金融企业通过云计算技术，可以将管理组织中所有的信息数据通过云平台集中在一起，实现企业内部服务器、储存和设备等的集中管理，从而提升管理效率。与此同时，云计算具有可靠性和拓展性，金融企业通过云计算开展业务可以节省基础设施的建设时间，满足金融业务快速扩张的需求。

在保险业，保险机构有天然的大数据属性，其本质是通过数据分析来管理风险构建业务,拥有比较完善的数据中心和数据管理系统。目前,互联网金融保险产品对保险机构的数据计算能力、业务部署速度、产品研发速度提出了更高的要求。随着业务种类和业务规模的逐渐扩大,金融保险机构同时也将面临更为复杂的支付场景和应用场景。保险公司可以利用云计算技术,实现业务上云,在云端开发保险核心业务模块、财务模块、流程管理模块等,有效地促进金融产品和服务创新。另外,保险公司可以通过云计算深入采集、存储、分析海量的数据和信息,并从中挖掘出有价值的信息。云计算充足的存储空间和计算能力也进一步提升了保险公司大数据分析能力。此外,通过云计算技术还可以打造保险"行业云",有利于促进整个保险行业加强信息共享,将行业里的信息进行整合,实现数据共享,加强规模效益,提高保险行业的整体效率。

在银行业,银行往往利用信息化技术建立以客户为中心,将客户信息与其账户数据、账务交易数据等金融行为信息关联在一起的信息系统,然后通过已有的数据信息对客户进行精准定位与需求分析等,为客户提供更精确的金融管理服务。伴随网络环境与客户行为的改变,银行的业务特征和业务量已经出现了颠覆性变化,这对银行传统的技术架构和服务保障体系形成了强烈的冲击。以往商业银行主要采用集中式 IT 架构,在基础设施方面投入高,业务流程相对复杂,对数据需求的响应速度慢。在传统 IT 架构下,银行需要通过不断扩容、购买软硬件设备以及扩大运行维护团队去支撑日益增长的业务需求,庞大、复杂的系统不仅限制了银行业务的创新发展,也带来了巨额的费用。云计算技术的应用可满足银行信息化系统的自动扩缩容、底层硬件兼容、业务快速部署等需求。基于云计算的虚拟化技术,银行可将服务器、网络、存储等资源虚拟化,更好地调度和分配资源,提高资源的利用效率,避免了重复建设。分布式架构可以实现不同计算机之间的通信,共享网络中的数据、资源和服务,可有效提高计算机设备资源的利用率和工作效率。另外,数据信息的可靠性和稳定性是银行系统正常运转的前提条件。而云计算技术的特征可有效提升客户数据处理的高效性和安全性。与银行传统的 IT 架构相比,云计算具有可扩展、低成本、灵活度高等特点,能够更好地满足银行数字化转型的需求。目前,大型商业银行多以"私有云"为主,采用云计算技术构建基础设施,打造共享资源池,在此基础上启动云平台建设和应用升级,优先针对互联网金融、第三方支付等进行服务创新。中小银行大多启动了“行业云”建设，积极推动银行云平台和普惠金融云的建设，产生产业协同效应。部分有一定技术基础的银行开始布局金融科技服务云平台，将自身的数据资源、流程管理、计算能力、服务等以云服务的方式提供给其他同业机构使用，在实现自身发展的同时也帮助同业以较低的成本，更快速地推进金融服务的互联网化转型。

此外，云计算技术还可以用于中小企业传统的信息系统建设中。传统的信息系统建设下，企业需要自行购买软、硬件设备，成本高；具体应用时内、外部信息交流少，往往存在“信息孤岛”问题；此外，由于当前既懂财务又掌握信息技术的人才少，中小企业经常面临缺乏专业人才的问题。在云计算技术下，企业不需要自己购买软、硬件设施，只需要向云服务提供商按需租用，有效地降低了企业财务信息化的成本。分布式技术使用户可以通过移动终端不受地域限制地进行办公，随时提取数据掌控信息，进行多端信息交流，从根本上转变传统的办公方式，有效地解决“信息孤岛”问题，避免企业决策失误。云服务以云端作为软件运行环境，服务商负责管理维护，企业不需要提供人力资源，避免了由于人才荒造成企业经营效率下降的问题。另外，会计信息化与企业具体业务有效融合，使企业资源能够得以高效使用，持续提升企业的竞争实力。企业在建设会计云系统过程中可以选择多种模式。中小企业在刚刚建设会计信息化之初可以采用 SaaS 模式。SaaS 模式投入成本低，不需要进行额外的信息系统构建就可以满足企业的需求，还可以实现财务数据共享。具有一定研发技术的中小企业可以采用 PaaS 模式，向云服务提供商租用研发平台，自行搭建应用软件层。PaaS 模式不但节省了开发维护的费用，还能优化中小企业的组织结构，为中小企业发展注入了活力，提高了企业发展的竞争力。IaaS 模式处于云计算构架的最底层，把硬件资源虚拟为能够量化的计算机技术资源池，根据用户需要进行出租。中小企业不用一次性花费大量的资金购买计算机、服务器以及数据信息，只需要按照需求进行租赁。IaaS 模式在前期投资具有经济实用性，具有较高的扩展弹性，后期维护具有专业性。

四、区块链技术

(一)区块链技术简介

综合来看,区块链就是基于区块链技术形成的公共数据库(或称公共账本)。其中,区块链技术是指多个参与方之间基于现代密码学、分布式一致性协议、点对点网络通信技术和智能合约编程语言等形成的数据交换、处理和存储的技术组合。[①] 这些技术以新的方式组合在一起,可以实现数据的防篡改、链式结构的可追溯、可信任的点对点传输等应用。区块链系统一般由数据层、网络层、共识层、激励层、合约层和应用层组成(见图 3—5)。

应用层	各种应用场景和案例
合约层	脚本、算法、智能合约
激励层	发行机制、分配机制
共识层	共识算法
网络层	同步机制、链间通信、传播机制、验证机制等
数据层	底层数据区块、基础数据、基本算法

图 3—5　区块链系统架构

根据读写权限以及去中心化的程度,区块链分为公有区块链、联盟区块链和私有区块链三种(见表 3—3)。

① 《区块链技术指南》。

表 3—3　　区块链类别

名　称	功　能	特　点
公有区块链	公有区块链指全世界任何个体或者团体都可读取、发送交易且交易能获得有效确认的、也可以参与其中共识过程的区块链	去中心化程度最高，但缺点是交易速度缓慢，吞吐量(TPS)低
联盟区块链	联盟区块链允许预先授权的节点参与共识过程，其他接入节点可以参与交易，其他个体或团体可以根据权限查看信息	可以通过创建分布式账本的公开标准，实现数据交换
私有区块链	私有区块链中所有网络的节点由同一团体掌握，与其他分布式存储方案没有太大区别	交易速度快、交易成本低、隐私保护好，但是无法体现“去中心化”的核心价值

区块链发展经历可分为三个阶段：第一阶段的经济形态以可编程货币为主，实现了以比特币为代表的数字货币；第二阶段加入了“智能合约”的概念，使数字货币与智能合约相结合；第三阶段逐步进入社会公正、智能化等各个领域。目前区块链正处于第一阶段到第二阶段的过渡期。

(二)区块链技术在金融行业中的应用

在银行业，区块链技术可以用于供应链金融。供应链金融是有别于传统信贷的融资模式。传统的信贷融资模式下，金融机构主要是根据融资企业的历史财务信息以及抵押物来提供授信；而供应链金融模式下，资金提供方可以免去审查融资企业的财务信息，转为对产业链上企业的交易状态进行综合评价，针对单笔或者多笔交易提供融资服务。

大企业往往有长期固定的银企合作，而中小企业由于没有长期固定的银企合作以及存在信息不对称等问题，因而面临着较高的融资成本与融资壁垒。供应链金融可对具有供应关系的整个供应链条进行信用评估，利用企业间的交互合作等关系传递信用，使大企业为中小企业信用背书，提高中小企业的信任水平，解决信息不对称等问题，提升中小企业的融资效率。但是目前供应链金融业务仍然存在信息化程度低、信息管理水平低、企业间连接程度不足等问题。因为供应链涉及不同的主体,需要各主体之间进行信息互通,但是许多重要信息都是由各主体分别储存,缺乏一个平台对信息进行集中管理。

利用区块链技术,可以使供应链中各方共同搭建一个联合区块链。在该联合区块链上,各参与方可以通过节点更新信息储存数据,共同参与共识验证等工作,进行集体维护,保证数据块内信息的真实可靠性,从而搭建了一个公开、透明、可追溯的信息平台。供应链金融业务是基于基础交易而提供的金融服务,通过区块链技术,各参与方可以通过节点上传资金、交易、融资等基础交易数据,以此构建多方共享的公共账本。区块链的共识机制保证信息经过多方验证,避免了金融业务中的做假风险,使其真实反映企业的信用和还款能力,从而解决了信息背书、信息不对称等问题,提升了供应链金融的服务效率。

例如,在传统票据融资业务中会存在票据复制、银行违规操作等问题,对票据融资的监管也存在着缺陷和漏洞。利用区块链技术,可以将线下的票据业务信息化,将企业的交易兑付等信息输入线上数据块,利用区块链的不可篡改性、防伪性保证了企业信息的真实、有效,可以为金融机构以及监管机构提供更多的有效信息,同时可追溯、可查询,也避免了票据复制等问题。在企业应收账款融资中,区块链的共识机制可以保证账本上企业交易、资金、融资等信息的真实性,因此,银行可以更好地对企业的应收账款的质量进行合理评估,避免了信息做假和信息不对称等问题。传统的授信融资往往需要企业与银行有长期的银企合作,要求比较高。通过区块链技术,银行可以直接获取账本上真实、有效的相关企业信息与融资情况,从而确定合适的授信额度,提升授权融资的贷款速度,降低传统授信融资中的信息不对称等风险。区块链技术可以显著提高企业的融资效率,提升社会效益与经济效益。

区块链技术还可用于电子支付。电子支付以电子计算机及其网络为手段,将负载有特定信息的电子数据用于资金流程并具有实时支付效力。目前的电子支付主要为第三方支付,第三方平台作为交易中介存储着大量的交易信息,存在着第三方支付平台泄露信息等安全隐患。业务流转中需要多方建立代理关系,在不同系统中进行记录、对账与清算等操作,造成了支付成本偏高等问题。基于区块链的电子支付系统结合区块链去中心化的特点,绕过第三方中介机构,直接让客户、商家、银行三方成为区块链上的一个节点,从而形成三方之间的电子支付系统闭环。基于区块链的共识机制，每一个节点都可以验证公共账本是否完整、真实和可靠，从而对账本信息形成共识，并通过节点对交易记录进行记账，形成交易信息数据块。因此，基于区块链电子支付的交易、转账记录在共识之后就成为不可更改、可追溯的信息，从而确保了公共账本中记录的真实性与安全性。交易中的违规行为也会被永久记录，监管机构可以全方位地对交易进行监管，压缩了交易双方违规操作的空间，营造了公开、透明的电子支付交易环境。此外，基于区块链技术的电子支付系统还具有集体维护、去中心化、去信用化等特点，可以直接对交易产生信用数据，不需要通过中介机构或交易主体特别建立信用关系，从而降低交易过程中的信用成本。

在证券业，区块链还可用于资产证券化。在资产证券化过程中，会涉及发起人、受托人和投资人等各类金融机构。资产证券化的基本流程是：发起人将证券化资产出售给 SPV（信托机构），然后信托机构将这些资产汇集成资产池，再以该资产池里基础资产未来所产生的现金流为偿付支持在金融市场上发行有价证券融资，最后用资产池里基础资产产生的现金流来偿还所发行的证券。

资产证券化的基础资产往往数量繁多、真实性水平较低，其核对调查需要消耗大量的时间成本，也容易出现信息遗漏等错误，数量众多的数据点由于缺乏标准的数据转换过程，使业务的进行存在一定的难度，可能导致发起人对基础资产放宽审查标准，对基础资产的风险水平和质量情况没有合理评估。此外，发起人可能将垃圾资产混入资产组合出售给投资者，加剧了信息不对称的风险，显著提高了资产证券化产品的风险水平。信托机构在对资产支持证券进行托管时，需要定期对资产池里的资产进行数据更新。由于资产池的底层资产结构复杂，信托机构往往无法做到高效、及时地更新数据，导致信息时效性较低，投资者无法全面地了解资产的回收、早偿、逾期等情况，也在一定程度上限制了资产支持证券在二级市场上的流动性。

在区块链技术下，可以构建一个贯穿证券化全程的不可篡改的、可追溯的、信息完善的公共账本。传统的交易依靠信用中介收集基础信息，大量的数据被浪费和隐藏。在区块链技术下，每一个市场参与者可以通过节点将资产信息、交易信息上传至账本,通过共识机制将经过认证的新信息在各个节点进行更新,使所有节点均存储经认证、不可篡改、可追溯的基础资产数据,从而提高基础资产信息的真实性与时效性。区块链的链式结构可以将资产与证券直接连接,避免了业务系统对接的问题,从而提高了数据流转效率,降低了信息损失程度。分布式账本可以实时进行数据更新,让资产证券化流程中的各参与方实时了解资产现金流回收情况,使存续管理变得更加透明。同时,二级市场的投资者可以通过公共账本获取最新的基础资产的质量情况、基础资产的质量变化与证券的流动性、信用价差的变化等信息,有利于投资者准确评估证券价值,降低投资者所面临的信息不对称与信用风险,从而活跃二级市场。

此外,区块链技术还可用于征信。近年来,大数据技术的运用使信用分析摆脱了传统信用信息列示与定性评价的阶段,使定量分析的深度、广度和可靠性都有明显提升。目前,互联网金融平台主要采取线上大数据征信与线下自征信、购买第三方征信平台服务这三种模式。但是各征信体系之间仍然难以对接,平台之间征信信息不互通,有重复建设的现象,社会整体征信成本高。在区块链技术下,可以建立一个不可逆、无法篡改、匿名性、去中心化、可追踪、共同维护的征信数据库。区块链的共识机制保证了上链数据的真实性,且数据一旦生成,不可更改,保证了征信机构对数据可靠性的要求。区块链中各节点具有一致性的信息,基于共识机制对系统进行维护,从根本上改变了中心化的信用创造方式。各征信机构可以在公共账户上实现信息互通,缓解重复建设的现象,通过区块链使数据产生规模经济,发挥最大效用。传统方式处理繁杂的征信数据往往耗费大量的运营成本,利用区块链技术可实现数据快速上链,减少不必要的信息损失,剔除中介环节,从而提升行业运行效率。

五、物联网技术

互联网的发展一开始以 PC 互联网为代表,海量信息通过互联网实现互联共享,然后步入移动互联网阶段,人与人之间实现互联互通,用户可以自己生产内容，现在互联网的第三阶段是“万物互联”，即物联网。

物联网(IOT)是指通过各种信息传感设备，按约定的协议，把任何物品与互联网连接起来，实现信息交换和通信，实现监控、连接和互动的一种网络。其目的是实现物与物、物与人，所有的物品与网络的连接，方便识别、管理和控制。

物联网的产业链可分为传感层、网络层、平台层以及应用层四大环节。传感层以芯片模组和终端设备为主，网络层和平台层主要由运营商主导的通信和平台服务支撑，应用层面主要是由互联网厂商主导的数据分析和相关应用，以及由传统厂商主导的垂直行业应用服务。

物联网的发展主要将经历三个阶段：第一阶段物联网的连接数将爆发；第二阶段物联网生成的海量数据可以利用大数据技术进行分析，生成价值；第三阶段，人工智能技术等的成熟将迎来真正的物联网大数据时代(见表3—4)。目前，全球物联网行业发展仍处于第一阶段。未来，随着物联网规模的不断扩大，数据将成为主要推动力。

表3—4　　物联网的发展阶段

	第一阶段	第二阶段	第三阶段
数据解释	数据简单分析及利用	数据价值开始体现，但是分析能力欠缺	机器学习解决分析问题，大数据时代真正到来
必要条件	硬件成本下滑，能耗降低；通信互联的可能性	应用需求：批量数据分析需求大规模出现，云计算发展；存储、计算成本下滑	机器学习、人工智能快速发展：实时数据分析及方案；综合解决方案：多种数据合作，真正实现大数据时代
现在情况	快速发展中，爆发随时到来	数据使用量不到1%；云存储计算依然较贵	人工智能处于发展初期；实时数据分析需求没有出现

资料来源：民生证券。

物联网的通信技术包括短距离链接、蜂窝链接和低功耗广覆盖链接，其中，不同链接技术有不同的优、缺点，对应的应用场景也不同(见表3—5)。

表 3—5　　主流通信技术

通信技术	类型	介　绍	优　点	缺　点
以太网	有线通信	使用双绞线作为传输媒介,在没有中继的情况下,最远可以覆盖 200 米的范围	是目前应用最普遍的局域网技术,已经逐步取代了其他局域网标准,如令牌环、FDDI 和 ARCnet 等	
串口通信技术	有线通信	一种非常通用的用于设备之间通信的接口,也广泛用于设备以及仪器仪表之间的通信	普及率高	组网能力差,通信速度慢,只适合低速率和小数据量的通信
NFC	无线近距通信	是一种短距高频的无线电技术,属于 RFID 技术的一种,工作频率为 13.56MHz,有效工作距离在 20cm 以内	通信保密性好,成本较低,适合覆盖大量非智能物体	通信距离短,通信速率低
Wi-Fi	无线短距通信	使用高频无线电信号发送和接收数据,使用以太网通信协议,通信距离通常在几十米	局域网部署无须使用电线,降低部署和扩充的成本	通信距离有限,稳定性差,功耗较大,组网能力差
蓝牙	无线短距通信	使用短波特高频(UHF)无线电波,经由 2.4 至 2.485GHz 的 ISM 频段来进行通信,通信距离从几米到几百米不等	“低功耗蓝牙”“传统蓝牙”和“高速蓝牙”三种模式	各个版本不兼容,安全性较差,组网能力差,以及在 2.4GHz 频率上的电波干扰问题等
ZigBee	无线短距通信	近距离、低复杂度、低功耗、低速率、低成本的双向无线通信技术,主要用于距离短、功耗低且传输速率不高的各种电子设备之间进行数据传输以及典型的有周期性数据、间歇性数据和低反应时间数据传输的应用	低功耗、低成本、低速率、高容量、支持 Mash 网络、支持大量网络节点以及有较高的安全性	复杂,成本高,抗干扰性差,ZigBee 协议没有开源,IP 协议对接比较复杂

续表

通信技术	类型	介 绍	优 点	缺 点
LoRa	无线远距通信	低功耗广域网无线通信技术	在1GHz以下的非授权频段，故在应用时不需要额外付费；距离远、功耗低	速率相对较低；需部署基站，用运营商的网络进行广域网传输
NB-IoT	无线远距通信	基于蜂窝的窄带物联网	长距离、低速率、低功耗、多终端	商业化与产业链建设在初级阶段

物联网可以应用于多方面，与移动互联网相融合形成移动物联网，用于智能硬件、智能家居、车联网等规模化的消费类应用；也可以与工业、农业、能源等传统行业深度融合形成行业物联网，应用于行业内的基础设施和要素，助力行业转型升级。基于物联网的城市立体化信息采集系统也正在加快构建，物联网可以应用于智慧城市的室内三表、地下管网、交通路网等场景。

以人工神经网络为代表的深度学习算法不断普及和优化，赋予了大数据算法能够高效处理海量数据的能力，可以对物联网的海量数据进行分析，使控制和交互更加智能化，同时云计算技术能显著降低成本，从而推动物联网的发展。

参考文献

[1]Anuradha，J.，A brief introduction on Big Data 5Vs characteristics and Hadoop technology[J]. *Procedia computer science*，2015，48：319－324.

[2]李佳. 基于区块链的电子支付变革及展望[J]. 中国流通经济，2018，32(10)：16－25.

[3]温胜辉. 区块链在资产证券化领域的应用前景探究[J]. 债券，2018(3)：56－60.

[4]徐光，叶欣怡. 区块链与资产证券化[J]. 中国金融，2018(3)：77－78.

[5]李玉秀. 区块链技术在信贷资产证券化上的应用问题研究[J]. 北京金融评论，2017(4)：3－8.

[6]管同伟. 区块链在资产证券化风险控制中的应用研究[J]. 新金融，2018(1)：27－33.

[7]张璟霖，伦祖炜. 区块链技术与供应链金融结合研究[J]. 合作经济与科技，2017

(21):58—59.

[8]黄爱明.云计算技术环境下中小企业会计信息化发展的路径选择[J].会计师,2019(4):5—7.

[9]罗勇.银行构建开放式金融云平台路径[J].中国金融,2018(14):55—57.

[10]陈剑鸣.全融合架构在农村金融云建设的设计与实践[J].金融电子化,2018(7):92.

[11]竟玉梅.中小企业云计算会计信息化建设探讨[J].财会通讯,2018(7):106—109.

[12]韩喜君.云计算技术在银行业中的应用分析[J].纳税,2017(35):139.

[13]王良明.《云计算通俗讲义》,电子工业出版社,2017.

[14]刘伟.关于人工智能若干重要问题的思考[J].人民论坛·学术前沿,2016(7):6—11.

[15]何承.计算机网络技术中人工智能的应用探讨[J].信息通信,2016(3):180—181.

[16]王宇飞,孙欣.人工智能的研究与应用[J].信息与电脑(理论版),2016(5):115—117.

[17]茆鸣.人工智能在计算机网络技术中的应用研究[J].电子技术与软件工程,2016(9):255—256.

[18]韩晔彤.人工智能技术发展及应用研究综述[J].电子制作,2016,12:95.

[19]祝珊.人工智能与会计人员[J].商场现代化,2016,15:174—175.

[20]陶九阳,吴琳,胡晓峰.AlphaGo技术原理分析及人工智能军事应用展望[J].指挥与控制学报,2016,202:114—120.

[21]倪晨旭.浅谈人工智能未来发展趋势[J].科技创新与应用,2016,23:70.

[22]中国人民银行武汉分行办公室课题组,韩飚,胡德.人工智能在金融领域的应用及应对[J].武汉金融,2016(7):46—47+50.

[23]张威.人工智能对会计行业人力资源的影响[J].财会学习,2016,13:73—74+86.

[24]何哲.人工智能时代的政府适应与转型[J].行政管理改革,2016(8):53—59.

第四章

金融科技融资趋势比较分析

一、中国金融科技领域融资活动趋势分析(2014—2019年第二季度)

(一)金融科技投资企业数量和金额稳定增长后出现回落

从2014年至2018年,中国金融科技领域的投资企业数量从9家稳步增长到119家,总投资金额从2.78亿元增长到334.50亿元(见图4—1)。2019年上半年,金融科技领域的投资企业数为40家,同比减少42.03%,为2014年以来首次出现投资企业数量下降的情况。另外,因为2019年上半年没有出现较大金额的投资项目,从而投资金额有较大的回落。

(二)A轮是大部分金融科技企业的一道"坎",C轮平均融资金额较高

2014年以来,269家企业融资案例中有226家都是在A轮及A轮之前,占总数的84.01%(见图4—2),A轮之后的融资轮次数量显著下降,可以

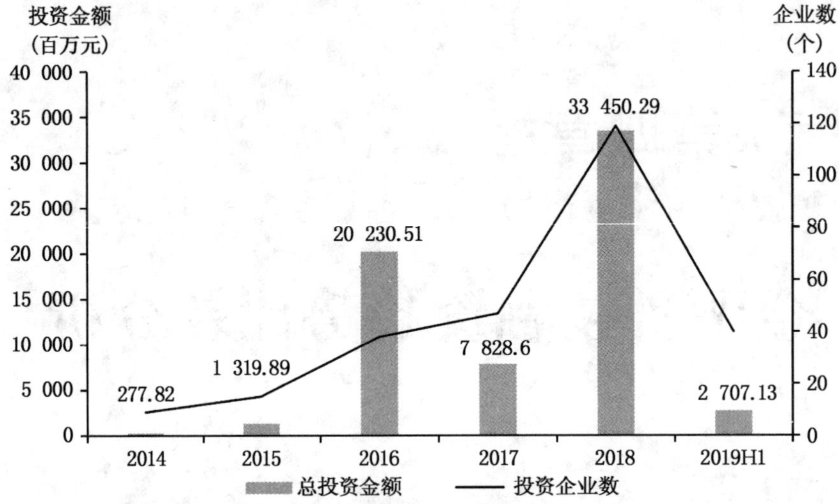

数据来源:私募通。①

图 4—1 中国 2014—2019H1 金融科技投融资活动企业数量和总金额

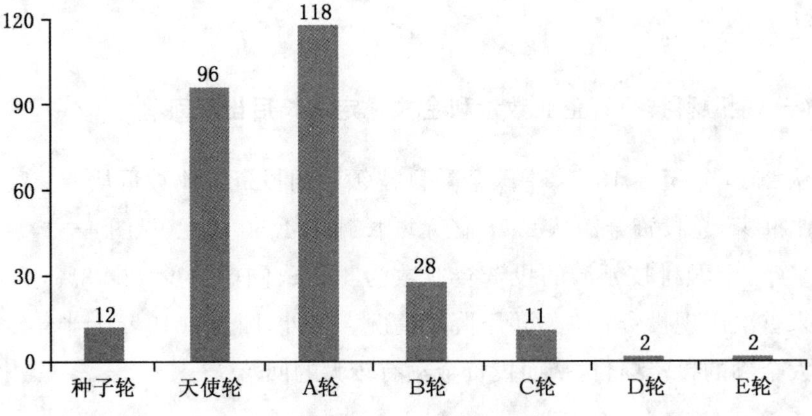

数据来源:私募通。

图 4—2 中国 2014—2019H1 各轮次金融科技融资企业数量

① 样本选自私募通中专注于大数据、人工智能、区块链等创新技术的金融行业企业。

说对金融科技企业来说，A 轮融资是一道分水岭。从平均融资金额来看，C 轮的平均融资金额高达 20 亿元，较成熟的金融科技企业一般能获得较大额的投资，但在 269 家企业中只有 15 家在 C 轮及 C 轮融资之后，其中同盾科技和九次方大数据完成了 E 轮融资（见图 4—3 和图 4—4）。

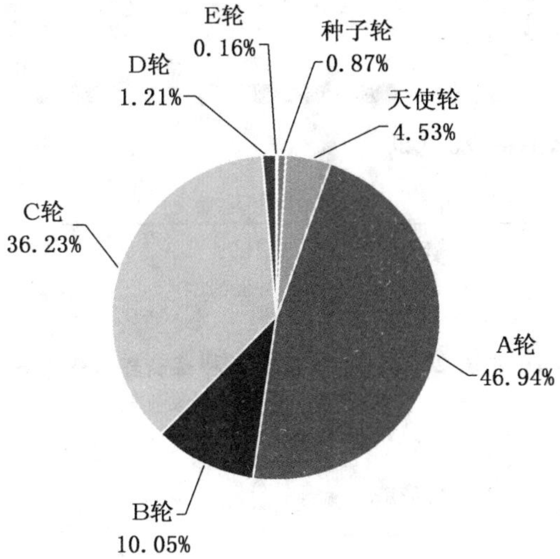

数据来源：私募通。

图 4—3　中国 2014—2019H1 金融科技各轮次融资金额占比

（三）金融服务与互联网金融类企业最多，人工智能和大数据成为主流

在各行业融资金额占比中，金融服务与互联网金融占比最多，金融服务占 50.50％，而互联网金融占比 38.66％（见图 4—5）。这两个领域是投资金融科技的重点领域，在金融服务行业有蚂蚁金服、京东数科这些明星企业，而同时在互联网金融行业中也不乏度小满金融、九次方大数据等企业。

从细分领域来看，人工智能的融资企业最少，但也是大资本最青睐的投资领域（见图 4—6）。大数据技术由于比较成熟，因此也是金融科技的融资主力，是融资企业数最多的一个细分领域。区块链正逐渐崛起，融资企业数 95 家，但尚未有金额大的融资。

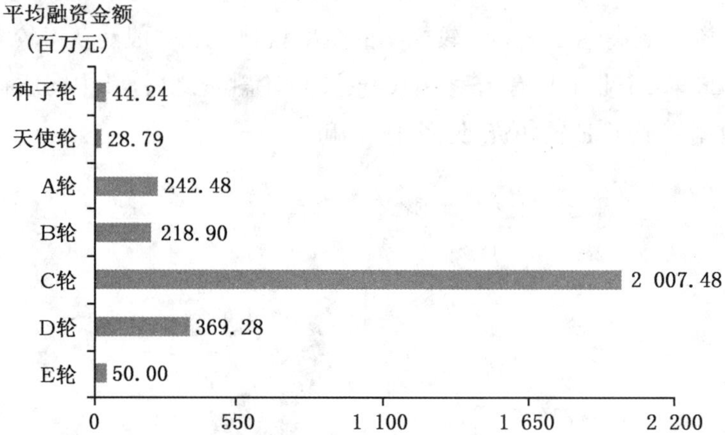

数据来源：私募通。

图 4—4　中国 2014—2019H1 金融科技各轮次平均融资金额

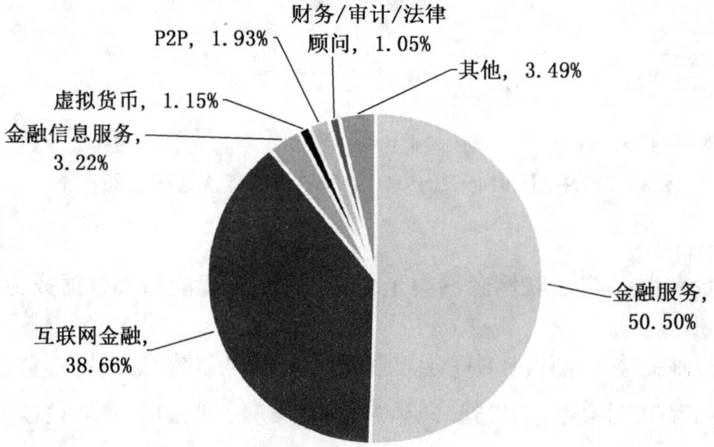

数据来源：私募通。

图 4—5　中国 2014—2019H1 金融科技各行业融资金额占比

（四）北京成为金融科技融资企业聚集地，上海紧随其后

北京在地方政府政策的扶持下，2014 年以来共有 106 家金融科技企业获

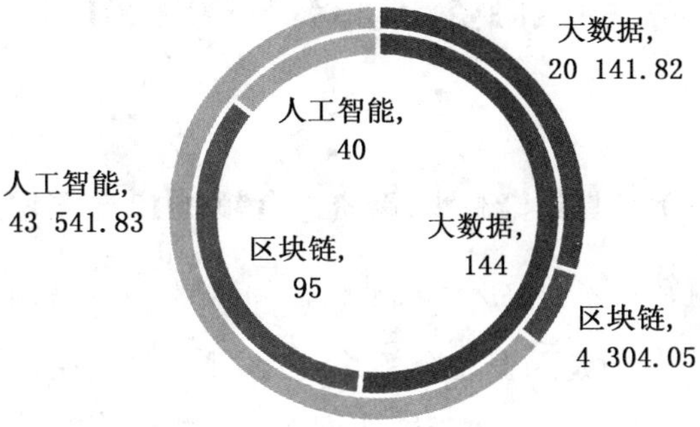

注：内环：融资企业数，个；外环：融资金额，百万元。

数据来源：私募通。

图 4—6　中国 2014—2019H1 金融科技各细分领域融资金额

得融资，上海凭借发达的金融水平以 67 家居于第二位，深圳、杭州、香港分别为 21 家、20 家和 6 家（见图 4—7）。在“北上深杭”地域优势下，越来越多的金融科技企业将会在这些区域内进行融资。

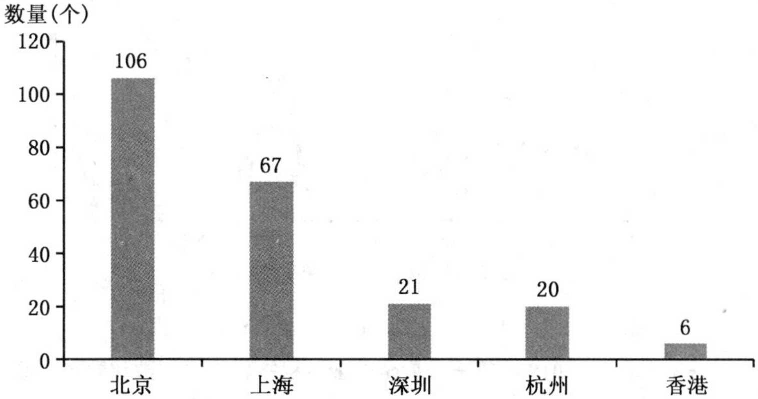

数据来源：私募通。

图 4—7　中国 2014—2019H1 金融科技融资企业在全国主要城市的分布情况

二、全球金融科技领域融资活动趋势分析(2013—2019 年第一季度)

(一)全球融资案例数量逐渐减少,融资总金额 2018 年剧增后回落

2015 年全球金融科技企业融资案例数量达到顶峰,多达 1 537 次,虽然随后融资案例数量逐渐下滑,但是融资总金额并没有下降,并且在 2018 年达到 470 余亿美元①,较 2017 年增长 155.45%,即使剔除了蚂蚁金服在 2018 年 6 月 140 亿美元的 C 轮融资,2018 年的融资量仍然有 79.78%的增长率(见图 4—8)。根据 KPMG 报告,2019 年上半年,全球金融科技投资总额 379 亿美元,涉及 962 笔交易,其中,美国金融科技企业投资达到 183 亿美元,接近半壁江山。②

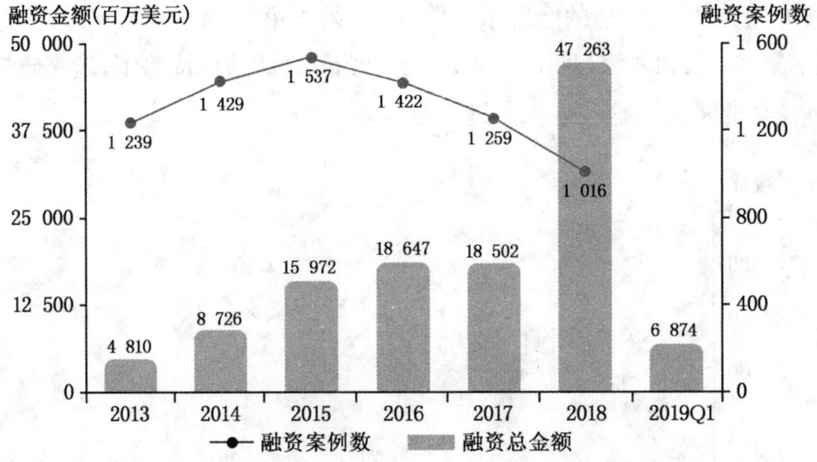

数据来源:Dealroom. co; The Singapore FinTech Consortium. ③

图 4—8　2013—2019 年第一季度全球金融科技融资案例数和融资金额

---

① 根据 CBInsights 日前发布的《2019 全球金融科技趋势报告》显示,2018 年全球金融科技领域投融资数量创历史新高,2018 年全球金融科技领域投融资总额达到 390 亿美元。CBInsights 的数据来源于大数据工具抓取与投资者上传的文件,因此相对于 dealroom. co 统计数据偏低。

② Pulse of FinTech H119, Global Analysis of Investment in FinTech, KPMG International (data provided by Pitch Book) June 30, 2019.

③ 样本来自 dealroom. co 的:(1)用户(创业者、VC、政府等)提供的数据,(2)从各方媒体中抓取的数据,(3)内部研究团队审核的数据,(4)通过机器学习的方法判断预测公司的融资数据。

(二)A 轮是大部分金融科技企业的一道"坎",平均融资金额与总融资金额随轮次上升

2013 年以来,在总计 8 154 件融资案例中,种子轮的数量为 4 419 件,超过了总数量的一半(见图 4—9)。大部分企业融资都在 A 轮及 A 轮之前,可见 A 轮是金融科技企业走向成熟的很重要的一道"坎"。之后随着轮次愈加靠后,融资的案例数也相对减少。完成了 G 轮融资的 9 个公司中,8 个来自美国,另外 1 个来自英国。

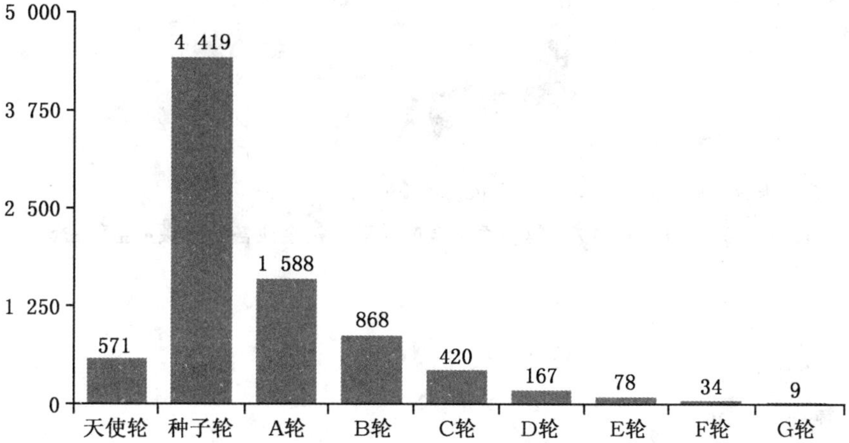

数据来源:Dealroom. co; The Singapore FinTech Consortium。

图 4—9　2013—2019 年第一季度全球金融科技企业各轮次融资案例数量

从融资金额的角度来看,从天使轮到 C 轮,融资金额占比逐渐提升,资本更偏好投资较为成熟的金融科技企业(见图 4—10 和图 4—11)。E 轮和 F 轮的平均融资金额更是超过了 1 亿美元,为 A 轮的 10 余倍,也从侧面反映出对早期金融科技企业的谨慎态度。

(三)大数据与人工智能成为主流,区块链异军突起

从金融科技三大核心手段(大数据、人工智能、区块链)来看,自 2013 年以来相对成熟的大数据企业的融资额相对稳定,起伏比较小;人工智能企业的融

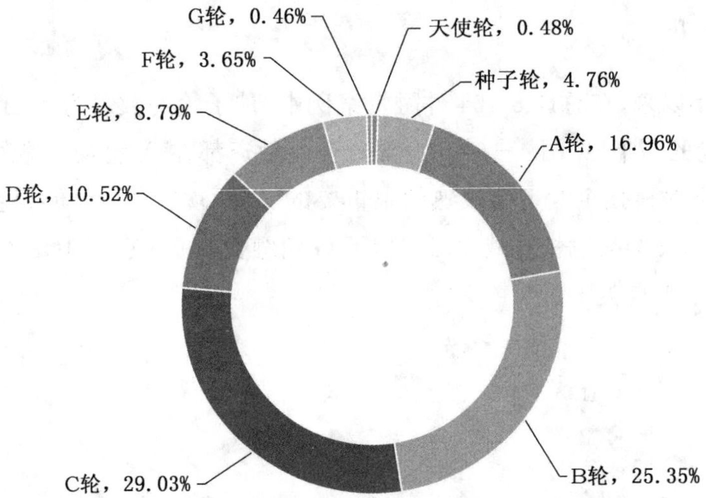

数据来源:Dealroom. co; The Singapore FinTech Consortium。

图 4—10 2013—2019 年第一季度全球金融科技企业各轮次融资金额占比

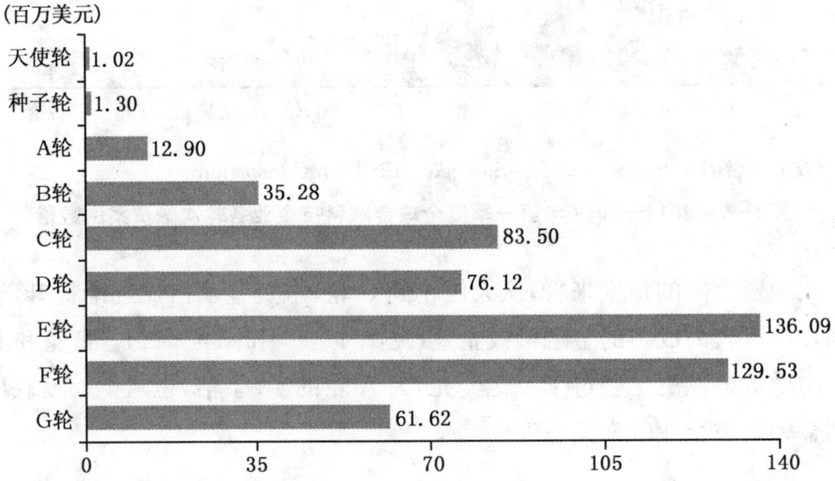

数据来源:Dealroom. co; The Singapore FinTech Consortium。

图 4—11 2013—2019 年第一季度全球金融科技企业各轮次平均融资金额

资额稳定增加，2018 年的融资额超过了 2013 年的 9 倍，凸显出资本对人工智能前景看好；区块链在大额融资项目中比较少，又是监管较严的领域，预计 2019 年将出现回落，但较 2018 年以前水平已经有明显增长(见图 4—12)。

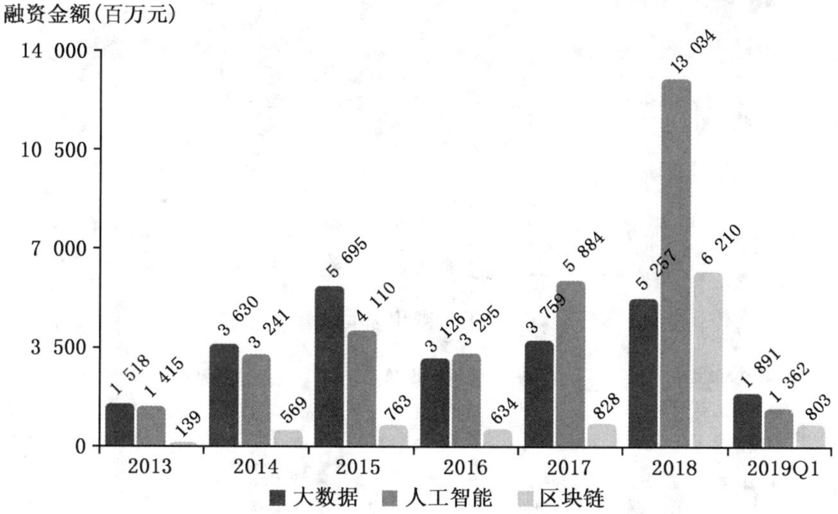

数据来源：Dealroom. co；The Singapore FinTech Consortium。

图 4—12　2013—2019 年第一季度全球金融科技主要核心手段融资总金额

(四)亚洲、北美洲争夺第一，欧洲融资额稳定增长

2013 年以来在全球各地区中率先进行大规模投资金融科技企业的是北美洲，在 2015 年及以前都遥遥领先其他地区。2016—2018 年，亚洲的金融科技企业融资额剧增，越过北美洲，成了第一名，在 2018 年更是掀起了一股“金融科技”的热潮，在蚂蚁金服 140 亿美元的融资以及其他 33 家融资上亿企业的加持下，融资总额占当年全球融资总额的 74.41%。但从 2019 年第一季度的数据来看，2019 年亚洲金融科技融资额很可能低于北美洲(见图 4—13)。与此同时，欧洲的金融科技融资额逐年增加，从 2013 年的 6.32 亿美元增长到 2018 年的 30.96 亿美元。

金融科技初创企业在其他市场如德国、巴西，也正吸引更大规模、后期的

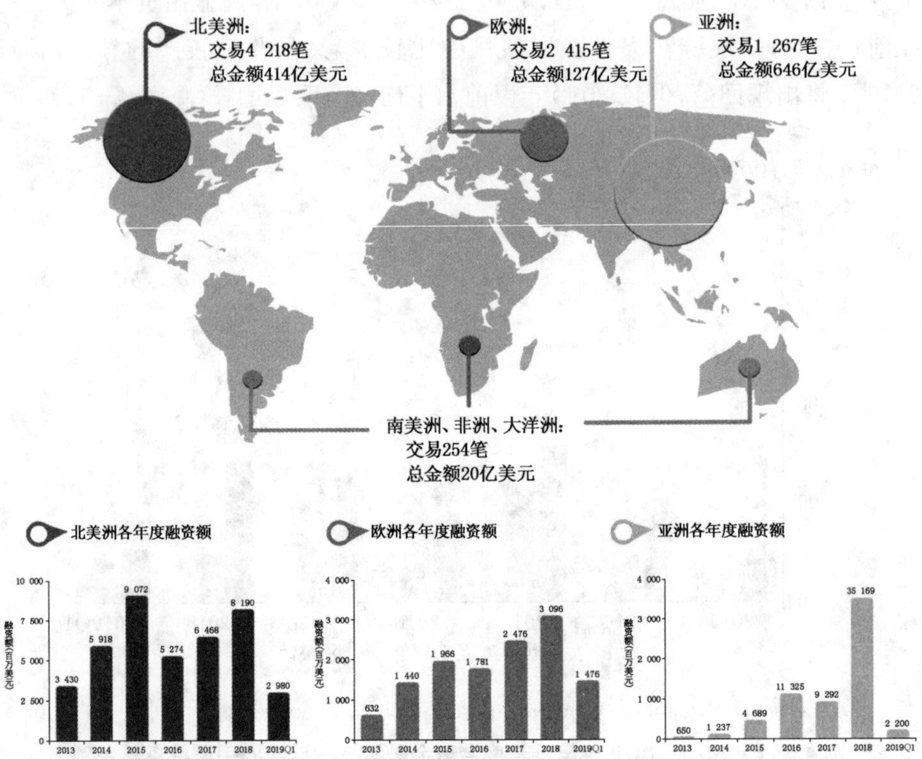

数据来源:Dealroom. co;The Singapore FinTech Consortium。

图 4—13 2013—2019 年第一季度全球各地区金融科技企业融资情况

融资轮;与此同时,美国、英国及亚洲市场中较为成熟的金融科技巨头则自行投资、收购,以实现产品和市场的扩张。2018 全球 FinTech 公司 50 强见表 4—1。

表 4—1 2018 全球 FinTech 公司 50 强

#1	蚂蚁金服	#18	PolicyBazaar	#35	Neyber
#2	京东金融	#19	Klarna	#36	众安保险
#3	Grab	#20	ACORNOaknorth	#37	TransferWise
#4	度小满金融	#21	Kreditech	#38	Pushpay
#5	SoFI	#22	Monzo	#39	League

续表

#6	Oscar Health	#23	我来贷	#40	Circle
#7	Nubank	#24	N26	#41	Lendingkart
#8	Robinhood	#25	WealthSimple	#42	Opendoor
#9	AtomBank	#26	Afterpay	#43	Metromile
#10	陆金所	#27	点融	#44	Folio
#11	平安壹账通	#28	VivaRepublica	#45	Lendix
#12	51信用卡	#29	QUOINE	#46	GuiaBolso
#13	Revolut	#30	Kabbage	#47	Starling Bank
#14	ompass	#31	Affirm	#48	Coinbase
#15	Stripe	#32	OurCrowd	#49	人工智能 rwallex
#16	CloverHealth	#33	SolarisBank	#50	Lemonade
#17	Adyen	#34	FutureFinance		

资料来源：KPMG。

参考文献

Pulse of FinTech H119, Global Analysis of Investment in FinTech, KPMG International (data provided by Pitch Book), June 30, 2019.

第二部分

金融科技发展与应用篇

第五章

银行业

一、商业银行转型概述

(一)商业银行的科技发展路径

金融科技实质上是利用现代先进技术对原有金融功能和模式的改造和创新,从而提高金融效率,改变金融内涵和边界,本质是现代先进技术为金融赋能。自20世纪后半期开始,科技在诸多领域取得了跨越式发展,而每一次的技术革命都推动着银行业的变革和创新。20世纪50年代起,随着计算机技术的运用,在磁条和芯片技术的发展下,银行信用卡诞生。20世纪60年代,银行POS机、ATM机等被发明并逐渐进入业务领域,银行运营效率得以大大提高。到了20世纪90年代,大规模互联网技术的应用和发展使网上银行服务日渐成熟,纷纷将线下业务向线上转移,打破了单纯依靠线下实体网点和自助渠道提供服务的模式。2007年后,随着通信技术的发展和智能手机等移动电子设备的普及,银行在移动支付端快速布局,满足客户的移动金融需求,不仅可以使人们在任何时间、任何地点处理多种金融业务,而且极大地丰富了银行服务的内涵,使银行能以便利、高效而又较为安全的方式为客户提供传统和创新服务。2015 年后,大数据、云计算、区块链、人工智能等新一波科技浪潮席卷金融市场,商业银行面临新的产品创新与业务模式重构的挑战。

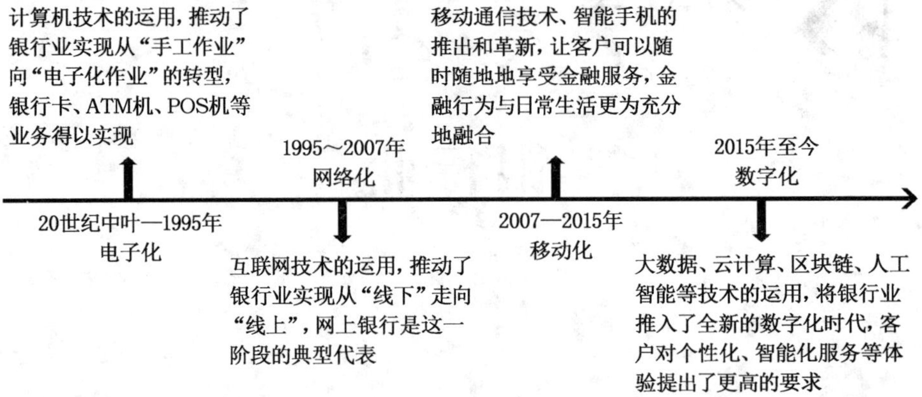

图 5-1 商业银行的科技发展路径

随着金融科技的迅速发展,新金融的崛起,更多便捷、低廉、友好的金融消费方式不断涌现,在多样化实现消费者需求的同时,也迫使传统商业银行开始思考新的转型方向——金融科技创新,包括新的业务模式、应用、流程或产品,以此对金融市场、金融机构或者金融服务的提供方式形成重大影响。在金融科技变革下的商业银行转型更加强调对大数据、人工智能、分布式技术、信息安全技术等金融科技核心技术的应用,或利用相关技术开发新的产品、或基于互联网思维优化组织流程、或加强内外合作构建新生态,综合推进自身数字化水平的提升。

(二)商业银行转型背景

随着客户金融行为与日常生活场景的联系日益紧密,并由线下快速向线上迁移,商业银行的传统、实体优势不再显著。一方面,2018 年上半年,全球经济持续复苏,但在中美贸易摩擦等复杂因素的影响下,增速有所放缓。此外,随着金融科技的发展,过度的金融创新使得实体经济发展与虚拟经济发展脱钩,过度杠杆、监管缺位以及衍生品泛滥为金融监管敲响了警钟,服务实体经济、防范金融系统性风险、推进改革成为银行监管的主题，银行业监管基调日渐趋严，国内金融市场环境充满重重挑战。另一方面，如摩根大通银行首席执行官杰米·戴蒙所说的“硅谷也已加入战局——千百个初创企业裹挟着人才与资金虎视眈眈，希望成为传统银行的替代者”。身处金融科技高速发展的时代，银行所面临的竞争对手已经远远不止其他银行。商业银行在支付转账、储蓄、贷款等各项金融业务领域中都面临着来自其他金融机构和非金融机构的竞争。新兴金融科技公司快速崛起，通过建立以客户体验为导向、以数据为核心、以互联网高效率扩张为手段的新型商业模式，逐步打破了传统银行的业务垄断格局。

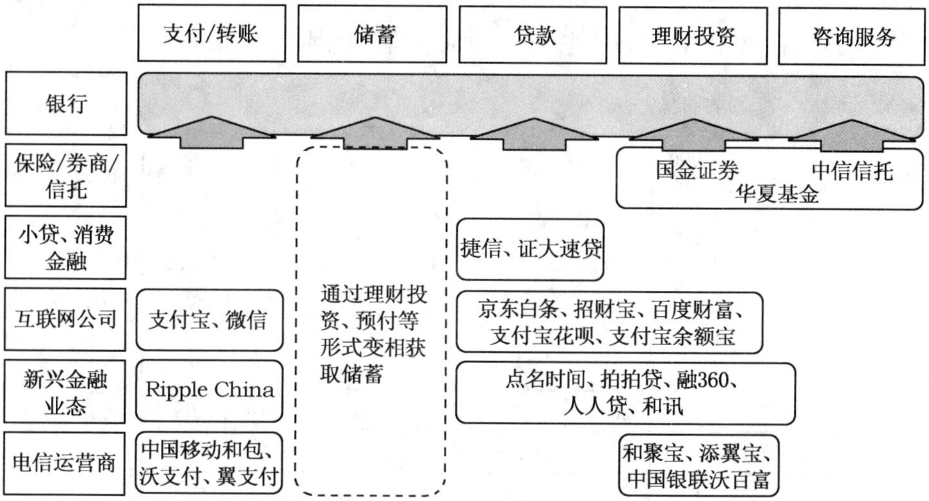

资料来源：何大勇，谭彦，陈本强，刘月：《银行转型 2025》，中信出版集团，2017。

图 5—2　金融科技下的市场布局

在以上两方面的影响下，商业银行的传统盈利模式遇阻，银行经营所面临的市场竞争环境也发生了巨大转变，传统商业银行增长动能不足。根据中国银保监会公布的官方数据显示，2018 年银行业金融机构实现净利润 1.8 万亿元，较上年同期增加 825 亿元，2019 年上半年实现净利润 1.1 万亿元（见图 5—3）。虽然净利润总体规模有所增长，但是增速却从 2014 年的 9.65%大幅下滑到 2018 年的 4.72%，银行资产收益率（ROA）和资本收益率（ROE）近 5

年也处于不断下降趋势(见图 5—4)。2019 年第二季度,银行业景气指数为 70.6%,比上季度降低 0.6 个百分点,比上年同期提高 4.2 个百分点。银行盈利指数为 66.7%,与上季持平,比上年同期降低 0.3 个百分点(见图 5—5)。银行盈利能力的下降与中国银行业当前息差持续收窄、金融脱媒趋势等密切相关。受经济增速下行、投资回报率下降、存款利率上限完全放开和基准利率下调等因素的影响,商业银行净息差由 2014 年的 2.7%收窄至 2019 年上半年的 2.18%,存贷利差不断收窄,加剧商业银行竞争,刺激其寻求新业务范围的扩张,也对银行的风险管理能力和金融创新能力提出了更高的要求。据麦肯锡预计,到 2025 年,全球金融科技企业带来的冲击可能导致银行的消费金融领域收入降低 40%、支付领域收入降低 30%、中小企业贷款领域收入降低 25%;另外,在财富管理、按揭贷款等领域也将受到明显冲击。

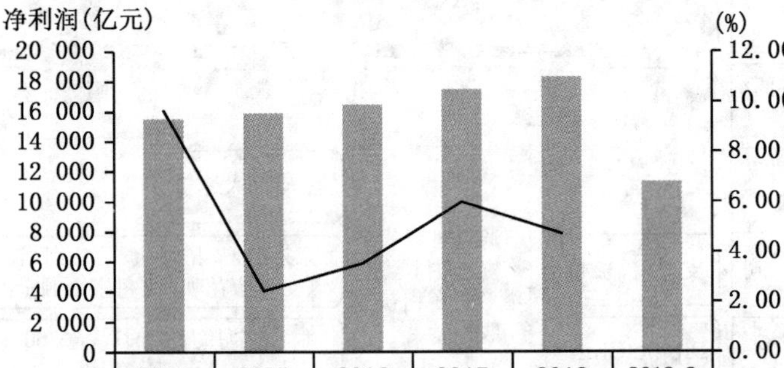

	2014	2015	2016	2017	2018	2019.6
净利润(亿元)	15 548	15 926	16 490	17 477	18 302	11 334
净利润增长率	9.65%	2.43%	3.54%	5.99%	4.72%	

数据来源:中国银行保险监督管理委员会。

图 5—3 我国商业银行 2014—2019 年 6 月净利润及其增长率

(三)商业银行金融科技发展现状

全球银行业正在迈入第四个重大发展阶段——数字化时代(银行 4.0),这一阶段最重要的发展主题就是数字化转型。麦肯锡开展的国际银行业调查显示,全球领先银行已经将税前利润的 17%—20%用作研发经费布局颠覆性

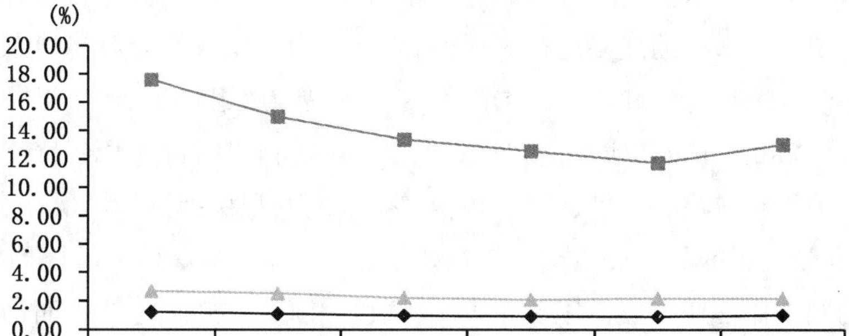

	2014	2015	2016	2017	2018	2019.6
ROA	1.23%	1.10%	0.98%	0.92%	0.90%	1.00%
ROE	17.59%	14.98%	13.38%	12.56%	11.73%	13.02%
净息差	2.70%	2.54%	2.22%	2.10%	2.18%	2.18%

数据来源：中国银行保险监督管理委员会。

图 5—4 我国商业银行 2014—2019 年 6 月盈利指标及净息差

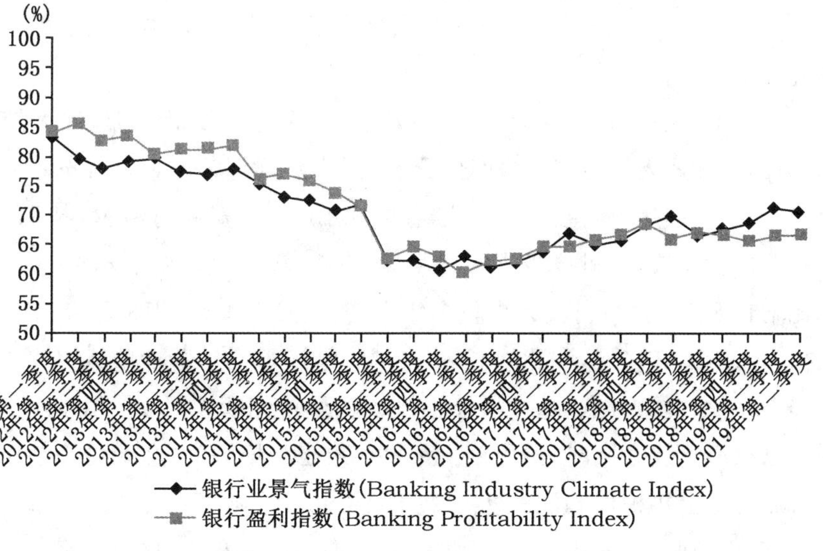

数据来源：中国人民银行调查统计司。

图 5—5 2012 年第一季度—2019 年第二季度银行业景气指数和银行盈利指数

技术,加速数字化转型。比如,花旗银行在走出金融危机的阴影后认识到依赖并购来维持增长的战略是行不通的,必须大力强化自身的数字能力,才能应对数字时代客户行为和竞争格局的剧变。于是花旗银行于2012年提出了“移动优先(mobile first)”战略,并在2017年进一步提出“打造数字银行”的新战略,着重关注客户核心需求、强化自身数字化能力、积极拥抱外部伙伴。过去三年中,花旗银行的数字渠道交易量增长了15%,移动客户总量增长了40%,2017年的利润比2010年上升了49%,其数字化转型成果斐然。而摩根大通从2012年首次发布移动银行起就开始全面构建数字银行,秉承“移动优先,万物数字化”的战略启动转型,实施了一系列举措,包括打造领先的数字化体验、布局生态圈、创新数字产品、打造技术型组织和能力。摩根大通每年投入近100亿美元用于支持数字化转型,其全行22万名员工中有25%的人员有技术或者数据背景。通过数字化转型,摩根大通2017年的总收入较十年前翻了一番,利润提升3倍,2018年第二季度的活跃数字用户约4 700万名,相比2015年增长19%。同时,其数字化转型也得到了资本市场的认可,股价较2008年稳步上升170%。可以看到,在金融科技发展背景下,全球领先银行均在大力推进数字化转型(见图5—6)。

而我国商业银行也在全方位积极拥抱金融科技发展潮流,加大信息科技基础投入,加速人工智能、区块链、云计算、大数据等领域金融科技布局。2018年,交通银行信息科技投入较上年增长6.10%;平安银行将“科技引领”作为全行首要发展战略,科技投入大幅增长,2018年IT资本性支出25.75亿元,同比增长82%,全行科技人力较上年末增长超过44%;招商银行2018年信息科技投入65.02亿元,同比增长35.17%,是该行当年营业收入的2.78%,同比提高0.46个百分点,全行累计申报金融科技创新项目931个,其中304个项目已投产上线。同时,招商银行董事会决定将增设的“金融科技创新项目基金”额度由“上年税前利润的1%”提升至“上年营业收入的1%”,加大力度推进实施“创新驱动、零售领先、特色鲜明的中国最佳商业银行”战略。

在金融科技发展背景下,企业、居民的资产配置日趋多元化、金融脱媒趋势加速及银行业政策监管趋严等内、外部因素使得商业银行难以依靠传统的经营模式发展,需要寻找新的利润增长点。而场景化获客、通过科技手段满足

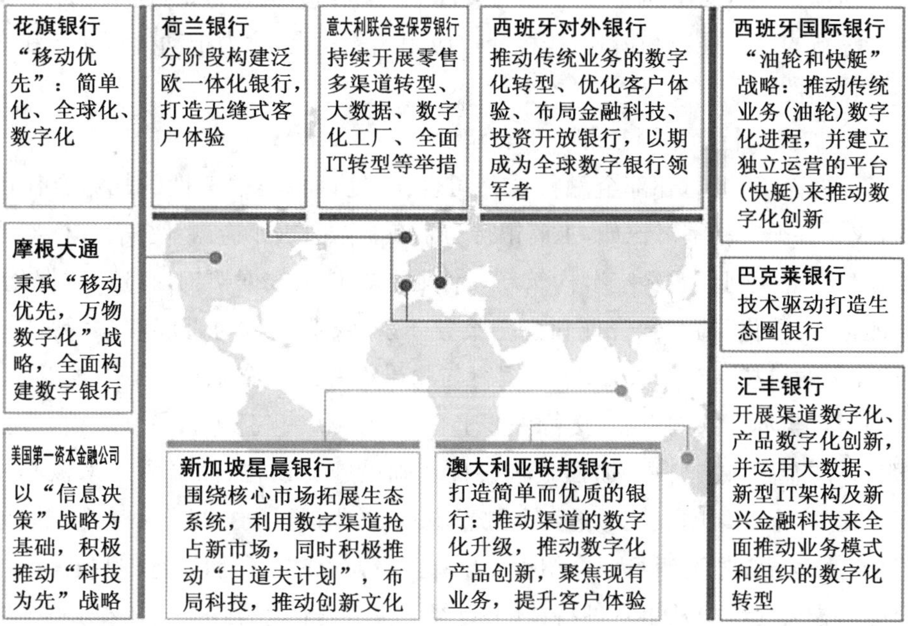

资料来源：《麦肯锡：十大领先银行数字化创新实践》。

图 5—6　全球领先银行大力推进数字化转型

客户需求、提升运营效率和服务质量，正是金融科技能够与商业银行相结合的领域。尽管金融科技所产生的金融服务发展迅猛，但其不可能完全涵盖商业银行的所有业务，商业银行的主体地位在短期内也不会因为金融科技的发展而动摇，更大的可能性是商业银行通过与金融科技的深度融合来加速其升级转型。简单地说，我国商业银行在金融科技上的着力点大致可以概括为以下几个方面：

1. 借助金融科技开展新业务，优化服务模式

比如把轻管理、轻运营做到极致，持续深耕“轻型银行”战略，大力发展智能网点、智能客服；布局以移动支付为代表的新兴电子支付业务，以及依托于大数据、云计算、区块链和人工智能等信息技术向更多公众提供低门槛、高匹配的理财投资产品，扩大智能投顾的应用范围等。

2. 探索创新经营模式

如基于网络的中间业务,发展电子银行、移动银行、直销银行、银行系电商平台等新的经营渠道和模式,积极介入应用场景建设,大力推动批量获客和增加客户黏性。

3. 加强银行金融科技综合生态建设

一方面,积极与外部金融科技公司合作,签订各类框架性的战略合作协议,成立各类实验室。比如,工商银行与京东金融签署了金融业务合作框架协议,建立“七大创新实验室”,构筑新一代业务、IT 和数据架构,打造“数据化、智能化、智慧化”的经营管理和金融服务体系;农业银行与百度共建“智能银行”和金融科技联合实验室;中国银行与腾讯携手成立金融科技联合实验室;交通银行与苏宁共同设立“交行—苏宁智慧金融研究院”等。另一方面,成立银行系的金融科技公司,加强金融科技基础设施建设,从而引领未来核心技术。比如,平安集团成立了平安金融壹账通;兴业银行设立兴业数字金融服务股份有限公司;招商银行成立招银云创;建设银行成立了建信金融科技。这些金融科技公司主要从事软件科技、平台经营及金融信息服务等,以服务整个集团和进行科技创新能力输出。

二、商业银行业务及服务模式创新

(一)智能网点

根据麦肯锡 2018 年亚太个人金融调研,中国手机银行渗透率已经高达 79%,超过亚洲发达国家水平。随着银行业务数字化水平不断提升,银行网点客流量、交易量正在萎缩;与此同时,由于租金和人工成本上升,网点的投资回报率正在不断下滑。“未来银行是否还需要网点? 网点应该如何定位?”正在成为中国各大领先银行关注的核心问题。

随着科技赋能的深度和广度逐渐加大,如今大多数客户都通过智能手机办理银行业务,但据麦肯锡数字化与多渠道调查表明,即便是在数字化程度较高的欧洲国家,仍有 30%—60%的客户倾向于到网点办理部分业务(见图 5—7)。

客户行为变化以及新技术的涌现并未宣告银行网点的终结,而是预示着

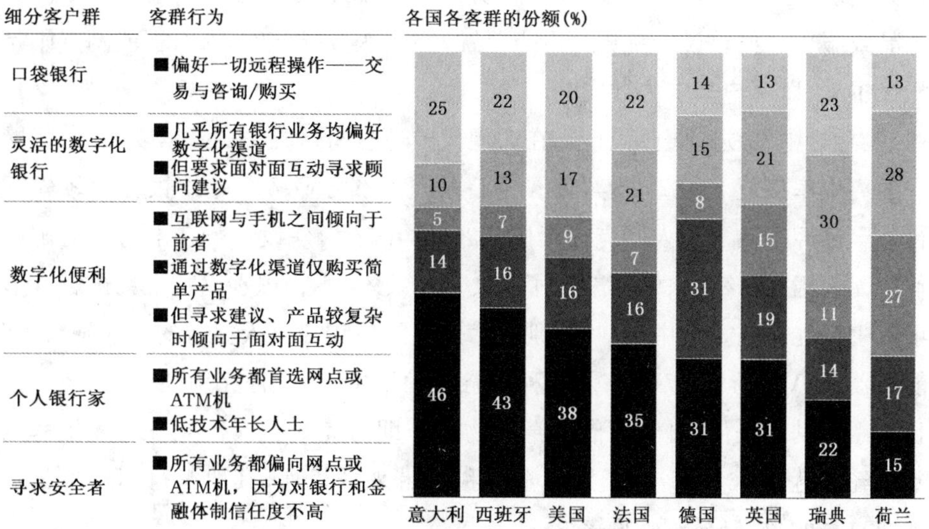

资料来源：麦肯锡零售银行多渠道调查 2016。

图 5－7　数字化时代下相当大一部分客户仍偏好银行网点

“智能网点”的到来。智能网点利用科技提升销售，显著改善客户体验。如果应用得当，智能网点可改变银行的运营方式（减少人员），大幅降低面积要求，同时改变与客户的互动（销售目标更精准、销售相关性更强、服务到销售的转化率更高）。从成本节约和销售增长来衡量，智能网点能令网点效率提升 60％－70％。虽然不少银行已经在着手部署智能网点的相关要素，但实现智能网点的建设并非采购安装几台新设备这么简单，它基于以下三个主要方面：一是与智能网点相关的前沿技术已经变得更廉价、更可靠、更容易获取，银行应该对这些技术进行无缝整合；二是在各地采用全新的、无柜员、无台面的网店模式；三是应用数字化技术和先进分析法提升网点运营效率，包括个性化、数据驱动的销售以及实时业绩管理与技能培训。

智能网点出现的意义不仅仅是重新设计和革新客户互动方式，还要求银行从根本上改变对网点及其人员的认知及支持方式。数字化技术不是原有实践和流程的点缀，它应该深入到客户互动和员工的日常工作中。智能网点的目标是将超过 90％的简单客户活动变成自助或半自助式，让销售和服务流程简洁、统一、无纸化，以及应用新一代分析技术提供真正与客户相关的个性化产品或服务。如果说传统银行网点是被动式、服务导向的，那么智能网点则是积极主动、以客户需求为导向的。

当前，中国领先商业银行正在大规模改造现有网点，2018 年以来，银行网点的离柜率接近 88.67%，实现了线上办理大部分业务。建设银行等领先银行甚至已经开始了无人网点的尝试。2018 年 4 月，建设银行在上海建立国内首家无人银行，该无人银行融合了 AR/VR 技术、生物识别以及全息投影等多项人工智能科技。其中，生物识别技术广泛地应用在无人银行的出入闸机、智能机器人、VR 看房、VIP 室及各种金融自助设备上，全程无须任何柜员参与，且不需要携带任何证件，凭借自身生物特征即可完成。银行业务的离柜率水平已经高达 88.67%。为了捕捉金融科技带来的机遇，其他银行网点也正在加快自身的数字化转型(见表 5—1)。

表 5—1　　各银行智能网点发展情况

银　行	智能网点发展情况
工商银行	·完善“智能＋人工、线上＋线下、远程＋近场”等服务供给，推进网点优化建设 ·截至 2018 年末，完成智能化改造网点 15 410 个，智能设备 75 756 台
建设银行	·加快推进网点数字化，集成现代科技打造数字化智慧银行网点和数字化展厅，运行智慧柜员机 49 687 台，为客户提供线上线下一体化智能服务
中国银行	·全面推进以智能柜台为核心的新一代网点智能化建设 ·2018 年，智能柜台完成 9 次迭代升级，投产 41 大类、186 子类服务场景，基本建成涵盖基础金融、重点销售、线上线下协同、国际化特色以及对公业务五大产品的智能服务体系
农业银行	·统筹推进以布局调整、分区优化为重点的网点“硬转”和以流程优化、模式创新为核心的网点“软转”，提升网点智能化、轻型化水平 ·截至 2018 年末，完成“硬转”网点 2 089 个，完成“软转”网点 10 988 个 ·全面提升网点设备智能化水平，2018 年末在线运行现金类自助设备 9.69 万台、自助服务终端 4.48 万台，日均交易量 2 240 万笔
交通银行	·加快网点智能化、轻型化建设步伐，保持全行高覆盖、多触点、优服务的线下网点布局优势，打造“综合型旗舰网点为骨干，轻型智能网点为主体，无人银行为触点”的线下网络体系 ·2018 年，境内行自助设备总数达 2.06 万台，离行式自助银行总数达 2 621 个，离行式自助银行与非特色人工网点配比为 1.02∶1，自助渠道交易笔数达 3.30 亿笔，自助渠道交易金额达 2.76 万亿元

续表

银　行	智能网点发展情况
浦发银行	·加快网点智能化建设，落实减柜增智工作方案，创新推出 i-Counter 智能柜台，优化厅堂动线，促进柜面业务迁移和人员释放，网点零售业务分流率近 90% ·i-Counter 智能柜台：通过对生物识别、音/视频、4G 无线等新技术的运用，对传统银行业务流程进行再造，促进网点业务由柜面向智能机具的迁移，提升客户服务效率和网点工作效能，助力网点数字化转型升级
兴业银行	·应用“兴业慧眼”，实现厅堂 VIP 客户识别应用，支持网点差异化服务和精准营销

资料来源：总结自各银行 2018 年年度报告。

在智能网点的建设过程中，智能客服的发展和应用尤为重要。智能客服是在借助自然语言处理技术、深度学习、虚拟现实技术（VR）、增强现实技术（AR）和全息投影技术等新兴技术的基础上建立起来的一套面向行业应用，适用于进行大规模知识处理、自然语言理解、知识管理、自动问答和推理等专业技术服务的系统。目前，商业银行的智能客服开发主要以人工智能技术的应用为主，常见于以下五个方面：智能语音质检、智能语音导航、实体智能机器人、在线客服机器人和智能外呼系统。表 5—2 为智能客服与传统客服的对比情况。

表 5—2　　智能客服与传统客服的对比

客服类型	优　点	缺　点
传统客服	（1）人性化、解决方案的针对性强 （2）有温度的互动交流	（1）一线岗位工作强度大 （2）经营成本高，简单重复劳动 （3）易受个人情绪干扰，客服素质参差不齐
智能客服	（1）全天候，服务成本低，便捷、高效 （2）响应速度超快，支持海量业务量 （3）驱动人工服务向高价值服务转型	（1）程式化服务应急能力弱 （2）受制于智能知识库的维护升级

资料来源：浙大 AIF。

2018 年 9 月，招商银行在其 7.0 版 App 中，以语音识别与人工智能为基础，推出了智能语音助理“小麦”。用户可通过语音输入指令，快速办理如转账、理财收益查询等常规业务。该创新应用突破了用户的传统交互体验，语音助理和人机协作还提高了客户服务的差异性。以招行信用卡为例，机器人会在用户进入平台后通过个性化推荐进行信用卡还款方式绑定,引导办理相应的业务。

此外,中信银行于2018年10月推出我国第一款利用手机银行进行纯语音办理业务的产品,客户只需在手机银行中"说"出需求,基于腾讯云智能语音技术的手机银行即可为客户提供相应的服务。民生银行也于2018年9月正式发布线上银行"远程银行1.0",力求提供一种"有温度的线上银行服务",并推出"云管家"客户服务模式,即围绕客户,对各种产品的咨询和服务进行整合,提供"管家式"的客户服务。

(二)智能投顾

智能投顾又称机器人理财,是指根据现代资产组合理论,结合投资者的个人财务状况、风险偏好和理财目标,利用云计算、智能算法、机器学习等技术,获得最优的理财配置方案,为投资者提供最佳投资组合,并通过持续跟踪市场动态,对资产配置方案进行调整。其运行模式实质上是通过技术分析为两端数据进行快速精准匹配,一端是从海量的原始金融产品的大量组合中筛选可用的组合与择时策略,另一端则是为客户本身的投资偏好和风险偏好进行精准画像(见图5—8)。对比传统投资顾问业务,智能投顾的核心特征在于去人工化。借助客观的投资组合模型,智能投顾可以做到服务流程的标准化和投资决策的纪律性。随着居民财富的增加和投资意愿的增强,银行资产管理业务快速增长,智能投顾也成了新的创新热点。

根据艾媒咨询数据显示,2018年,中国互联网理财用户达4.56亿人。预计2019年中国互联网理财用户将达5.29亿人,2020年中国互联网理财用户将达6.05亿人(见图5—9)。艾媒咨询认为,随着互联网金融的发展,大众互联网理财的观念渐渐普及,大众理财规模越来越大,而智能投顾的低成本、风险分散等特点迎合了大众的理财需求。未来,愈加庞大的互联网理财用户规模将促进智能投顾的发展。

根据艾媒北极星互联网产品分析系统数据显示,客户在互联网巨头的金融理财类App(支付宝等)进行投资的比重远远高于银行App(见图5—10)。

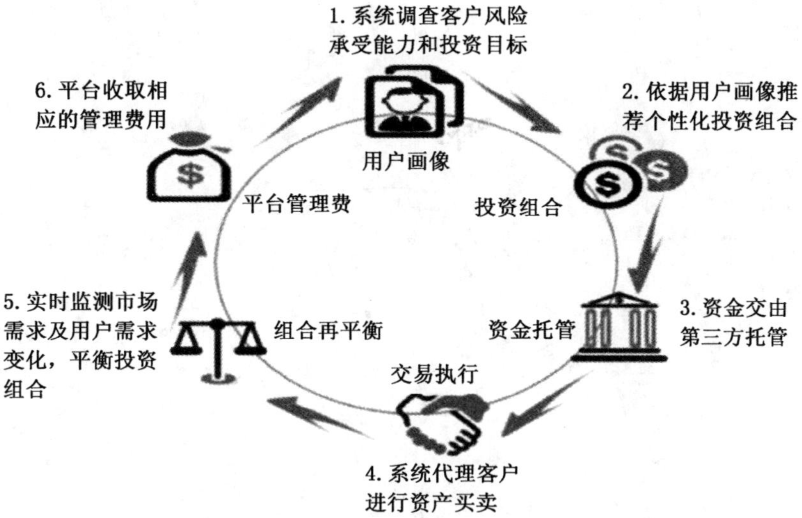

资料来源:艾媒咨询、平安证券研究所。

图 5—8 智能投顾的服务模式

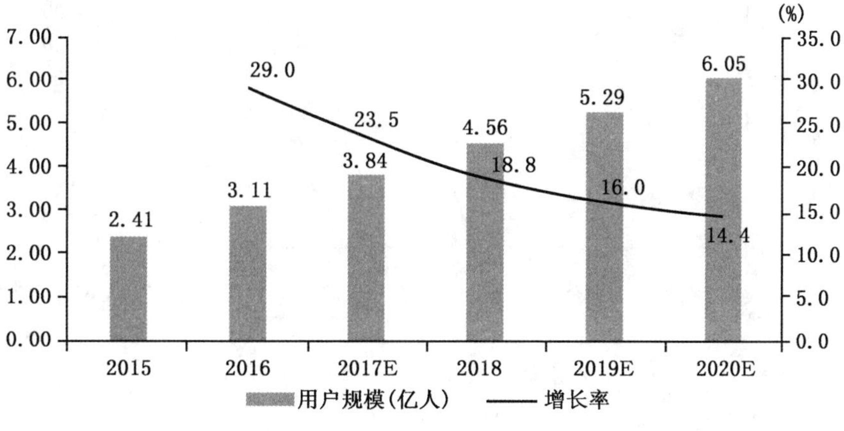

资料来源:艾媒北极星(截至 2017 年 6 月底,北极星采用自主研发技术已经实现对 7.65 亿独立装机覆盖用户行为监测)。

图 5—9 2015—2020 年中国互联网理财用户规模及预测

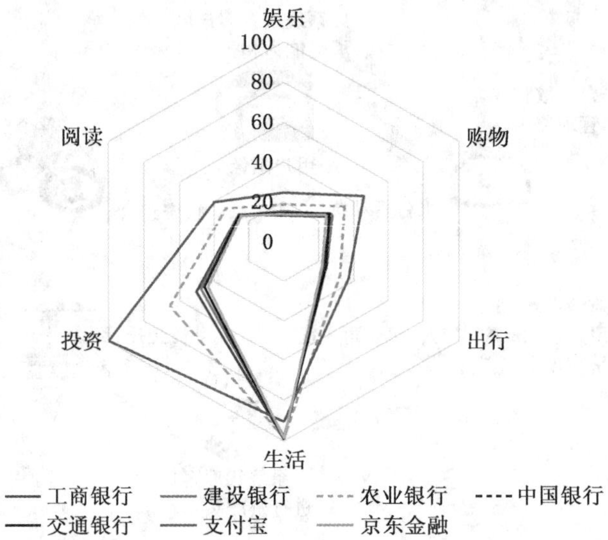

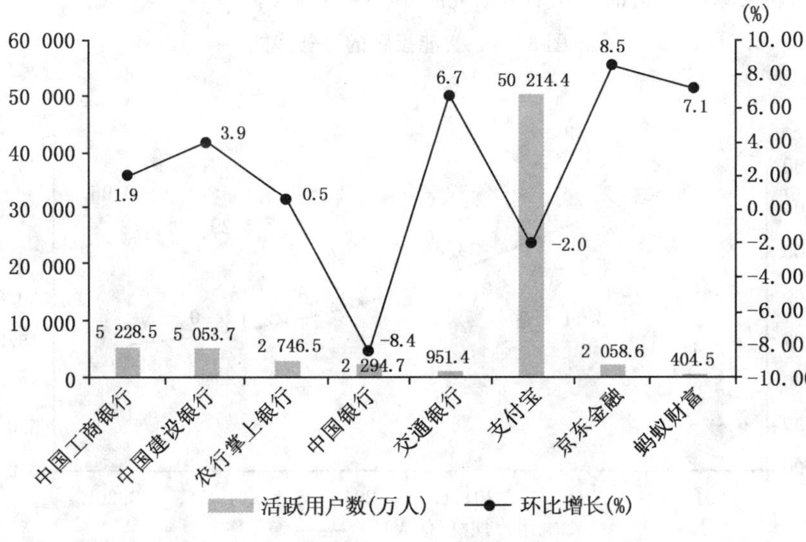

资料来源:艾媒北极星互联网产品分析系统(bjx. iimedia. cn)截至 2018 年 10 月。

图 5-10 2018 年中国金融理财类 App 用户行为偏好及规模对比

面对互联网企业的金融理财产品的创新,银行虽然进行了战略调整来应对,但是在货币基金投资等获利回流客户的领域,人们更倾向于选择互联网企业的移动产品。银行更需要创新服务，通过优化金融信息服务等方式提高产品的用户黏性，进一步提高智能投顾等增值服务。

招商银行于2016年12月推出智能投顾系统“摩羯智投”，该系统将招商银行的资产管理及基金研究经验与人工智能及机器学习技术相结合，实现了智能的投资组合配置。截至2018年上半年，摩羯智投累计销售规模已超116亿元。高量级的计算和指数的持续优化，促进了摩羯智投控制投资风险、维持低波动率的能力，帮助客户在盈利的同时规避风险。2018年，中信银行推出的“信智投”是融合数据分析、量化模型的定量分析和专家团队定性研究成果的一键式个人财富解决方案。在全市场的公募基金中优选基金构建投资组合，通过智能分析客户画像，精准推荐基金组合方案，实时跟踪市场动态，为用户的投资组合提供诊断分析及动态再平衡服务。2019年5月，浦发银行与理财魔方也达成合作，开启智能投顾产品“极客智投”。

专栏5—1

传统金融机构与智能投顾的结合——“摩羯智投”

1.“摩羯智投”的推出及功能

2016年12月6日，招商银行在深圳举办了招行摩羯智投新闻发布会，摩羯智投正式上线。其背后的技术支持，既运用了人工智能技术中的机器学习算法，又融入了招商银行十多年的财富管理实践及基金研究经验，并在此基础上为客户构建了一套以公募基金为基础的，可在全球进行资产配置的“智能基金组合配置服务”体系。在客户进行投资期限和风险收益选择后，摩羯智投会根据客户自主选择的“目标—收益”要求，构建基金组合，由客户进行决策，“一键购买”并享受后续服务。

摩羯智投的功能包含目标风险确定、组合构建、一键购买、风险预警、调仓提示、一键优化、售后服务报告等，覆盖基金投资的售前、售中、售后全流程服务的各个环节。比如，摩羯智投会实时进行全球市场扫描，根据最新市场状况，去计算最优组合比例；如果客户所持组合偏离最优状态，摩羯智投将为客户提供动态的基金组合调整建议,在客户认可后,即可自主进行一键优化。此外,其还能够支持客户多样化的专属理财规划,根据客户资金的使用周期安排,设置不同的收益目标和风险要求,帮助客户实现购车、买房、子女教育等规划目标。

2."摩羯智投"的运作模式

打开摩羯智投的页面,有两个输入项:大致的投资期限和风险承受能力。需要说明的是,风险承受能力并不是通过调查问卷来衡量用户的风险水平,而是用户根据对自己的判断,选择一个大概的风险等级,这有可能导致用户对自己风险承受能力的评估与实际产生偏差。大致的投资期限有三个选项:短期(0—1年)、中期(1—3年)、长期(3年以上);风险承受能力有10个选项,分别是1—10级,但对每个风险级别并未给出具体的判定标准。两个项目可形成30个投资组合。当选定了一对组合后,页面会显示一个模拟的历史年化业绩和年化波动率,并且会较为直观地显示一组数据,如投资1万元,持有1年,按照模拟历史收益测算,会赚多少钱,以及在多大的概率下亏损不会大于多少钱。有了这组数据之后,用户会相对容易地判断自己所能承受的最大风险。从30个组合的测算数据看,组合后的历史业绩范围在5.01%—11.23%之间,历史波动率在2.57%—15.28%之间。

确定两个输入项后,点击进入,会显示所提供的具体的资产组合方案,每种方案里面包含的资产大类包括固定收益类、股票类和另类投资产品。其中,固定收益类以债券基金为主,股票类既包含投资国内,也包含投资全球股票的基金,另类投资则是以量化对冲和黄金为主。同时,系统还会用净值图的方式,非常直观地显示这个组合资产近3个月、近6个月、近1年和近3年的收益率情况,以及与业绩比较基准的关系;不仅如此,点击收益率图中的任何一个地方,还会显示某一天具体的净值情况,获取产品信息非常便利。进入方案详情查看后,还会看到组合内每一只基金的净值和收益率变化情况,但没有对每一只基金的详细介绍。在单只基金的配置比例上,通常从5%至15%不等,配置的基金数量从10—25只不等,以实现风险的充分分散。

3. 对"摩羯智投"的分析

对摩羯智投的使用体验中,一个最大的优点就是信息显示的直观性,包括历史净值的展示、与业绩基准的比较等，而且所提供的不管是组合还是每只基金，表现都超越市场。这就需要及时调整组合内的投资基金，使得组合的表现对购买者有足够的吸引力。但这也带来一个问题，即在基金购买上追涨杀跌。同时，因为需要有历史业绩的展示，所以购买的产品必须是已经存续的基金。而这些基金通常仓位比例都比较重，所以在市场发生波动时，涨跌幅度也会相对比较大。这对于大众投资者中的新手来说，如果购买后恰逢市场变化，则会有较差的体验感。

通过对组合内配置资产的观察，目前每一个组合所配置的目标基金基本相似，只是随着风险承受能力的降低或上升，会减少或增加 1 ～ 2 只权益类基金，或者调整单只基金比例，而多余的资金会配置货币型基金来增加收益。投资目标池的集中既有优势也有劣势。首先，结合招商银行自身多年对于财富管理和资产配置的经验，由其相关团队根据市场情况及基金走势选择出不超过20 只的重点优秀基金；然后，根据用户投资期限及风险承受能力的不同，进行一定程度上的个性化组合。通过上述操作，将市场中表现优异的投资标的筛选给投资者，可在一定程度上提升客户获取投资收益的概率。但是，这样的方式所产生的问题是，投资标的小范围的集中，会使在智能投顾的用户发展迅速的情况下，投资标的池内基金的规模会大大增加；而规模的迅速增加，不仅会摊薄每份基金的持有收益，而且会增加管理人的操作难度，未来该基金走势的不确定性也会有所增加。

资料来源：孙清云，赵艳群：《国内传统金融机构智能投顾业务发展探讨——以摩羯智投为例》，《国际金融》，2017 年第 9 期，第 36—41 页。

（三）智能风控和征信

智能风控，即利用实时分析、大数据及人工智能技术，整合客户的交易行为、金融资产、身份特征、履约历史、行为偏好、关系网络等内外部多维度数据，开展事前、事中、事后风险预测和管控，构建覆盖实时反欺诈、智能反洗钱、信用风险、市场风险和操作风险等领域的全方位、立体化智能风控体系。其本质是以数据驱动的风险管控与运营优化。

传统风控实践中的一大痛点是传统信贷风险管理方法审批效率低、过审手续多、操作成本高以及具有人为偏差等问题。智能风控建立在大数据征信与金融信息可视化两种基础技术之上,对海量数据进行挖掘,利用科技手段对流程全环节进行把握,并且通过与金融科技公司开展交互合作扩大信息来源,提升风险计量的准确性,为商业银行提供更优的风控方案。

所谓大数据征信,即利用金融大数据技术(覆盖流程的技术总集,包括数据收集、数据储存、数据分析及数据应用等环节),对海量、有价值的信息进行收集与处理,建立模型进行风险评估,获得精准客户画像,实现客户全面评价。其优势在于非结构化与结构化数据共存,基于更丰富的数据类型,挖掘数据潜在价值,采用机器学习、神经网络等先进的技术手段,提升结果的准确性。而金融信息可视化是利用数学算法及相应的可视化技术,在大数据的基础上将收集到的信息动态集成表示。其优势在于可将大量、复杂的金融数据以简洁、直观的方式呈现,便于从事风险管理工作的人员实时监控,简化流程,为银行减少相关成本。图 5—11 为商业银行智能风控的基本流程。

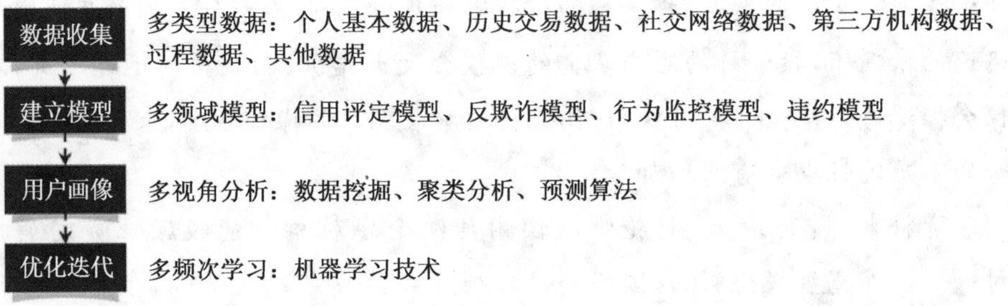

资料来源:浙大 AIF。

图 5—11　商业银行智能风控的基本流程

基于以上两种基础技术,商业银行可将个人基础数据、历史交易数据、社交网络数据等各类数据进行汇总,建立适应于信用评定、反欺诈、行为监控等不同模块的风控模型,通过模型共同检验,得到用户综合画像与风险状况,实现智能风控的基本目标，同时机器学习技术的发展使得系统具备了优化迭代的能力，可以提升单词操作的准确度，达到系统结构的总体优化。

1. 中国信用科技市场概况

根据不同的载体，可以将信用市场分为信用资产市场、信用服务市场和信用IT市场三个层次，这三个层次层层递进，逐渐由信用的表象载体深入到其背后的运行逻辑。信用资产市场以资产为载体，包括信用资产的一级发行市场和二级交易市场，是直接满足信贷需求的场所。信用服务市场以服务为载体，涵盖了信用基础服务、信用增进服务、信用交易服务和组合监控服务，深入借款方在融资过程中的其他各方面需求，使得借款方与投资方展开更好的合作。信用IT市场以IT技术为载体，为信用资产市场和信用服务市场提供计算机系统上的支持，是纯粹的金融科技领域。

在经济环境、监管政策和技术突破等因素的推动下，中国信用科技市场具有持续增长的潜力。(1)经济增长势必伴随着信贷融资需求，以及金融结构性改革要求融资渠道向直接融资转变，信用市场随之“水涨船高”。(2)监管严格化和市场化的趋势对信用市场提出了更高的要求，打破刚性兑付和去杠杆化对信用市场提出了更高的要求，对信用市场形成一种倒逼改革的动力。(3)计算机技术的发展为信用市场带来了更大的发展空间，目前中国信用科技市场应用的计算机技术包括但不限于移动互联网技术、云计算、大数据分析和人工智能技术，科技的应用不仅提高了信用科技市场的工作效率和服务质量，同时其对信贷市场的可获得性和风险控制的提升也激发了一部分借款人的信贷需求，推动着信用科技市场的扩大。中证信用和奥纬咨询联合计算的结果显示，中国信用科技市场有望在2022年左右实现200万亿元资产规模的突破，信用服务市场和信用IT市场有望在未来四年爆发性增长(见表5－3)。

2. 征信的核心竞争力：数据

征信产品和服务的基础是数据。丰富和可靠的数据虽然不能杜绝征信中的潜在失误，但充足的相关数据可以有效降低信用评估不准确的风险。独家的数据来源和领先的数据分析方法更是可以奠定征信机构行业地位的关键所在。

表 5—3　　中国信用科技市场规模预测　　单位:元

信用市场层次	名　称	2018 年可获取市场	年均增长率	2022 年可获取市场	2022 年技术驱动市场规模
信用资产	信用资产余额	144 万亿	8.0%	195 万亿	68 万亿(35%)
	信用资产发行量	57 万亿	8.6%	80 万亿	43 万亿(54%)
	信用资产交易量	136 万亿	15.2%	239 万亿	183 万亿(77%)
信用服务	信用服务收入	3 677 亿	29.5%	10 340 亿	4 310 亿(42%)
信用 IT	系统相关收入	93 亿	51.5%	490 亿	490 亿(100%)

资料来源:中证信用、奥纬咨询。

目前,征信业使用的数据分为三类,分别是信贷数据、以税务数据为代表的其他国家职能部门数据和以电子商务数据为代表的生活数据。央行的征信系统为商业银行提供了借款方的历史信用信息,商业银行在信贷数据上具有其他第三方互联网征信机构不具备的天然优势。虽然央行征信系统具有广泛的覆盖面,但是由于系统里均为历史信息,央行的信贷记录无法针对首次申请贷款的借款人提供有效的信息。截至 2019 年 4 月,该系统已采集 9.9 亿自然人的信息,仍有 4.6 亿自然人无信贷记录。信贷数据的不连续限制了商业银行征信的有效性,在一定程度上增加了小微企业融资的难度。为了缓解这一困境,商业银行也在积极谋求税务数据和生活数据的获取和应用。

与信贷数据类似,税务数据由国家职能部门监督收集,国家强制力使得税务数据不仅覆盖面广泛,而且具备连续性。同时,税务数据与企业的经营状况密切相关,包含了有关企业或个人还款来源的信息,具有一定的金融属性。自 2015 年 7 月国家税务总局与中国银保监会联合提出推行“银税互动”起,国家税务总局多次下发通知,鼓励商业银行善用税务数据进行信贷产品创新。2018 年 11 月,国家税务总局发布的《关于实施进一步支持和服务民营经济发展若干措施的通知》中再次提到了这一点。

目前,“银税互动”已经得到了银行业的认可,不少银行已经完成了“银税互动”线上产品的开发和推广,部分产品借助大数据分析技术已经成功实现企业贷款的“秒批”或“秒批秒贷”(见表 5—4)。截至 2018 年底,114 家资产规模在千亿元以上的商业银行中,有 89 家已经推出了多达共 97 个相关产品,其中

10%的产品已经实现“秒批”或“秒批秒贷”。

表 5—4　　“银税互动”信贷产品部分列举

银行名称	产品名称	贷款对象	最高贷款金额
建设银行	云税贷	小微企业	200 万元
微众银行	微业贷	小微企业	300 万元
网商银行	网商贷——有税贷更多	小微企业	100 万元
桂林银行	乐税贷	小微企业主	400 万元
厦门国际银行	税享贷	小微企业主	100 万元
江苏银行	税 e 融	小微企业主	200 万元

资料来源:公司官网。

与国家职能部门数据不同的是,电子商务数据等生活数据,不具备国家强制力,而属于用户的个人隐私。商业银行需要与平台方达成合作,方可获取此类数据。2016 年 10 月 17 日,平安银行杭州分行与社交电商拼多多签署全面战略合作协议,深化双方的信用大数据互换,建立商户信用体系,通过供应链金融服务,助力优质商家。蚂蚁金服旗下的网商银行推出“网商贷”产品,旨在利用用户在阿里系平台上留下的电商平台交易、线下支付和物流等生活数据,为淘宝、天猫等电商商户等提供贷款服务。截至 2018 年 6 月,网商银行已累计为用户提供 1.88 万亿元信贷资金,帮助了 1 042 万家小微企业。

3. 科技参与征信模型的建立——反欺诈

反欺诈和征信同处于智能风控的贷前管理阶段,反欺诈与征信为互补关系。征信的主要作用是评估借款人的信用高低以及其能否及时还款的可能性;反欺诈则是起到了辨识申请人身份真伪、申请材料是否真实有效以及是否为团伙骗贷的作用。二者互为补充,从整体上降低金融机构收到的信用和欺诈风险。

由于欺诈存在主观性,反欺诈系统更需要金融科技的支持。场景、数据和技术是人工智能反欺诈系统的三大关键要素,其中,技术要素是保证人工智能反欺诈系统有效的基础,离不开算法模型和系统架构两大技术核心。

2018—2019 年,商业银行加快了对反欺诈系统的布局。目前,商业银行搭建反欺诈系统的路径主要有两个:一个是凭借银行自己的研发团队自主开发,封闭的研发环境可与竞争对手形成技术壁垒,商业银行拥有更强的独立自主性,但是对银行研发团队的计算机技术能力要求较高。2017 年,平安银行已成功自主研发出拥有完全知识产权的信用卡智能反欺诈系统 SAFE。2019 年 8 月,平安银行 SAFE 智能反欺诈系统荣获首届金融安全盾团队奖。另一个路径为商业银行与金融科技公司合作,借助金融科技公司的大数据、云计算等技术,完善商业银行的反欺诈系统建设。2019 年 2 月,顶象技术与江苏银行达成合作。江苏银行通过顶象全链路智能风控技术的应用提升团伙欺诈行为的识别能力,加强风险防控体系的建设。2018 年 4 月,为了提升电子银行反欺诈的准确率与覆盖率,光大银行率先布局,引入了邦盛科技的人工智能核心技术,针对其网银场景训练应用反欺诈机器学习模型,利用历史欺诈数据的行为特征发现欺诈与非欺诈交易存在的内在规律,从未来的申请数据中识别出真正的欺诈案件,从而实现全流程智能化的风控体系。2019 年 4 月,邦盛科技中标上海银行借记卡与电子渠道交易反欺诈项目。邦盛科技将通过大数据实时分析和人工智能技术,共同打造新一代交易风险监控系统,实现事中实时干预决策的风险监控平台。

专栏 5—2

光大银行大数据风控

光大银行大数据风控主要应用于风险预警、审计、反欺诈等领域,结合复杂网络、自然语言处理等大数据分析技术,采用了更多的内外部数据,将业务实体及行为进行广泛的互联,通过更多的视角分析风险因素,进而实现风险的发现与预警。

1. 大数据风险预警

"滤镜"是光大银行用于大数据风险预警的数据产品,充分体现了光大银行在产品上研发、落地的工作机制。利用工商、互联网舆情等外部数据,跟行内数据充分结合之后建立了在线运行特殊交易对手、风险共同体、复杂循环担保圈三类大数据风险模型，最终交付内容是两份清单(见图 5—12)。被滤镜预警提示的企业通过全量、增量两份名单进行风险提示，一份全量清单以名单为入口逐级追索风险成因，并通过数据可视化方法直观展示预警对象在网络中的风险传播路径，为人工排查提供依据；另外一份增量清单特别提示新增风险，警示企业风险恶化动态。将这两份清单嵌入到管理人员使用的观察应用中，使管理人员通过手机就可以直接发现企业风险预警情况。

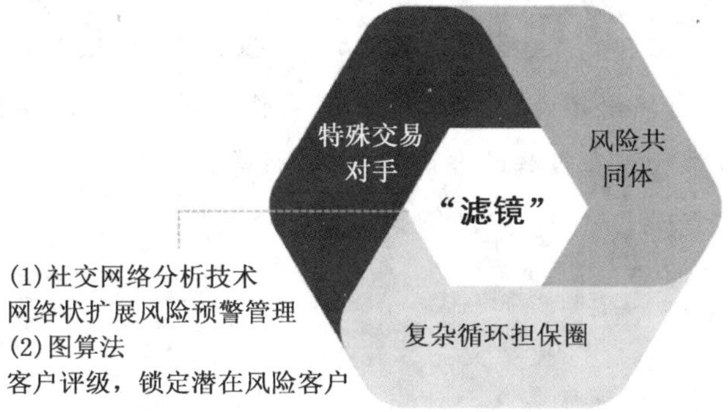

资料来源：浙大 AIF。

图 5—12 三大风险预警信号

风险共同体是光大银行从 2015 年开始研发的另外一款数据产品，主要通过复杂的网络建立关联关系，发现集团客户、供应链上下游客户、圈式及联保联贷客户群各企业之间密切资金往来的风险关系，识别风险共同体内风险传播的特征，及时做出风险预判。

2. 反洗钱可疑交易行为预警

当前，金融犯罪呈现出专业化、组织化的趋势，基于单客户分析的反洗钱工作模式不能有效地发现团伙犯罪。为此，光大银行建立了基于资金网络的可疑交易行为预警模型，可用于犯罪团伙的发现、异常行为的分析等多个领域。考虑到光大银行每日交易流水有几百万笔，观察期内的总交易流水量更是多达近亿笔。如此庞大的基础数据量，我们采用了复杂网络关系发现算法，可通过线性的时间消耗，计算出节点数量随指数级增长的复杂网络关系，能在较短的时间内计算出全行所有客户的资金网络关系。基于复杂网络发现算法研发反洗钱数据挖掘模型,该模型是系统中筛选数据量最多、数据上报率最高的模型,为业务部门甄别犯罪团伙提供了非常有价值的线索。

3. 审计大数据建模

2017 年,光大银行启动了审计大数据模型平台建设,利用大数据构建全行远程监控体系。利用图数据库及图算法模型支持审计应用动态,展示关联图谱,提供可视化、人机交互式的业务人员操作分析界面,可提供快照分析,便于组织内部分析协作。利用知识图谱探索可疑审计问题,如"资金回流""非法集资"等。利用人工智能算法构建"隐性关系"识别模型,识别潜在关系,发现审计线索。利用自然语言处理实现对文本、图像等半结构化、非结构化数据建模,判断信贷报告和审查报告的合规性、真实性等。

(四)移动支付

1. 移动支付市场现状

移动支付,是交易双方为了某种货物或者服务,使用移动终端设备为载体,通过移动通信网络实现的商业交易,具有移动性、及时性、定制化和集成性的特征。移动互联网技术的高速发展和智能手机的快速普及,为移动电子商务的兴起提供了必要的基础条件,移动电子商务的兴起又为移动支付提供了广阔的商用平台。近年来,由于科技进步和互联网业务的快速发展,支付领域涌现出了众多参与主体,尤其是以支付宝、微信支付为代表的第三方支付机构迅速占领移动支付市场,银行统领转账结算业务的局面被打破(见图 5—13)。

2019 年第一季度,中国第三方移动支付交易规模达到 55.4 万亿元,同比增速为 24.7%。2018 年第一季度至 2019 年第一季度,第三方移动支付交易规模的同比增速持续放缓(见图 5—14)。伴随着用户移动支付习惯的建立、移动支付场景覆盖率的不断提高以及监管趋严,我国移动支付市场交易规模已经结束了快速增长期,进入了稳步增长阶段。

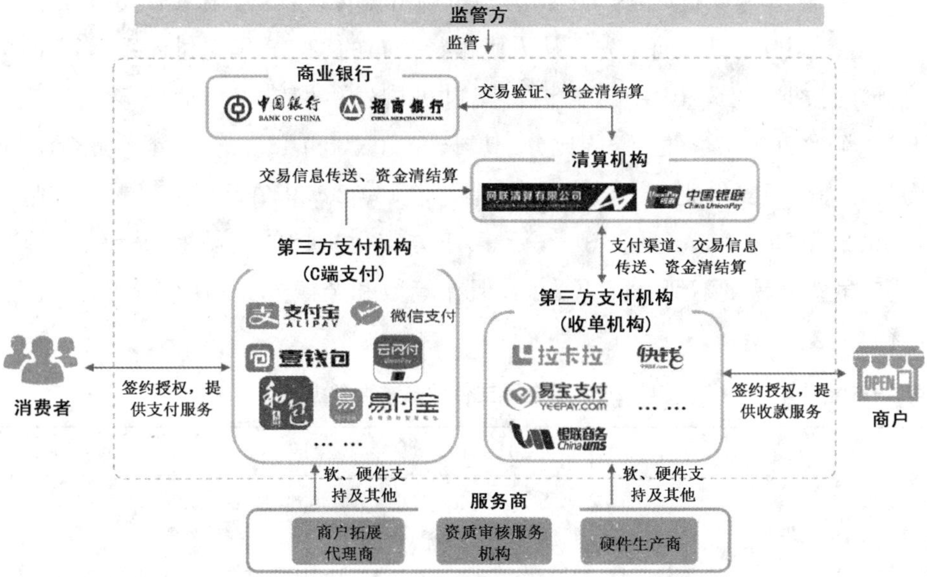

资料来源:艾瑞研究院。

图 5—13　2018 年中国第三方支付市场产业链

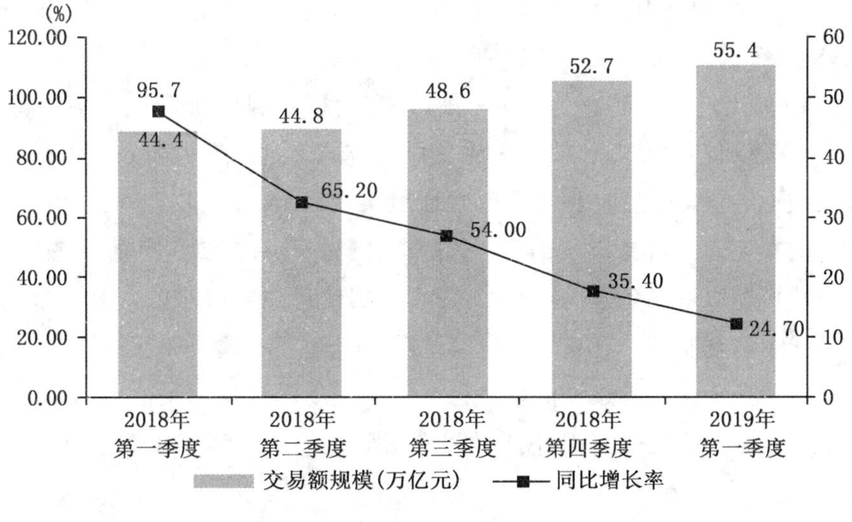

资料来源:综合企业及专家访谈,根据艾瑞统计模型核算。

图 5—14　2018 年第一季度—2019 年第一季度中国第三方移动支付交易规模

银行在大额支付(多为B2B交易)市场占据传统优势,第三方支付在小额(以零售为主)支付方面领先。从人民银行公布的《2018年支付体系运行总体情况》的数据来看,2018年,非银行支付机构发生网络支付业务5 306.1亿笔,金额为208.07万亿元,同比分别增长85.05%和45.23%。银行业金融机构共处理电子支付业务1 751.92亿笔,金额为2 539.7万亿元,同比分别增长14.82%和4.98%(见表5—5)。第三方支付机构的交易笔数是银行的3倍多,虽然交易量不到银行的10%,但在笔数和金额方面的增速都远远超过银行。

表5—5　　2018年电子支付业务主要数据

机　构	2018年	2017年	增幅(%)
商业银行	1 751.92亿笔	1 525.80亿笔	14.82
	2 539.70亿元	2 419.20亿元	4.98
非银行金融机构	5 306.10亿笔	2 867.47亿笔	85.04
	208.07亿元	143.26亿元	45.24

资料来源:中国支付清算协会。

二维码支付和NFC(Near Field Communication)支付是移动支付的两大阵营;支付宝、微信支付主要是二维码支付,而银联"云闪付"则是NFC支付的代表。NFC支付属于近场支付的一种,是在消费者购买商品或服务时,即时通过手机等设备采用NFC技术完成支付的方式。这种支付方式的处理在现场且在线下进行,通过使用NFC射频通道实现与POS收款机或自助售货机等设备的本地通信,相较于二维码支付方式更为安全、方便和快捷。它的安全性主要体现在以下三个方面:第一,NFC中的信息并非静态的,因此,破译者无法直接读取复制;第二,获得账户信息需要与POS机双向认证,没有认证密钥的非法设备无法获得账号信息;第三,每次交易的数据都是由NFC芯片内的随机发生数产生临时密钥,仅当次有效,所以,即使得到NFC数据也无法复制交易。

2019年第一季度,我国移动智能终端NFC支付交易规模为71.2亿元,与线下扫码支付交易规模约7.4万亿元相比,占整体移动支付交易规模的比例较小，但增速较快，同比增速达到 142.2%（见图 5—15）。2017 年以来，在银联的推动下，Apple Pay、Huawei Pay 等智能终端商与京东闪付、美团闪付等部分第三方支付机构一起共同促进移动智能终端 NFC 支付的推广。

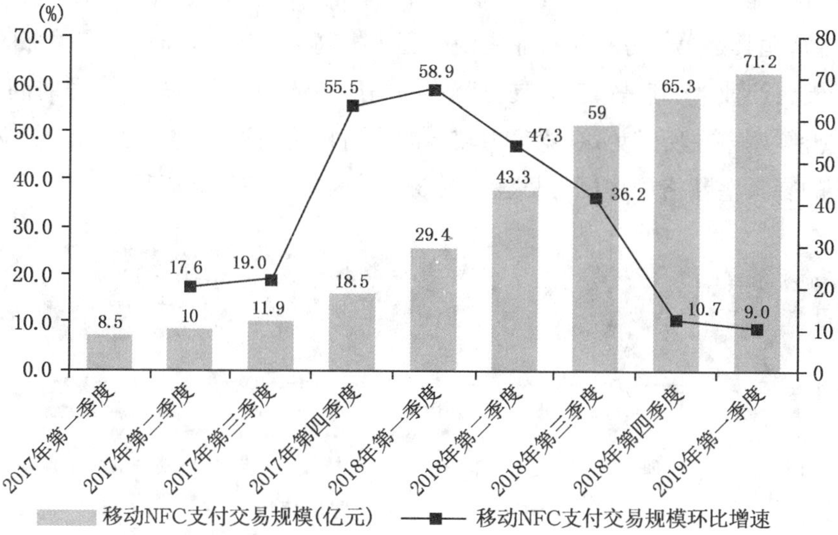

资料来源：综合市场公开信息及专家访谈，根据艾瑞统计模型核算。

图 5—15 2017 年第一季度—2019 年第一季度中国移动智能终端 NFC 支付交易规模

2017 年 12 月，中国银联携手商业银行、支付机构在北京共同发布银行业统一 App“云闪付”。作为各方联手打造的全新移动端统一入口，银行业统一 App“云闪付”汇聚各家机构的移动支付功能与权益优惠，致力成为消费者省钱省心的移动支付管家。消费者通过“云闪付”App 即可绑定和管理各类银行账户，并使用各家银行的移动支付服务及优惠权益。目前，虽然支付宝及微信支付仍然占据较大市场，但银联“云闪付”也在积极布局，凭借其独特的优势，实现衣食住行、线上线下以及国内外主要支付场景的全面覆盖。截至 2018 年 11 月，银联“云闪付”App 用户数已突破 1 亿。

2. 移动支付发展趋势

(1)市场监管力度加大，支付牌照收紧

自 2011 年起，支付市场开始实行准入制度。截至 2015 年底，已有 270 余家第三方支付机构获得了支付牌照。然而,从 2016 年开始,央行加速整顿电子支付产业,由于违法违规行为被央行开出罚单的支付市场主体从第三方支付机构扩展至包括银行在内的整个支付行业。支付牌照逐步收紧,行业进入门槛有所提升,截至 2018 年 6 月底,央行已注销 28 张牌照,剩余 243 张。电子支付,尤其是第三方支付行业集中度逐步提高。未来一段时间,有关部门对电子支付产业,尤其是第三方支付监管的高压态势仍将保持较长一段时间,市场的持续调整在所难免,在竞争力较弱的支付机构被逐步淘汰之后,电子支付市场的寡头垄断格局将更为凸显。图 5—16 为网联的发展历程。

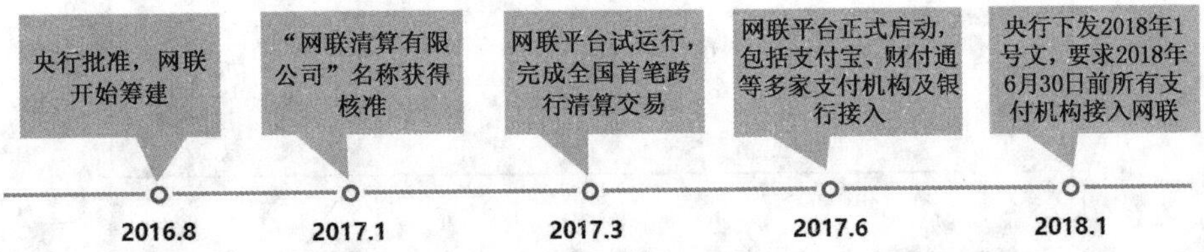

资料来源:清科研究中心,《2018 年中国金融科技投资趋势分析报告》。

图 5—16 网联的发展历程

(2)引入新清算机构,进入网联模式

中国的第三方支付已经经历了两个阶段,即银联模式阶段和直连模式阶段,前者的银行卡支付可以称为"传统第三方支付"(见图 5—17),后者的诸如支付宝等非银行支付机构的互联网支付可以称为"新型第三方支付"。为加强电子支付的安全性、提高市场透明度、改善行业竞争环境,2017 年 8 月 4 日,中国人民银行支付结算司发布《关于将非银行支付机构网络支付业务由直连模式迁移至网联平台处理的通知》(银支付[2017]209 号文),要求自 2018 年 6 月 30 日起,支付机构受理的涉及银行账户的网络支付业务全部通过网联平台(中央结算中心)处理,标志着我国的第三方支付结算进入了第三个阶段,即网联模式阶段。

如果说银联支付模式在本质上并未改变商业银行作为全社会唯一的支付结算机构的地位、商业银行与银联可以实现合作共赢的话,那么直连模式实际上已预示着新的支付结算机构的产生,只不过这种新的支付结算机构还寄生在银行身上，形成竞争＋合作的关系；但到了网联阶段，由于有了网联这个监管机构，客观上承认了第三方支付机构的独立性，同时也使第三方支付机构成为独立的支付结算体系变为可能。

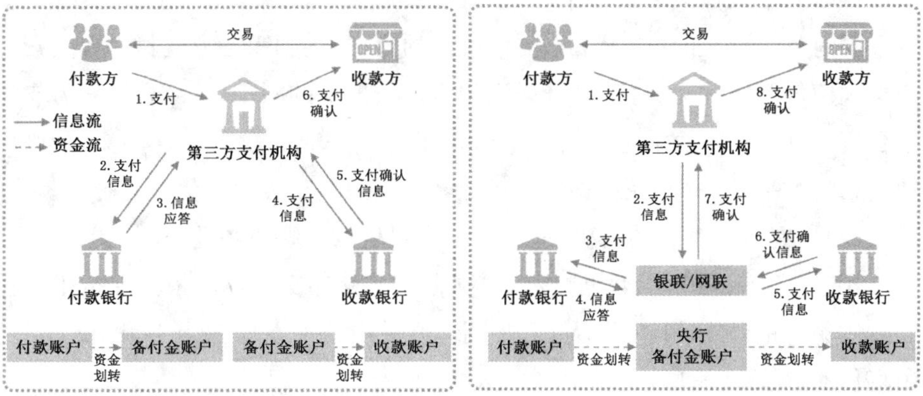

资料来源：艾瑞研究院。

图 5－17 第三方支付业务原直连模式(左)及现网联模式(右)

(3)放开外资准入，市场开放步伐加快

2013 年，支付机构业务处理量仅为 371 亿笔，而到 2017 年处理量已近 3 200 亿笔，处理金额近 170 万亿元，增长了近 10 倍。同时，部分支付企业加紧了支付服务国际化的步伐。在我国进一步扩大对外开放的背景下，希望参与国内支付服务市场的外资企业也在逐步增加。2018 年初，中国人民银行发布第 7 号公告，明确了外商投资支付机构的准入条件和监管政策，对为境内和跨境交易提供电子支付服务的境外机构的资质和准入条件进行了说明，规定其能够享受"国民待遇"，可以根据有关规定取得支付业务许可证，从而统一了内资、外资机构的准入标准和监管要求，加快了国内支付服务市场的改革开放步伐。

3. 商业银行如何应对第三方支付带来的挑战

(1)基于电子支付增强业务的协同性，发挥特色优势

金融科技快速发展的背景下，电子支付逐步成为金融系统最基础的组成部分之一，不仅承载着平台的日常支付和结算，同时还是汇聚流量和积累数据

的重要手段。基于电子支付的流量和数据是金融和非金融机构开展其他金融业务的底层基础。新形势下,商业银行应当转型升级将电子支付作为入口,以支付数据为支撑,提升业务协同性,发挥自身优势和特点,开展特色化业务,利用金融科技手段探索合适的市场发展策略。

同时,还可以加强与第三方支付机构的合作,利用第三方支付平台公司客户群规模较大的优势,打破自身渠道和客户数量上的限制,并结合第三方支付平台资金划拨和清算业务最终须由商业银行来完成的政策规定,将自身服务通过第三方平台进行扩展和补充,实现客户资源共享和业务优势互补。

(2)把握市场整合的时机,适时介入支付机构并购重组业务

2019 年第一季度的数据显示,中国第三方移动支付市场依然保持市场份额比较集中的情况,第一梯队的支付宝、财付通分别占据 53.8%和 39.9%的市场份额(见图 5—18)。

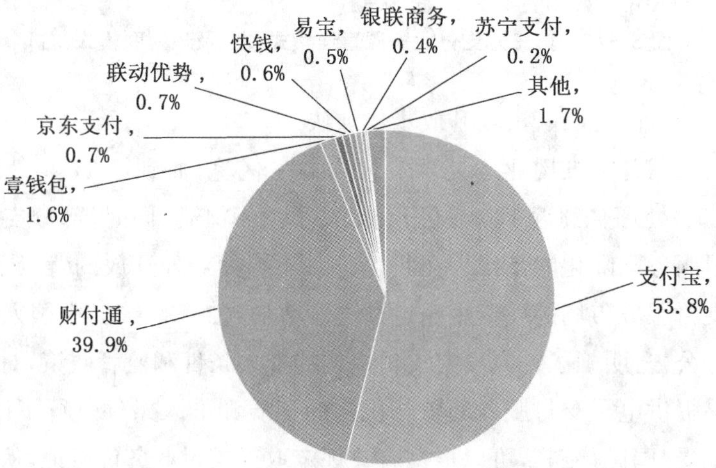

资料来源:综合市场公开信息、企业级专家访谈,根据艾瑞统计模型核算。

图 5—18 2019 年第一季度中国第三方移动支付交易规模市场份额

支付牌照的收紧将进一步提高第三方支付行业集中度,市场主体的准入门槛也将进一步提升。目前,支付宝、财付通等龙头支付公司的市场份额进一步扩大,其他支付平台对剩余市场份额的竞争将愈加激烈。为了提高市场竞

争力，支付机构将逐步摆脱获利渠道单一、业务模式雷同的发展方式，并进一步推动行业机构开展并购和业务整合。规模较小的支付公司寻求大集团并购的现象将增加，而部分大集团也需要支付牌照加强支付体系建设，预计未来电子支付市场将出现大量并购整合情况。此外，国内第三方支付平台和网上银行平台一直是境外投资者关注的重点。随着国内支付市场放开外商投资支付机构的准入限制，境外机构在国内具有实体支付公司的前提下，可以取得支付业务许可证，因此，第三方支付机构也将成为外资机构潜在并购的重点领域。商业银行可关注相关领域，适时拓展并购重组业务。

(3)以B端电子支付市场为切入点，拓展线上供应链金融服务

在C端电子支付市场被几大巨头占据，未来发展空间有限的背景下，B端电子支付市场商机还未被完全开发，尤其在“互联网＋”战略推进背景下，生产型企业线上供应链金融需求将逐步释放，移动互联网和大数据将降低金融机构对中小企业的服务成本。因此，建议商业银行以电子支付为手段，充分发挥区域客户资源优势和“支付数据价值”，围绕上下游搭建线上供应链，帮助优化企业资源配置，逐步拓展线上供应链金融服务，将供应链管理和电子商务相互融合。这不仅有利于降低中小企业的融资成本，拓宽融资渠道，盘活企业存量资产，也有利于银行开展动态增量的融资服务，并据此为投资者提供创新型的投资标的，如电子商业承兑汇票等应收账款资产证券化。

值得注意的是，2018年3月，国内首单电票类应收账款资产证券化项目已经通过深交所的论证并将发行交易。未来，商业银行可以基于线上供应链金融模式，优选有实体背景的核心企业进行合作，重点关注其现有供应链模式中的中小企业发展的难点和痛点，开展综合金融服务，为中小企业融资和风险管理等提供综合解决方案，逐步完善基于支付数据的B端电子商务线上供应链金融服务。

(4)以支付数据挖掘和场景拓展为基础，拓宽消费金融业务渠道

经过近几年的培育与发展，消费金融已成为金融行业的重要增长点，根据每年获客超过20%的增长率预计，到2020年消费金融市场规模将超过8万亿元，因此，消费金融逐渐上升为各大银行的战略重点。特别是中小商业银行大部分是区域性银行，长期服务于本地区，在区域内具有一定的资源优势，对

当地情况了解更为深入,获得当地政府、企业和个人客户支持和信息的难度相对较低,开展消费金融业务更具有利条件。因此,为发挥地缘和信息优势,在市场竞争中脱颖而出,中小银行可以在传统信贷系统基础上嫁接消费信贷系统,基于本地区或行业客户资源,通过电子支付数据挖掘和支付场景拓展为基础,创新消费金融产品和服务,避免同质化产品,走差异化、特色化发展之路,从而建立健全稳定的获客渠道和支付通道,搭建银行系统的消费金融大数据平台,打造银行、消费金融、支付在内的个人客户金融生态系统,并通过个人金融生态系统的建设,增强用户黏性,提升对客户风险识别和风险计量的水平,推动消费金融板块业务发展。

(五)加密货币

金属冶炼技术的发展催生了金属铸币,造纸和印刷技术的发展促成了纸币的产生,可以说电子货币的产生与发展也是以新技术的应用为前提。首先,以计算机技术、通信技术和网络技术为核心的新技术革命的快速发展,为电子货币的产生提供了物质和技术上的保证。其次,在第二次世界大战后世界大体保持和平稳定的环境下,新技术革命促进经济出现较长时期的持续增长,人们的收入水平大幅提高,对于各种能够节约成本、提供便利的消费方式的创新有着强大的需求。特别是网络时代的到来,这些需求极大地刺激了支付工具的创新,消费者需要新的货币形式以满足新的消费方式的需要。再者,对于金融业界来说,新的金融需求对其提供的产品和服务的要求与标准日益严格,当原有的货币形式不能够充分满足消费者变化的需求时,金融业及相关技术企业必然进行创新,推出适应消费者需求的新的货币形式,同时这也意味着涌现出新的潜在市场和潜在的获利机会。电子货币的产生,使货币形式的符号化更加彻底、更为纯粹,其存在完全依赖于信用制度的发展和高度社会化的金融体系,不再带有任何商品的遗留痕迹,因而其“价值”或者说是“购买力”完全是社会赋予的,成为与商品界直接对立的社会价值形式。与历史上出现的其他货币形式一样,电子货币的产生与发展是一定的社会经济条件和背景下的客观经济规律,是货币形式发展演变的历史的、逻辑的必然结果。

6 月 18 日,正当中国的电商企业忙着年中“大促”时,美国社交媒体巨头

Facebook 主导的加密货币 Libra 官方网站正式上线，并同时发布了《Libra 白皮书》，计划于 2020 年推出加密货币 Libra。消息一出，举世震惊，加密货币重回“风口浪尖”，回到人们的视线中。根据白皮书的介绍，Libra 的使命是建立一套简单的、无国界的货币和为数十亿人服务的金融基础设施，旨在成为一个新的去中心化区块链、一种低波动性加密货币和一个智能合约平台，以期为负责任的金融服务创新开创新的机遇。

Libra 本质上是一个带有 Libra 币的区块链平台，由可编程加密数字货币 Libra 币、达成交易的共识系统 Libra 区块链和存储数据的大规模数据库组成。其中，Libra 币与以太币、比特币等主流币不同，直接挂钩一篮子法定货币，属于数字加密货币中的稳定币类型。Libra 币的发行方 Libra 协会每发行一单位 Libra 货币，必须向央行存入相应单位的储备金，目的是利用储备资产的利息为平台上各节点所有者支付系统成本、降低交易费用、提供丰厚分红、保证价值稳定。用户可直接买入 Libra 稳定币，经由 Facebook、Paypal 等消费渠道，将 Libra 币用于 eBay 购物、投资理财、话费充值、出行服务等场景。

在技术层面上，Libra 在加密数字货币的编程语言、区块链交易系统的共识协议、数据存储结构三个方面，实现了对现有加密数字货币的全面升级，提升了加密数字货币的易用性、扩展性、稳定性和安全性。首先，为减轻开发者负担，并降低安全漏洞存在的可能，Facebook 自主开发了 Move 语言用于 Libra 币的程序。相较于比特币等主流币的编程语言，Move 语言更加易用灵活，并且安全可扩展，能极大降低 Libra 币资产数字化的表示难度和逻辑难度，提升使用性能。其次，基于 HotStuff 的拜占庭容错机制设计区块链交易共识系统，实现了高吞吐、低延迟、高效能的目标。Libra BFT 共识协议基于 HotStuff 的拜占庭容错机制进行设计，每秒可处理上千笔交易，在当前各主流币种的区块链共识协议中达成交易速度最快。再者，基于梅克尔树结构进行数据存储和读取，在数据可追溯的同时提升应用程序响应效率。Libra 区块链平台在数据存储结构上采用优化的梅克尔树结构，此种数据结构的优势是可侦测到区块链中数据的任何微小变化，区块链中底层数据（即各叶子节点）的任何变动，都会逐级传递到上层节点（即父节点）。

技术上的完善和 Facebook 自身巨大的体量有望使 Libra 币成为一个集

可编程资源智能合约规则定义者、稳定币发放者、区块链交易合约管理者和电子商务服务者为一体的区块链生态平台,这对各国的金融体系和产业体系带来深远的影响。对我国来说,主要有以下四个方面:首先,Libra币的推出将打击我国尚处发展初期的区块链与加密电子货币产业,Libra率先定义了一整套加密数字货币资产的表示规则、交易规则和数据流通规则,在易用性、可扩展性、灵活性和安全性方面,均远远超过了此前的各种主流币;其次,Libra币可能重构现有互联网金融格局和传统银行金融体系,威胁部分发展中国家法币及央行的地位;再次,考验我国作为主权国家的金融监管方式,Libra币的发行方既非特定法域的政府机构,也非传统金融机构,虽然它锚定一揽子货币,但这同样意味着Facebook拥有了跨国铸币权,拥有20亿用户的Facebook极有可能代替各国央行成为"影子银行",这对于金融监管来说是个不小的挑战;最后,Libra币可能强化美元霸权,影响人民币的全球化进程。虽然Libra币锚定一揽子法币,但只要上述一揽子货币是以美元为价值基准的,就可能延续甚至强化美元在数字货币领域的霸权地位,这从美联储主席对Libra的开放支持态度中可见一斑。

(六)跨境支付

金融市场中交易双方的信息不对称导致无法建立有效的信用机制,产业链条中存在大量中心化的信用中介和信息中介,减缓了系统运转效率,增加了资金往来成本。区块链技术公开、不可篡改的属性,为去中心化的信任机制提供了可能,具备改变金融基础架构的潜力,使其在金融领域的应用前景不可低估。支付是资金融通过程中的基础环节。通过区块链技术,实现资金转移,尤其在跨境支付业务上的潜在优势格外突出,在跨国收、付款人之间建立直接交互,简化处理流程,实现实时结算,提高交易效率,降低业务成本,由此推动跨境微支付等商业模式的发展。

区块链技术在跨境支付中的应用主要可以分为两大类:第一类是使用数字货币作为货币兑换的润滑剂。将私人数字货币作为跨境支付中的不同货币的交易媒介,从而从理论上做到任意两种货币间的无缝、快速兑换。这类支付项目最有名的当属从事跨境支付业务的旧金山数字支付公司Ripple。早在

2004年Ripple的早期版本就已经推出，但该版本不太成功，主要原因是该早期版本只能在相互信任的人之间通过Ripple进行转账，没有信任链就无法拓展。从2012年开始，Open Coin公司开始接手Ripple项目，并于2013年推出新版本。新版本的Ripple主要增加了两部分内容：一是引入了“网关”概念。网关是区块链中可被公众信任的节点，参与各方可视网关为一个交易中介，通过可信中介解决了陌生人之间的转账问题。二是引入了Ripple币（XRP）。Ripple币（XRP）是Ripple系统内的流动性工具，是一种桥梁货币，是各类货币之间兑换的中间品，在进行跨境汇兑的时候需要先将法定货币转为数字货币，再由数字货币转为目标法定货币。Ripple币的价格完全由市场决定，即供大于求时价格下跌；反之亦反。

第二类是将区块链技术视为支付机构与商业银行之间的接口技术。跨境汇款中的多方通过区块链技术将汇款报文传递给各个参与方，从而实现多方协同信息处理，将原本机构间的串行处理并行化，提高信息传递及处理的效率。这类方案实际仅是通过区块链技术实现支付报文的传输与共享，实际账务处理依然在商业银行内部完成。这也就是我们常说的单纯的区块链技术只能完成信息流传输，并无法解决资金流与价值的传输。这类项目在业界实际上并不少见，目前为止落地的国内项目有：招商银行与香港永隆银行之间的直联支付业务；中国银行与中国银联之间的跨境金融服务平台。前者可实际进行资金汇款，后者则是在银联速汇（Money Express）的基础上解决原本支付信息不透明的问题。在这种场景下区块链系统仅承担不同机构之间的数据传输媒介，实际账务处理依然在跨国商业银行内部或银行间完成。如2017年3月，招商银行运用区块链技术，为南海控股有限公司通过永隆银行向其在香港同名账户实现跨境支付，标志着国内首个区块链跨境支付成功落地应用。2018年6月，蚂蚁金服在香港推出了全球首个基于区块链技术的跨境汇款服务。AlipayHK（港版支付宝）的用户可通过手机向菲律宾钱包Gcash汇款，因为是基于区块链技术，所以能够实时到账，降低了汇款成本，同时能够提升交易过程的透明度。

(七)供应链金融

1. 供应链金融发展背景

2018 年,我国不同规模的企业贷款结构具有明显差异,中小微企业的抵(质)押贷款比例显著高于大型企业(见图 5－19)。中小微企业本身就缺乏固定资产作抵押,但银行贷款却更倾向于向小微企业发放抵押贷款。论及原因,可以归因于中小微企业的信用水平不及大型企业,需要更多的抵押担保来补充,但这背后更深层次的原因在于风险评估是按照主体信用来进行的,在正规金融低风险偏好和贷款风险定价未完全市场化的背景下,其融资问题难以得到有效改善。据统计,近 40%的中小微企业融资需求得不到满足,融资缺口达 12 万亿元。即使拿到银行贷款,其成本也至少是大型企业的 1.5－2 倍。虽然近年来出台了一系列政策利好,但根据工商联的最新调研,超过 80%的中小企业认为融资环境并无实质性改善。

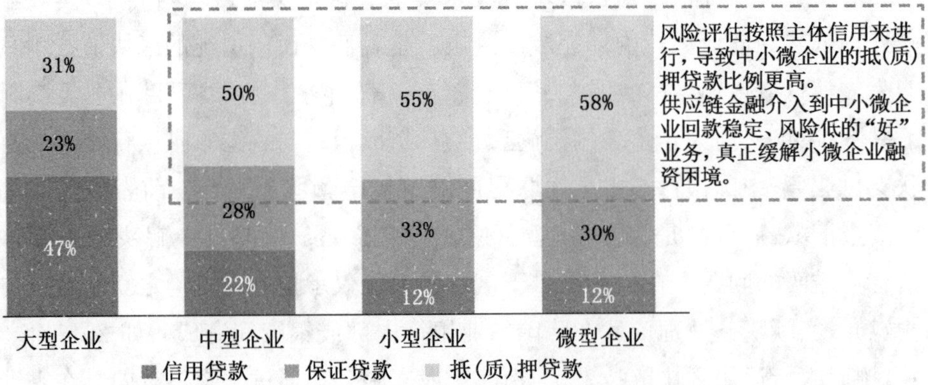

资料来源:中国人民银行;wind,2018 年数据为艾瑞数据模型根据历年数据核算。

图 5－19　2018 年中国分企业规模贷款结构

在无法完全市场化风险定价的前提下,要想低风险批量服务中小微企业,既满足监管考核和指标要求,又要防控不出过高风险,这就需要解决信息不对称、操作成本高、缺乏抵押资产难增信的问题。从产业角度看,绝大多数的中小企业均处于某一供应链垂直场景中,通过整合供应链中的信息流、资金流和物流来解决信息不对称问题，有望成为破解这一传统难题的突破口。

供应链是时代进步的产物，从国际范围来看，在经济全球化、数字化、网络化发展的背景下，通过供应链金融解决产业链上下游的融资问题，疏通资金流也已经成为全球多个商业体的发展重点。2018 年，全球贸易金融调查报告指出，83％的国际贸易采取赊销方式，全球供应链金融运营金额达 8 130 亿美元。而在我国，供应链金融业务增长率达到 20％，预测到 2020 年，我国供应链金融需求将达 15 万亿元，商业银行可以作为的空间很大。

2. 我国供应链金融市场发展现状

(1)四流难合一：企业融资难、银行风控难、政府监管难

供应链金融服务以供应链上下游真实贸易为基础，以企业贸易行为所产生的确定的未来现金流为直接还款来源，为供应链上企业提供金融解决方案，从而达到优化现金流继而提高供应链整体效率的目的。在理想的情况下，供应链金融服务贯通供应链起点至终点各个环节的信用，有效控制供应链上的商流、物流、资金流、信息流，使融通资金的使用限制在可控范围内。四流合一是供应链企业融资的关键。然而，法律规定企业间部分商务信息需要以纸质票据的形式传递，信息互联网技术在企业间搭建信息系统会出现数据安全和数据准确不可信等问题。企业间缺乏统一的商务信息系统使得四流难合一，从而形成了中小企业贷款难、银行风控难、相关部门监管难的情况（见图 5—20）。

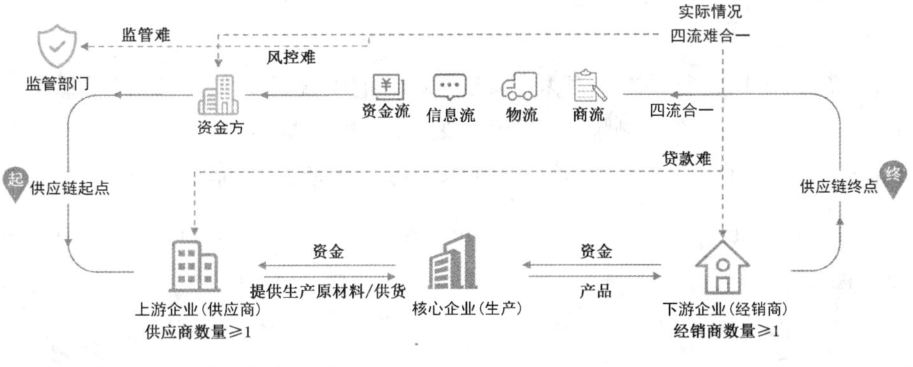

资料来源：艾瑞咨询研究院。

图 5—20　供应链金融业务模式及问题

(2)各类融资模式受限于不同场景的风控难度

我国供应链金融业务的形态主要有应收账款融资、库存融资、预付款融资和战略关系融资四种,对应于企业交易流程的不同环节,由此也对应着不同的风险。各类融资模式由于业务场景不同,面临着除四流难合一外的场景化问题,如库存模式融资下存在仓单造假、仓库管理方监守自盗的风险等。相比之下,应收账款融资更易开展,但只能帮助一级供应商进行供应链融资,多级长尾端中小供应商资金短缺的问题仍然难以解决。图 5—21 为供应链金融交易的形态与风险。

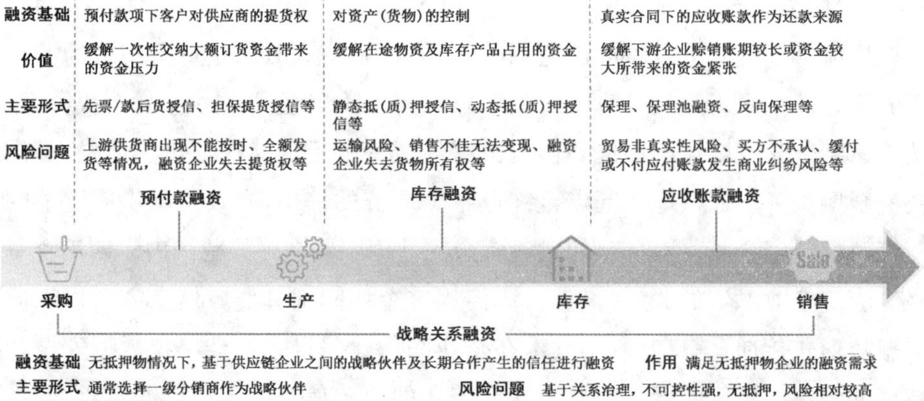

资料来源:艾瑞研究院。

图 5—21 供应链金融交易的形态与风险

(3)政策鼓励

“降准、支持银行业金融机构发行小微企业贷款资产支持证券”等政策在资金侧为开展供应链金融提供了方便,但业务侧仍面临风控难、中小微企业授信难等问题。目前需要依靠新技术改变传统业务模式,降低风控难度的同时,可借助核心企业信用帮助更多企业实现供应链融资。表 5—6 为鼓励开展供应链金融的政策。

表 5—6　　鼓励开展供应链金融的政策

年份	月份	文件名称	政策内容	态度/行动
2016	2	人民银行等八部委:《关于金融支持工业稳增长调结构增效益的若干意见》	提出要大力发展应收账款融资	态度:支持
	8	《网络借贷信息中介机构业务活动管理暂行办法》	同一法人在网贷平台的借款余额上限不超过100万元	行动:限制
2017	3	央行等五部门:《关于金融支持制造强国建设的指导意见》	鼓励金融机构依托制造业产业链核心企业,积极开展仓单质押贷款、应收账款质押贷款、票据贴现、保理、国际国内信用证等各种形式的产业链金融业务	态度:支持
	5	《小微企业应收账款融资专项行动工作方案(2017－2019年)》	应收账款是小微企业重要的流动资产;发展应收账款融资,对于有效盘活企业存量资产、提高小微企业融资效率具有重要意义	态度:支持
	10	国务院办公厅:《关于积极推进供应链创新与应用的指导意见》	鼓励商业银行、供应链核心企业等建立供应链金融服务平台,为供应链上下游中小微企业提供高效、便捷的融资渠道	态度:支持
2018	—	降准信息	1.25(0.5%－1%)、4.25(1%)、7.25(0.5%)、10.15(1%)	行动:支持
	4	商务部等八部门:《关于开展供应链创新与应用试点的通知》	要推动供应链核心企业与商业银行、相关企业等开展合作,创新供应链金融服务模式,为符合条件的中小微企业提供成本相对较低、高效、快捷的金融服务	态度:支持
	6	银发(2018)162号《关于进一步深化小微企业金融服务的意见》	将单户授信500万元及以下的小微企业贷款纳入中期借贷便利的合格抵押品范围,支持银行业金融机构发行小微企业的贷款支持证券,引导金融机构增加小微企业信贷投放	行动:支持
	10	中央财政部:《关于下达2018年度普惠金融发展专项资金预算的通知》	下拨2018年普惠金融发展专项资金100亿元,比2017年增加23亿元,增长29.85%	行动:支持

资料来源:中国人民银行等公开资料整理。

(4)传统供应链金融业务模式难以解决中小微企业融资难问题

中小企业因缺乏完善的管理机制、生命周期短(平均不到3年)、信息不透明(90%无正规财务报表)、缺少银行认可的抵押资产等原因,银行难以通过其自身提供的信息进行有效风控,在正规金融低风险偏好和贷款风险定价未完全市场化的背景下,其融资问题一直得不到有效改善。而供应链金融模式下,核心企业信用只能传递至一级供应商,多级长尾端中小微企业无法借助合资按企业信用进行贷款融资,对其贷款难的问题解决力度有限。

从图5—22指数趋势可见,越是小型企业,贷款需求越强烈,对应的还款风险也越高,银行放款难度越大,供给矛盾越突出。近期大中型企业贷款需求呈下降趋势,但供给侧仍未满足需求侧,说明大中型企业贷款也存在一定的难度。

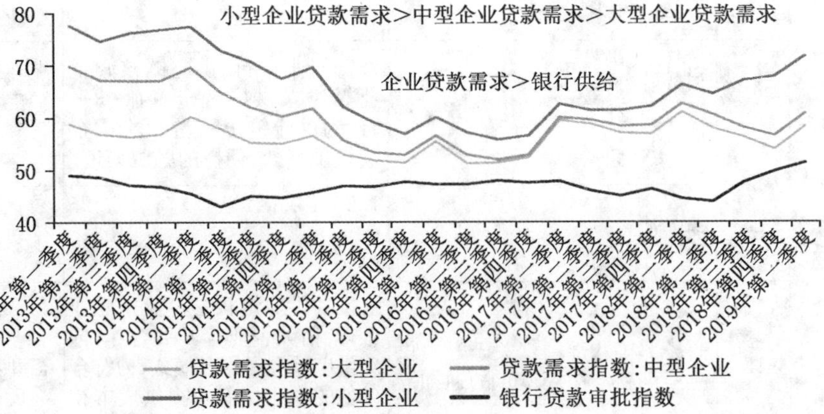

资料来源:中国人民银行统计整理,wind。

图5—22　2013年第一季度—2019年第一季度企业贷款需求指数及银行贷款审批指数

(5)供应链金融市场渗透率低,优化业务模式是市场增长的关键

银行放款规模主要依托于应收账款与存货规模,通常为应收账款本身的70%—80%,库存货物价值的30%—50%,而供应链金融市场渗透率仅约为20%,增长空间较大。“是否需要贷”和“是否能贷”是影响供应链金融市场规模的两个因素,而对“需要贷”的企业又存在着“不能贷”的问题。通过解决传

统供应链金融模式存在的问题，让更多“不能贷”的企业实现“可以贷”，可让市场规模得到释放。图5－23和图5－24分别为中小型工业企业应收账款、存货及供应链金融市场规模及增长率。

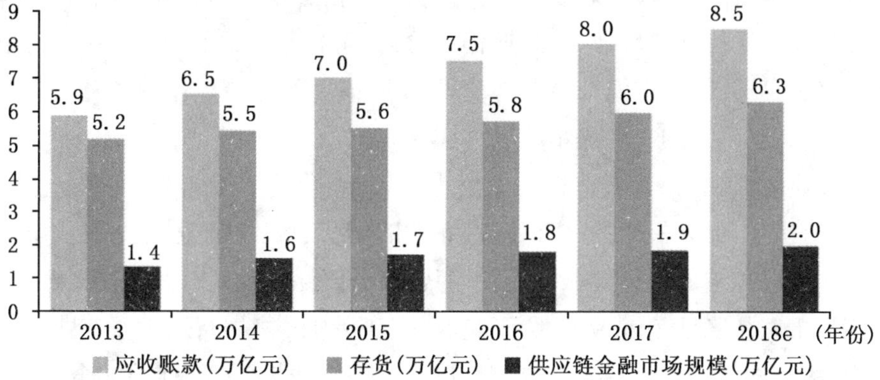

图5－23　2013－2018年中小型工业企业应收账款、存货及供应链金融市场规模

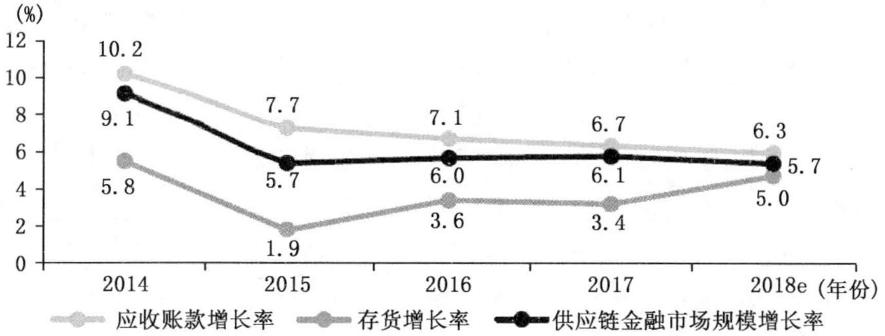

资料来源：中国产业信息网，专家访谈，艾瑞咨询：《中国供应链金融行业研究报告》。

图5－24　2014－2018年中小型工业企业应收账款、存货及供应链金融市场规模增长率

3. 我国供应链金融发展面临的挑战

(1)供应链透明度低，形成企业信息孤岛

首先，供应链所代表的是商品生产和分配所涉及的所有环节，包括从原材料到成品制成，再到流通至消费者的整个过程。目前，供应链可覆盖数百个阶段,跨越数十个地区,银行或企业很难去对每一个环节进行追踪跟进,这就意味着难以验证及确认产品和服务的真正价值。其次,长尾端中小企业与核心企业系统不互通,信息互相割裂,未建立一套互信机制,增加了银行获取企业信息的成本,提升了风控难度;同时,当前贸易信息主要依靠纸质单据传递,线下操作和纸质凭证流转效率低、欺诈风险高、审核难,造成核心企业信用难以实现多级穿透覆盖,进而让企业融资难度增加。

(2)高居不下的交易成本

以应收账款为例,从显性的角度考虑,传统供应链金融链涉及应付账款方、增信机构、保理机构的多方处理,花费时间长、成本高,这是由于必须由信用机构完成相应的认证和账务处理,通常至少要耗费数周时间才能到账,手续费用昂贵。从隐性角度考虑,为了获取一笔应收账款,银行通常要花费大量的人力、物力进行充分的调研,并在此基础上进行风控。如果标的的金额太少,则利息甚至无法覆盖成本。

4. 金融科技重塑供应链模式,打造智能供应链生态

当前,以人工智能、区块链、云计算和大数据为代表的金融科技正与传统供应链金融深度融合,形成新一代的智能供应链金融平台。新一代平台具有智能多方连接、链条企业互信、多级信用穿透、生态风控闭环等特点,有望通过将核心企业信用多级传导和资金闭环运作方式,相对风险可控地批量带动中小企业融资业务发展。金融科技无法创造企业信用,但其在供应链金融中的角色有两个:一是产业信用的传递者。金融科技可以让信息更为透明,从而将供应链中企业创造的信用进行更高效的传递。二是金融生态的促进者。金融科技可以更好地警示风险,并更加便捷地连接多方,从而促进资金的流动。图5－25为智能供应链金融生态圈。

(1)智能连接多方,打破信息孤岛

在传统供应链金融服务模式中,核心企业、中小企业、银行和第三方服务商(如物流公司、仓储公司)等各参与方的信息相互割裂,存在严重的信息不对称问题,带来很多欺诈风险。互联网和云计算的发展,推动了企业内外部业务和管理的线上化、数据化、云端化。智能供应链金融平台通过云端服务,可构建起连接中小企业、核心企业、银行、物流、仓储以及海关、税务、电信等的互信

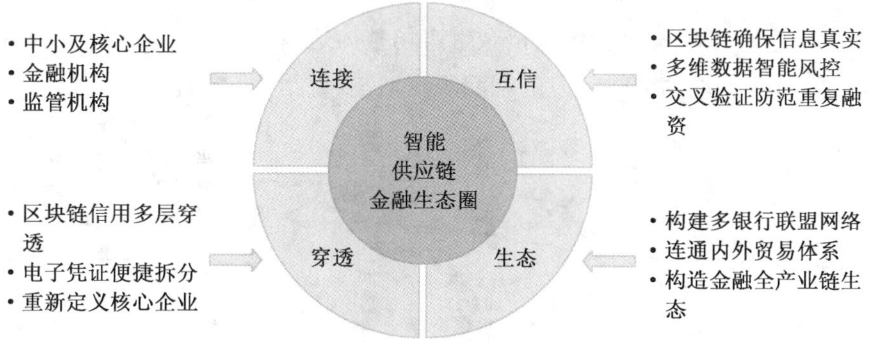

图 5—25　智能供应链金融生态圈

供应链网络，从而打破信息孤岛，实现银行、金融、监管、司法等大数据信息的连通，构造起供应链丰富的生态。

(2)智能互信交叉多维验证确保供应链上的数据真实、可信

中小企业在供应链体系中普遍居于长尾端(部分一级，主要二级及以上)，而且与上、下游的交易主要依赖纸质单据、手工操作，线上化程度低，造成一是自证难，难以分享供应链中核心企业的信用、借助真实贸易关系增信；二是风险高，即手工操作、纸质单据易篡改、核验难，操作风险、欺诈风险高，重复融资难验证。

作为一种分布式账本技术，区块链采用分布式部署存储，数据不是由单一中心化机构统一维护，也不可能操控数据，因此，具备较强的信任关系。智能供应链金融平台可以借助区块链技术，实现供应链上的信息可记录、交易可追溯防篡改、信用可传导等特性，最大化实现四流合一，降低企业融资及银行风控的难度。当链条上的核心企业和上下游企业集群集体上链时，有望解决中小企业自证难问题。同时，连通物流、仓储、工商、税务等多维数据，通过交叉验证，进一步解决了银行与企业之间的信息不对称、贸易真实性难核验等问题。此外，风控数据获取、合同签订、票据流转等业务执行线上化，大大缩短了业务周期，提高了供应链效率，降低了交易成本。

传统业务模式下，银行主导与非银行主导的供应链产品，银行可获利润分别约为 2.5%和 3%(占融资额)，运营成本占 1.5%(占融资额)，区块链可帮

助降低获客、数据获取成本，实现利润规模增加。综合行业调查，艾瑞咨询估计至 2023 年，区块链可让供应链金融市场整体运营成本降低 0.48％；在降本情况下，对应实现约 297 亿元的利润规模增量（见图 5－26）。

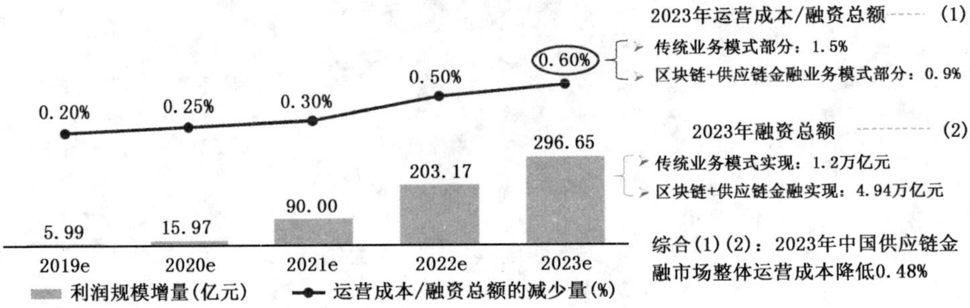

资料来源：市场调研，行业访谈，艾瑞统计模型核算。

图 5－26　2019－2023 年中国区块链＋供应链金融运营成本减少量及利润规模增量

(3)智能穿透实现核心企业信用多级分享和可控

传统供应链金融，主要是大银行服务特大型企业的供应链，中小银行受限于人才、风控等很难介入供应链金融服务。同时，传统供应链金融主要是服务于核心企业的一级供应商/经销商，70％以上的长尾端中小企业无法分享核心企业信用，难以获得融资支持。

依托智能供应链平台，发挥区块链技术具有数据可追溯、可留痕的特征，电子凭证支付可实现自由拆分流转，两者结合，可实现核心企业信用多级穿透。特别是基于真实交易背景，可将核心企业强信用层层传导至供应链的末端，将原先超过 70％无法覆盖的中小企业纳入供应链信用体系。具体来说，制造商可采用电子凭证支付一级供应商的应付账款，然后一级供应商可以将电子凭证自由拆分支付给其上游（二级）供应商，借此核心企业的强信用可流转至二级供应商。当平台上的资金流、物流、信息流和商流在平台聚集时，“数据资产”的价值将会被放大，从而极大地改善供应链长尾端中小企业的融资困境，提升整个供应链的竞争力。

(4)智能生态实现不同企业供应链的跨链共享防范风险

传统供应链金融中，供应链金融服务都是围绕某一核心企业服务其上下游的单一链条，核心企业之间、银行之间、国内与国外贸易之间相互独立割裂。而且供应链金融产品、资金来源等比较单一，制约了银行的服务能力和业务边界。

以人工智能、区块链、云计算和大数据为代表的金融科技将带来供应链金融服务模式的全新变革。云计算降低了中小银行和中小企业业务线上化的成本，区块链实现了供应链的多级穿透和跨境互联，人工智能和大数据则提升了供应链金融的服务效率和风控能力。因此，新一代智能供应链金融平台，将会是连接多银行、多核心、国内外、全供应链的"N＊N＊N"智能供应链金融生态圈。以 IFAB 贸融平台为例，其正逐步与壹账通壹企链智能供应链金融平台、国内多条供应链平台、香港金管局贸融平台、欧洲 we. trade 等探索连通，智能供应链金融生态圈正从理论变为现实。

未来，多方共建、联合运营的供应链商业模式将逐渐成为主流。区块链技术服务商和金融科技公司为核心企业、银行及供应链企业提供技术解决方案(见图 5—27)，银行等金融机构优化自身传统业务模式，提高获客能力，核心企业/仓储公司则帮助供应商、经销商减轻资金压力，降低生产成本。这种模式的优势主要在于：一是资源可扩展性强，多方达成共识、透明度高，可吸引更多的优质资源；二是单方投入低，参与各方提供自身擅长的资源即可；三是多方参与整体经验丰富，综合抗风险能力较强(见图 5—28)。

资料来源：从业者访谈，艾瑞咨询研究院。

图 5—27　区块链＋供应链金融解决方案

资料来源:专家访谈,艾瑞咨询研究院。

图 5—28 区块链十供应链金融产业图谱及市场参与者

5. 我国供应链金融连环创新

供应链金融对商业银行的价值在于:首先,供应链金融实现银企互利共赢,在供应链金融模式下,银行跳出单个企业的局限,站在产业供应链的全局和高度,向所有成员的企业进行系统性融资安排,通过中小企业与核心企业的资信捆绑来提供授信。其次,供应链金融能够降低商业银行的资本消耗。根据《巴塞尔资本协议》的有关规定,贸易融资项下风险权重仅为一般信贷业务的 20%。供应链金融涵盖传统授信业务、贸易融资、电子化金融工具等,为银行拓展中间业务提供较大空间。

2018 年,工商银行持续完善线上供应链融资产品体系,利用区块链技术创新打造核心企业信用跨层级流转工具"工银 e 信",覆盖全产业链客户融资需求,积极拓展现代农业、IT 通信、航天军工、建筑安装等重点产业板块线上供应链业务。农业银行创新推广供应链金融模式,发展"数据网贷"业务,向核心企业上下游小微客户提供全线上化融资服务。截至 2018 年末,为众多核心企业的上下游小微企业发放贷款 2.3 万笔,总额达到 91 亿元。2018 年 5 月,中信银行与鲜易控股合作，利用区块链技术探索“全透明、自动化的智慧金融供应链”新模式。通过鲜易控股体系内的区块链数据，依靠区块链分散式、不可更改的特性，多方印证客户信用程度，并通过鲜易金融科技平台为客户增信。区块链技术将是鲜易控股与中信银行在智慧供应链金融的一个探索方向。中信银行发布了首个“区块链＋供应链”试点创新项目，以区块链技术构建开放合作的新型供应链生态圈（见表5—7）。

表5—7　　　　11家主要商业银行的供应链金融布局汇总

所属类别	银行名称	产品名称	信贷规模（截至2018年末）
五大商业银行	工商银行	“经营快贷”“网贷通” “线上供应链融资”	贷款总额3 216.85亿元
	农业银行	“数据网贷”“保理e融”	贷款总额91亿元
	中国银行	“融易达”“区块链福费廷交易平台（在建）”	普惠金融贷款余额3 042亿元
	建设银行	十余个供应链融资产品	普惠金融贷款余额6 310.17亿元
	交通银行	“快易贴”“快易收” “快易付”“蕴通e链”	融资余额1 100亿元
代表性股份制银行	平安银行	供应链应收账款服务平台（SAS平台）	累计交易量突破100亿元
	浦发银行	“京浦e账通”“京浦e商贷” “政采e贷”“票据池秒贷”	企业客户超3.13万户
	中信银行	“信e链—应付流转融通”	线上业务量超100亿元
	浙商银行	池化融资平台：“至臻贷”	融资余额501.25亿元
		针对核心企业财务服务的易企银平台	累计融资367.85亿元
		应收账款链平台	累计签发金额1 228.78亿元
代表性城商行	上海银行	“上行e链”	贷款投放524.87亿元
	北京银行	“e商融”“京信链”	贷款余额4 256亿元

资料来源：智信网。

专栏 5—3

我国银行积极利用金融科技的力量布局供应链金融
——以民生银行、平安银行、上海银行为例

民生银行

2018 年,民生银行将供应链金融作为改革转型重点战略领域,成立供应链金融事业部,积极推动优化供应链金融机制体制、设计行业解决方案、完善产品体系、建设科技平台和应用金融科技。供应链金融事业部依托核心企业和交易平台深度挖掘行业,应用金融科技技术打造新供应链金融平台,通过系统直联打通产业链上下游,与核心企业互为平台、互为生态,初步形成生态圈雏形。2018 年 11 月,正式发布供应链金融品牌——民生 E 链,基本形成了以"民生 E 链"为品牌的供应链金融综合服务体系,包括"通"系列行业解决方案、"E"系列融资产品以及一系列结算理财等综合金融产品与服务。

"通"系列行业解决方案,目前涵盖医药通、车销通、家电通、建工通,针对行业特征,通过产品组合与创新服务提供定制化金融解决方案,为客户解决经营过程中的痛点问题。"E"系列融资产品,涵盖赊销 E、应收 E、采购 E、信融 E,全方位满足产业链上各类客户的融资需求。其他结算理财等综合金融产品与服务,如供应链云账户、供应链收银台等,为不同客户提供多样化选择,获得市场广泛认可。同时民生银行还提供供应链管理服务,借助科技平台、大数据、物联网等手段,提供供应链平台输出、财务优化、资产证券化等,为产业供应链优化提供全流程的数字化、智能化服务。截至 2018 年末,民生银行供应链金融核心客户数比上年末增长 121.43%。

平安银行

本行升级供应链金融服务,构筑"科技+服务+场景"的新型发展模式,基于特定交易场景,围绕行业产业链提供多元化、嵌入式的智能供应链金融服务。智能供应链金融体现了服务对象、服务模式、服务手段及经营理念的升级:一是升级服务对象,服务对象从核心企业延展至产业链上下游长尾端小微客户;二是升级服务模式,整合交易银行产品体系,提供融资、结算、财资管理为一体的综合金融解决方案；三是升级服务手段，以区块链、大数据、人工智能等科技赋能，推动供应链金融的智能化、数字化转型；四是升级经营理念，以开放、共享的经营理念，引入科技、场景、渠道等合作方，构建良性的供应链金融服务生态。

针对产业链核心企业及其上游客户，2018年平安银行推出了供应链应收账款服务平台（SAS平台），提供线上应收账款的转让、融资、管理、结算等综合金融服务。SAS平台全量应用"平安区块链"四大核心技术，建立多方互信机制，穿透管理底层资产；应用"人工智能＋大数据"，对贸易背景的真实性实施智能核验和持续监测。2018年末，SAS平台累计交易量突破100亿元，已为111家核心企业及其上游中小微企业提供金融服务支持，有效地解决了供应商融资难、融资贵问题，支持实体经济的健康发展。

上海银行

2018年10月，上海银行发布了《供应链金融助力普惠金融业务方案》，正式推广"上行e链"在线供应链金融服务平台。"上行e链"以"共享、互赢"为基础理念，着力打造一个革命性的、开放的供应链金融职能生态，提高普惠金融服务能力。例如，上海银行和中船成套物流正在共同搭建线上的供应链服务平台，通过与第三方技术平台的合作，中船集团的上游供应商登录该平台可以足不出户，在线上发起融资流程，快速拿到融资资金。另外，"上行e链"平台运用数字化思维，更深入地结合、应用供应链交易场景，将产品嵌入原有交易过程中，实现更优的客户体验。例如，上海银行和海尔集团合作，在海尔的经销采购平台加载"上行e链"的融资产品，经销商在采购过程中可直接选择融资模式进行支付，上海银行根据其历史采购数据进行额度审核，在线实现放款，通过将银行产品直接嵌入到交易场景，进一步提升资金的供给效率。

三、商业银行经营模式创新

（一）发展直销银行

直销银行是互联网时代应运而生的一种新型银行运作模式，其业务拓展不以网点柜台为基础，不发放实体银行卡，可打破时间、地域覆盖范围、传统实体网点等限制，通过移动终端、互联网等远程电子媒介渠道，实现业务中心与终端客户直接进行业务往来，为特定目标客户群体提供简捷、透明、安全的金融产品和服务，具有显著的市场竞争力和广泛的客户吸引力。从欧美的直销银行业务定位来看，绝大多数直销银行定位是客户的“第二银行”，并非专注于求大求全和发展创新业务，而是尽量发挥成本优势，给特定的客户群体提供高收益、低成本的金融产品和服务。直销银行遵循互联网规律，从少数关注点出发，在细分产品和服务上追求一流的客户体验，并进行有针对性的市场营销，逐步丰富产品，进而扩大用户规模。

国内直销银行的发展是以传统银行体系内开辟试验田的方式起步的，同时也借鉴了西方的概念。2014 年 2 月成立的民生银行直销银行是国内首家直销银行。2018 年，民生银行发布全新升级的直销银行 2.0，创新建立“4 朵云＋1 范式”的新模式，其中，“4 朵云”主要包括财富云、网贷云、支付云和数据云。截至 2018 年 11 月，国内直销银行已多达 135 家（包含直销银行，嵌入在手机银行里的直销银行和数字银行），其中城商行直销银行 72 家，占比 53.3%；农商行直销银行 33 家，占比 24.4%；民营银行直销银行 17 家，占比 12.6%；股份制银行直销银行 8 家，占比 5.9%。从市场表现看，国内直销银行目前多处于探索阶段，整体影响力尚小（分别见表 5—8 和表 5—9）。

表 5—8　　截至 2018 年 11 月国内各类银行开通直销银行情况

银行分类	银行数量	直销银行数量	开通比例（%）	占国内直销银行的比例（%）
国有大型商业银行	6	0	0.0	0.0
股份制商业银行	12	8	66.7	5.9
城商行	134	72	53.7	53.3
农商行	1 311	33	2.5	24.4
民营银行	17	17	100.0	12.6
农信银行	907	1	0.1	0.7
外资银行	41	4	9.8	3.0

资料来源：《2018 直销银行发展白皮书》。

表 5—9　　国内部分直销银行概览

银行	代表性产品	渠　道
工商银行	存款、货币基金、理财、贵金属	App
民生银行	货币基金、保险理财、黄金、信用卡还款、智能存款	App、网站
兴业银行	银行理财、各类基金、定期存款、贵金属	App、网站、微信银行
平安银行	银行理财、货币基金、智能存款、理财规划及记账、信用卡还款	App、网站、微信银行
广发银行	货币基金、0 元购手机	App、网站、微信银行
浦发银行	货币基金、理财	微信银行
渤海银行	P2P 票据、货币基金、基金投资、智能存款	App、网站
北京银行	定期存款、货币基金、银行理财、基金投资、网上贷款	App
江苏银行	定期存款、货币基金、P2P 票据	App
南京银行	银行理财、货币基金、网上贷款、定期存款	App、网站

资料来源：何大勇，谭彦，陈本强，刘月：《银行转型 2025》，中信出版集团，2017。

直销银行上架产品主要以货币基金、存款产品、理财产品（含投融资类产品）为主。在目前已上线的 135 家直销银行中，销售理财产品的有 80 家，销售货币基金产品的有 90 家，销售存款类产品的有 60 家，销售非货币基金产品的有 60 家，销售保险产品的有 11 家，销售贵金属产品的有 20 家。此外，已有 83 家直销银行推出了贷款产品。直销银行推出的生活服务主要围绕支付功能开展，已有 47 家银行推出了支付业务，涉及信用卡业务的银行有 7 家，提供其他便民服务的银行有 31 家（见图 5—29）。

2018 年，直销银行所销售理财产品中理财期限 1 年期内产品平均收益率达 4.94%，其中最高收益率达 8.80%；1 至 3 年期的产品平均收益率达 5.21%，最高收益率为 6.60%；3 年期以上产品平均收益率达 5.27%，最高收益率达 5.60%。各期限产品平均收益率、最低收益率及最高收益率如图 5—30 所示。

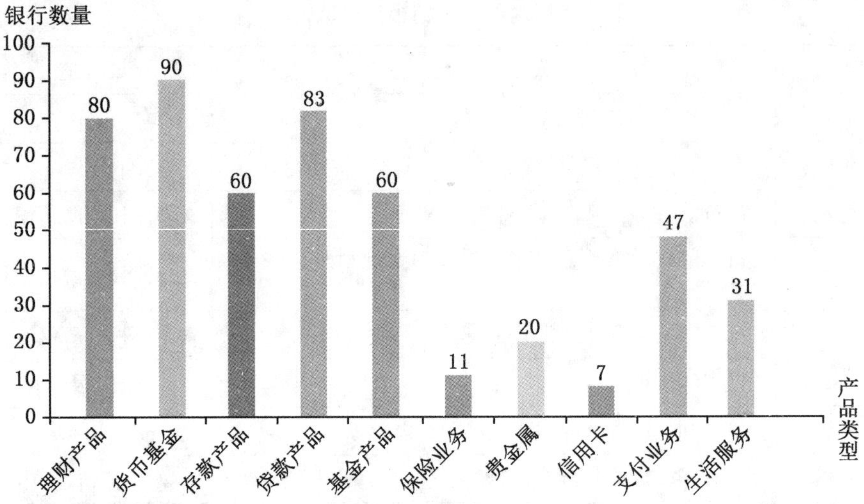

资料来源:《2018 直销银行发展白皮书》。

图 5—29 135 家直销银行各类产品分布情况

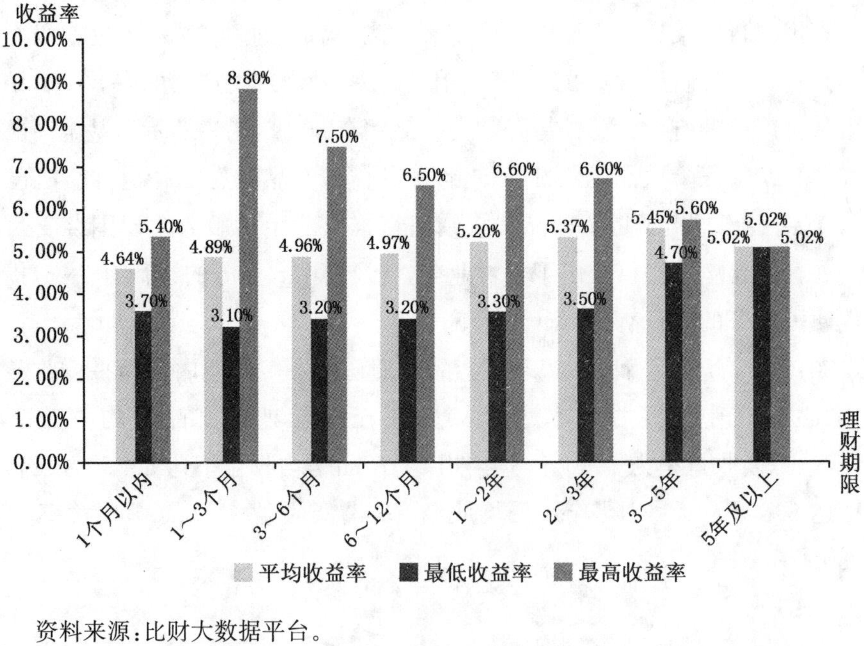

资料来源:比财大数据平台。

图 5—30 2018 年直销银行理财产品收益情况

现阶段国内直销银行参与者业务模式同质化较严重，在定位、架构、产品、渠道等方面的差异化探索有限。在定位上，直销银行普遍以线上外部获客为主要目的，多数未形成差异化的客户定位和价值主张；在架构上，多数作为母行的事业部或业务部门存在，与母行共享后台资源，未独立运营；产品上，以智能储蓄和“宝宝类”理财产品为主，产品简单，同质化现象十分严重；渠道上，大多数直销银行都采用“App＋网页端”的模式，并且以网页端为主，移动端和外部渠道的拓展上并不成熟。总体而言，国内直销银行未来还需要在多方面进行积极探索和改进升级。

专栏 5—4

国内首家直销银行——民生直销银行

2014 年 2 月，民生银行秉持“简单的银行”服务理念，突破传统实体网点经营模式，创新推出了“如意宝”“慧选宝”“民生金”“基金通”等一系列备受市场青睐的纯线上金融产品，成为中国首家成立直销银行的商业银行。

民生直销银行明确定位于服务“忙、潮、精”的新兴数字人群客户，即收入较高、生活节奏快、习惯使用互联网、容易被优惠活动吸引的年轻数字化群体。针对以上客群特征，民生直销银行提出了三点与之匹配的价值主张：首先，针对“忙”的特点，致力于打造简单的银行，例如，简化网上注册购买流程，精简产品的设置，每类产品只有一到两个选择，使客户能够对直销银行的流程及产品一目了然。其次，针对“潮”的特点提出紧跟时尚潮流的主张，例如，UI 设计比普通网银更加时尚，产品命名、语言风格也更符合年轻人的习惯，此外还与去哪儿网等年轻人常用网站合作，深入挖掘年轻客群的生活消费习惯。最后，针对“精”的特点，民生直销银行推出了持续专属的优惠政策，除具有专属产品和优惠外，收益也高于普通银行产品。通过对市场和客户的细分与精准定位，民生银行脱颖而出，目前客户数已突破 180 万人，成为全国客户数量最多的直销银行。

在架构层面，民生直销银行大力推进独立运营体系建设，目前通过事业部架构保持相对独立运营,以建立持牌的独立法人为发展目标。民生银行直销银行具有自己专属的营销团队、产品开发部门、风控部门,以及独立于母行的IT系统等。这样的组织架构能够推动直销银行更加快速地获客,实现关键绩效指标核算清晰,决策链短,响应速度快,以及流程运作高效。

在获客引流上,民生高度重视外部渠道的跨界对接,其中民生银行与中国电信的合作尤其引人注目。具体模式为电信用户可通过与民生电子账户挂钩的翼支付账户购买货币基金,而无须再次注册新账户。中国电信高达1.81亿的庞大客户基础为民生银行提供了极具吸引力的获客渠道。

2018年,民生银行迭代升级直销银行,打造了"云+开放式+链接器"3.0模式,业内首推BBC开放式综合金融云服务平台,为C端客户、产业链上下游B端客户、互联网科技公司提供开放化、个性化、敏捷化、高效化的金融服务解决方案。同时,民生直销银行聚焦业务模式转型升级,创新获客模式,重视场景应用,与蚂蚁金服,京东、华为、小米三大电信运营商,两大航空公司,城商行等各类企业开展合作;深耕金融科技平台建设,成为首家投产运营分布式核心系统并建立开放式金融生态平台的直销银行,客户服务能力和客户体验水平大幅提升。产品货架不断丰富,陆续推出结构性存款、慧选宝、民生好车、民生好借等互联网金融产品。

作为国内首家直销银行,民生直销银行获得了第三方机构的一致好评和社会大众的广泛认可,2018年荣获新浪财经"直销银行十强"、中国金融认证中心(CFCA)"最佳直销银行奖"等15个奖项,品牌美誉度和市场知名度持续攀升,连续四年保持行业第一优势,进一步夯实了本公司在互联网金融领域的领跑地位。截至2018年末,民生直销银行客户数达1 917.13万户,管理金融资产1 322.91亿元;累计交易笔数1.21亿笔,交易总金额达1.38万亿元。

资料来源:何大勇,谭彦,陈本强,刘月:《银行转型2025》,中信出版集团,民生银行2018年年度报告。

(二)构建银行系电商平台

银行系电商平台是指由商业银行建设的一种低成本、高效率,能够为企业或个人提供网上交易洽谈并获取客户数据的电子商务交易平台。银行系电商平台不同于传统的网上银行和积分商城(平台上的商品和服务主要来自独立的企业或商家),其设立的目的是作为第三方电子商务平台,为客户提供全方位的商品和金融服务,同时商业银行也可以通过自建电商平台销售自身的理财和贵金属等金融产品,极大地扩大了其获客渠道。

目前,国内银行系电商平台的客户主要是针对自身的客户,大体分为三种模式:一是信用卡商城模式,即以本人名下的该银行信用卡付款购买由供应商提供的商品,并授权该银行从本人名下的信用卡账户按本人指定的支付方式进行支付的电子商务平台,其目的是一方面为客户信用卡积分兑换礼品提供方便,另一方面也可以为客户分期购物提供便利,目前全国性股份制商业银行多采取此类电商平台运作模式,如中信银行、光大银行、平安银行的信用卡商城等。二是综合网上商城模式,即将网上银行功能与商品、服务销售功能融为一体,客户既可办理黄金、外汇、基金、保险甚至小贷、公共费用缴纳等金融业务,同时也可选购商品,支付方式也不仅仅局限于信用卡。目前,综合网上商城主要以大型国有商业银行为主,如建设银行"善融商务"、工商银行"融 e 购"等。三是导购平台模式,即出于降低商家成本的目的,对网上商城采用导购型的轻模式来建设运作,将已经成熟的电商平台链接至银行网上商城。如兴业银行关闭了信用卡网上分期商城,通过与多家电商合作,搭建起了以海淘、黄金、时尚、家电、房产等在内的电商导购平台。

(三)开放银行

开放银行是一种协作的商业模式,需要以客户为中心,通过 API 接口或者 SDK 等技术,实现银行和第三方之间的数据、产品以及资源的共享。开放银行将银行的业务融入更广泛的社会化产品中去,通过不同的商业生态为客户提供各类金融服务,最终构建了一个"数字+场景+服务"的开放生态。

开放银行生态结构包括硬件/数据库服务商、金融云服务商等基础设施提供商,为开放银行其他参与者提供硬件、数据库、云服务等基础设施支持。另外,金融科技创新公司、银行系金融科技子公司、互联网巨头、传统 IT 技术服务商和第三方开放银行平台为开放银行提供 IT 软件及解决方案,其中,第三方开放银行平台担任开放银行与场景平台(垂直行业企业)的连接器,通常由其他 IT 软件及解决方案提供商兼任。商业银行在获取软、硬件支持后,得以将自身的数据和产品向场景平台直接开放或通过第三方开放银行平台间接开放,获得垂直行业企业的数据、流量和场景。最终,客户通过场景平台获得无缝的银行服务(见图 5—31)。

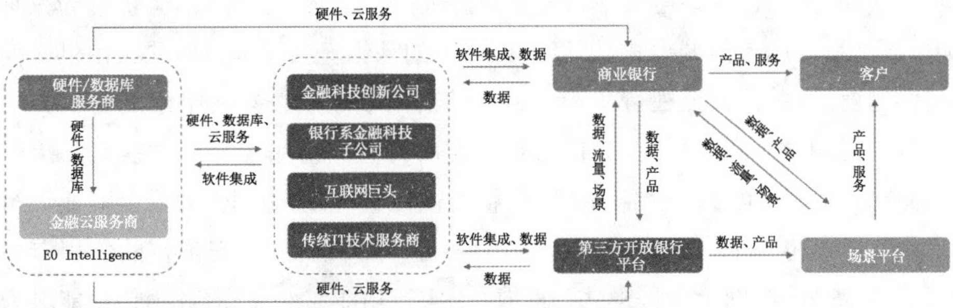

资料来源:亿欧智库。

图 5—31　开放银行生态结构

开放银行将改变现有银行服务客户的方式,打破银行与客户之间封闭的关系,客户能够通过第三方平台在非金融场景下获得金融服务。当前,银行拥有客户关系是因为它们的网银/手机银行和网点是客户获得其服务的唯一途径。未来,银行通过 API 向第三方开放核心银行服务,从而实现更高的透明度,而并非让传统银行的公司参与竞争,但这从根本上改变了银行在数据方面的垄断地位(见图 5—32)。银行在开放自身服务和数据的同时,也能通过数据聚合、产品创新等方式与合作伙伴一起获得新客户、增级客户触点、打造创新业务和提升客户体验。开放银行模式能令银行、客户、第三方实现多方共赢,通过合作,共同推动市场规模增长,形成开放的泛银行生态。

1. 开放银行的发展背景

2004 年,PayPal 推出了 PayPal API(Application Programming Interface,应用程序编程接口),预示着具有开放银行特征的实践开始出现,但此时开放银行并未真正由银行直接参与。直到 2015 年,英国成立开放银行工作小组(OBWG),提出用数据帮助人们开展金融业务。且欧盟同年颁布《新支付

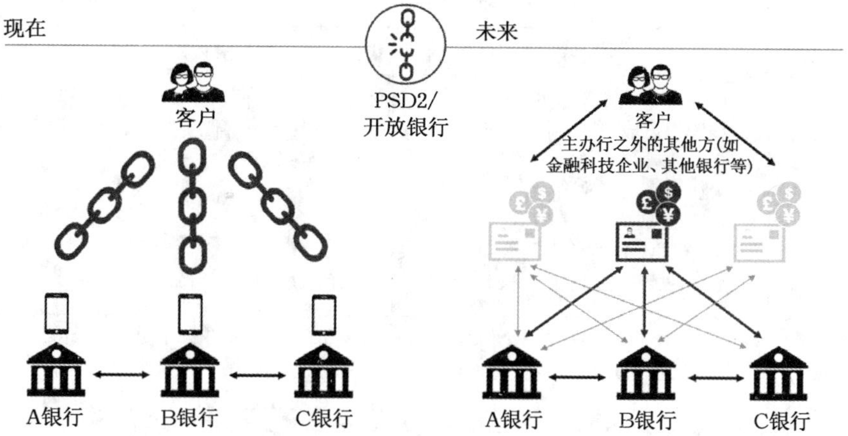

资料来源:麦肯锡分析。

图 5—32　开放银行打破银行在数据方面的垄断

指令》(PSD 2),旨在加速欧盟支付系统整合,为所有支付服务提供商创造公平、竞争的环境,从而保护消费者并降低支付服务价格,这时,“开放银行”概念才正式兴起。2018 年,随着 PSD 2 规定生效,开放银行进入快速发展阶段(见图 5—33)。

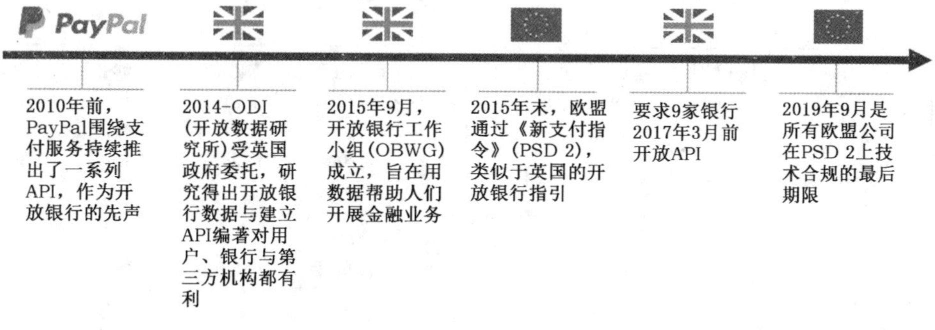

资料来源:麦肯锡分析。

图 5—33　国外开放银行的发展源于监管驱动

2. 开放银行的国际与国内实践(分别见表 5—10 和表 5—11)

表 5—10　　开放银行的国际实践

地 区	政 策	开放银行的国际实践
英国	• 2015 年 8 月,开放银行工作小组(OBWG)成立并制定开放银行标准 • 2016 年,开放银行实施实体(OBIE)成立,并在竞争和市场管理局(CMA)的管理下,负责与银行及各方合作制定相关标准	汇丰银行允许英国“千禧一代”客户查看他们在其他银行的账户,包括巴克莱银行、劳埃德银行和美国银行等
欧盟	• 2015 年 11 月修订《支付服务指令》(PSD 2),要求银行向第三方开放其数据 • 2016 年推出《通用数据保护条例》(GDPR),引导开放银行标准构建	2017 年 5 月,西班牙 BBVA(Banco Bilbao Vizcaya Argentaria)银行成为全球第一家以商业化运作开放 API 的银行。目前其在西班牙、美国、墨西哥提供包括客户、账户、银行卡、支付在内的共 12 类 API 接口
澳大利亚	• 2018 年 5 月,澳大利亚竞争和消费者发布《消费数据权利》(CDR)框架	CDR 框架要求,澳大利亚四大主要银行(澳新银行、澳大利亚联邦银行、澳大利亚国民银行和西太平洋银行)在 2019 年 6 月前向第三方供应商提供银行数据
新加坡	• 2016 年 11 月,新加坡金融管理局(MAS)联合新加坡银行协会发布 API 指导手册,提供在没有监管的情况下开放银行的指导方针	2017 年 11 月,新加坡星展银行(DBS)推出开发者平台,使新加坡和香港的第三方开发商能够访问 150 多个 API,API 类别包括账户、客户关系、支付、销售等
美国	• 美国联邦当局没有为开放银行发布具体的监控规定,但发布了指导意见	2016 年 1 月,花旗银行在全球推出花旗开发者中心(Citi Developer Hub),截至目前,共开放包括用户账户访问、授权、资金转移、银行卡管理、支付积分在内的 10 大类 API

开放银行的出现改变了英国银行业的竞争格局。2019 年第一季度就有 83 家新注册的第三方金融服务提供商,并且除了监管要求的 9 家开放银行外,还有 10 多家银行自愿加入开放银行体系。开放银行模式是大势所趋。目前,全球已经有 30 多个国家和地区采纳或正在采纳开放银行模式,其覆盖的产品约占收入池的 90%。值得一提的是,以英国、欧盟等为代表的国家和地区属于监管驱动型;而以中国为代表的国家则是市场力量自下而上推动发展

进程。

表 5—11　　开放银行的国内实践

银　行	开放银行的国内实践
中国银行	2013 年 9 月推出中银开放平台，最初目的为实现总行对分行开放，目前提供包括借记卡余额查询、用户卡资料查询、信用卡余额查询、未出账单查询在内的共 21 个 API 接口，供第三方接入
平安银行	2017 年底，平安银行能力开放平台帮助开发者、服务商、渠道商提供业务需要的各种能力及服务接口，致力于为开发者提供支付、理财、信用、安全、营销等各类能力及行业解决方案
中国工商银行	2018 年 4 月，上线 API 开放平台提供 9 大类 610 项 API 服务，对接合作方 900 多家，实现账户、支付、投资理财等产品和服务等标准化封装输出，涉及高校市场、汽车行业、零售餐饮等领域
浦发银行	2018 年 7 月，浦发银行在北京正式推出 API Bank 无界开放银行，以开放、共享、高效、直达的 API 开放平台为承载媒介，将能力输出后嵌入合作伙伴的平台和业务中，是落实该行“打造一流数字生态银行”战略的重要举措
中国建设银行	2018 年 8 月，建设银行投产开放银行管理平台，将账户开立、支付结算、投资理财等核心金融服务以标准 SDK/API 的方式对外发布，为第三方合作伙伴提供标准化的便捷接入和专业化的金融服务
招商银行	2018 年 9 月，招商银行宣布将开放用户和支付体系，通过 API、H5 和 App 跳转等连接方式，实现金融和生活场景的衔接
中信银行	2018 年 12 月，中信银行和京东金融联合首发中信银行京东小金卡，双方客户可凭借此卡在银行以外的平台实现一卡直达，享受银行金融功能服务及增值服务，这是双方践行“开放式银行”的再次合作和创新

在国内，四大行、股份制银行和城商行都在积极尝试符合自身特点的开放银行模式。一些率先探索的银行意识到，开放银行的关键在于以客户为中心，搭建开放生态，而开放的技术平台是实现“银行无处不在”这一前景的重要支撑。2012 年，随着中国银行提出并于次年建立“中银开放平台”，中国的银行业就有了开放平台的概念。然而，2013 年的中银开放平台主要应用于银行内部信息交流，与目前的开放银行概念并不一致。中国真正意义上的开放银行起步较晚，业界普遍将 2018 年看作是中国进入开放银行发展的元年，呈现出“金融科技推动开放银行发展”的特征。图 5—34 为英国银行业竞争格局发生改变的情况。

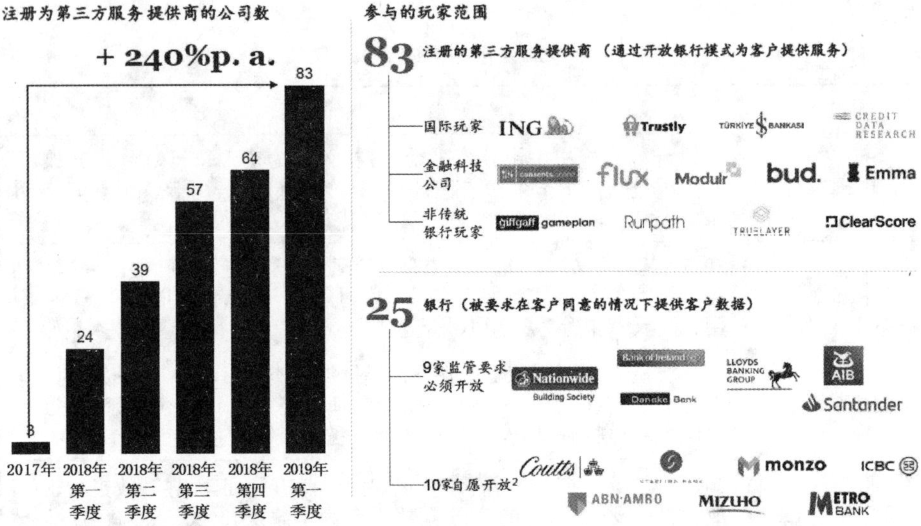

资料来源:OBIE 监管目录,文件检索,麦肯锡分析。

图 5—34 英国银行业竞争格局发生改变

3. 开放银行的形态

根据开放银行的发展程度,亿欧智库认为可以将开放银行分为三种形态:银行即服务、开放账户信息、共享收益平台,三种形态的开放程度依次上升。“银行即服务”开放基础产品,“开放账户信息”进一步开放账户数据,“共享收益平台”是最深层次的开放,实现开放、共享的生态系统的构建。目前,在中国“银行即服务”是最主要的开放形态;全球范围内,英国和欧盟等国家和地区基于监管的要求,进入“开放账户信息”阶段。

(1)银行即服务

“银行即服务”是最基础的开放银行形态,也是当前开放银行最主要的形态。商业银行把银行产品和服务打包,通过 API、SDK、H5 等技术连接到其他银行业金融机构、非金融机构等第三方平台等合作伙伴的场景中,拓展自有场景。在开放银行之前,商业银行向客户提供服务主要通过线下物理网点、官方网站、App 等自有场景。随着消费场景和消费需求日益多样化,商业银行通过开放银行的模式把自身服务扩展到更多场景中,如家装、汽车、医疗、农业等，实现银行网点从线下开到线上，从自营变为他营。在“银行即服务”的开放形态下，银行不再限于发生金融交易的物理场所，而是成为无处不在、可以嵌入任何场景的一类服务。

一方面，对于传统大中型商业银行而言，其具有较为完整的金融产品和服务体系，开展开放银行业务时将会优先选择“银行即服务”的形式，通过 API 等技术把原有产品和服务向场景平台输出，并通过场景平台获取渠道能力。另一方面，大中型银行经过多年发展，已经形成了较为复杂、庞大的 IT 系统，对外开放能力需要面临较大的系统变动成本及其所带来的风险。

(2)开放账户信息

如果说“银行即服务”是商业银行场景平台输出单一的产品和服务，那么“开放账户信息”则是对商业银行综合金融服务能力的进一步开放。通过开放账户信息，商业银行向场景平台输出其账户能力，通过该开放账户，场景平台可以根据账户信息为客户提供定制化程度更高且更为丰富的金融服务。

欧洲的开放银行基于监管的要求从开放账户信息开始。账户信息的开放打破了银行巨头对银行客户的垄断，为中小银行及其他金融服务机构提供生存和发展的空间，也打破了大型银行故步自封的状态，对金融创新起到了良好的激励作用。然而，账户信息的开放涉及用户金融隐私和数据合法使用的问题，因此需要立法以作规范。在没有相关法律法规的国家和地区，银行账户信息的开放还处于初步阶段，仅涉及部分非核心金融数据。

(3)共享收益平台

随着商业银行与合作伙伴数据共享的程度逐渐提高，通过与场景平台的开放共享，银行变为即插即用的服务。商业银行与合作伙伴共享用户属性、产品和服务，共同构建商业平台，与用户之间共同形成开放的一体化泛银行生态系统。

“共享收益平台”的特点在于：一是商业银行与场景平台共建生态，使得用户可以同时在该生态中获得无缝的场景服务和银行服务；二是该生态为商业银行与场景平台共同享有、共同维护、共享收益，使得商业银行获得场景能力，增加客户量，场景平台获得银行能力，增加用户黏性。与前两个形态相比，共享收益平台不过度依赖场景平台的流量能力。三是通过商业银行与场景平台的相互渗透、相互赋能、互相促进。同时，商业银行的围城将被推倒，场景平台将可以直接、快速地获得其所有银行能力。

4. 我国开放银行面临的挑战与展望

作为一种数字时代新兴的商业理念，开放银行在全球范围内被广泛认可和接受，各国银行纷纷布局开放银行业务。然而，任何改革和转型都不可避免地面临一定的风险与挑战，我国开放银行的发展主要面临五个方面的挑战：政策和监管不明确导致的合规风险、互联网式架构与集中式架构不一致导致的组织架构变革问题、开放银行商业模式尚未完全明确的风险、客户隐私及数据安全的保障问题和黑客攻击的技术风险。

(1)监管与合规风险

目前，国内尚未出现与开放银行相关的政策和监管要求。虽然《中国银行业信息科技"十三五"发展规划监管指导意见(征求意见稿)》中多次提及金融开放，但政策层面对开放银行仍是鼓励多于监管。对于开放银行而言，没有明确的政策和监管要求使得商业银行在开放银行商业模式和开放形态的选择上更具多样化，但也可能由于行动过于积极而造成风险。一旦开放银行的模式被广泛应用，相应的政策和监管要求就会随之而来，包括对业务开展形式、业务开展范围、数据开放、数据使用、商业伙伴合作方式的监管和合规性要求。

(2)组织架构变革

商业银行传统的组织架构以集中式的总分行模式为主，总行管理采用直线型，其业务、风险、后台等部门相互独立，不同职能部门的职员分别向各自部门总经理汇报，形成银行内的信息孤岛。而开放银行打破传统银行的经营方式，银行内不同职能部门的联系将更加紧密。当商业银行从通过自有渠道销售标准化产品转变为向外部提供个性化服务时，IT、产品、运行维护、风险控制等不同职能人员将成为一条产品线上的同一团队，这需要商业银行改变原有信息不对称、沟通成本高的集中式组织架构，向更加扁平化的管理模式发展，形成敏捷、开放、互通的互联网式组织架构。

(3)商业模式风险

对于商业银行而言，开放银行扩展了其收入来源。然而，对于具体以何种模式进行收费，开放银行尚未形成被商业银行与开放银行合作伙伴双方均广泛认可的收费模式。在 Capgemini 与 Efma 联合发布的《2017 年全球零售银行报告》中，把以 API 模式为代表的开放银行收费模式分为收益共享、交易费用、API 调用费用、许可费用、数据费用和支持费用六大类，其中银行更偏向于与合作伙伴共享通过开放银行形式获取额外收益（收益共享），而金融科技公司更偏向于从开放银行发生的每一笔交易中抽成（交易费用）。目前，国内开放银行多以收益共享和收取技术服务费的方式在商业银行与合作伙伴中进行利润分配，但尚未形成行业共识。无论是商业银行、金融科技公司，还是场景平台和其他开放银行生态参与方，采用何种商业模式盈利都是布局开放银行的必要考虑。

（4）客户隐私及数据安全

商业银行自诞生以来就高度关注客户隐私与数据安全问题。传统的银行业是封闭的系统，客户信息仅在银行系统内部流动和使用。开放银行把商业银行与外部机构相连接，使得部分客户经理、资源得以在银行内外部流动、共享。对于商业银行而言，何种数据可以共享、如何共享、共享数据如何使用等涉及客户隐私及数据安全的保障问题，是商业银行决定是否开放、如何开放、开放哪些内容的首要考虑。客户隐私及数据安全不仅是商业银行对于开放银行的监管与合规考虑，还涉及银行客户对于开放银行的信任程度。银行业务与客户的资金安全息息相关，只有在确保安全的前提下，银行客户才会开始考虑采纳更具创新性和便捷性的开放银行业务。

（5）技术风险

开放银行通过 H5、SDK/API 等技术手段连接银行端与场景端，打通双方系统，形成统一的生态，使得两端的产品、服务、客户得以共享和定制化。这增加了客户获取场景服务和金融服务的便捷性，然而由于两端相通，也扩大了黑客对于该生态的攻击范围、增加系统漏洞的风险，数据泄露风险加大。开放银行生态中，第三方平台可以访问来自商业银行的数据，一旦发生黑客攻击造成数据泄露，将可能导致客户银行账户信息暴露，甚至可能导致来源于该途径的所有账户信息外泄，造成系统性数据安全风险；除此之外，随着商业银行的敏感数据被扩展到银行外部，第三方平台系统的网络漏洞和故障也可能对该数据的安全造成威胁。

根据中国信息通信研究院发布的数据,截至2018年3月末,国内手机市场总体出货量连续13个月下降,总体下降趋势明显,国内移动互联网流量红利已见顶。面对移动互联网的下半场,银行C端获客日益困难,还要面对存量用户被分流的压力,而开放银行可以变被动为主动,将银行服务延伸到第三方应用场景中。目前,开放银行API大有取代App之势;这一点在民营银行尤为突出。预计2019年将会有越来越多的银行加入开放银行的大军。

在开放银行开局之际,监管也在适时跟进行业变化,对开放银行进行规范。据《中国证券报》报道,2018年12月8日,中国人民银行科技司副司长陈立武在2018第二届中国互联网金融论坛上透露,人民银行正在着手出台关于开放银行的指导性意见,主要包括:

一是加强顶层设计,出台开放银行指导意见。下一步,人民银行将在平衡安全与发展关系上,充分借鉴国际经验,结合我国银行业发展实际,建立健全开放银行业务规则与监管框架,加快出台指导意见,针对不同类型的银行业金融机构、不同种类的金融业务,设置开放银行的服务红线,明确允许开放的信息接口类型、服务范围等关键要素。

二是坚持标准先行,制定开放银行的技术规范。金融业要充分发挥标准的规范引领作用,加快制定开放银行服务接口与安全规范,从设计、研发、部署、运维等阶段加强开放银行生命周期的安全管控,明确开放银行服务部署、接口设计、安全集成、安全监测、信息保护、风险控制等方面的技术要求,引导开放银行规范发展。

三是强化风险管理,构建开放银行的安全体系。加快建立开放银行的安全管理体系,充分应用存储加密、访问控制、标记化信息安全审计措施,强化开放银行信息保护能力,加强开放银行身份认证与内控管理,严禁非法存储,窃取泄露个人金融信息。

四是应用监管科技提升开放银行的管理水平。金融业要加强监管科技研究与应用,利用现代化的科技成果,优化监管手段,探索新型监管范式,综合利用人工智能、大数据、区块链等信息技术,强化开放银行的合规管理,采取系统嵌入、应用对接等方式建立数字化的监管协议,搭建开放银行的统一管理平台,探索开放银行服务接口在反洗钱、反欺诈领域的应用,推动监管模式由事后监管向事中监管转变，不断提升金融监管的专业性和穿透性。

“今年（2018年）是开放银行发展的开局之年，开放是推动经济社会发展的强劲动力。”陈立武称，要抓住开放银行的发展战略机遇，加快推动银行业转型升级，为我国经济社会发展贡献更大力量。

（四）综合生态建设

综观国内市场，目前已有几家企业初具服务生态规模，如京东、阿里、腾讯、百度。对于生态的价值，可以用数字做简单的类比。如传统金融以产品为主，市值可以做到10亿元；做成平台，市值可以做到100亿元，而如果搭建智能金融生态，市值可以做到1 000亿元。生态最重要的价值与作用就是构成了服务的闭环，最大限度地减少了客户的流失。商业银行在产品业务创新、渠道拓展等方面发展金融科技时，往往会面临资金、技术、人才、信息质量等诸多方面的限制。因此，通过不同合作对象的加深交流，建设良好的金融科技生态圈成为当前商业银行金融科技创新的重要选择。麦肯锡对全球100家领先银行的调研结果显示，52%的银行与金融科技公司有合作关系，37%的银行采用风投或私募的形式布局金融科技。目前，综合考虑各个银行自身不同的发展特点和愿景规划，或与其他互联网公司合作共建创新实验室，或自建金融科技子公司，或迎着金融科技的新潮流打造开放银行。

1. 合作成立“创新实验室”

2017年，浦发银行已初步建成数字生态银行1.0。2018年初，浦发银行正式提出未来五年全行发展的战略目标：以客户为中心，科技引领，打造一流数字生态银行，推动实现高质量发展，还成立了“浦发创新实验室”，着力提高科技创新能力，促进金融科技发展。当前，浦发银行积极推行数字生态银行2.0建设。2018年9月，浦发银行与微软、IBM、SAS、Teradata、文思海辉、Temenos、银联数据服务有限公司等16家著名科技公司共同签署了科技合作共同体备忘录，宣布共同组建“开放共享、共建共赢”的金融科技平台。平台成员在多方面实现共享，共同在社会经济中发挥积极作用。这一科技合作共同体的建立，意味着浦发银行在打造金融科技生态的道路上又向前迈进了一步。

光大银行也积极与金融科技公司进行跨界合作，利用合作伙伴的场景、技决方案。

与互联网金融科技公司相比,银行系金融科技子公司最大的优势在于对金融行业运营、业务、监管的理解更为深刻,同时集团化优势能给予其更多金融资源,但其在技术、场景和体制机制灵活性方面仍与互联网金融科技公司存在差距。未来,银行系金融科技子公司将进一步以"对内创新平衡、对外合作共赢、对上主动合规、对下技术输出"四步走的模式开启金融科技时代颠覆式创新。同时,预计将有更多的商业银行研究并实践金融科技公司化运作模式,为银行业在信息经济时代的可持续发展提供坚实的科技基础和支撑。

银行系金融科技子公司的出现,是商业银行转型的直接体现,根本原因在于克服商业银行内部体制性限制,坚持市场化运营的原则,给予金融科技公司更宽松的发展环境。但商业银行的转型本身是一项长期性、艰巨性的工程,新设的金融科技公司依然要受到现有条件的制约。特别是在管理模式上,为了适应互联网市场的金融服务需求,需要大刀阔斧地进行变革。以提高金融科技公司运营效率为核心,采用扁平化的管理模式,将金融科技公司打造成为真正可以实现独立运营的市场主体。可以预见的是,未来将有更多的银行业融入金融科技发展的浪潮,运作模式也不断走向高效、成熟、完善,为银行业在信息科技时代的可持续发展提供坚实的基础和支撑。

专栏 5—5

银行系金融科技公司案例分析

金融壹账通——打造金融科技服务生态圈

金融壹账通是平安集团旗下的金融科技服务公司,成立于 2015 年 12 月。目前公司拥有员工 1 300 余名,其中科技与产品团队有 700 余人。员工中 53%来自互联网科技公司,22%有金融从业经历,10%来自海外。金融壹账通目前由上海壹账通金融科技有限公司运营,上海壹账通的股东为深圳壹账通智能科技有限公司,深圳壹账通的大股东为深圳平安金融科技咨询有限公司。金融壹账通于 2018 年初完成 A 轮融资,投后估值达 75 亿美元。

作为中国平安集团的联营公司，金融壹账通依托平安集团 30 年金融行业的丰富经验，精准把握金融机构需求，通过独特的“科技应用＋业务服务”双赋能模式，为银行、保险、投资等多个金融垂直领域提供端到端的服务。截至 2018 年 12 月 31 日，金融壹账通已累计为 3 289 家金融机构提供服务，其中国内银行 590 家、保险公司 72 家、其他非银金融机构 2 627 家。金融壹账通参与发起的中小银行互联网金融联盟覆盖国内 260 家中小银行，总资产规模超过 47 万亿元。

表 5—13　　金融壹账通提供端到端服务

项　目	2018 年	2017 年	变动(%)
支持服务规模(万亿元)	20.32	11.52	76.4
风控产品使用量(亿次)	15.43	9.31	65.7
智能认证产品调用次数(亿次)	12.23	1.95	527.2
合作银行平均上线产品数(个)	2.32	1.86	24.7
区块链节点数(万个)	4.46	1.37	225.5
合作金融机构数(家)	3 289	2 675	23.0
其中:银行(家)	590	416	41.8
保险公司(家)	72	14	414.3
其他非银金融机构(家)	2 627	2 245	17.0

资料来源:中国平安 2018 年度报告。

1. 产品与服务特色

金融壹账通使用自身储备的人工智能、大数据、区块链、云平台以及金融应用等核心技术，现已建立起智能银行云、智能保险云、智能投资云以及金融科技开放平台的“3＋1”模式，为中小金融机构提供一站式金融科技解决方案，帮助金融机构合规有序地转型。与传统 IT 供应商以及拥有巨大流量优势的互联网企业不同，金融壹账通提供的是战略赋能，通过“授人以渔”的方式帮助中小金融机构解决技术和业务痛点。

“智能银行云”面向中小银行输出全方位、一站式的金融科技服务。该板块中包含 F2C 互联网零售银行服务模块、F2B 中小企业金融服务模块和 F2F

同业资产交易服务模块,每个模块下均可提供包括销售、产品、服务、风控和运营五方面的解决方案,可提供定制化的互联网零售银行搭建及运营服务,一站式的中小企业金融服务平台以及产品丰富、安全可靠的资产交易服务平台。

"智能保险云"正在建立以智能认证、智能闪赔、智能公估为核心的保险金融科技产品体系,努力建成全面的保险科技服务平台。该平台基于AI技术,以线上线下的交互为特色,为保险公司提供"灵活接入、快速升级、自主开发、全程响应"的智能化服务和极致化体验,全面提升保险行业科技运用水平。中小保险公司可以较低的成本与先进的保险科技接轨,从而推动保险全行业在效率、风控、成本、客户体验等诸多方面提升。

"智能投资云"拥有海量、实时、智能化的数据(包括利率、汇率、投资组合、策略信息等)分析,业务增值服务包括PB业务、融资融券、智能投研等,并提供全流程、端到端的平台应用,涵盖产品管理、资产管理、交易管理、清算、风控等。

2. 业务模式分析

一是注重线下拓展。在深圳市金融办的指导下由平安集团联合全国各地中小银行共同发起成立"中小银行互联网金融(深圳)联盟"(英文缩写为IFAB),经深圳市民政局注册登记,秘书处设在金融壹账通。目前会员规模已超230家,并设有六大专业委员会(战略管理委员会、移动互联委员会、同业业务委员会、风险控制委员会、小微企业委员会、金融科技委员会),以ACTIVE"六互"(互认、互联、互助、互通、互信、互享)合作方针为准绳,致力于不断帮助会员提升中小银行的金融科技水平及业务创新能力。

二是线上合作机构数量可观。中国平安2018年年报显示,2018年金融壹账通已经为590家银行、2 627家非银行金融机构提供服务。

三是深耕金融科技,探索应用场景,向外输出先进技术。金融壹账通对金融科技的关键技术进行深入研究,抓住金融科技"用在金融,重在科技"的特点,完成较多先进技术的储备,为今后金融科技的进一步应用奠定了坚实的基础。

3. 公司优势

一是服务覆盖范围较广。其发展目标在于打造全面的金融科技服务生态圈，抓住金融机构的核心竞争力，分别在获客、风控、产品、客户、运营五大方面，制定了差异化的服务方案。通过提供全方位的金融服务，可以形成金融科技产业闭环，有利于金融壹账通客群的扩张。

二是技术储备较强。其拥有较强的人工智能、区块链、云平台、生物识别等先进科技能力，研发出渠道、产品、风控、服务、运营等众多场景下的金融科技产品，可广泛应用于银行、保险、投资及其他金融领域，帮助中小金融机构以较低的成本使用先进的金融科技，提升智能化经营水平。

三是新产品积极研发，投放迅速，国内及跨境合作不断深入。2018 年 7 月 24 日，金融壹账通召开 Gamma 智能营销方案体验大会暨产品发布会，向行业首次公开 Gamma 人工智能营销解决方案；同月，金融壹账通成功获聘为香港贸易融资平台的技术服务提供商，为该平台的生产部署提供支持，为该公司首个落地的境外区块链项目；8 月 10 日，中国平安旗下金融壹账通与福田汽车集团福田金融合作发布了“福金 ALL-Link 系统”，该系统是区块链技术在汽车供应链金融领域的首次应用。

参考文献

[1]杨涛，赍圣林：《中国金融科技运行报告(2018)》，社会科学文献出版社，2018。

[2]张晓朴，姚勇：《未来智能银行——金融科技与银行新生态》，中信出版社，2018。

[3]何大勇，谭彦，陈本强，刘月：《银行转型 2025》，中信出版集团，2017。

[4]梁洪军，张志瑜：《中小银行智能金融服务》，中国财政经济出版社，2018。

[5]闫庆民，杨爽：《互联网+：银行变革与监管》，中信出版集团，2015。

[6]余丰慧：《金融科技：大数据、区块链和人工智能的应用与未来》，浙江大学出版社，2018。

[7]浙江大学互联网金融研究所(浙大 AIF)：《2018 中小银行金融科技创新报告》。

[8]中国民生银行研究院：《民银智库研究——我国银行系金融科技子公司发展状况及趋势分析》，2019 年第 1 期，总第 93 期。

[9]李克超：《商业银行应用金融科技：策略、目标与路径》，《金融纵横》，2018 年第 5 期。

[10]巴曙松，慈庆琪，郑焕卓：《金融科技浪潮下银行业如何转型》，《当代金融研究》，2018。

[11]孙娜：《新形势下金融科技对商业银行的影响及对策》，《宏观经济管理》，2018。

[12]张德茂，蒋亮：《金融科技在传统商业银行转型中的赋能作用与路径》，《西南金融》，2018 年第 11 期。

[13]《麦肯锡中国金融行业转型与创新系列报告——智能网点》，2019 年 5 月。

[14]《艾媒报告：2018－2019 年中国银行数字化转型深度分析与决策报告》，2019 年 1 月。

[15]黄涛：《上海银行：数字化供应链金融助力普惠金融发展》，《当代金融家》，2019 年第 5 期。

[16]《艾瑞咨询：2018 年中国供应链金融行业研究报告》，2018 年 11 月。

[17]《艾瑞咨询：2019 年中国区块链＋供应链金融研究报告》，2019 年 7 月。

[18]王硕，张新军，宋佳燕，王晨胤：《金融科技＋供应链金融，开启服务中小企业融资的“第二曲线”》，2019 年 4 月。

[19]《开放银行的全球实践与展望：打破藩篱，合作共赢》，McKinsey & Company，2019 年 6 月。

[20]《亿欧：2019 开放银行与金融科技发展研究报告》，2019 年 6 月。

[21]冯彦明，张向阳：《第三方支付与商业银行关系的演进》，《银行家》，2018 年第 9 期。

[22]史丁莎，王晓楠：《电子支付产业发展下中小银行的机遇与对策》，《管理现代化》，2019 年第 1 期。

[23]直销银行发展中心，北京比财数据科技有限公司：《2018 直销银行发展白皮书》，2018 年 12 月。

[24]中证信用，奥纬咨询：《中国信用科技市场报告》，2019。

[25]清华大学互联网产业研究院：《金融科技在小微企业信贷中的应用发展研究报告》，2019。

[26]中信证券：《银行业征信专题研究报告——大数据时代征信大有可为》，2015 年 9 月。

[27]王鹏虎：《中信银行：创新供应链金融数据化风控体系》，《当代金融家》，2019 年第 5 期。

[28]信和研究院：《供应链金融及商业模式案例研究报告》，2018。

[29]零壹智库，乐信：《中国数字金融反欺诈全景报告(2019)》，2019。

第六章

证券行业

一、证券行业发展概述

(一)证券行业的科技发展路径

我国证券市场自20世纪90年代初沪深交易所开业以来,已经经历了近30年的发展。从信息技术的角度来看,大体可以分为四个阶段:

1990—1997年,电子化阶段。这个阶段的主要特征是软、硬件成本较高,信息技术的应用是为了提升效率,但买卖股票仍然需要投资者亲自前往营业部进行手工交割。我国因为起步较晚,没有复杂的"无纸化"过程,所以沪深交易所从成立之初就采用了电子化自动撮合竞价系统。

1997—2000年,网络证券公司阶段。这一阶段,证券行业中出现了网络证券的概念,各大证券公司营业部和信息技术服务商开始推进基于互联网的交易。但由于缺乏相关的法律法规,每家证券营业部自建交易系统,使得这一业务形式安全隐患较大。

2000—2012年,互联网化阶段。进入这一阶段的标志是2000年3月30

日中国证监会《网上证券委托暂行管理办法》(以下简称《办法》)的出台，其中明确指出开展网上委托业务必须要有证券经纪资格。同年 4 月 29 日，证监会出台了与《办法》配套的《证券公司网上委托业务核准程序》(证监信息字〔2000〕6 号)。这套法规的出台对于防范并化解网络市场风险、规范市场参与者的行为有重要意义。

2013 年至今，互联网证券阶段。互联网金融，即传统金融机构与互联网企业利用互联网技术和信息通信技术实现资金融通、支付、投资和信息中介服务的新型金融业务模式[①]。这一阶段，《证券公司开户客户账户规范》《证券账户非现场开户实施暂行办法》《数字证书认证业务指引》等法规的出台，促使证券经纪业务打通开户、交易整个环节的线上化。2014 年至 2015 年，证监会批准了累计 55 家证券公司的互联网证券业务试点资格，这使得证券公司对互联网的视角从经纪业务向更广阔的产品体系、优化公司账户开拓。互联网金融可以被称为金融科技 1.0，此时证券公司主要是利用互联网弥补业务渠道的不足。

2015 年 7 月 18 日 ，人民银行等 10 个部门联合发布《关于促进互联网金融健康发展的指导意见》，旨在加强对互联网金融的监管。与此同时，以云计算、区块链、大数据、人工智能为代表的金融科技的出现，使证券行业由此迈入了金融科技 2.0 的时代。

随着金融科技时代的到来，证券行业发生了翻天覆地的变化：第一，金融科技使得证券行业回归其中介本质，“服务”将成为比“牌照”更重要的竞争力；第二，金融科技打破了区域限制，让证券公司的服务范围更加广泛，也使得竞争更为激烈；第三，金融科技大大提高了服务效率，也增加了精准服务的可能，同质化竞争逐渐消失，证券公司必须注重线上与线下的融合，才能避免被淘汰。

(二)证券行业业务的发展趋势

我国的证券公司主要是专门从事有价证券买卖的法人企业，分为证券经

---

① 人民银行等十部门发布《关于促进互联网金融健康发展的指导意见》中的定义。

营公司和证券登记公司。其业务类型主要分为四类：代理客户买卖证券的经纪业务，帮助股份公司承销有价证券的发行与承销业务，利用自有资金买卖证券的自营业务和受委托运营客户资产的管理业务。

1. 经纪业务

证券公司的经纪业务，又称代理买卖证券业务，指证券公司根据客户的需求，通过证券营业部和证券交易所席位，代理客户买卖证券的业务。由于证券交易程序具有复杂性，广大投资者不具备直接进入交易所买卖证券的能力，因此需要委托证券经纪商代为完成交易。在经纪业务中，证券公司有两个作用：第一，作为买方和卖方沟通的媒介，确保市场的流动性和效率；第二，在与客户的买卖委托关系中，证券公司还会提供信息服务。但证券经纪商不直接分享客户利益，同时也不为客户承担风险，只收取佣金作为自己的利润。

经纪业务一直是证券公司占比较高的基础业务之一，但最近十年里，经纪业务收入在营业总收入中的占比不断下降（见图 6－1），主要原因有两个：一是网上开户的普及使得交易成本降低，信息互通效率和精确度提升，行业佣金不断下降，盈利能力也随之降低；二是互联网公司借助自身的技术优势与证券公司合作，使得竞争进一步加剧，加速了经纪业务模式的变革。

在内外双夹的严峻挑战下，若是不积极探索将金融科技和财富管理与传统经纪业务深度融合的新模式，证券公司则将面临能否生存的问题。

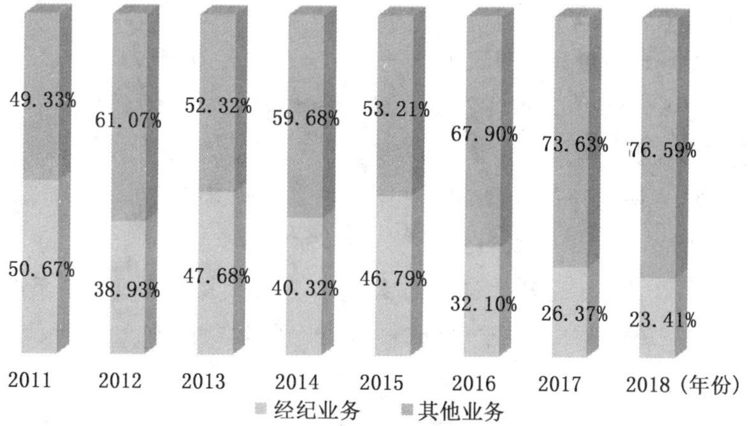

图 6—1 证券公司经纪业务营业收入占比呈下降趋势

专栏 6-1

东方财富收购西藏同信证券

东方财富网是中国访问量最大、影响力最大的财经证券门户网站之一。网站内容全面覆盖财经领域,每日更新上万条最新数据及资讯,为用户提供便利的查询。

西藏同信证券股份有限公司,原名西藏证券经纪有限责任公司,其前身为西藏自治区信托投资公司证券部,于 2000 年 3 月成立。同信证券主要经营业务包括经纪业务、证券投资基金代销、证券自营、财务顾问、证券投资咨询、证券资产管理、融资融券、证券承销与保荐等综合业务。

2015 年 4 月 15 日,上市公司东方财富(股票代码 300059)与郑州宇通集团股份有限公司(以下简称"宇通集团")、西藏自治区投资有限公司(以下简称"西藏投资")签署了《发行股份购买资产协议》。东方财富拟向宇通集团和西藏投资发行股份购买其持有的西藏同信证券股份有限公司(以下简称"同信证券")100%的股份。同信证券 100%的股权账面净资产合计为 11.54 亿元,预估值为 40 亿元至 45 亿元,预估增值幅度为 246.69%至 290.03%,东方财富全部以发行股份的方式支付对价,发行价格为 28.53 元/股。

据了解,东方财富在完成对西藏同信的过户后,首先开展的是对西藏同信经纪业务的整合。通过对服务、后台等的系统升级,互联网引流,提升西藏同信证券的经纪业务的市场占有率。同时,通过东方财富互联网引流,西藏同信证券经纪业务市场份额实现大幅增长,2016 年 1 月市场占比 0.47%,而 2015 年全年这一比例仅为 0.27%。东方财富的收购的确对西藏同信证券各项业务带来显著提升。西藏同信证券官网上显示,该证券公司目前在线开户为万 2.5 的佣金,为全市场最低,此外,它还实现 1 分钟开户,为全市场最快。不得不说,东方财富的技术升级和互联网引流,都已初见成效。

2018 年 3 月,西藏同信证券正式更名为东方财富证券,截至 2018 年 8 月,东方财富证券经纪业务市场份额为 0.93%,较收购前 2015 年上半年的数据,提升约 3.6 倍。

2. 发行与承销业务

证券发行，是指证券发行人以筹集资金为目的，在证券发行市场依法向投资者以同一条件出售证券的行为。根据发行价格和票面面额的关系，可以将证券发行分为溢价发行、平价发行和折价发行三种形式。根据公开性可将证券发行分为公开发行和非公开发行。公开发行证券，必须符合法律、行政法规规定的条件，并依法报经国务院证券监督管理机构或者国务院授权的部门核准。

证券承销，是指证券公司接受发行人委托向社会公开销售证券的行为。证券公司借助自己在证券市场上的信誉和营业网点，在规定的发行有效期限内将证券销售出去。根据证券经营机构在承销过程中承担的责任和风险的不同，承销又可分为包销、投标承购、代销、赞助推销四种方式。

代销指证券公司代理发行人买卖证券，在项目结束时，将未卖出的证券返还给发行人的一种行为，其中，证券公司不承担证券发行的风险，只收取一定比例的手续费作为收入；包销指证券公司以特定价格从发行人处买下证券，再转卖给投资者的一种行为，其中，证券公司承担了证券发行的风险，未卖出证券的所有权在证券公司手中。

证券公司通常能从一次 IPO 承销中收取 3%—10%的手续费，这是一笔不菲的收入，但近年来，主导全球大型 IPO 项目的强大科技公司利用它们的规模，压低证券公司的手续费。一些公司还在探索 IPO 之外的其他选择，比如直接公开发行(Direct Public Offering，DPO)和另类交易所。

2018 年以来，IPO 发行家数和再融资规模显著减少，证监会审核通过率也不断创下历史新低。随着 IPO 所产生的收入下降，证券公司已转向技术开发以降低成本，并实现部分过程的自动化，这有助于证券公司保持较高的利润率。

值得一提的是，债券承销业务却有了明显的改善，可转债的发行规模不断增大，可以弥补股权融资的规模缩水。未来，随着科创板的发展，投行业务将迎来新的机遇。

3. 自营业务

证券自营业务在我国专指证券公司用自有资金或者依法筹集的资金，以自己的名义买卖证券产品的行为。买卖的证券产品包括证券交易所挂牌的基金、国债、企业债、A 股等,同时也分为场内交易(交易所)和场外交易(柜台)。买卖证券的价差就是证券公司在这项业务中的收入来源,因此证券公司也承担了其中的价格波动风险。

自营业务的优势体现在交易行为、交易价格、交易方式、交易标的的自主选择上,但同时交易过程中的风险和收益的不确定性也由证券公司承担。由于自营业务的最终目的是盈利,风险控制直接影响到对收益的预估,所以在这个业务中显得尤为重要。且自营业务自身程序较为复杂,风险敞口较其他业务而言更大,风险控制也更难。因此,证券公司应当设立风险管理委员会,利用先进的数据模型和科技手段加强风控体系、标准化风控流程。

自营业务资产规模近年来不断增长,但业绩波动却比较大。主要因为新会计准则①的采用,券商资产项目下的可供出售类金融资产取消,权益资产的浮亏将更加直接体现在利润表上,加剧了自营收入的波动。

4. 资产管理业务

资产管理业务,是证券公司作为资产管理人,接受投资者的委托,签订资产管理合同,根据合同规定的方式、条件、要求与限制,对委托人的资产进行经营运作,并为委托人提供证券和其他金融产品的投资管理服务的行为。资产管理业务可分为三类:第一,为单一客户办理定向资产管理业务;第二,为多个客户办理集合资产管理业务;第三,为客户办理特定目的的专项资产管理业务。资产管理业务的产生避免了因专业知识和投资经验不足而可能引起的不必要风险,对整个证券市场的发展也有一定的稳定作用。在资产管理业务中,证券公司为委托人的利益履行勤勉尽责义务并收取相应的管理费用,委托人自担投资风险并获得收益。

2018 年资产管理新规②出台以来,由于受“去通道化”影响,资产管理业务的下滑态势明显。去通道化,在资产管理新规中被定义为消除多层嵌套和通道,即金融机构不得为其他金融机构的资产管理产品提供规避投资范围、杠杆

---

① IFRS 9 金融工具取代 IAS39 金融工具:确认和计量。

② 《关于规范金融机构资产管理业务的指导意见(征求意见稿)》。

约束等监管要求的通道服务。虽然短期内，资产管理新规的出台使得资产管理规模下降，但长期来看，这将倒逼证券公司向主动管理转型，回归资产管理本源。

（三）证券行业金融科技发展现状

金融科技给证券行业的传统业务带来了巨大的冲击，同时也带来了巨大的机遇。在监管越来越严格、传统业务缩水、业内竞争压力增大的环境下，各大证券机构开始投入大量的资金和人力，借力金融科技来增强综合实力。

中国证券业协会从2017年开始将信息系统投入金额作为考核证券公司业绩的一项指标，2018年该指标显示有超过30家证券公司投入亿元级资金建设自己的信息系统。同时，证券公司纷纷开启了与金融科技公司的合作：2018年12月26日，财通证券与蚂蚁金服开始了全面战略合作，未来，蚂蚁金服将助力财通证券实现金融科技能力的提升，并助推财富管理转型；山西证券也与京东金融共同设立50亿元规模的基金，投资于消费升级、供应链、财富管理等领域；另外，2018年11月，东北证券也与恒生电子签署战略合作协议，双方将在云计算、人工智能、数据治理等方面进行深度探索和场景应用。

证券公司与金融科技公司合作已是行业大势所趋，但对于发展数十年的证券行业，目前金融科技方面的开拓还存在诸多障碍：

一是证券市场制度不够完善，监管有效性不够高。我国《证券法》于1999年开始实施，规定了证券行业的基本原则，但是缺乏一些与中国实际相结合的细则，对于一些实际案例缺乏相关的明确规定。由于法律体系的不完善，监管也缺乏有效的依据，《证券法》中虽然规定了上市公司的许多行为，但并未得到很好的执行，存在信息披露不完全、内幕交易横行等问题，但由于缺少对具体案例的法律解决办法，监管往往事倍功半，违规者也没有得到惩罚，中小投资者的利益得不到有效保障。

二是中国的证券市场不够发达，行业集中度不高。目前，虽然我国投资者数量巨大，已经突破了1亿，但仍然是典型的散户市场。投资者人群的年龄、知识方面的层次较为复杂，很多投资者难以做出权衡利益和风险的理性决策，“羊群效应”的影响十分大，使得证券市场的波动性也大，很多投资者成了内幕交易和市场欺诈的牺牲品。同时,我国证券市场资产仅占金融总资产的12%,与全球主要发达国家或地区相距甚远,虽然随着人均收入的增加,用于投资总额的财富也会增加,但目前中国的储蓄率超过45%,银行存款仍然是许多居民投资理财的首选。

三是证券行业目前业务单一,缺乏个性化的服务。首先是思维障碍,传统的证券公司现在还是以人—人交互模式为主,但金融科技引入证券公司势必要变革现有的客户经营模式,对原有的人员技能会提出新的要求,客户经理的传统知识和习惯可能都要改变;其次是流程障碍,金融科技不是一个孤立的平台,是一个跨部门的平台。比如智能投顾,就同时涉及商业职能部门、投资策略部门、风险管理部门,如果三个部门各自为战、互相掣肘,流程各割裂一段,智能投顾就很难发挥作用;最关键的障碍还是数据障碍,传统数据的不规范、数据格式不统一、数据平台的落后,都会严重影响券商从数据中发现金矿,并转化为生产力,这需要建设统一的数据规范、统一的数据平台、性能强大的分布式计算集群。

二、证券行业业务及服务模式创新

(一)智能投顾

智能投顾(Robot advisors)是在线金融咨询平台,提供基于算法的投资管理服务,包括自动投资组合规划、自动资产配置、在线风险评估、账户再平衡和众多其他数字工具。它不再需要财务顾问,而是为客户提供直接的、100%基于软件的投资组合访问。

相较于传统投资,人工智能下的投资有两个明显的优势——复制推广成本极低,且机器不受情绪影响,更能在任何情形下都做出正确的逻辑推理。自2013年以来,智能投顾创业公司在18个国家或地区筹集了超过20亿美元的资金。花旗银行的一份研究报告指出,未来十年,智能投顾管理的资产规模将以几何级数的速度增长,预计到2025年总规模将达5万亿美元。表6—1为不同地区的智能投顾市场数据(2018年)。

表 6—1　　不同地区的智能投顾市场数据(2018 年)

	北美洲	欧洲	亚太地区
潜在用户(百万)	6.8	0.9	17.9
资产管理规模(亿美元)	2 960	170	860

证券公司应用智能投顾,能够基于客户的风险偏好、交易行为等个性化数据,采用量化模型,为客户提供低门槛、低费率的个性化财富管理方案。智能投顾在客户资料收集分析、投资方案的制定、执行以及后续的维护等步骤上均采用智能系统自动化完成,因此能够为更多的零售客户提供定制化服务。随着线上投顾服务的成熟以及未来更多基于大数据技术的智能投资策略的应用,智能投顾有望从广度和深度上将证券行业带入财富管理的全新阶段,为未来政策放宽证券公司投资顾问从前端佣金收费向后端的管理费收取模式转变进行探索准备。

1. 智能投顾在亚太地区的市场应用前景

亚太地区拥有相当数量的智能投顾用户和可供管理的资产,预计在不久的将来还会增加(见表 6—2)。由于与传统的劳动密集型咨询方法相比,智能投顾的成本结构更低,这使得证券公司能够收取更低的费用,从而使其能够将目标市场从高净值客户扩展到对投资感兴趣的年轻客户。

表 6—2　　亚太地区的部分市场数据(2018 年)

	新加坡	中国香港	中国大陆	日本	澳大利亚
潜在用户	122 000	6 000	17 500 000	203 000	67 000
资产管理规模(亿美元)	20	0.9	810	30	10

在亚太地区,中国香港和新加坡是两个关键的智能投顾市场,它们同时还有强劲的增长潜力,用户普及率在这两个市场预计在未来四年增加两倍,资产管理规模也会大幅增加(分别见图 6—2 和图 6—3)。

调查显示,在新加坡和中国香港这两个市场的投资者中,有 55%不依赖财务顾问,自主选择投资;有 45%自主做出大部分决定,但会不时寻求财务顾

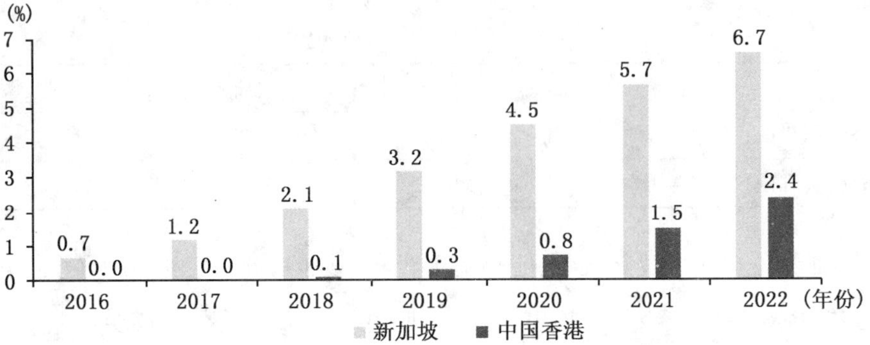

图 6—2　新加坡和中国香港市场的用户普及率预测

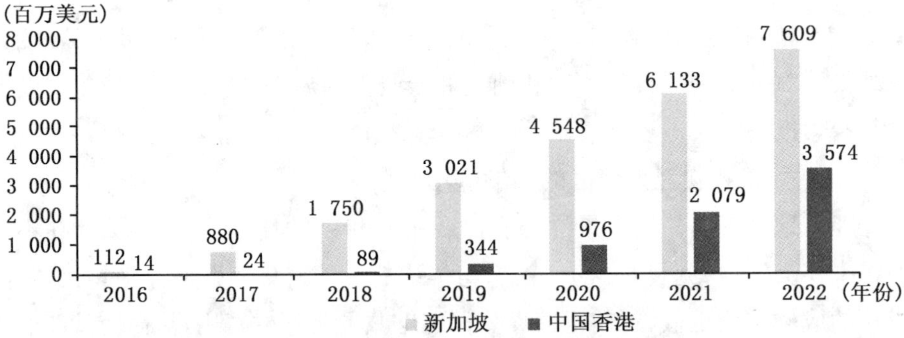

图 6—3　新加坡市场和中国香港市场的资产管理规模预测

问的帮助,以支持它们的最终决定;而仅有 2%选择完全依赖于财务顾问。总体而言,大部分投资者仍然选择自己做决定,而不是依赖财务顾问。这更凸显了智能投顾的优势,这种具有成本效益的人工智能服务使投资者能做出自己独立投资决策的同时,还能及时被提供量身定制的投资建议。

2. 智能投顾的目标用户群体(见图 6—4)

事实上,考虑到可以获得低门槛和低成本的投资组合,智能投顾往往对不那么富有的投资者具有吸引力。更重要的是,智能投顾的兴起与被动投资兴趣的扩大是同步的。根据美国投资公司协会的数据,2007 年至 2014 年间,有超过 1 万亿美元流入国内股票指数基金,与此同时,积极管理的国内股票基金也有 6 590 亿美元流出。鉴于这一趋势,投资者对人工智能产品和服务感兴

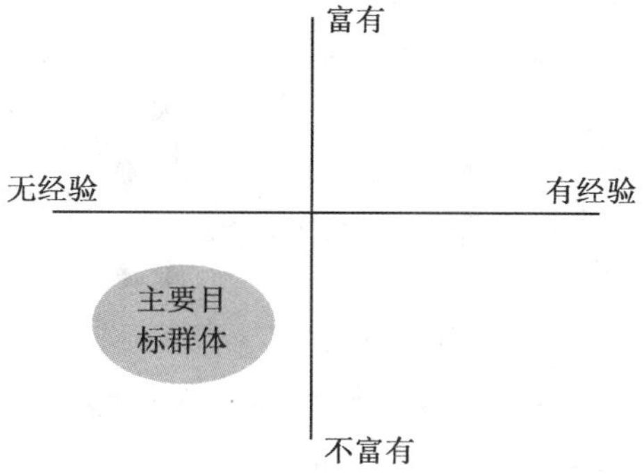

图 6—4　智能投顾的目标用户群体

趣就不足为奇了。

尽管缺乏经验的新投资者是智能投顾服务的主要候选者，但许多现有客户也有兴趣从成本更高的托管账户服务转向成本更低的自动化替代服务。

此外，调查表明，80%的“千禧一代”(18 至 34 岁)表示，他们“非常有可能或多少有可能”考虑智能投顾产品——这是所有受调查人口群体中最感兴趣的。

3. 通往智能投顾道路的多样化选择

目前，一些公司只提供投资建议——配置模型和证券选择模型，主要由 ETF 组成，最符合投资者的风险偏好、时间范围和目标；另一些公司则推荐包括定期再平衡的 ETF 组合投资，并根据账户价值收取基于资产的费用。

世界上的各个公司正在积极进入这一领域，世界最大的资产管理公司贝莱德(BlackRock)最近以 1.5 亿到 2 亿美元的价格收购了 FutureAdvisor。摩根大通(JP Morgan)最近宣布与摩提弗(Motif Investing)建立合作关系，向散户客户提供 IPO 融资渠道，最低仅需 250 美元。2019 年 6 月，最大的代理结算公司潘兴(Pershing)宣布与 Marstone 达成合作协议。

我国的证券公司也有一些已经开展了智能投顾的应用，例如，长江证券推出了其自主研发的国内首个券商智能投顾系统——iVatarGo，该系统就是通过对投资者的风险偏好、投资风格进行深度学习，为每位投资者个性化定制投资资讯、顾问等服务；广发证券也在“易淘金”品牌下推出“贝塔牛”，满足证券投资和财富管理等不同层次的需求。

专栏 6—2

广发证券“贝塔牛”

2016 年 6 月,广发证券在“易淘金”品牌下推出“贝塔牛”智能投顾服务,该服务结合金融工程理论与生命周期理论,针对国内投资者的特点进行深度定制化,为投资者提供“i 股票”“i 配置”“持仓诊断”三大功能。

面向 A 股市场的“i 股票”服务

针对 A 股市场投资者散户众多、仓位控制和资产配置理念普及率低的现状,“贝塔牛”推出了“i 股票”服务。“i 股票”服务可以根据投资者的风险偏好和资金规模为客户定制 A 股市场的投资计划,并根据市场信号向投资者推送操作策略。该服务的背后是广发证券发展研究中心金融工程团队的量化投资研究成果。

“贝塔牛”投资策略的生成通过以下几个组件来完成:选股模型、择时模型、组合构建模型和组合再平衡模型,如图 6—5 所示。其中,选股模型和择时模型是量化模型的核心,组合构建模型和组合再平衡模型则运行在 Apache Spark 集群之上,利用 Spark 提供的并行计算能力管理用户的投资计划。

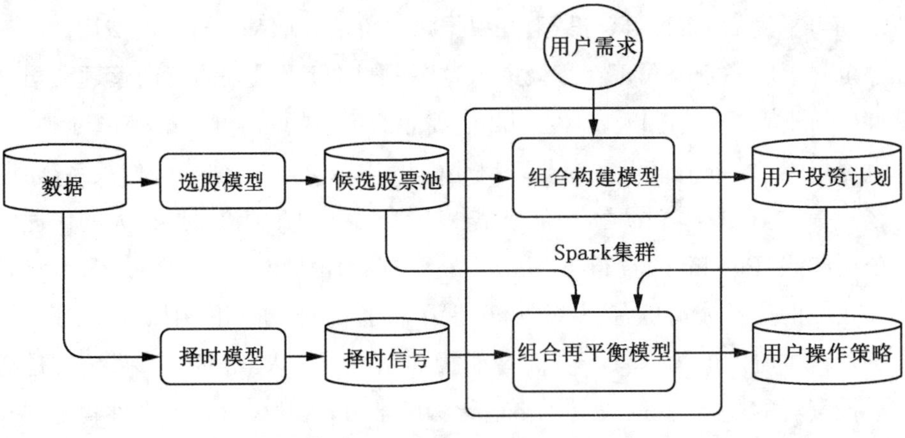

图 6—5 “贝塔牛”投资策略的生成

满足多样化投资需求的"i配置"服务

"i配置"按照客户设置的风险偏好和投资期限定制不同的大类资产配置建议。该服务由广发证券财富管理团队专业打造,将微观的生命周期理论与金融工程理论相结合,综合应用MV模型(Mean-Variance模型)、B-L(Black-Litterman)模型、精算模型等现代投资学成果,以客户的个性化需求为着眼点,建立以个人的短期与长期投资需求、大宗购置投资需求、子女教育投资需求以及未来养老的投资需求为主体的智能投资顾问体系与策略算法。

基于用户画像的"持仓诊断"服务

智能投顾作为新兴技术,需要培育客户对智能投顾的信任,才能更好地开拓市场。结合广发证券的大数据用户画像技术,"贝塔牛"进一步推出用户持仓诊断功能,通过生成专业化的投资分析报告,用数据和图像对比客户和智能投顾的投资能力,进而鼓励客户采用更为科学、合理的投资策略。用户持仓诊断功能以用户画像系统为依托,并利用大数据技术深入分析客户的历史收益率、夏普比率、最大回撤等指标,根据客户的风险等级和投资偏好生成相应的智能投资计划,并以历史数据对该计划进行回测,从而对比分析客户的投资能力和"贝塔牛"的投资能力,揭示长期投资的魅力,转变客户的投资理念,实现投资者教育。

资料来源:杨龙:《广发证券"贝塔牛"智能投顾技术解构》,《金融电子化》,2016年第9期。

4. 智能顾问与人工顾问

尽管一些进入智能投顾领域的证券公司的增长速度很快,但市场上对智能投顾能存活多久仍存在一些担忧,目前面临的一些挑战见表6—3。

由于这些挑战,独立的智能投顾产品所管理的资产规模增长率正在迅速下降。此外,它们能否与人力顾问抗衡这一点,仍存在争议。客户的财务目标是动态的,尤其是当他们在人生的各个阶段观念发生转变的时候,这些转变可以通过与人工财务顾问的深入交谈更有效地表达出来。而人工顾问可以利用他们的知识和经验,根据客户的财务目标制定个性化的投资计划。

表 6—3　智能投顾面临的一些挑战

项　目	内　容
竞争加剧	● 智能投顾若想在成本或是所提供的服务方面取得优势,难度将越来越大
获客成本高	● 高昂的营销和广告费用使得单位获客成本在 300—1 000 美元之间,这使得为年收入约为 100 美元的低端客户提供服务变得难以接受
有限的账户增长	● 智能投顾无法通过扩大平均账户规模和广告规模来维持增长率

尽管智能投顾在开户、注册和投资管理等领域似乎特别强大,但在客户关系管理、财富规划和客户服务等领域,人工的干预则变得尤为重要:智能客服不能像人工顾问一样进行更深入的对话,以进一步了解客户的需求,并建立个性化的定制方案,也无法对客户不断变化的目标做出反应,无法有效地提供生命周期管理。而人工顾问会不断地调整投资策略,以适应客户。

智能投顾与人工的结合(见图 6—6):既然人工和智能顾问各有所长,那么金融服务业能否将适当的技术整合到人工顾问的日常流程中,从而潜在地使它们像机器人一样高效和自动化,并提供更好的服务呢?

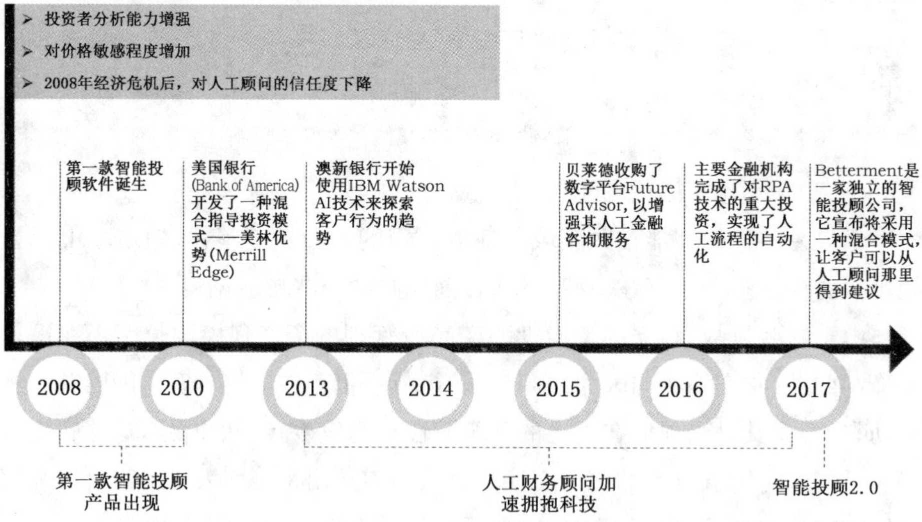

图 6—6　智能投顾与人工的结合

当我们仔细观察智能投顾市场的发展时，这个问题就得到了解答。随着智能投顾市场份额的不断增长，证券公司必须通过结合先进的技术和自动化工具，在提供咨询服务的方式上更具创造性。智能投顾并没有扰乱这个行业，相反，它起到了催化剂的作用，促进了人工顾问所提供服务的技术特性。技术工具正在优化人工顾问推销自己、与客户互动、优化流程和制定投资策略的方式。证券公司将继续开发适合不同投资者的渠道，包括智能投顾与人工顾问，这些渠道在可预见的未来将共存。图 6—7 为智能投顾 1.0—4.0。

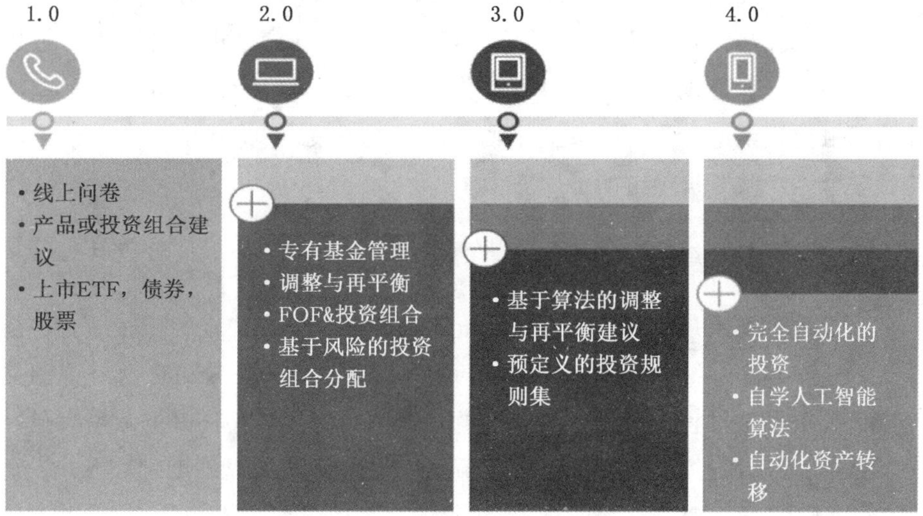

图 6—7　智能投顾 1.0—4.0

智能投顾 1.0：客户在回答问卷后，会收到基于列出的投资产品的单一产品建议或投资组合分配，大多数公司通过网络或智能手机应用程序来进行这一步骤。接下来，客户必须使用自己的账户购买和管理这些组合，并积极调整，组合包括股票、债券、ETF 和其他投资工具。

智能投顾 2.0：投资组合是作为基金中的基金（Fund of Funds，FOF）创建的。建立投资账户以及直接执行订单是该服务的一部分。投资经理人工监督投资算法和定义规则集，并对资产配置进行管理，包括投资和再平衡服务。问卷不仅用于筛选合适的产品，还用于将客户分配到少数预定义的风险分配投资组合中。

智能投顾3.0:提供基于算法的投资决策和投资组合再平衡建议,这些算法满足预定义的投资策略。而专业的基金经理是最终监督者,人工的介入使得客户能够遵循或者忽略智能顾问的再平衡决策,以个性化他们的投资组合。

智能投顾4.0:通过自学人工智能投资算法,智能投顾4.0可以根据不断变化的市场条件和个人投资需求,实时监控和调整单个客户的投资组合,跟踪所选择的投资策略,并实现自动化的资产配置。

基于Robot Advisors之前的发展,可以大致看出,到目前为止,德国、欧盟、英国和美国大约80%的智能投顾到达了3.0的水平,并且自动化的趋势越来越明显。智能投顾很可能会继续作为一个渠道,与诸如亲身体验和虚拟体验等触控式渠道并举。随着应用场景的不断发展,它将利用技术支持来优化和整合客户服务价值链的各个方面。

(二)区块链在结算和清算体系上的应用

证券清算指的是按照事先约定的规则计算资金账户往来的债权债务关系结果的过程。证券结算指的是根据清算结果,通过转移证券和资金履行相关债权债务关系的过程。目前证券市场的清算和结算环节存在以下几个问题:

(1)流程周期过长。目前,国际主流证券交易所的清算周期都在T+1到T+3日不等,原因就是交易的清算、结算流程需要第三方机构的介入,由于各个机构中业务流程和系统建设不尽相同,使得处理流程十分烦冗。

(2)清算和结算集中度不高。以我国为例,债券的登记、清算和结算机构就有上海清算所、中央国债登记结算有限责任公司、中国证券登记结算有限责任公司三所,不同类型的债券,清算机构也不同,加剧了数据统一的难度。

(3)结算过程需要人工核对。由于交易通常涉及多个机构,每个机构的记录流程不同,且交易过程需要的时间过长,容易导致信息误差,因此,往往需要人工核对和调整。在一些另类投资市场,如大宗商品、房地产的交易市场,甚至依然以纸质文件操作,这些市场急需电子化的改造。

(4)成本过高。根据环球同业银行金融电讯协会(SWIFT)的统计,全球金融市场每年用于证券清算交收、担保品管理、托管业务费用高达400亿至

450 亿美元。

传统证券清算结算过程见图 6—8。

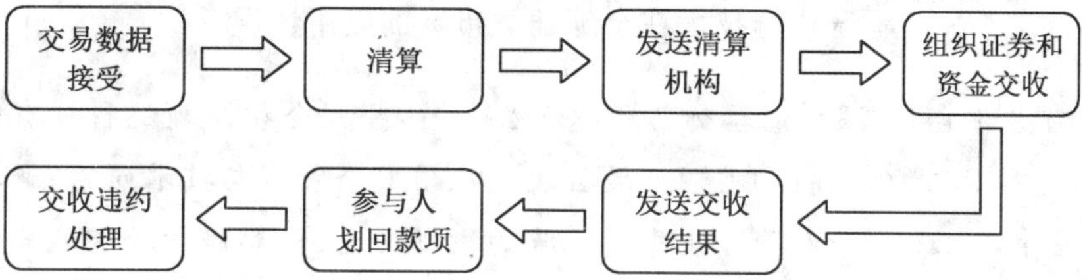

图 6—8 传统证券清算结算过程

区块链共享、可追溯、稳定的特点使它在证券行业的清算和结算领域具备显著优势。第一，它通过去中心化的结构体系，形成不同节点共同参与的分布式系统，这就使得所有的数据透明且可验证，解决了金融市场中核心的信用问题，省去了第三方中介和存管机构的复杂流程，避免人工核对带来的操作风险；第二，它在通过共识机制验证交易后，所有节点的账本将同时更新，可以真正实现实时地清算和交割过程，这样不仅提高了效率，还能节省成本；第三，区块链多中心的特点，使它不会受部分节点故障的影响，从而提高了整个交易系统的稳定性。

如果将区块链技术引入到清算和交付的系统当中，有以下两个思路可以借鉴：

（1）通过“多中心化”结构，重塑场外市场生态系统。区块链技术的一个主要“瓶颈”就在于难以承载高强度交易，因此目前还只适用于小规模的场外市场，这也是金融市场的一个极其重要的部分。在不依赖第三方机构、实现全网同步更新账本的“多中心”基础上，还可以将高信用背书的节点设置成“主中心”，由多个“主中心”共同制定平台规则，进一步增强系统的稳定性。

（2）除了上面所说的“主中心”，还可以将监管机构设置为最高层级的“特权”节点，在出现特定情况时，这些“特权”节点可以依法延缓或是拒绝交收。这样不仅增强了区块链在多种特殊情况下的适用性，还可维护金融市场的稳定，避免重复监管，限制自由裁量权，降低监管机构和市场参与者的成本。

专栏 6－3

区块链技术在全球证券市场的应用情况

2018 年 8 月,深圳证券交易所发布公告称,将联合杭州趣链科技有限公司(以下简称"趣链科技")共同开展区块链应用安全管理与技术研究,解决区块链技术在证券期货行业应用中所面临的数据安全、隐私保护和智能合约等方面的技术难点,并将结合证券期货行业业务的特点,在证券发行、证券交易和资金结算等方面,对区块链底层实现提出适应性的优化和改造需求,以打造适用于行业的区块链应用平台,减少行业重复投入,推动区块链技术在证券行业中的应用落地。

不只是中国,世界上其他国家的证券交易所也早已开始了区块链技术的研发与使用。2016 年 11 月,德国央行德意志联邦银行联合德意志交易所共同开发了区块链原型产品,该原型以超级账本项目的代码为基础,用于转移电子证券和数字货币,还具有债券支付和到期证券的赎回功能。德意志证券交易所是超级账本项目的成员之一,自 2015 年初就开始探索自己的区块链应用。2018 年 3 月,德意志交易所集团计划研发一个区块链系统用于证券借贷,公告显示,德意志交易所计划研发一个更高效的证券结算系统,HQLAX 以及区块链初创企业 R3 的 Corda 平台将为之提供技术支持。

此外,日本和韩国也有交易所计划或已经采用区块链技术来优化其核心交易基础设施。2015 年,东京证券交易所母公司日本交易所集团成立了一个内部研究小组研究分布式账本技术在资本市场基础设施中的应用。2018 年 9 月,东京证券交易所上市了一家使用加密数字货币进行房地产交易的公司 Ruden Holdings,该公司正在测试利用比特币,并在不动产销售中使用智能合约。日本交易所集团 FinTech 实验室负责人 Atsushi Santo 说:"我们需要通过向新兴公司学习并优化我们的系统来提高有用的服务。"

资料来源:中国(上海)自贸区研究院金融研究室主任刘斌:《全球前十大证券交易所在区块链领域的探索和布局》。

(三)其他应用

1. 智能投研

当前证券公司所提供的传统卖方研究服务中,存在搜索路径不完善、人工分析稳定性差、数据获取不完整、报告完成效率低下等问题,而人工智能的出现,可以提高每一个步骤的效率和精准性,降低人工成本。

与此同时,随着深度学习等人工智能技术的日趋成熟,基于大数据以及人工智能算法的量化投资策略逐渐兴起。通过基于自然语言处理技术(NLP),从网络文本中获取数据,基于深度学习等机器学习算法对获取的各类数据进行分析预测,建立财经新闻、公司公告等文本事件与相关资产在金融市场中的表现的关联,迅速判断市场中出现的各类机会。这类基于大数据技术与人工智能算法的投资策略不仅拓宽了信息获取源,提升了信息的分析深度与广度,而且与传统投资策略的表现相关性低,是对传统策略的有力补充。

在智能投研领域,目前证券行业主要有以下两类盈利模式:第一,证券公司可以通过智能投研为客户提供统一定价的标准化数据模块、产品模块,以此创造营业收入;第二,证券公司可以从客户需求的角度出发,直接面对客户部署定制化的解决方案,建立稳定、可复制的盈利模式。

2. 智能信贷

智能信贷是一种基于人工智能技术,线上自动放贷,无须人为干预的模式。智能信贷相比于传统信贷有三个优势:第一,它可以根据对用户进行画像,通过用户标签寻找与客户匹配的融资授信产品;第二,它能运用用户画像为客户开发新产品,促进金融创新;第三,它能基于人工智能技术,根据某些可能影响借款人还款能力的行为特征,对还款能力进行实时监控,以降低风险。

虽说信贷业务不是证券公司的传统业务,但近年来,不少证券公司和互联网金融公司合作发展智能信贷服务,例如,2015 年 10 月,由华泰证券资产管理有限公司发行的“京东白条 ABS”正式登陆深交所挂牌交易,成为中国首个基于互联网消费金融的 ABS 产品。京东金融运用人工智能技术对客户进行精准画像,利用京东商城积累的大量客户数据资料,已将“京东白条”拓展至例如租房、教育、婚庆、旅游等消费场景,大大提高了其普适性。

信贷的关键点和根基在于如何准确地进行风控和信用评级。像京东、天猫这样的电商平台,通过对平台会员的购买行为、消费额度、个人信息数据的建模分析,对每个人的信用进行评级,并据此给出每个人的信用额度。与传统的信用评价体系相比,这种基于互联网大数据的信用评价体系,通过"传统征信报告+互联网大数据征信"相结合的模式,更能有效降低风险,提高信贷效率。

3. 大数据与经纪零售业务

零售业务是证券公司的基础业务之一,在数字化进入高效发展的时代背景下,运用大数据技术数字化运营模式,推动零售业务发展,并提高客服效率与质量的能力,将决定证券公司服务、团队和经营的规模。

(1)大数据+区块链:运用大数据的"去中心化"的分布式管理也在证券行业得到应用,在分布式管理体系下,采用数字化管理模式可以为员工提供有效工具,便于员工发现问题,及时修正。分布式管理下大数据的使用,可以反映整个生态系统的运行状况,借助于数据的运行可以实时对生态系统进行及时修正。

(2)大数据+人工智能:正如前文所说,智能投顾通过采集客户的交易数据,刻画客户的投资风格和风险偏好,为客户提供个性化的服务,这中间处理数据的过程,就要运用大数据的量化模型,从数据中挖掘潜在客户价值,做到精准营销。

例如,广发证券"金钥匙"的分布式管理体系,基于平台发布基础任务,公司各地区的联网终端收集客户的需求,"金钥匙"平台通过算法对客户需求进行分析后,分派到全国各地 7 000 名理财顾问。平台统计服务响应时间、客户满意度以及业务转化率等反馈数据,再对业务进行管理和优化。同时,广发证券自主研发的"经营驾驶舱",基于公司内部众多平台的数据资源,提取其中与业务经营相关的数据,结合各级管理人员和员工的需求为其提供不同维度的数据支持。高层管理人员通过数据分析结果对公司进行全局的把握以便及时、合理地调配资源,而中层管理人员则依据 KPI 完成与系统内排名变动及时调整经营策略,基层人员则重点关注管辖客户、资产与个人绩效钱包。

4. 证券承销业务

证券承销业务满足了资金需求者的直接融资需求，在开展此类业务时，证券公司需要对各种数据进行搜集、整理和分析，这就需要运用到大数据。

第一，在进行证券承销发行时，证券公司可以利用大数据模型分析市场利率波动和行业风险等因子，基于分析结果确定合适的发行价格、发行规模、承销方式等。

第二，证券公司可以利用大数据分析投资者的市场行为，设计出受市场欢迎、迎合投资者风险偏好的证券。

5. 自营业务

在证券自营业务中，证券公司可以利用大数据寻找投资热点，及时发现被市场低估的证券，从而优化自己的资产选择与配置。同时，自营业务具有收益性和风险性的特征，使得风险控制变得格外重要。证券公司可以通过大数据预知潜在的风险，并应用数据模型解决各种可能面临的困境，有效提高风险管理水平。

例如，广发证券的"风险数据集市项目"，利用大数据技术整合公司各条业务线的风险相关数据、第三方市场数据、交易对手数据、关联人数据、监管披露数据，形成相对完善的风险数据集市，在强大的计算力支撑下实现全面、准确、实时的监控及预测各种风险指标，强化各条业务线的风险管理能力。

参考文献

[1]徐忠，孙国峰，姚前：《金融科技：发展趋势与监管》，中国金融出版社，2017。

[2]曹彤：《金融科技启示录》，中国金融出版社，2018。

[3]孙紫薇，王蓓：《证券经纪业务转型问题研究》，《时代金融》，2018 年第 14 期。

[4]天风证券区块链课题研究组：《区块链在我国证券市场的关键应用与监管研究》。

[5]杨龙：《借力大数据技术 证券行业迎转型契机》，《清华金融评论》，2017 年第 8 期。

[6]麻斯亮，魏福义：《人工智能技术在金融领域的应用：主要难点与对策建议》，《南方金融》，2018 年第 3 期。

[7]李苗苗，王亮：《智能投顾：优势、障碍与破解对策》，《南方金融》，2017 年第 12 期。

[8]任辰羽，谭莹：《智能投研行业研究报告》，鲸准研究院。

[9]王伟丞:《浅析大数据在证券公司业务中的应用》,《时代金融》,2018 年第 8 期。

[10]薛洪言:《从用户视角看待金融科技》,《金融经济》,2018 年第 17 期。

[11]应维云,覃正,李秀:《面向客户全生命周期价值的客户行为分析决策支持研究》,《情报杂志》,2008 年第 7 期。

[12]邓典雅,祁明,肖林:《金融科技背景下客户价值管理与银行服务创新的耦合研究》,《国际金融》,2018 年第 2 期。

[13]谢辉:《社交投资平台是值得鼓励的金融创新》,《金融博览》,2015 年第 8 期。

第七章

保险行业

一、保险科技的发展概述

InsurTech(保险科技)是从 FinTech(金融科技)框架里衍生出来的一个独立的新兴分支,它起源并从属于金融科技,同时又区别于金融科技。据 FT PARTNERS 统计,2018 年全球范围内保险科技企业融资规模高达 44.23 亿美元,约为 2011 年的 40 倍,2011—2018 年年均复合增长率为 70.0%;2018 年,关于保险科技的融资项目共 200 起,约为 2011 年的 10 倍。2014—2018 年,北美区融资规模较大的几家公司是 Zenefits 于 2015 年融资 5 亿美元、Sedgwick 于 2016 年融资 5 亿美元、CAMBRIDGE 于 2018 年融资 5 亿美元;在欧洲地区,BGI(Barclays Global Investors)于 2017 年融资 8.96 亿美元;亚太区域,众安保险 2015 年融资 9.31 亿美元,也是迄今为止保险科技行业最大的单笔融资。图 7—1 为保险科技全球融资情况。

2013—2018 年按照不同保险类型区分,财产保险融资规模从 1.3 亿美元增长至 19.3 亿美元,占比从 37%提升至 44%,有较为明显的提升,其中,2017 年融资规模 19.2 亿美元,占比达到 60%。寿险领域由于保险科技还没有深

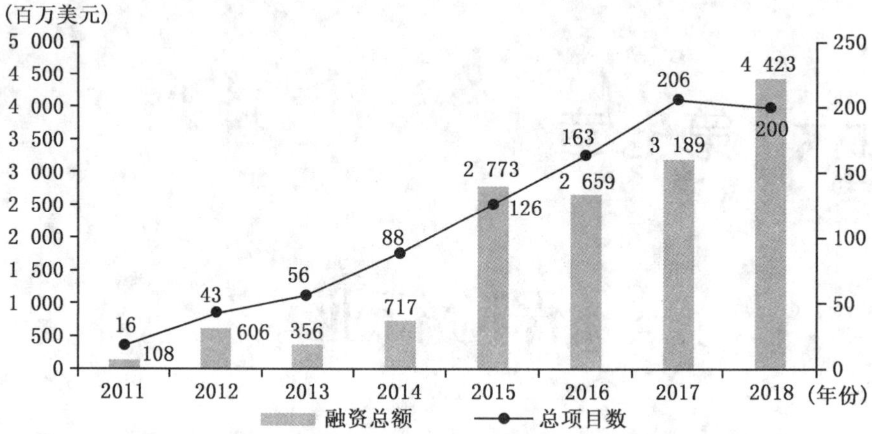

数据来源:FT PARTNERS。

图 7—1　保险科技全球融资情况

度渗透,大多数仍是以传统模式运作,融资从 2016 年开始才有较快发展,2018 年寿险领域保险科技融资规模达到 2.9 亿美元,占比 7%,未来有很大潜力。健康险领域也是保险科技发展较快的领域,融资规模从 2013 年的 2 亿美元扩大到 2018 年的 17.4 亿美元,占比达到 39%,仅次于财险(见图 7—2)。

按照公司类型划分,在保险科技融资中,保险公司的融资规模发展速度远高于科技公司。2013 年,保险公司和科技公司融资金融几乎持平,分别为 1.77 亿美元和 1.79 亿美元,从 2015 年开始保险公司在保险科技方面的融资规模开始显著与科技公司拉开差距,直到 2018 年二者分别为 31.5 亿美元和 12.7 亿美元,占比分别为 71%和 29%。我们认为主要有两方面原因:一方面,保险科技对于保险公司的冲击更为强烈,保险公司有更加强烈的需求去发展保险科技;另一方面,大部分地区保险市场呈现寡头垄断,资源丰富且对保险科技市场有较强的话语权,融资方面更有优势。

中国是全球第二大保险市场。2018 年,整个保险市场的原保费收入达到 3.8 万亿元,瑞士再保险集团则于近期发表观点认为中国将在 2030 年成为全球第一大保险市场。作为全球最大的保险市场之一,中国的保险科技也处于快速发展阶段。不过,相比于银行信贷业和证券业在金融科技上的投入,我国

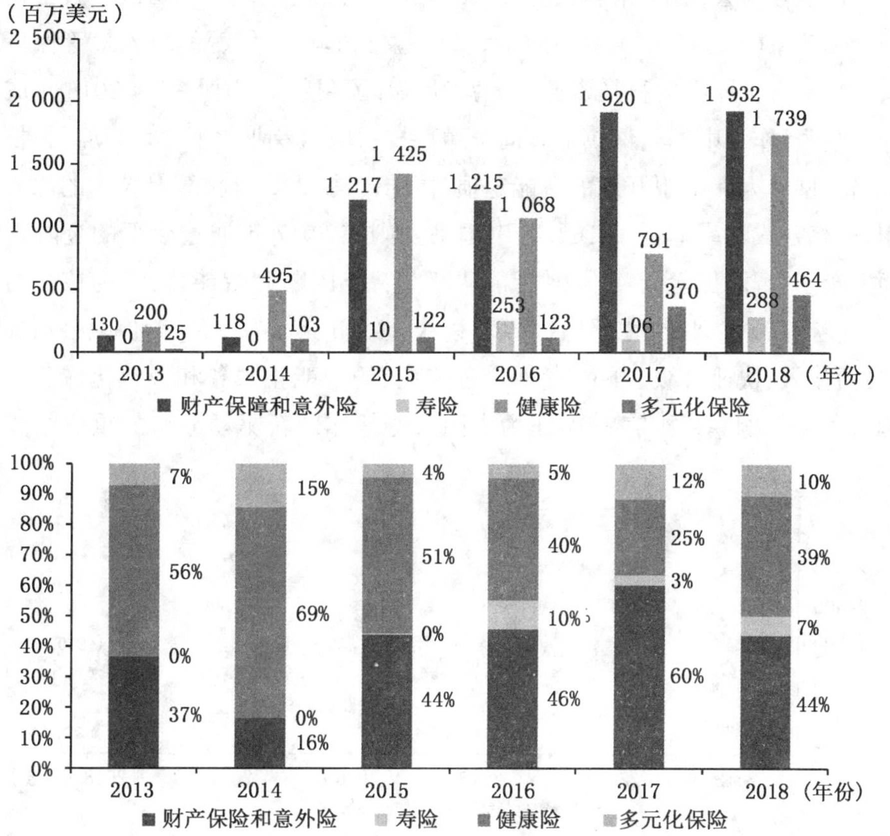

数据来源：FT PARTNERS。

图 7—2 保险科技融资额的年度细目

的保险业相对传统。保险行业的 IT 水平一直落后于银行业，主要因为银行为实时交易，对账户数据的准确率要求非常高，而保险更多地为非实时交易。但保险从前端的产品设计、营销、承保、核保、理赔、客户服务、风控到后端的财务管理，业务的复杂性远远高于银行业，因此，科技应用发展的空间非常广阔。总之，从保险业的体量、原有科技发展水平以及场景的丰富性来说，科技必将重塑保险行业。目前，传统保险企业、互联网企业和新兴科技公司正在各行业积极布局保险科技。同时，政府和资本市场为保险行业发展创新业务提供了有力的资金支持。

传统保险公司中,据有关统计,45%的传统保险公司已与保险科技公司建立合作关系(见图 7—3)。传统的大型保险公司,如人保、平安、人寿等保险巨头纷纷整合了原有的科技资源,大力发展保险科技。中国人保在 2016 年成立人保金服,作为中国人保旗下布局金融科技领域的专业化平台,启动了科技化战略转型。人保金服开发的智能定损、精准营销、大数据精算等技术的深入应用,使综合成本率降低了 16%。中国平安则在 2017 年通过旗下的金融壹账通发布了"智能保险云",推出"智能认证""智能闪赔""智能公估"为核心的保险科技产品。该平台基于人工智能,以线上线下交互为特色,为保险公司提供"灵活接入、快速升级、自主开发、全程响应"的智能化服务和极致化体验。中国人寿采用"科技国寿"战略作为中国人寿整体创新驱动战略的重要组成部

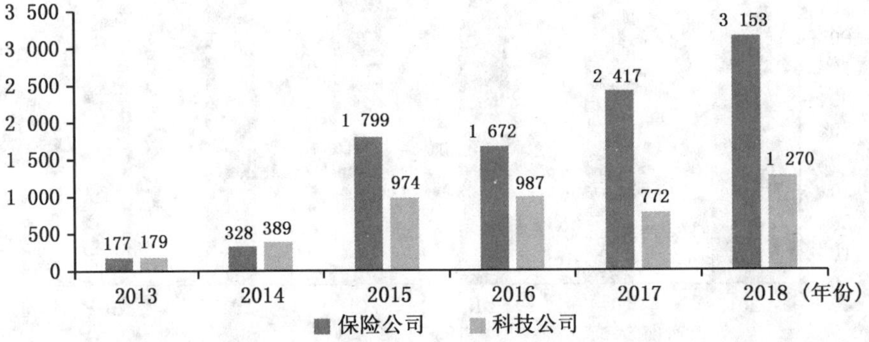

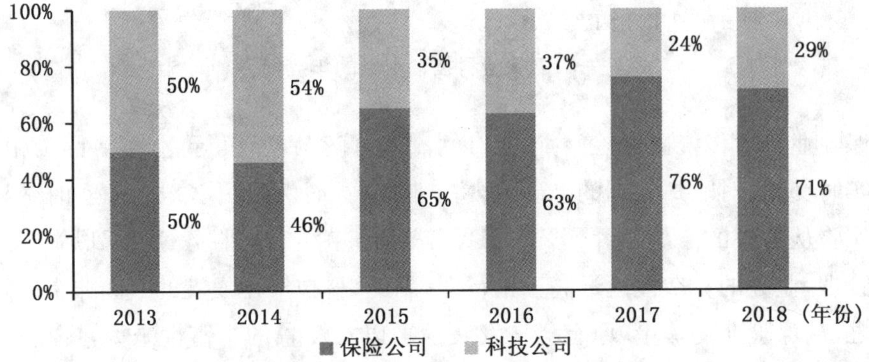

数据来源:FT PARTNERS。

图 7—3 保险公司融资与科技公司融资

分。国寿致力于构建新一代的综合业务处理系统，在官方微博、“e 室”、“95519”语音电话等客服部门大力投入机器人，提供智能查询服务。面向客户和营销人员，中国人寿打造了“国寿 e 宝”和“国寿 e 店”两个移动互联网平台，并推出了 100 多种应用产品。除此之外，中国人寿逐步建立了智能反诈平台，使调查人员的工作量降低 30%左右，对欺诈行为的拒赔提高了 60%。

除了传统大型的保险公司外，其他小型保险公司结合自身的优势，在细分领域精耕细作，一系列新型互联网保险公司应运而生。新的互联网保险公司依靠大数据和云计算来构建具有多个挖掘和处理存储的核心系统，提高了运营效率和能够精确服务定位。作为国内互联网保险龙头企业众安保险，其内部孵化的众安科技致力于应用人工智能、区块链、云计算等新技术，整合平台建设、运营赋能、技术创新三大优势，全面助推企业实现互联网转型。为处理海量保单，众安科技团队搭建了国内首个云上运行的保险核心系统“无界山”，在“双十一”期间，保单处理速度峰值达到 320 000 单/秒。目前，众安保险的保险引流合作已与超过上千家商户合作，带来超过 10 亿元的收入，开发出 50 多款优质保险产品。

保险科技的巨大前景同样也吸引了阿里、京东、腾讯等互联网巨头的眼球，几大互联网巨头结合自身的用户流量数据优势，通过与保险公司合作，设立保险公司等方式布局保险业。2018 年 2 月，阿里巴巴通过战略投资将蚂蚁金服 33%的股权收入麾下，至此，阿里取得了 3 张保险牌照——互联网保险牌照、相互保险牌照、保险代理牌照。阿里也是目前在互联网保险中布局最深和最广的公司。2018 年 1 月，百度与太保产险联手打造的百度太平洋车主俱乐部，正式在百度地图应用程序中推出。该俱乐部面向所有车主开放，车主可在百度地图 App 查看“车主分”和自己的可兑换权益，并可自由选择汽车保险、非法驾驶查询等数十项专属服务，致力于培养客户优良的驾驶行为。腾讯以流量为优势切入保险业。腾讯与英杰华集团（AVIVA）、高瓴资本达成协议，共同投资入股香港英杰华人寿，腾讯提供技术支持以实现网络平台的数码化处理，不再设中介人销售渠道。2017 年 10 月，腾派联合合资企业富邦财险成立的“微民保险代理公司”获银保监会批准，腾讯持股 57.8%，成为第一大股东，这也是腾讯拥有的第一张保险牌照。此后，腾讯逐渐加快在保险行业的扩张速度,依靠微信、QQ 等平台开展保险业务。同年 12 月,腾讯与复星宝德信人寿签订战略合作协议,并联合发布腾讯金融云保险风控产品和复星宝德信星安定期寿险产品。风控产品结合大数据和人工智能学习能力,使用反欺诈识别技术测量和识别保险产品的受众风险,在此基础上进行多维度风险评估,有效解决传统保险仅依靠客户单方面告知的痛点,实现对用户恶意骗保风险的甄别。2018 年 11 月,安联财产保险(中国)有限公司更名为京东安联财产保险公司。至此,阿里、腾讯、京东均拥有了保险牌照。2018 年"双十一"期间,京东安联财险实现总保障金额 218 亿元。在产品售后保障方面,京东安联财险提供适用于京东业务的各种保险计划,包括售后保险。例如,办公电器只换不修险、延保险、平板电脑和显示器碎屏险、基于平台用户数据精准动态定价的退货运费险,在帮助解决用户后顾之忧的同时也加强了对消费者权益的保障。京东安联财险充分发挥"用户+场景"的优势,满足客户多元化需求,创造极致的客户体验。

二、保险科技业务及服务模式创新

(一)物联网技术在保险行业的应用和案例

基于万物互联理念,物联网在健康保险、财产保险中率先得到应用,由此诞生了一批基于物联网技术的创新保险商业模式。

首先,通过物联网驱动健康管理,保险公司可以准确地确定被保险人的健康管理目标,根据目标制定个性化的健康管理方案。同时,通过分析被保险人的健康情况、日常活动等数据,保险公司能够准确地进行风险评估和价格调整。可穿戴设备是一个智能终端,可搭载多种传感器对其自身或用户的状态进行监测,实时收集信息与数据,推动健康保险由事后补偿向预防发展,极大地降低了风险评估成本。

其次,基于物联网的车险创新商业模式 UBI(Usage Based Insurance)得到了蓬勃发展。UBI 定价模式下,车险的定价会以车辆上安装的 OBD(On Board Diagnostics)装置所收集的车辆行驶的过程数据(车辆维护状态、行驶路线及距离)、驾驶行为为依据进行。具体的定价方式会依每部车的评估不同而异。此外,依靠车联网技术,可实现事故的即时通知,更准确地进行责任评估,提升了保险公司的反欺诈能力,使得理赔管理流程的效率得到大幅提升,同时理赔管理的相应成本得以高效控制。

案例 1:John Hancock 赠送可穿戴设备

美国寿险巨头之一 John Hancock 创始于 1862 年,目前已经拥有超过万亿的资产。在 2018 年 9 月 19 日宣布将停止传统人寿保险业务模式,未来只承保基于可穿戴设备的用户。John Hancock 是最早利用可穿戴设备力量的保险公司之一,它与 Vitality 联手为人寿保险保单持有人免费提供 Fitbit 智能手环,通过智能手环手机用户健康数据,同时再通过健康奖励,鼓励用户了解健康、多去坚持健康的行为。而被手环记录下来的健康数据则有以下两种用途:第一,消费者可以通过相关的应用程序和网站获得公司制定的健康计划,当消费者完成健康计划可以在购物时获得一定的折扣。第二,Vitality PLUS,即客户每月花 2 美元,就可以获得 John Hancock 活力计划中的所有好处,包括每年可节省 15%的保费,为保持健康而做的日常事务奖励,比如锻炼、健康饮食、定期检查等。

另外,John Hancock 还与苹果公司合作,消费者只需 25 美元即可获得 Apple Watch,或获得免费的 Fitbit 设备,以便轻松记录健康活动。保单持有人可以通过体育活动或其他健康生活活动获得积分,然后将这些积分用于费率折扣或其他奖励。"15 分钟的锻炼可以节省 15%的保费"也成为 John Hancock 新的销售打法。John Hancock 保险公司意图在于通过提供娱乐、购物、旅行奖励和折扣,鼓励用户保持身心健康,从而避免用户提出索赔风险。

案例 2:前进保险公司(Progressive)"快照"观察

美国 Progressive 保险正在基于使用的保险(UBI)来远程监控其汽车保险客户的驾驶模式。投保人在参与了美国 Progressive 保险公司的 UBI 业务后会得到一个 Snapshot 硬件,即 OBD 盒子。Snapshot 可以通过 OBD 终端收集驾驶行为数据,主要有急刹车次数、行车距离、半夜至凌晨四点行车次数等。Snapshot 安装完成并使用 30 天之后,公司开始计算初始折扣,用户驾驶 6 个月之后把设备还给公司,公司根据这 6 个月的车辆行驶的过程信息(车辆维护闻、消息等进行快速过滤,让计算机能够对文本的倾向性进行判断,从而对发债主体舆情变化的蛛丝马迹提前预警,并作为动态调整其信用评级的依据之一,及时让投资操作提前布局。

(三)云计算技术在保险行业的应用和案例

经过十多年的商业化发展,目前云计算已深入应用到包括通信、医疗、教育、政务、交通、金融、电商等诸多行业和领域,有效解决了传统 IT 技术方案面临的投入成本高、运行维护工作量大、资源配置不灵活以及数据安全无法保障的问题。

云计算是保险科技最为重要的基础设施之一,也为保险公司的科技变革提供了重要的基础资源支撑。云计算在行业内除了帮助保险公司解决 IT 上的难题,还在逐渐推动底层基础架构的变化。保险公司运用云计算可以实现投保线上化、移动展业、移动理赔等高效的业务。通过云计算对各类数据资源的整合,保险公司在定价、营销、承保、理赔等多个环节实现精准智能的业务运营。

案例1:信用与风险管理,云计算支撑信用管理服务

全球领先的金融服务提供商安联集团主要为公司及个人提供保险和资产管理解决方案。随着保险科技的发展,安联集团也充分应用各类创新技术拓展提升自身的服务能力。安联集团在关注信用风险及完善网络风险管理流程方面,主要应用云计算技术进行了如下尝试:

标准接口服务,无缝交易对接:安联集团下属的全球三大信用保证保险公司之一 Euler Hermes 在 2017 年推出了“单次贸易承保”产品,在逐笔交易中,依托云计算等技术和专有的 API 接口,创建无缝链接交易过程,从而实现全面的信用管理。

系统深度融合,高效服务支持:同属安联集团的 AGCS 公司,则在与 Cyence 公司的合作过程中,通过云计算技术将自有的核保平台与 Cyence 公司提供的网络分析平台进行结合,利用 Cyence 公司的风险预测服务,快速确定客户的网络风险规模,进而进行核保服务,根据客户公司的具体规模来确定承保范围,并对客户的网络账户进行建模以确定风险趋势并分析如何应对不同的风险场景。

案例2:太保云,云计算支持业务运营能力提升

太平洋保险在2017年提出"数字太保"战略,在数字、资源共享等数据化基础设施建设方面持续投入,并在数字化转型过程中基于云计算技术推出了"太保云"。

太保云在IaaS层为分公司提供资源服务和开发测试环境,并计划在未来部署生产云,提升分公司的服务能力,促进公司的业务整合。在此之上的PaaS层,太保云结合Docker和Mesos的DCOS(Data Center Operation System)平台提供中间件服务和数据库服务,来实现自动化部署、快速响应和持续交互。而在SaaS层,通过搭建包括云盘和智能客服等产品服务,太保云提升了整体的运营能力,助力公司数字化转型稳步推进。

案例3:i云保,互联网保险推广平台,云计算推进保险产品推广

i云保作为近年来国内发展快速的第三方保险推广平台之一,借助互联网高效、便捷的优势,通过云计算等先进科技的应用,为保险从业人员、保险中介机构推广保险产品并提供相关服务,同时也为保险公司开发和运营保险产品提供相关互联网产品服务支持。

i云保基于云计算等技术搭建的线上服务平台,构建了完整的线上产品和服务生态闭环。通过线上平台,i云保提供了各类互联网工具和服务,实现了对保险代理人及保险中介机构全天候的作业支持。

而通过对客户、消费者需求的收集和分析,在向保险公司定制适合市场需求的保险产品的过程中,基于云计算,公司提供了标准化的API接口,可以快速对接保险公司和其他平台,保障了产品服务的高效、稳定和安全运行。

通过搭建智能客服系统,i云保上承载的重点产品85%的相关客户服务均通过智能客服得到了提供,一方面显著提升了运营效率,另一方面也解决了一致性问题。

在云计算技术的支持下,i云保实现了各类互联网产品和服务的高效稳定运行,打造了其独特的商业模式,推动了保险产品的推广。截至2018年年中,i云保平台实现产品定制近70余款,累计服务客户过百万人,实现了为百万家庭提供健康保障的目标。

(四)大数据技术在保险行业的应用和案例

大数据作为保险科技推动行业发展的重要基础设施和重要组成部分。大数据是通过分析全部数据而不是采样数据,为产品设计、定价、营销、承保、理赔等多个环节提供了最基础的数据支持,推动保险公司逐渐向数字化转型。通过数字化,可以更加清晰地建立客户画像,保险公司得以在更多的细分领域和丰富的场景内创造出更加丰富的保险产品。比如,基于对气象数据分析结果基础上的气象保险,基于对消费者网购数据分析创造的退运费险等。同时,数字化的转型在交叉营销、客服服务等方面取得的成效也远优于传统保险公司。

目前,保险行业已形成了完整的大数据产业生态,覆盖范围包含保险公司、第三方保险平台、中介代理、业务合作方、相关数据及技术支持方等。此外,随着监管方对消费者保护和数据隐私等问题的日益关注,监管部门在大数据产业生态中的作用日渐凸显。

案例 1:大数据助力车险公司防诈骗

由于车险的经营具有链条长、涉及主体范围广、索赔便捷等特点,很容易成为恶意欺诈者的目标。根据对保险诈骗司法案件的有关数据统计,车险欺诈在全国保险欺诈发案数量中占比高达 80%。为了提高行业防范和打击保险欺诈能力,在中国保监会的指导下,中国保险信息公司建设完成了车险反欺诈信息系统,并于 2016 年 11 月 28 日完成该系统在全国推广上线。这是保险业首次实现以行业共享信息为依托的数据应用,极大地提升了我国保险反欺诈大数据应用及信息化的水平。截至 2017 年 12 月底,该系统已经累计助力保险公司有效止损 1.17 亿元,其间 65 家财险公司共登录系统 50 万余次,查询使用 184 万余次,月均查询量近 16 万次,最高月度查询超过 21 万次。为了进一步扩大反欺诈数据的挖掘与应用,中国保险信息公司于 2017 年 4 月启动了向辽宁、陕西等 6 地区保监局提供跨险种人伤欺诈、车辆及人伤碰瓷职业团伙诈骗等主题线索的工作,共提供疑似欺诈案件 4.08 万笔、涉案金额 2.91 亿元,公安部门共立案 251 起、涉案金额 2 692.8 万元。在中国保监会与公安部联合开展的“安宁 2017”工作中,该系统共向 18 个省市提供线索 60.8 万条,经筛查串并后向当地公安机关移交涉嫌欺诈犯罪线索 7 139 条。

案例 2:"数据湖",挖掘大数据价值,推动数字化转型

创立于 1880 年的慕尼黑再保险是全球最大的再保险公司之一。近年来,伴随科技的不断进步以及保险行业技术应用的进一步深化,慕尼黑再保险也将"数字要素"嵌入集团的整体发展战略中,并设立了数字化建设目标,成为传统保险公司数字化转型领域的领航者。慕尼黑再保险通过运用大数据的相关技术,建立了"慕再数据湖",从数据收集、数据存储和整合以及数据应用三个方面提高自身的数据分析与应用能力,并在保险价值链中的营销、核保和理赔等多个环节实现了数据支撑的运营提升。

慕尼黑再保险在应用大数据技术进行数字化变革的过程中主要聚焦于两方面能力的建设:一方面是风险管理能力,通过对核保、理赔、客户数据、感知数据等内外部大量数据的整合、分析和处理,挖掘潜在风险,并以动态可视化的形式呈现,实现更加全面的风险认知,动态把握风险状况;另一方面是运营服务能力,慕尼黑再保险利用基于海量数据和数据分析方法驱动的解决方案为其各个业务板块提供内部支持,提高运营效率,同时也能为客户提供更完善的保险服务,升级用户体验。例如,慕尼黑再保险的 ELD 平台,即是基于对超过 1.6 万个新闻数据源的评估,对已发生损失的事件进行搜索和损失测算,实时监控保险标的的风险状况。一旦发生风险异常情况,平台即刻触发自动告知,提醒客户及时采取措施,进行避险减灾,防止损失进一步扩大。在平台的支持下,客户的防损防灾意识也得到提高和加强,数据支持更加完整、可靠,理赔管理工作量也得到有效控制,进而提高了整体的理赔效率,提升了客户的服务体验。

案例 3:风险评估助手,高效的大数据风险解决方案

美国公司 Lexis Nexis 是全球知名的数据库提供商,在风险解决方案领域拥有强大的数据资源优势和分析应用能力。公司拥有全球最大的法律及公共信息数据库,提供的产品覆盖法律、风险管理、学术等领域,提供的服务包括计算机辅助法律研究、商业研究以及风险管理等。在为车险、房屋险和寿险等领域提供数据服务的同时,公司的风险管理、客户留存及反欺诈等技术也在保险业有诸多应用。

目前,公司拥有超过2万个在线数据库,以及与数十亿个体相关的500亿条数据记录,每年能够为保险业提供1.6亿份驾驶违规数据以及近1亿笔保单数据,同时借助于不同类别的数据收集设备和方法,进行驾驶员远程评分、定价、UBI车险管理服务等,并依托其强大的大数据分析处理技术,为保险公司提供包括客户风险洞察在内的各项服务。

(五)区块链技术在保险行业的应用和案例

案例1:区块链技术直击再保险业务痛点

长久以来,在保险行业一直有两大难题:一是信息不对称带来的道德风险,二是信息化水平较低引发的操作风险。2018年3月,由上海保监局牵头多家直保机构、再保机构共同打造了国内首个区块链再保险实验平台。经验证,该平台不但能够实现磋商签约、分保、账单交换和理赔处理等交易环节,而且可以在区块链技术下形成多链交易生态系统,显著提高交易的效率和精准度。

在实验平台的基础上,中国再保险集团、汉诺威再保险、通用再保险、众安保险、众安科技和英特尔公司等各业务参与方及技术支持方还共同参与撰写并发布了《再保险区块链(RIC)白皮书》,首次在业内共享对再保险区块链的研究及应用成果,希望借助区块链去中心化、开放性、独立性、安全性和匿名性等特征拆开再保险交易的黑盒,消除当前再保险业务中存在的信息不对称,同时大幅提高整个再保险交易领域的信息化水平,推动再保险行业的流程智能化建设。

案例2:便捷、安全的保险体验

阳光保险在2016年推出了业内首款具备区块链特性的微信保险卡单。该产品围绕商务旅客的需求,为经常乘坐飞机出行的客户提供更方便的保险服务,避免每次出行重复购买的繁琐程序。用户在公司官网完成产品购买后,可以随时在微信服务号上查询电子卡的可使用次数、有效期等信息,同时将卡单通过微信分享给好友。电子卡单使用也非常简单,在点击使用并填写航班号和被保险人姓名、身份证号等信息后即可生效,整个流程不到1分钟。依赖于底层的区块链技术,保险公司和消费者可以追踪保单的流转过程,从而确保产品的真实性和保单的唯一性，杜绝了潜在的欺诈风险，客户可以便捷地进行保险卡单的购买和转赠，为客户带来了更加便捷的保险购买和使用体验。

安盛保险是全球范围内最早使用区块链技术开发保险产品服务的大型保险集团之一，其在2017年推出了一款基于以太坊公有区块链技术的航空延误保险产品Fizzy。作为一款“智能保险”产品，被保险人在乘机出行时，如果遇到航班延误两小时或以上的情形，即可获得赔付。与传统的保险产品不同，Fizzy是一款100%自动化的保险产品，其通过使用区块链上的智能合约来触发自动支付。Fizzy的用户付款和赔偿数据存储在区块链中，并通过以太坊智能合约与全球空中交通数据库相连接，实时监控航班数据。当客户航班延误超过2小时，赔偿机制将会自动执行，直接将赔款发送到投保人指定账户中。整个过程独立于安盛保险的决定，因而有效地缩短了案件的理赔时间，降低了合约执行成本，提升了作业效率。而传统的飞机延误险赔付需要花费大量的时间，需要准备航空公司的延误证明、索赔登记表、机票复印件、登机牌以及身份证复印件等材料。

案例3:区块链保险的革新应用

成立于2015年的Chain That是一家位于英国的保险科技初创公司，旨在利用区块链技术的去中心化、不可篡改性和可追溯性等特征，为保险公司和再保险公司提供区块链技术咨询服务和解决方案，帮助保险公司简化保险流程、实现数据共享、提高作业效率和节省服务运营成本等。目前，公司基于区块链技术，提供四大解决方案：再保险交易平台、支付管理平台、再保险保单管理平台和合同管理平台。

Chain That的保险解决方案充分体现了区块链技术的三大特点：一是去中心化，提高了交易效率，例如，Chain That再保险交易平台通过把保险公司再保险经纪人、再保险代理人和再保险公司等交易方通过点对点网络技术连接起来，建立以分布式账本存证、智能合约驱动的去中心化虚拟再保险交易市场，从而简化传统再保险交易的复杂流程，缩短再保险交易时间，提高交易效率。二是数据不可篡改，提高了数据安全性，例如，Chain That公司的合同管理平台会将每一个工作流程打上时间戳，保证了数据的不可篡改性，进而提高安全性，帮助保险公司节省了大量的成本。三是数据的可追溯，保证数据的连

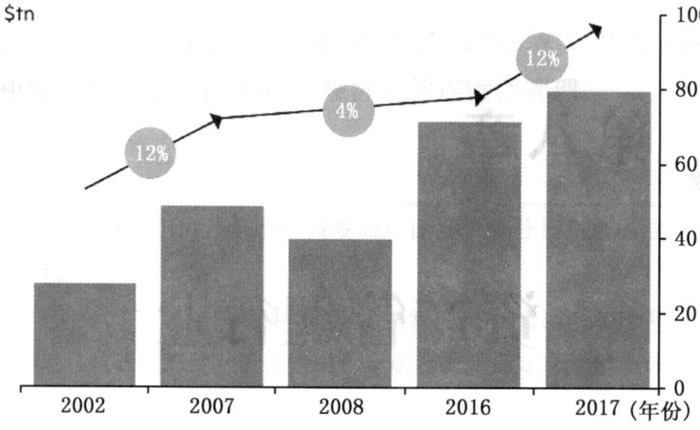

图 8—1 全球资产管理规模变化情况

39%)和机构客户(61%)两大类。其中,个人客户包括银行渠道、私人银行全权委托、个人账户直接投资公募基金、个人养老金以及个人保险;而机构客户主要包括养老金、保险、政府、企业和非营利机构。

养老资金和保险资金是资产管理市场的重要参与力量,合计(包括个人端和机构端)占比达到 61%。具体而言,各国养老金的体系差异对本地个人客户和机构客户的占比有巨大影响,美国由于个人养老金账户(IRA 账户和 DC 计划)的盛行,是发达国家中少有的个人客户占比高于机构客户的国家,仅通过 IRA 账户和 DC 计划持有的共同基金比例在 2017 年就超过 50%。

(二)中国资产管理行业概况

随着我国居民财富的逐步增长,资产管理规模也随之快速增长。截至 2018 年底,我国各资产管理机构管理资产规模共计 118.5 万亿元,如图 8—2 所示,银行理财占比最高,其次分别为信托、保险资管、券商资管、公募基金、私募基金与基金及其子公司。

2018 年是资管新规发布并开启大资管统一监管的元年。为消除影子银行、资金空转,防控好系统性金融风险,金融监管日趋严格,监管机构出台了资管业务系列新规,其核心可归纳为“三去一降一补”,即去刚兑、去嵌套、去错

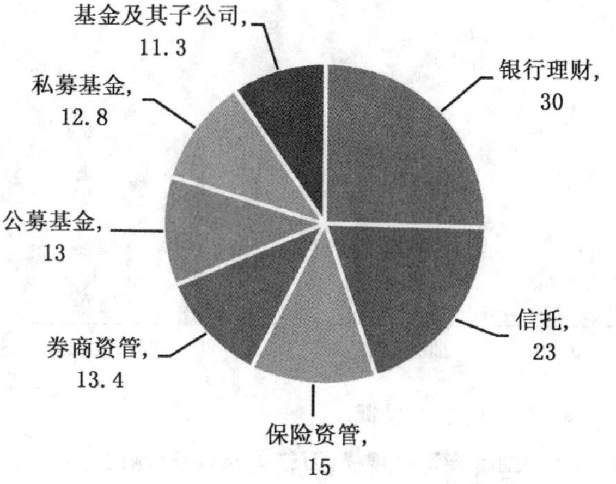

图 8—2 各资产管理机构资产管理规模(单位:万亿元)

配，降杠杆，补短板。资管新规定义了“真资管”的内涵和边界，统一规范信托、银行、券商、基金各类金融机构资管业务监管标准，消除了监管套利空间；实现监管模式由机构监管向功能监管转变，增强金融监管的协同性，提高监管水平与能力；让资管业务回归本源，推动金融机构资管业务转型；推动资管业务回归服务实体经济本源，实现资管业务“脱虚向实”、平稳健康发展。

资管新规实施后，银行理财、券商资管、保险资管等向净值化转型的过程中，可通过加大科技投入，或与第三方金融科技公司合作，来更好地管理客户资产。

根据 Casey Quirk 的预测，至 2019 年中国将成为仅次于美国的第二大资产管理市场，2030 年中国资管规模将从 2016 年的 2.8 万亿美元跃升至 17 万亿美元，CAGR① 为 13.8%。随着中国资产管理业务规模的快速增长，对于投资科技的需求也将进一步释放(见图 8—3)。

① CAGR 是 Compound Annual Growth Rate 的缩写，意思是复合年均增长率。

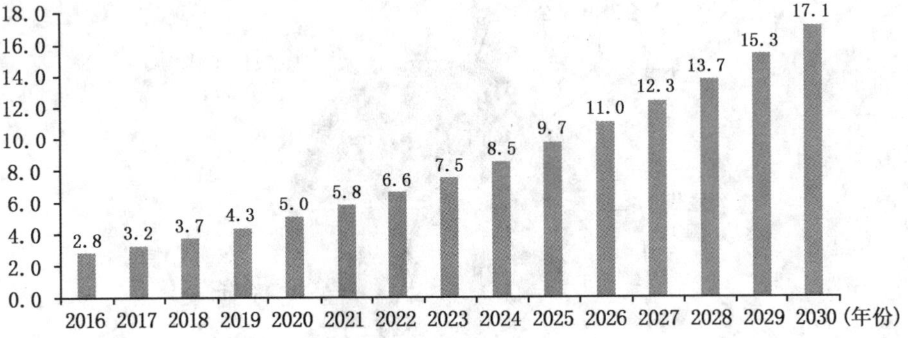

资料来源：Casey Quirk，萝卜投资。

图8－3　中国资产管理规模(万亿美元)及预测(2016－2030年)

(三)金融科技在资产管理中的运用概述

金融科技在资产管理中的运用与资产管理的前台、中台和后台业务紧密结合。金融科技在前台业务中主要的作用是高效与客户沟通对接，进行客户画像，挖掘分析出客户的真实投资需求，提升客户的资产管理体验，实现客户分群、客户留存、投资组合拓展、销售提升、销售团队维护以及业务优化等功能，具体包括：(1)客户分群：通过内外部信息整合、建立客户画像、定位目标销售客户，实现客户人群细分；(2)客户留存：通过资产赎回分析、客户行为分析和交易情况分析等功能更好地深入了解客户偏好，采取精准措施留存客户；(3)投资组合拓展：通过定价分析、偏好分析、价格透明度与监管分析，精确提出投资策略，科学组合各类资产，拓展投资组合；(4)销售提升：运用人工智能手段，为高效销售团队组建、销售目标制定、重点销售区域划分提供科学依据，提升销售效能与效率；(5)销售团队维护：通过实现销售团队组建、预测流失分析、价值评估等功能，维护销售团队的稳定与高效；(6)业务优化：通过对服务成本、客户终生价值、投资组合监控、社交平台情绪的深度分析来优化资产管理业务。

中台业务发挥资金端和资产端的桥梁作用，通过产品设计和资产配置来匹配客户资产管理需求。产品的设计方面通过大数据的运用发展定制化资产管理产品，避免千人一面的产品结构，满足不同投资者对于风险、收益、流动性和投资期限的需求。此外，资产配置可以实现智能化配置，减少人为主观的情绪、倾向的干扰，基于不同资产的历史表现以及通过大数据和机器学习对资产的未来表现进行预判，实现大规模资产配置的模拟，最终达到最佳资产配置推荐。

金融科技对于后台业务的助力主要协助进行信息获取与分析、投资标的选择、市场时机分析、风险管理、证券交易等方面，甚至替代部分资产管理人的工作。后台业务中最重要的领域是投研业务，通过运用人工智能和大数据，可以实现智能投研，实现自动报告生成、金融搜索引擎、智能辅助投资决策和量化投资等功能，具体而言，包括：(1)自动报告生成：智能工具处理异构数据，分析提取关键信息，嵌入报告模板，生成与标的、行业、事件相关的报告；(2)智能辅助投资决策：综合利用人工智能技术，深度挖掘历史数据，实时跟踪市场行情，给出决策支持要素，辅助投资经理进行价值判断和风险判断，捕捉市场机会；(3)金融搜索引擎：将信息切片后再聚合，提取纵览的可视化元素，帮助实现联想、属性查找和关系发现等功能；(4)量化投资：智能分析证券价格与公司信息，关联公司和市场宏观经济、社交媒体等之间的关系，提供投资决策。

此外，风险管理是资产管理业务中的关键一环，没有风险的资产管理就如空中楼阁。金融科技的运用可以实现风险的智能预警，具体包括：(1)信用风险预警：通过大数据技术收集投资企业、交易对手的业务信息、负面信息以及财务信息等，实现对投资对象或者交易对象的信用风险监控；(2)市场风险预警：通过对社交媒体监听、大数据抓取海量数据、机器学习优化风险模型，实现对市场风险的预测和预警；(3)操作风险预警：通过对交易系统交易数据、办公系统流程等实时监控，实现对企业内部操作、合规等可能导致风险的情况实时预警。

资产管理涉及大类事务性的工作，包括信息披露、账户开立、产品备案、估值核算等工作，金融科技可以在科技化办公、人力资源管理、知识管理和企业服务支持等方面提升保险资产管理机构的运营能力，具体包括：(1)科技化办公：实现移动办公平台、任务分配及跟踪、业务流程监控等功能；(2)人力资源管理：具备社交媒体发布招聘信息、接受并处理应聘者申请、候选人背景调查等功能,提高人力资源管理的精确度和效率;(3)企业服务支持:报销发票拍照上传、线上请假申请、访客自助登记等功能可以由人工智能完成,大幅降低成本,节约时间;(4)知识管理:通过智能信息推送、会议纪要上传、线上培训等功能,提高员工持续教育的效果和效率。

二、资产管理业务及服务模式创新

(一)智能服务

客户交互中的客户指的是投资者,交互则是指投资者为了获取资产管理产品信息和资产管理服务与资产管理信息平台或者销售人员进行沟通互动的过程。传统的客户交互模式是客服人员或销售人员与客户当面或者电话进行交流互动。投资管理公司客服人员经常收到投资客户和潜在投资人的问题咨询。这些问题往往是一些简单的问题,具有很高的重复性,但需要耗费大量的时间。主要线下场所通常包括银行网点、券商营业部和公司或客户的办公场所等。为了扩大服务客服的广度和密度,此种模式必然需要大量的销售人员,但同时也显然增加了资产管理机构的成本,对客户需求的把握局限于面谈和问卷调查,对客户的画像并不全面、系统。从客户的角度看,客户与销售人员的沟通受限于其当时场景所能获取的信息,未必可以做出理性的投资判断。

人工智能技术通过模拟人类的意识、思维和行为,能够替代人类智能地执行视觉感知、语音识别、决策等任务。人工智能在各个领域的应用都已经有了长足的发展,在保险科技领域也不例外。目前以智能客服、智能顾问平台、图像定损为主,其中智能客服的落地应用较早。

面向客户端,运用聊天机器人和自然语言处理(NLP),智能客服可以提供快速回答问题服务,满足客户的保单服务需求,提高效率,给客户带来更好的体验。通过智能客服可以很好地接管这部分工作,解放人力,让人去处理更复杂的咨询,提高客服效率和客户满意度。同时人工智能可以帮助客户在大量的保险信息中迅速发现他们所需要的信息,优化用户体验(见图 8—4)。

金融科技在资产管理中的应用可以有效替代人海战术的传统模式,同时

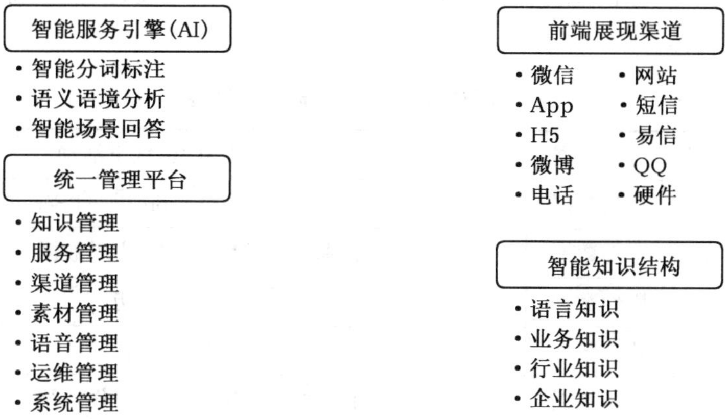

图 8—4　智能客服机器人

改善客户体验。其中,互联网的应用包括网页客户端、电脑桌面客户端和移动客户端、微信公众号、微信小程序等,可以打破客户交互的时空限制,由线下的有限场景转变为线上的多样化场景。客户可以 24 小时登录各类终端获取与资产管理相关的信息,并且与人工客服或机器人客服取得联系,极大地改善了客户获取资产管理服务的体验。

(二)智能营销

金融行业数据资源丰富,而且业务发展对数据的依赖程度高。大数据技术在金融领域的应用起步早、发展快,已经成为金融行业的基础能力。当前,金融行业的大数据应用已经非常普遍和成熟,也取得了较为显著的应用成效,最大的特点是数据资产化愈加凸显、有深度的大数据分析变得越来越重要,用户画像和知识图谱成为最重要的技术。

客户画像指对客户资产管理的需求进行准确和细致的描述,用户画像包含的内容并不完全固定,根据行业和产品的不同,所关注的特征也会不同。大数据的运用可以对客户进行更加精准的画像。面谈和问卷调查所获取的客户信息通常碎片化,甚至只是客户的一面之词,既不全面,也不客观。通过对大数据的运用,资产管理机构需要结合业务需求进行用户画像,从实用角度出发

续表

基金简称	基金公司	数据合作方	成立时间	产品类型
东方红京东大数据	东方资管	京东	2015 年 7 月 31 日	混合型
嘉实腾讯自选股大数据	嘉实基金	腾讯	2015 年 12 月 7 日	股票型
博时招财二号大数据	博时基金	蚂蚁金服	2016 年 8 月 9 日	偏债混合型

此外，根据现代投资组合理论，充分分散的投资组合具有更小的风险，同等风险水平下收益更高。因此，资产管理产品不仅仅需要在权益类或固定收益类资产中分散，还要在大类资产中做分散投资。因此，不直接投资股票、债券和商品期货等底层资产，而是投资于已有的股票基金、债券基金和对冲基金，形成 FOF(Fund of Fund)产品，更能满足不同投资者的胃口。对于这一类 FOF 产品，涉及的底层资产、资产管理者数量庞大，需要进行分析的数据量庞大，因此依靠人的主观定性分析是不科学和不完善的，大数据和人工智能更能处理海量数据，形成具有不同风险收益水平的多样化产品。

大数据在金融业的应用也逐步深入，从产品设计延伸到监管产品风险、产品流程改进等更为复杂的领域，为金融机构的产品开发商业决策提供坚实的数据基础。另外，在产品设计方面，金融机构利用大数据为不同的客户群体量身定制差异化产品，优化客户体验，同时可以提高客户黏性。

(四)智能投顾

过去传统投资咨询与资产管理服务由人力提供，信息互联后人力服务日益暴露出存在知识盲区、信息挖掘能力有限、成本过高、同质化以及机会主义倾向等问题。将投资者画像和资产配置嫁接起来的资产管理运用场景我们称之为智能投顾。

智能投顾是一种结合人工智能、大数据、云计算等新兴技术以及现代投资组合理论(MPT)的在线投资顾问服务模式(见图 8—5)。智能投顾借助投资理论搭建量化交易决策模型，再将投资者风险偏好、财务状况及理财规划等变量输入模型，生成自动化、智能化、个性化的资产配置建议，并提供交易执行、资产再平衡、税收筹划、房贷偿还、税收申报等增值服务。

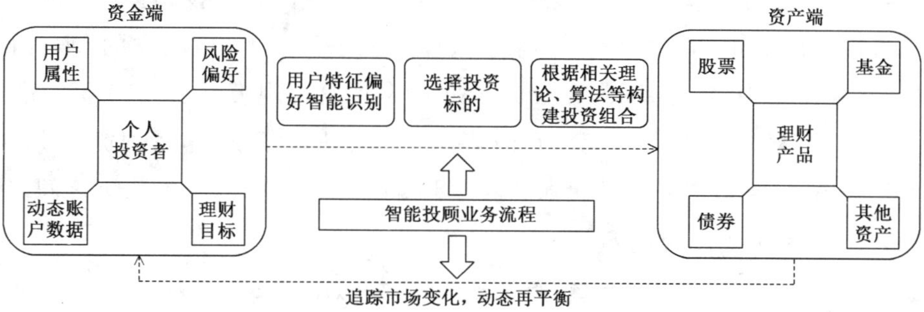

图 8—5　智能投顾的服务模式

智能投顾是金融科技在个人理财/财富管理领域的应用，属于 2C 业务模式，大致包括根据客户画像的风险属性来确定股票、债券和货币的配置比例、根据市场舆情监测分析提供的主题投资策略、根据量化指标分析的量化投资策略、针对海外成熟市场的全球资产配置等。智能投顾可以通过大数据、云计算、AI 等技术对投资者画像，深入分析投资者的财务状况、消费习惯、风险偏好、预期收益等，然后运用资产配置模型选择投资标的为客户形成投资组合，并持续动态优化。

运用智能投顾技术，可以基于用户个性化需求，提供差异化的资产配置、产品推荐服务。正是认识到智能金融新阶段的这一特征，2017 年 11 月 17 日，由中国人民银行等五部委联合起草的《关于规范金融机构资产管理业务的指导意见(征求意见稿)》第二十二条也专门设置了关于智能投顾的原则性规定。

智能投顾降低投融资双方信息不对称与交易成本。智能投顾主要包括三个要素:数据、投资模型与决策算法。智能投顾是金融机构服务客户的手段之一，在美国，大型资产管理机构是智能投顾最大的使用者和受益方，可通过使用智能投顾减少人力成本、降低服务门槛。

智能投顾在美国于 2010 年兴起，统计数据显示，美国智能投顾资产管理规模在 2012 年几乎为零，到 2015 年增至 530 亿美元，而到 2016 年更是达到 2 000 亿美元，预计 2019 年美国智能投顾管理资产规模将达到 7 497.03 亿美元，预计 2019—2023 年管理资产的复合增长率为 18.7%，2023 年管理规模可达到14 862.57亿美元,行业发展迅速。其中,专业的智能投顾公司,成立较早且规模较大的有2010年成立的Betterment和2011年成立的Wealthfront,截至2016年2月底,Wealthfront的资产管理规模近30亿美元,而在2015年1月仅为18.3亿美元,目前其投资范围以ETF为主,管理费用较低,鉴于Morningstar估计智能投顾的盈亏平衡点在160亿~400亿美元之间,目前其盈利能力较差(见表8—3)。

表8—3　　美国领先的智能投顾平台对比

项　目	Wealthfront	Betterment	FutureAdvisor（贝莱德收购）	嘉信理财SIP	先锋基金PAS
上线日期	2011年12月	2010年5月	2010年8月	2015年3月	2015年5月
类别	纯智能投顾	混合智能投顾	纯智能投顾	混合智能投顾	混合智能投顾
资产管理规模（2017年10月）	67.6亿美元	90.6亿美元	9.7亿美元	194亿美元	830亿美元
资产门槛	500美元	0	1万美元	5 000 500美元	5万美元
咨询管理费用	1万美元内免费;超过部分,费率为0.25%	0~1万美元:0.35%;0~10万美元:0.25%;10万美元以上:0.15%	0.50	0（卖方投顾）	0.30%
ETF交易费率	约为0.12%	约为0.14%	0.10%~0.20%	0.03%~0.55%	0.12%~0.35%
投资范围	11大类ETF	12大类ETF	ETF为主	54支嘉信及其他公司ETF	先锋旗下股票型及债券型ETF
税收亏损收割	面向所有用户	税收优化直接指数化,面向10万美元以上用户	面向所有用户	面向5万美元以上用户	提供策略性建设并非自动节税
资产再平衡	自动进行,与税收收割有机结合	自动进行,与税收收割有机结合	自动进行,与税收收割有机结合	偏离预设投资目标5%以上时触发	面向5 000美元以上用户

2015年后,传统金融开始进入智能投顾市场,BlackRock宣布收购Future Advisor,嘉信理财推出智能投顾产品SIP,先锋基金推出类似服务PAS,高盛先后投资Motif。从管理的资金规模来看,传统机构旗下的智能投顾平台远超专业智能投顾公司,其主要优势在于已积累庞大的客户群、品牌接受度、自有金融产品优势和传统投顾能力强大(见表8—4)。

表 8—4 我国智能投顾平台发展情况

平 台	创立时间	背 景	发展情况
理财魔方	2015 年 5 月	创业公司	2017 年 4 月完成 Pre-A 融资，金额为 2 000 万元，以“千人千面”和动态调仓功能为重点
弥财	2015 年 10 月	创业公司	2017 年 3 月获得 Pre-A 融资，打造“中国版 Wealthfront”，提供“自动化投资理财服务”
京东智投	2015 年 8 月	互联网公司	2016 年 1 月，京东金融完成 66.5 亿元融资
宜信财富投米 RA	2016 年 5 月	互联网公司	对接美国嘉维证券，直接投资海外 ETF，应对国内 ETF 数量稀少情况；2017 年 5 月发布上线 1 周年业绩报告，年收益率达 2.55%～11.48%
雪球蛋卷基金	2016 年 5 月	互联网公司	“蛋卷斗牛二八轮动”，上线仅 50 天，销售额破亿；“蛋卷安睡二八平衡”，上线 50 天销售近 5 000 万；“蛋卷安睡全天候(海外)”，上线 3 天销售近 2 000 万
金融界	2016 年 10 月	互联网公司(纳斯达克上市)	2017 年 3 月，正式上线“智能优化”功能，5 月 8 日上线智能定投组织
广发基金	2016 年 8 月	基金	在 App 中推出智能基金组合服务“基智理财”，截至 2017 年 2 月 28 日，组合销售已达 5 亿元
摩羯智投	2016 年 12 月	银行	2017 年 5 月，保有用户申购规模突破 20 亿元，户均购买金额 3.69 万元
恒生电子	2017 年 6 月	金融 IT 企业	推出智能投顾 BiRobot 3.0，提供客户需求探索、资产优化模型、智能择市(量化投资策略)和资产智能管理四大服务

表 8—5　　五大资产管理公司的管理规模

资产管理公司	市　场	资产管理规模 (十亿美元)	属　性
1. 贝莱德	美国	6 288	专业资产管理公司
2. 先锋集团	美国	4 900	专业资产管理公司
3. 瑞银集团	瑞士	3 101	全能银行
4. 道富环球投资管理公司	美国	2 800	全能银行
5. 富达投资集团	美国	2 448	专业资产管理公司

贝莱德之所以在资产管理方面取得如此之高的地位,离不开其镇司之宝——"阿拉丁"系统。阿拉丁(Aladdin)是资产(Asset)、负债(Liability)、债务(Debt)、衍生品(Derivative)、投资网络(Investment Network)的缩写,兼具投资、交易、风险管理等功能,是基金行业最著名的金融科技产品之一。贝莱德将阿拉丁平台誉为公司的中枢神经系统。

阿拉丁是一个充满神秘的系统,约 3 000 千万行代码,兼具交易和风险管理功能,从最初的风险管理系统衍生为业务系统或工作平台,占用 6 000 余台服务器,由 2 000 余人负责全天维护,替 170 多家银行、保险公司、主权投资者以及捐赠基金等进行市场风险分析,并有偿提供给全球 17 000 多位交易员使用。

阿拉丁平台管理约 15 万亿美元的资产(包括贝莱德的约 6 万亿美元资产),约占全球金融资产的 7%。此外,它大约有 3 万个投资组合,其中包括贝莱德自己的投资组合,以及竞争对手、银行、养老基金和保险公司的投资组合。如此巨大的体量和影响力,也让美国监管局高度重视该平台,已将贝莱德列为"具有系统重要性"的公司。

阿拉丁平台服务全球约 2.5 万名投资人士,它连接信息、人员和技术来实时管理资金。阿拉丁平台将复杂的风险分析与全面的投资组合管理、交易和运营工具结合在一个平台上,为明智决策、有效风险管理、高效交易和运营提供支持。可以说阿拉丁系统是集合传统计算机技术和现代大数据、云计算、人工智能技术,处于不断进化的资产管理系统。

资料来源:《财新周刊》《金融时报》。

（六）量化投资

量化投资是运用计算机程序和数学模型，从而实现特定的投资理念和投资策略的一种投资方法。相比传统的投资方法，更加强调计算机技术和数理模型的运用，但鉴于量化模型为资产管理人开发，因此并不排除人的主观判断和创造性思考。量化投资几乎覆盖了投资的全过程，包括量化选股、量化择时、股指期货套利、商品期货套利、统计套利、算法交易、资产配置、风险控制等。目前，全球量化投资规模在 3 万亿美元左右，而中国量化投资处于发展初期，规模约 4 000 亿元人民币。

传统的量化投资策略是通过建立各种数学模型，试图从各种金融数据中找出市场的规律并加以利用。无论是根据人的经验判断，还是通过经典的数学模型，所能识别的模式都是有限的。从探寻股票市场的全局来看，人类积累的经验判断可以接近某一个局部的最优，而真正全局的“最优解”或许超出了目前传统量化力所能及的范畴。

之所以出现这种局限性，首先，对于市场中蕴藏的复杂的非线性规律，很难通过传统数学模型进行挖掘；其次，对于海量数据的挖掘，困于计算机运算能力的限制，如果不利用数据挖掘算法，往往需要耗费大量的时间。人工智能能够提供非线性关系的模糊处理，弥补了人脑逻辑思维模式的单一性，同时，如果加以利用相关算法，可以大幅提高规律的搜索效率。人工智能的引入也使得投资策略更加丰富，人工智能算法对于非线性模式的因子挖掘在多因子领域比传统线性多因子模型更加敏锐。

随着计算机科技日新月异的高速发展，大数据分析与人工智能技术在许多领域得到了应用（见表 8—6）。由于得天独厚的数据量以及广泛的关注度，在金融市场中如何运用新的人工智能技术进行预测和数据分析已经成为迫在眉睫的需求。在量化资产投资领域，应用机器学习（AI）是近几年才开始蓬勃发展的。对机器学习的定义应该是：统计上基于可能性而非确定性，也就是必然存在一定的误差，完全自动的预测算法，参数或算法本身随着新加入的数据不断迭代更新而无须人工干预，且使成本函数（即预期值与实际值的差异）最

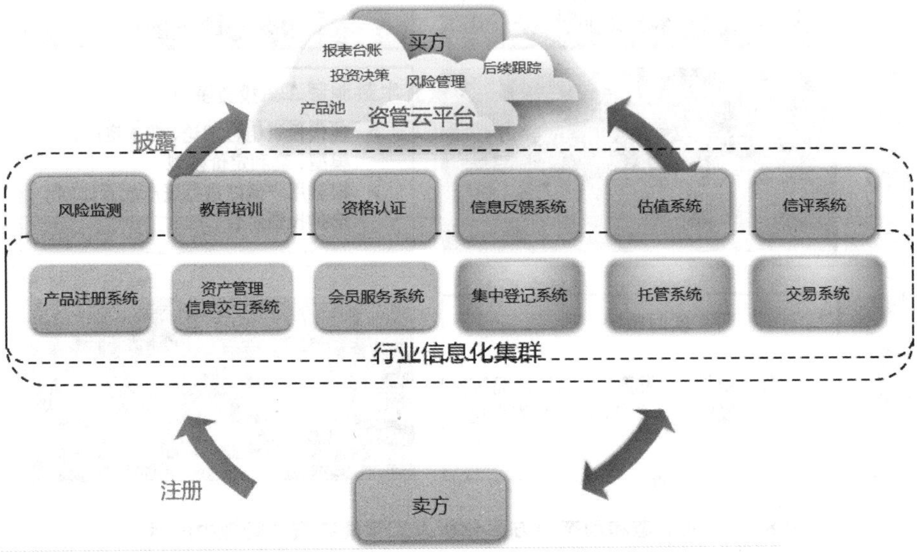

图 8—8 中国保险资产管理协会"资管云"平台

截至 2018 年底,我国已登记基金业协会的私募基金管理人 24 448 家,备案私募基金 74 642 只,管理基金规模 12.78 万亿元,成为我国资管行业重要的组成部分。但我们知道,私募基金由于资金规模和公司实力的局限性,对于资产管理信息平台及系统的建设普遍投入不足,这必然限制了资产管理服务水平的提升。除了私募基金,一些规模较小的公募基金、证券公司同样对于信息系统的投入不足,此时云计算成为一个低成本的解决方案。

参考文献

[1]BGC. Global Asset Management 2018: The Digital Metamorphosis,2018.

[2]李国峰:《科技创新重塑资管行业未来》,《中国银行业》,2018 年第 12 期。

[3]广发证券:《人工智能在资产管理行业的应用和展望》,2018。

[4]长江证券:《AI 开启智能投顾黄金时代》,2017。

[5]曹德云:《推动保险资产管理科技化进程》,《中国金融》,2018 年第 11 期。

[6]翟立宏:《金融科技对接资管市场痛点》,《中国外汇》,2018(Z1):90—91.

[7]中金公司:《区块链:颠覆者还是乌托邦》,2018。

[8]Han,Y.,He,A.,Rapach,D. and Zhou,G.,2018. How Many Firm Characteristics Drive Us Stock Returns?. SSRN Working Paper.

[9]Gu S.,Kelly B. T.,and Xiu D.(2018),"Empirical asset pricing via machine learning",SSRN Working Paper.

[10]普华永道:《2018年中国金融科技调查报告》,2018年9月15日。

[11]CB-Insights,Insurance-Tech,2019Q1.

[12]IAMAC:《中国保险资产管理业金融科技发展报告(2018—2020)》,2018。

[13]清科研究中心:《2018年中国金融科技投资趋势分析报告》,2019。

[14]民生证券:《机器学习量化投资实战指南》,2017。

第九章

另类信贷

一、另类信贷市场概述

向借款人提供贷款是银行为客户提供的核心业务之一，但当个人或者企业由于一些原因无法获得传统银行贷款的时候，另类信贷便应运而生。

（一）美国另类信贷市场

美国2008年金融危机对银行的风险和贷款能力产生了巨大的影响，金融机构和监管机构创造了美国历史上最严格的贷款环境。在这种环境下，非银行贷款机构开始抢占市场份额，另类信贷逐步崛起（见表9－1）。美国的另类信贷市场主要包括抵押信贷市场和消费信贷市场。

抵押贷款的需求受房屋销售、房地产市场状况、经济环境、抵押贷款利率和再融资前景等多方面因素的影响。金融危机后，抵押贷款市场的动荡给非银行另类贷款机构的发展提供了良好的发展机遇，相对宽松的监管环境也有利于另类信贷市场的快速发展。

在美国，消费信贷提供者包括商业银行、财务公司、储蓄机构、信用合作社、非金融的企业机构以及证券化资产集合等。其中，非银行贷款机构占据整个消费信贷市场大约60%的份额。

表9—1　　美国大型另类借贷公司一览

公司名称	公司介绍
SoFi(Social Finance)	另类市场借贷方，关注学生贷款
Avant	另类市场借贷方，关注消费者
Pave	另类市场借贷方(P2P)
Affirm	以"千禧一代"为重点销售对象，提供分期贷款业务
Earnest	另类市场借贷方，关注个人和学生贷
CommonBond	另类市场借贷方，关注学生贷款和P2P业务
Mosaic	专注于住宅太阳能项目的市场借贷方
Prosper	提供线上P2P业务
Kabbage	另类市场借贷方，关注小微企业
Bond Steet	线上小微企业借贷方

除了政策背景因素，非银行贷款机构能够从银行手中抢占信贷市场的份额，也归功于另类信贷公司在使用金融科技进行产品和服务创新方面比商业银行更加积极。随着互联网技术的发展，类似于Lending Club和OnDeck等P2P模式的另类在线借贷平台开始逐步走入人们的生活，为借款者提供了除传统银行之外的贷款选择。创建于2005年的首批P2P贷款平台之一的Zopa认为，通过将借款人与期望获得收益的投资者进行配对，能够满足缺乏信用记录的借款人的高要求。作为这一行业的先驱，Zopa至今发放了超过29亿英镑的贷款。

(二)中国另类信贷市场

中国的另类信贷市场与美国比较类似，随着互联网金融的迅速发展，金融科技与另类信贷市场结合，逐渐开始走向公众的视野。成立于2007年的拍拍贷是国内首家纯信用无担保网络借贷平台；同年成立的翼龙贷是首家推出"同城O2O"(同城线上到线下)概念的互联网金融企业。根据目前市场另类信贷的活跃情况，可以将与金融科技相结合的另类信贷分为网络借贷和互联网消费金融。

目前流行的网络借贷主要包括个体网络借贷和电子商务小额贷款。个体网络借贷是指个体和个体之间通过互联网平台实现的直接借贷,俗称 P2P,其资产来源呈现小额、分散的形式;而电子商务小额贷款是指电商企业通过其控制的小额贷款公司,利用互联网向其平台上的小微企业提供的小额贷款,其资产来源呈现批发的形式。

互联网消费金融是指由互联网企业、消费金融公司等市场主体出资成立的非存款性借贷公司,以互联网技术与信息通信技术为工具,以满足个人或家庭的买房、买车、医疗、教育、旅游、装修等消费需求,向其出借资金并分期偿还的信用活动。

我国网络借贷行业目前处在低谷期,在这之前的 2014 年到 2015 年,网络借贷事实上处于期望膨胀期,网络借贷平台大量地建立,人们纷纷涌入网络借贷行业,成交数量和规模都呈现几何级数增长,但到 2016 年后,市场乱象与监管问题使得网络借贷行业进入了低谷期。而互联网消费金融所对应的网络分期目前正处在期望膨胀期,网络分期平台的数量增长迅速,一大部分开展网络分期业务的公司都获得了成功。表 9—2 具体介绍了网络借贷和互联网消费金融的发展现状及前景。

表 9—2　　　　我国互联网金融当前发展阶段

互联网金融	行业特点	当前所处时期	创新能力
网络借贷	投资人通过中介,将资金贷给其他有资金需求的人	低谷期	中
网络分期	在完成平台所需的信用审核后,给消费金融或者小额贷款的需求放贷	期望膨胀期	高
网络支付	独立于商户和银行的第三方支付结算服务	成熟期	低
众筹	发起人在网络平台上向网民展示项目,并向其募集资金	萌芽期	中
虚拟货币	比特币等非真实货币,用于互联网金融投资或者直接在生活中使用	期望膨胀期	低
金融网销	基金和保险等网络销售	期望膨胀期	中

二、网络借贷发展现状与展望

(一)个体网络借贷(P2P)

个体网络借贷又被称为P2P网络借贷,指借助第三方平台实现借款方和投资方之间的借贷交易,其主要贷款对象为短期、小额借贷者,本质上属于民间借贷。

P2P平台从性质上来看属于信息中介平台,本身不承担信用风险,对风险进行尽职调查后起到匹配融资者和投资者的作用,为借款人和出借人实现直接借贷提供信息搜集、信息公布、资信评估、信息交互、借贷撮合等服务,获得服务费和管理费。

P2P信贷的雏形可以追溯到最早的个人互助借贷模式——“标会”,亲戚和朋友之间可以通过“标会”进行个人与个人之间的借贷来解决资金短缺的问题。随着互联网金融的发展,个体与个体之间的小额借贷逐渐发展到能够在互联网平台上进行,由单一的线下模式转变为线上与线上并行,P2P网络借贷应运而生。

P2P网络借贷服务最早出现在英国,由于这种信贷模式具有直接、透明、操作便捷和门槛低等优点,一经推出便获得了广泛的关注和认可,并迅速地被引入其他国家。目前,国外的P2P网络借贷代表公司主要有:英国的Zopa、美国的Prosper和Lending Club、德国的Auxmoney、日本的Aqush、韩国的Popfunding、西班牙的Comunitae以及巴西的Fairplace。其中,美国的Lending Club于2014年12月在美国纽交所上市。

我国第一家P2P网络借贷公司——拍拍贷,于2007年8月成立,从此以后,各种P2P网络借贷平台如雨后春笋般地不断涌现,宜人贷、人人贷、你我贷等多家P2P网络借贷平台相继成立。

结合加德纳技术成熟度曲线对我国P2P网络借贷行业进行分析,我国P2P网贷已经走过了萌芽期和期望膨胀期两个阶段,目前正处于低谷期。国家在政策上支持P2P网络借贷平台,金融巨头开始进入P2P网贷行业,该阶段以规范监管为主,国家从资金存管、备案、借款额度等进行了规范(见表9—3)。2018年出现网贷平台的集中暴雷,大量平台跑路、倒闭,2019年国家对大量平台进行了清退。

表9—3　　　　P2P网贷行业近期主要政策

时　间	发布部门	内　容
2018年11月13日	中国银保监会	《中国银行保险监督管理委员会职能配置、内设机构和人员编制规定》规定,银保监会的主要职责包括制定网络借贷信息中介机构业务活动的监管制度
2019年1月14日	中国互联网金融协会	第二批中国互金协会网贷会员开通司法数据查询
2019年1月21日	互金风险专项整治工作领导小组办公室、P2P网贷风险专项整治工作领导小组办公室	《关于做好网贷机构分类处理和风险防范工作的意见》提出了将坚持以机构退出为主要工作方向,同时对网贷机构作出分类处置指引
2019年1月23日	互金风险专项整治工作领导小组办公室、P2P网贷风险专项整治工作领导小组办公室	《关于进一步做实P2P网络借贷合规检查及后续工作的通知》要求完成行政核查的P2P平台,需逐步完成实时数据接入,并明确了两个"三降"
2019年3月20日	中国互联网金融协会	要求各会员机构应针对高息现金贷、收取"砍头息"、暴力催收等违规业务开展全面自查工作,并于3月底前向互金协会提交自查报告,对自查发现的问题应立即整改
2019年4月19日	中国互联网金融协会	全国互联网金融登记披露服务平台向公众开放项目信息查询功能

1. 平台数量及区域分布

据统计,截至2019年6月,我国网络借贷平台累计达6 617家(含停业及问题平台)。2019年,新增平台数为66家,其中,正常运营的平台数为864家,累计停业及问题平台数量达到5 753家(见图9—1)。据不完全统计,6月停业及问题平台数量为26家,相比上月增加了3家,主要以清盘分期兑付和网站关闭平台为主(分别见表9—4和表9—5)。

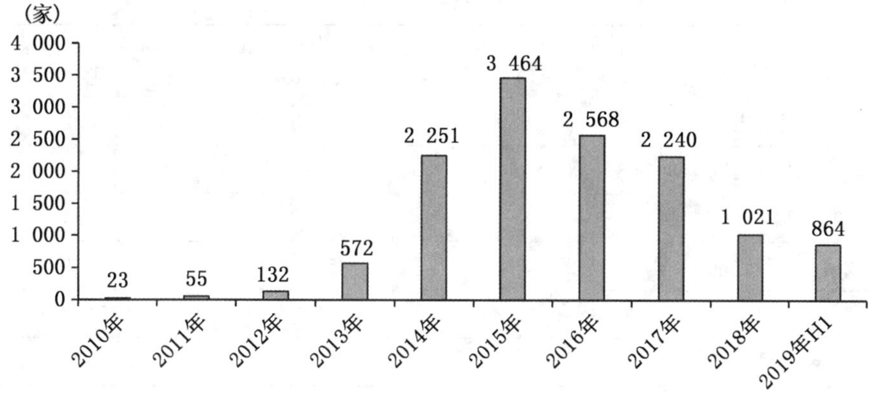

数据来源:网贷之家研究中心。

图 9—1 各年 P2P 网贷运营平台数量走势

表 9—4 停业及问题平台类型标签及判断依据

标　签	判断依据
争议	平台仍在正常发标,但是出借人反映平台大量项目出现逾期,无法正常兑付
跑路	(1)网站打不开,400 热线打不通; (2)用户反馈联系不上,客服 QQ 不在线或无响应; (3)第三方平台曝光,平台人去楼空; (4)起初因为提现困难曝光,后彻底失联的平台
提现困难	无法提现或者大面积逾期限制提现,平台无公告表示未来将进行兑付
停业	(1)停止发标长达 3 个月,新闻、公告长时间未更新,平台无负面舆情消息 (2)平台公告停止线上业务
转型	平台停止原有 P2P 出借端业务,转做其他业务
经侦介入	(1)因为公安机关介入,平台资金冻结或者停业,进行立案 (2)平台涉嫌非法吸收或者集资诈骗而被公安机关立案侦查
暂停发标	停止发标长达 3 个月,平台公告、新闻仍然有更新
延期兑付	(1)平台发布公告进行清盘,无法按照正常出借期限进行还款,需延期偿还(诸如分 12 期、24 期、36 期等) (2)平台暂停发标,并发布展期、需延期、非正常进行还款的情况
网站关闭	平台网站打不开,网上没有该平台暂停业务的相关消息(负面舆情等)

数据来源:网贷之家研究中心。

表 9—5　　停业及问题平台统计表

时　间	停业及问题平台数（家）	涉及出借人数（万人）	涉及贷款余额（亿元）
2014 年及之前	396	6.3	68.2
2015 年及之前	1 686	27.1	167.5
2016 年及之前	3 408	45.2	265.4
2017 年及之前	4 133	57.4	331.9
2018 年及之前	5 538	216	1 771.8
2019 年 6 月及之前	5 753	270.5	2 128.6

数据来源:网贷之家研究中心。

截至 2019 年 6 月,正常运营平台数量排名前三位的是北京、广东和上海,数量分别为 189 家、178 家和 90 家。浙江紧随其后,正常运营平台数为 51 家。四地的平台数量占全国总平台数量的 58.80%。可以看出,我国 P2P 网贷行业的地域集中度仍较高,但相比于 2018 年底有所下降,与这四个地区平台数量下降较大有关。再看正常运营平台数量排名尾端的地区,重庆、内蒙古、海南、宁夏、甘肃、天津、青海、黑龙江和云南地区的正常运营平台数量均不足 10 家(见图 9—2)。

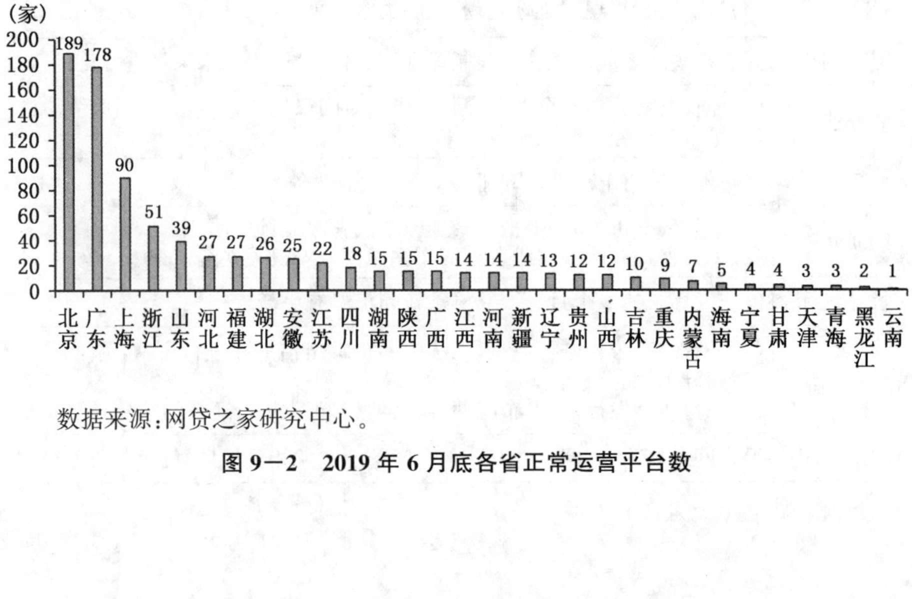

数据来源:网贷之家研究中心。

图 9—2　2019 年 6 月底各省正常运营平台数

2. 网贷成交量与贷款余额

2014 年到 2017 年，P2P 网贷行业的成交量逐年上升，但 2018 年的成交量只达到 17 948.01 亿元，相比 2017 年的成交量 28 048.49 亿元减少了 36.01%。2019 年上半年的成交量为 5 761.56 亿元，相比于 2018 年上半年的成交量 11 002.46 亿元减少了 47.64%(见图 9—3)。从 2019 年上半年单月的数据来看，P2P 网贷的成交量也呈现出下滑的走势，2019 年 6 月的成交量仅为 893.81 亿元(见图 9—4)。成交量的减少反映了当前市场中的出借人仍然对 P2P 网贷行业持较为谨慎的态度。

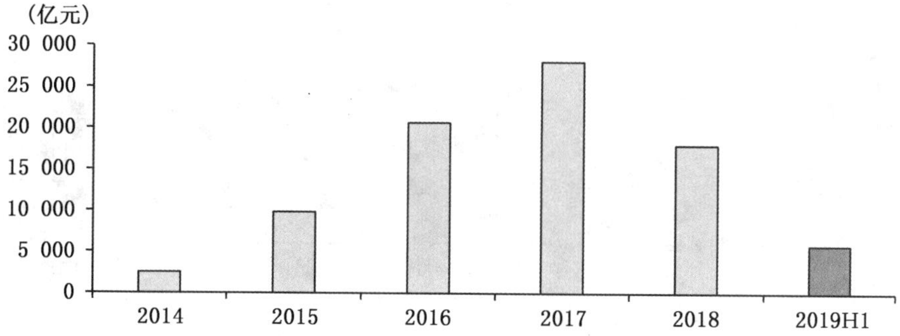

数据来源:网贷之家研究中心。

图 9—3　各年 P2P 成交量走势

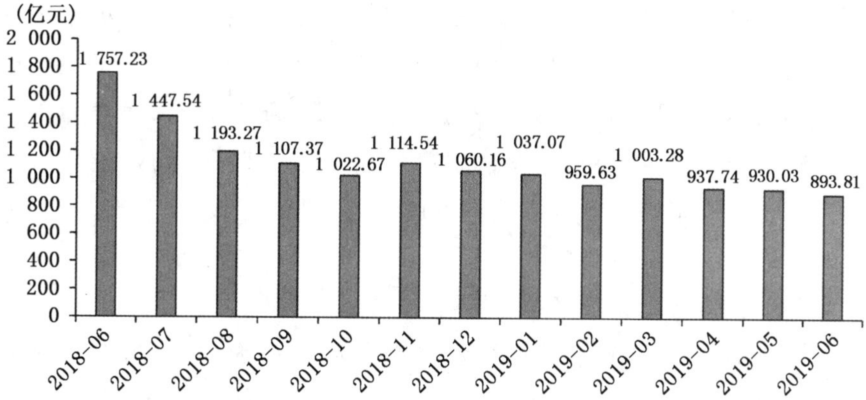

数据来源:网贷之家研究中心。

图 9—4　近一年 P2P 网贷行业成交量走势

P2P 网贷行业的贷款余额随着成交量的下降同步下降。2018 年底,P2P 网贷行业总体贷款余额为 7 889.65 亿元,是自 2014 年以来第一次下滑,同比 2017 年底下降了 24.27%。2019 年 6 月底,P2P 网贷行业的贷款余额为 6 871.2 亿元,同比 2018 年 6 月底下降幅度已高达 32.86%(见图 9—5)。贷款余额同比大幅下滑:一是因为近一年 P2P 网贷行业有几家体量相对大的平台出现问题;二是因为部分平台已暂停发标,贷款余额逐渐降低;三是监管压缩规模的要求实施有效。

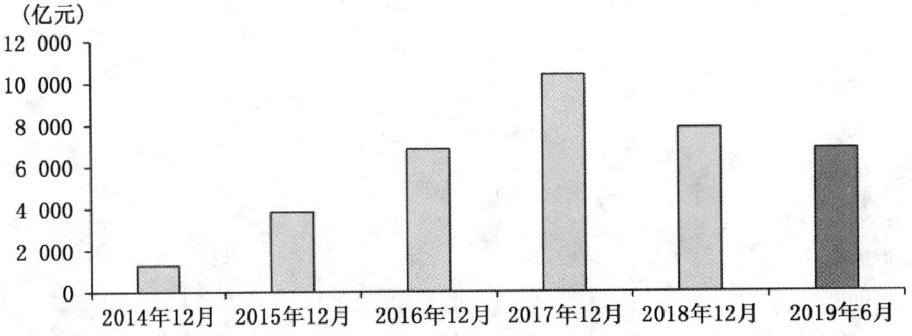

数据来源:网贷之家研究中心。

图 9—5 各年 P2P 网贷贷款余额走势

景气指数是用来衡量当前行业发展情况的指数,当景气指数大于 100 时,表示行业处于景气状态;当景气指数小于 100 时,表示行业处于不景气的状态。2018 年 7 月至今,P2P 网贷行业景气指数均处于 100 的荣枯线之下。2019 年 6 月,中国网贷景气指数为 76.84,呈下行走势,主要原因可能是不少平台为进行备案冲刺,配合监管压缩规模要求,导致成交量、人气等数据指标相比上年同期均有不同程度的下降,进而导致景气指数一路下滑(见图 9—6)。

3. 网贷综合收益率与平均借款期限

2018 年,P2P 网贷行业总体综合收益率为 9.87%,相比 2017 年 P2P 网贷行业总体综合收益率上升了 40 个基点(1 个基点=0.01%)。2019 年以来的网贷综合收益率在 10%上下波动,维持相对稳定的状态(见图 9—7)。

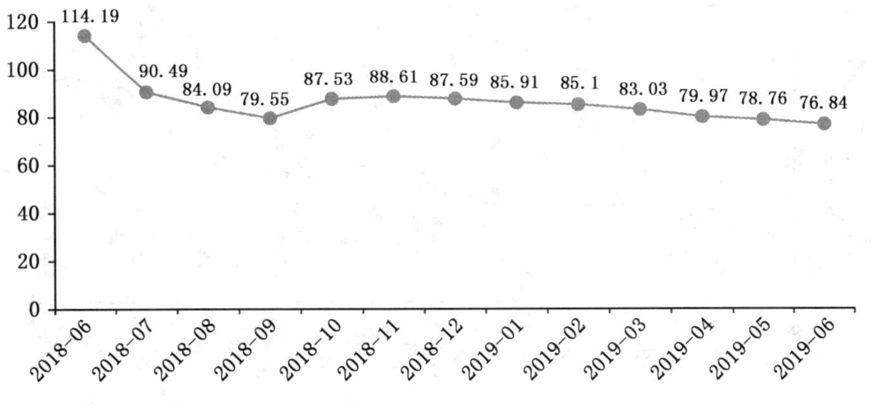

数据来源：网贷之家研究中心。

图 9—6 P2P 网贷行业景气指数

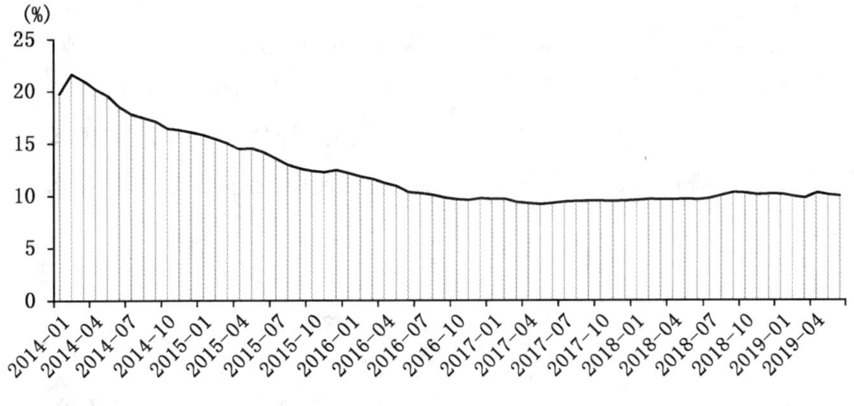

数据来源：网贷之家研究中心。

图 9—7 2014 年 1 月—2019 年 6 月 P2P 行业综合利率走势

2018 年，P2P 网贷行业平均借款期限为 13.05 个月，相比 2017 年拉长了 3.86 个月。从 2014 年开始 P2P 网贷行业的借款期限一直呈现拉长的趋势，这主要是因为随着行业发展趋于成熟，打着“期限短、高利率”旗号的小平台逐渐清退，当前正常运营平台尤其是大体量平台，更倾向于发布长期项目标的，从而带动行业平均借款期限拉长（见图 9—8）。

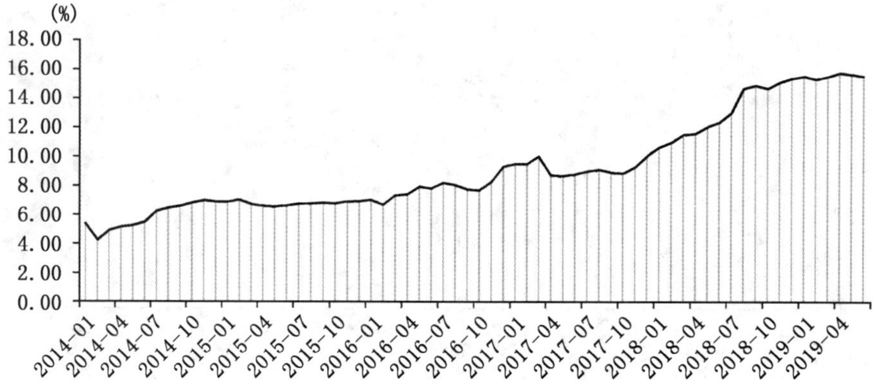

数据来源:网贷之家研究中心。

图 9—8　2014 年 1 月—2019 年 6 月 P2P 行业平均借款期限走势

4. 融资情况

据网贷之家研究中心不完全统计,截至 2018 年底,P2P 网贷行业共发生 25 例融资事件。239 例融资事件,总融资金额 547.54 亿元。其中,2018 年比 2017 年减少 13 例,总融资金额约 117.93 亿元,环比 2017 年增加 29.85 亿元,但相比行业规模增速较快的 2015 年和 2016 年,融资热度有所下降(见图 9—9)。

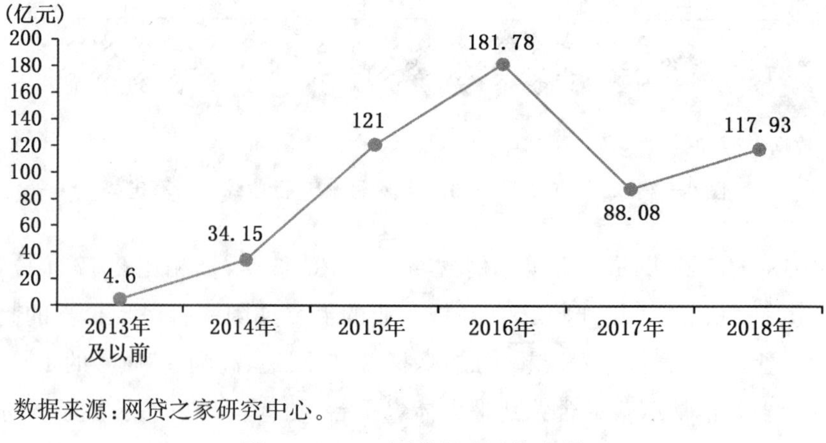

数据来源:网贷之家研究中心。

图 9—9　P2P 网贷行业融资金额

此外，2018年融资金额高的原因主要得益于陆金所12月获得的13.3亿美元融资，若不将此例融资纳入统计，2018年总融资金额仅为26.83亿元，相比2017年减少了61.25亿元。

整体而言，近几年P2P网贷行业的融资热度呈现下降趋势，这主要因为随着监管体系的全面形成，平台基本都进入了合规整改阶段，未来是否能通过备案均是未知数，行业乃至平台未来发展的不确定性增加，再加上近两年资本市场大环境整体低迷，资本方的投资相对谨慎所致。

但未来随着P2P网贷平台备案完成，政策的不确定性可以基本消除，平台也均在监管方的监督之下，整个行业的风险有所降低，发展前景明朗，预计2019年融资情况相比2018年会有所好转。

专栏9—1

拍拍贷

拍拍贷成立于2007年6月，公司全称为“上海拍拍贷金融信息服务有限公司”，总部位于上海，是我国第一家个体网络借贷平台，也是国内第一家由工商部门特批，经营范围为“金融信息服务”的互联网金融平台。截至2019年5月31日，公司累计注册用户超过9 390万，累计交易总额1 681.53亿元，借贷余额为197.4亿元。

1. 基本商业模式

与国内其他P2P平台相比，拍拍贷的最大特点在于采用纯线上模式运作，平台本身不参与借款，而是发挥信息匹配、工具支持和服务等功能，借款人的借款利率在最高利率限定下由自己设定。而这也是P2P网贷平台最原始的运作模式。线上获客，线上征信与风控，线上撮合融资是拍拍贷最显著的特点。拍拍贷的基本商业模式如图9—10所示。

2. 风险管理、风险识别技术与定价

纯线上模式是指获客、风控、交易、放款等全部流程都在互联网上完成，由Lending Club首创。如今，大多数中国个体网络借贷平台与Lending Club模式渐行渐远，放弃提供撮合服务的纯线上第三方平台模式，转为线上和线下结

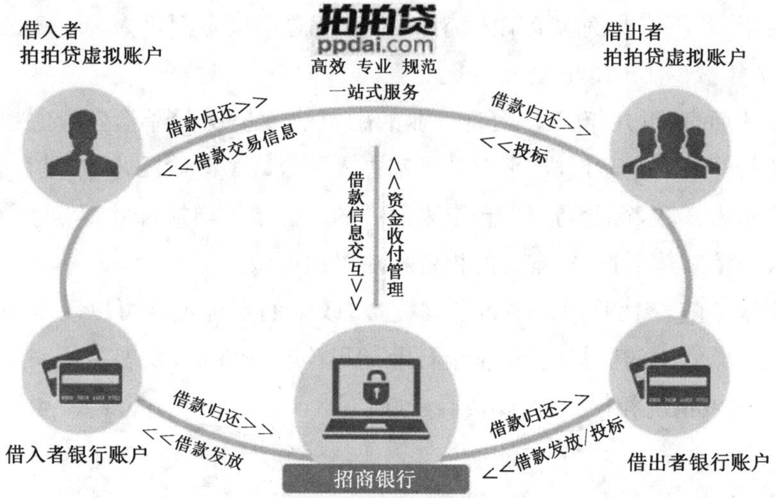

图 9—10 拍拍贷的基本商业模式

合,并为借款人提供担保或资金兜底保障的模式。

拍拍贷坚持纯线上模式,平台本身不参与借款,只承担信息匹配、工具支持和服务等功能。资金借入者和借出者通过平台撮合达成借款意向,借款利率由借款人自己设定,网站设定了法定最高利率以避免高利贷的发生。

拍拍贷的风险管理与风险识别技术可以归纳为以下几个方面:

(1)控制平台风险

平台不承诺垫付本息是拍拍贷自创业之初就定下的铁律,拍拍贷首席执行官张俊曾说:"诚实固然无情,确是最有用的风险提醒。"旨在教育投资者自主把控风险。

"不担保、不吸储、不放贷"的原则让拍拍贷损失了一批厌恶风险的投资者,却使平台避免了因垫付功能而产生的流动性风险,有利于长久发展。

(2)建立独立的在线风控系统

拍拍贷的风控系统"魔镜"依靠上千、上万个大数据的自变量,能够对借款人做出较为精准的逾期预测和风险定价,使得审批效率大幅度提升。"魔镜"可以把客户分得很详细,通过客观的视角看待项目。无论是根据客户资质,还是未来逾期率或者不良率，“魔镜”都可以很好地对客户进行区分，并据此进行风险定价，把客户的风险覆盖掉，如此一来，客户群体会越来越大。比如，A级客户逾期率可能在1.5%以内，但最差的客户逾期率可能在8%左右，所以拍拍贷可以更精准地知道自己的定价能覆盖哪些人群。

拍拍贷采用了大数据方法，采集借款人各个维度的数据判定其违约概率、违约成本，据此给出相应的贷款额度、利率区间和风险定价。目前，拍拍贷的信用风险识别模型维度达2 000多个，一个人的参考因子就有400多个。在数据的获取上，拍拍贷与国内包括公安部身份证信息查询中心在内的十几家权威数据中心合作，通过数据查询借款人的身份信息。除此之外，拍拍贷主要依靠互联网上的碎片化信息进行分析，包括社交数据，如微博、QQ、微信上的数据。此外，拍拍贷还与支付宝、敦煌网、慧聪网、盛付通、马可波罗等平台合作，使得用户信息得以共享。

（二）电子商务小额贷款

小微企业、个体工商户是我国重要的经济资源，是最具活力的经济细胞，创造着巨大的社会财富和就业机会。近年来，随着我国政策的引导和推进，小额信贷获得了更大的支持，但还是有许多小微企业无法获得足够的贷款，以至于使得发展受到制约。在互联网金融发展背景下，许多电商企业，如阿里、京东都积极开展新的小额信贷业务模式，让金融科技与小额信贷相结合，推出电子商务小额贷款。

电子商务小额贷款是指电商企业利用互联网、云计算等信息化手段，对其长期积累的平台客户交易数据进行深度的挖掘和分析，通过自建小贷公司或与银行合作的方式，向其平台上的小微企业提供信贷服务，如阿里小贷、京东金融和民生易贷等。

电子商务小额贷款公司从性质上看属于信用中介平台，先通过自身设立的实体或者网络小贷公司向供应商或者消费者贷款，后通过互联网金融平台或证券交易所将获得的资产打包，切割为不同数量、不同还款时间的贷款，再将其提供给不同需求的出借人进行投资,以此获得利差收入,本质上属于金融业务。

专栏 9—2

阿里小贷

2007 年,阿里联合建设银行、工商银行向会员企业推出网络联合贷款服务,即 3 家及 3 家以上的企业组成联合体,无须抵押便可通过阿里向银行申请贷款。向阿里平台提出贷款申请后,阿里对商户的征信信息进行云计算和大数据分析,并将客户资源和信用额度提供给银行做信用评价和贷款审核。审核通过后,商户无须抵押便可通过阿里向银行申请贷款,这种网络联保贷款模式便是电子商务小额贷款的雏形。2010 年,阿里巴巴建立了浙江阿里巴巴小额贷款股份有限公司,以小微企业为主要服务对象,2011 年正式中断与建设银行、工商银行的贷款合作,开始独立发展,阿里小贷依托于阿里巴巴强大的数据库,通过云计算来对用户数据进行分析处理,产生用户的信用数据,以此确定用户授信额度,实现信贷扁平化。随着电商平台在人们的生活中占据着日益重要的地位,电商小贷的规模也不断扩大,相关的产品也越来越丰富。

三、互联网消费金融现状与展望

(一)中国消费金融发展现状

在经济新常态的时代背景下,我国的消费市场存在巨大的发展潜力,消费成为拉动我国经济增长的强劲动力,预计消费占 GDP 的比重将在 2020 年达到 75%。我国的消费金融市场也正处于发展阶段,未来大有可期。

随着我国居民的消费观念的与时俱进、收入水平的逐步提高,消费信贷占总消费支出的占比也逐年提升,2008 年仅占比 3.6%,2016 年已经增长至 16%,但远低于韩国的 41%和美国的 30%。我国消费信贷占 GDP 的比重也仅为7%左右，远低于韩国的24%、美国的20%。我国消费信贷还存在巨大的增长空间。

如果我国消费市场在未来持续扩张，保持预计10%的年复合增长率，预计在2020年将达到46万亿元的市场规模。消费金融（消费信贷）市场在2018年底超过8.5万亿元，预计每年保持20%的年复合增长率，消费金融市场规模将在2020年超过12万亿元。

伴随着居民可支配收入的持续增长、消费理念的转变、“90后”逐渐成为未来5年内的消费主力，以及“95后”“互联网一代”步入社会，中国正迎来新一轮的消费升级浪潮。同时，伴随着金融科技的快速发展，消费群体可以更便捷、高效地选择和使用消费金融服务，这也进一步带动了消费金融行业的爆发式增长。图9—11为2012年至2018年中国人均可支配收入。

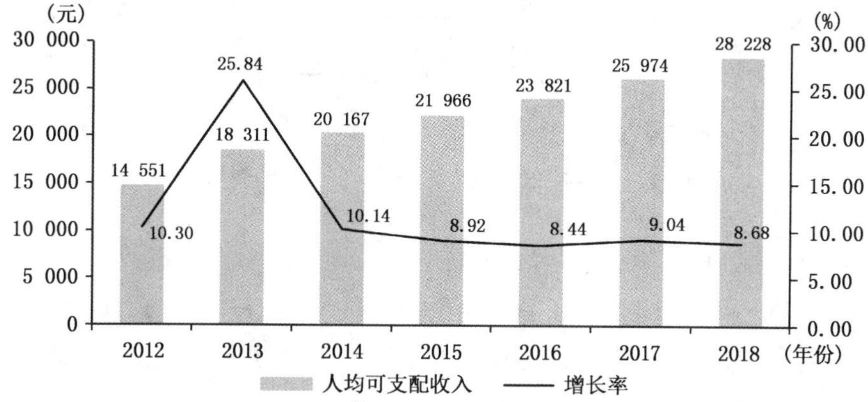

数据来源：国家统计局。

图9—11 2012年至2018年中国人均可支配收入

（二）中国互联网消费金融发展现状

2018年1至12月，全国社会消费品零售总额达38.1万亿元，比上年增长9%。其中，实物商品网上零售额达到7.01万亿元，比上年增长25.4%，增长快于全国社会消费品零售总额（见图9—12）。网上商品和服务零售自2015年来基本上保持30%以上的增长率，截至2018年底，零售额达到9万亿元，比上年增长23.9%,是全国社会消费品零售总额增长率的3倍左右。从此项数据可以看出,互联网消费保持了良好的增长速度,有着巨大的增长潜力,在拉动全社会的消费增长方面起到不可或缺的支撑型力量,在我国经济发展中扮演着越来越重要的角色。

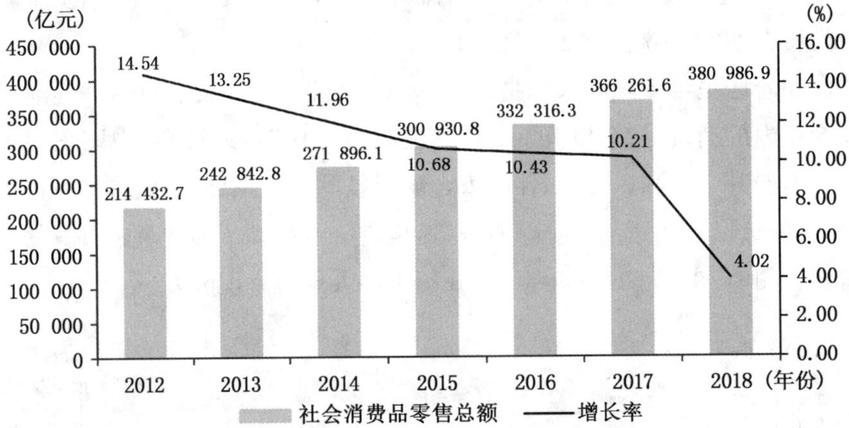

数据来源:国家统计局。

图9—12　2012年至2018年中国社会消费品零售总额

目前,对比美国,我国的居民消费信贷占据国内居民可支配收入的比例并不高,还有很大的提升空间,互联网金融的逐渐普及将持续推动消费信贷的发展和转型。2015年7月18日,央行、银监会、证监会等十部门联合发布了《关于促进互联网金融健康发展的指导意见》,其中定义互联网消费金融为消费金融公司通过互联网开展业务。这个定义较为严格,更加普遍的定义是指由互联网企业、消费金融公司等市场主体出资成立的非存款性借贷公司,以互联网技术与信息通信技术为工具,以满足个人或家庭的买房、买车、医疗、教育、旅游、装修等消费需求,向其出借资金并分期偿还的信用活动。

分期付款是互联网消费金融的重要形式,它可以使消费者在资金暂时不足的情况下提前购买到心仪的产品。目前受众最为广泛的互联网消费金融平台包括电商旗下的信贷分期业务(阿里花呗、京东白条等)和新兴消费分期平台(趣店、乐信等)。

1. 电商系消费金融

电商旗下的信贷分期业务和银行提供的信用卡业务一样，可在授信额度内分期购买商品，与自身的电商平台联系紧密，相辅相成，拥有审批速度快、服务方式灵活、运行成本低、交易成本低等优点，既增加了自身电商平台的业务量，同时也给电商平台的消费者提供了便捷。

蚂蚁花呗和京东白条是目前最主要的电商系消费金融平台，商品分期和账单分期模式大致相同。无论从牌照、商业模式来看，还是场景、审核、授信、免息期、手续费率等方面，花呗和白条提供的消费金融产品业务都相差无几，作为互联网平台，其针对的核心用户都是各自电商平台的消费者和非信用卡用户，与银行信用卡既竞争又互补（见表 9—6）。

表 9—6 蚂蚁花呗和京东白条商业对比

	蚂蚁花呗	京东白条
牌照	重庆市蚂蚁小微小贷、重庆市蚂蚁商诚小贷	上海京汇小贷、重庆两江小贷、重庆京东同盈小贷
依托平台	阿里旗下电商、支付宝	京东商城、京东钱包
商业模式	花呗交易分期、花呗账单分期	商城订单分期、白条账单分期
申请资质	系统评定:芝麻信用分 600 分	系统评估:预筛选白名单制
授信额度	500 ～50 000 元	1 000—15 000 元
免息期	最长 40 天	最长 40 天
分期手续费	账单分为 3 期、6 期、9 期、12 期，对应 2.5％、4.5％、6.5％、8.8％	按照分期期限不同，每月手续费率为 0.5％—1.2％不等
逾期费率	0.05％/天	0.065％/天

资料来源:恒大研究院。

大型电商支付平台场景丰富、流量充裕，具备一定的资金优势，未来发展的主要趋势是与银行联合放贷，利用自身的流量帮助银行进行获客，或者通过科技手段辅助银行精准获客。导流助贷、科技助贷将成为未来电商系消费金融平台发展的主流。

2. 新兴消费分期平台

消费分期平台是一种创新型的小微消费金融商业模式。目前，我国消费分期平台多借助消费场景,主要面向学生、蓝领等低收入阶层,通过 P2P 的方式直接提供消费贷款。2017 年底以来上市的消费分期平台大多有场景依托。P2P 平台频繁暴雷,互联网金融面临越来越强的监管,因此,只有具备场景的平台才能够合规发展消费金融,这也是近年来上市的互联网金融平台的整体特征。

新兴消费分期平台的特点包括:第一,网站注册便捷,可以迅速完成消费,进入门槛低;第二,审贷、批贷、放贷周期短,给客户带来较好的消费体验;第三,基本采取零首付、等额本息方式还款,客户还款压力较小;第四,涉及的消费面广,包含产品消费、餐饮消费、教育消费、培训消费等项目,能够有效满足客户多样化的消费需求。

新兴消费分期平台在资金、场景和风控三方面均不占优,但该类平台大多不与大型电商平台直接竞争,而是深挖垂直市场,探索新兴消费场景。2017 年底至今,互联网消费金融受网贷政策影响,逐渐实现规范发展,网络现金贷被遏制、无资质放贷平台转型科技助贷、导流助贷,典型的如趣店进军汽车金融,融 360 和 51 信用卡专注信用卡生态,并大力发展导流和贷款撮合业务,在细分领域和垂直场景筑起护城河(见表 9—7)。

表 9—7　　　　新兴互联网平台消费金融商业模式对比

	趣店	乐信	融 360	51 信用卡
牌照	网络小贷	网络小贷	网络小贷	网络小贷 P2P
商业模式	电商导流 贷款自营 贷款撮合	电商销售 贷款导流 分期服务	导流	导流 贷款撮合 信用卡账单 管理
获客	支付宝+地推	品牌入驻	合作金融机构	App、银行
资金	信托	P2P	撮合	撮合
场景	现金贷	商品分期	信用卡、助贷	信用卡、助贷
风控	芝麻信用	大数据风控	大数据风控	大数据风控
用户数量	6 000 万	2 000 万	8 400 万	8 100 万

资料来源:恒大研究院。

消费金融借助高效、便捷的互联网，可以构建出投资者、融资者、生产者、消费者共赢的生态圈。未来以生活消费为目的的小额化、短期化的消费信贷将继续扩张，消费人群也将从白领扩展到蓝领、农村人口等。监管也会更加合理、规范，以技术规避风险，以科技监管科技将成为未来的主流。

专栏 9—3

分期乐

分期乐于 2013 年成立，总部位于深圳。分期乐开创了国内互联网小微消费分期的模式，致力于服务高成长性的年轻消费群体和市场信用长尾用户。

1. 商业模式

分期乐在网络前端体现出来的是一个纯粹的网络商城，由京东商城提供商品。传统网络商城的毛利很低，要盈利必须达到相当庞大的规模化销售，相比传统商城，分期乐选择的是大学生购物这一细分市场的分期购物领域，通过分期收取服务费，弥补了纯电商毛利过低的不足。分期乐的商业模式如图 9—13 所示：

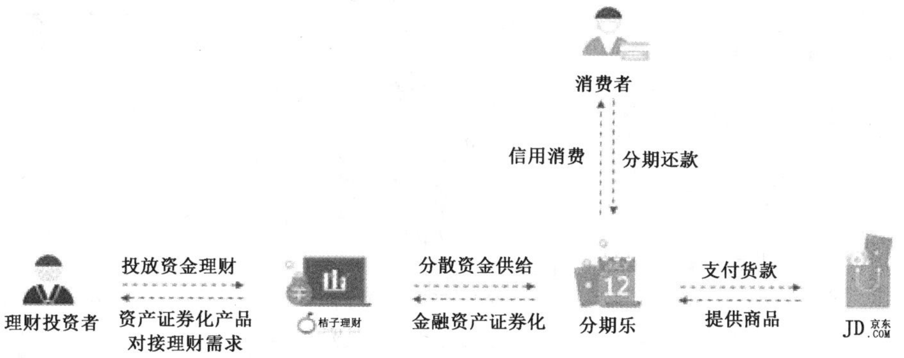

图 9—13 分期乐商业模式图解

分期乐横跨理财端和借款端，并通过两个平台对接完成相关服务。一方面，消费者通过分期乐信用钱包进行分期购物或提现消费，分期乐通过京东等电商平台为用户完成购买、支付,并将商品送至消费者手中,由此获得相应的债权,并完成消费端风控;另一方面,桔子理财代理了分期乐的债权,桔子理财会向其他P2P平台、金融机构出售,或将手中的债券以资产证券化的形式打包成相应的理财产品向理财投资者出售,投资者将获得相应的利息回报,分期乐平台获得资金回流。

首先,分期乐的商业生态将金融与具体的消费场景完美结合,既保证了产品质量,又保证了用户体验在分期过程中不受影响;其次,针对大学生用户的小额消费分期债权的分散处理降低了理财端的金融风险;最后,金融与消费金融场景相结合,保证了真实债权和资金源源不断地快速回流。综合来看,分期乐的优势不仅在于产品本身,还体现在资金、商品和信息链间形成的产业闭环。

2. 风险管理与风险识别技术

2014年初,乐信集团自主研发并推出了智能风控系统——"鹰眼引擎",它是在科技风控领域的一大重要实践(见图9—14)。

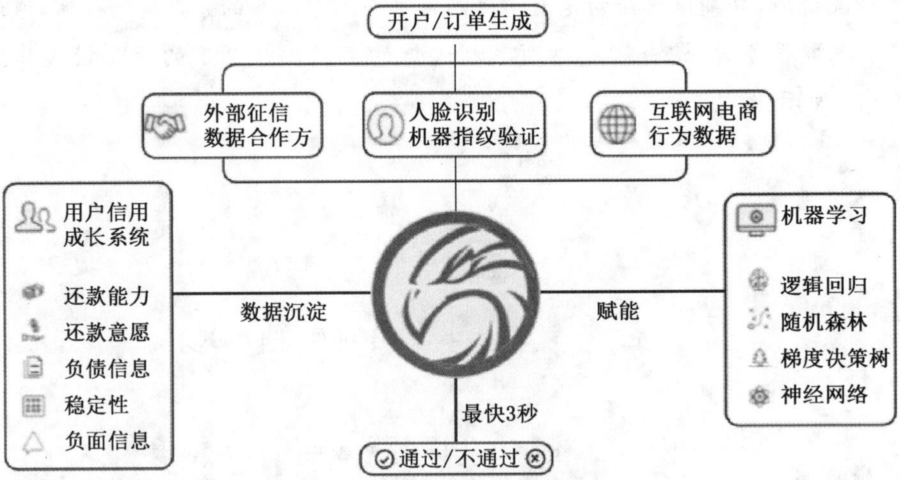

图9—14 "鹰眼引擎"智能风控系统

"鹰眼引擎"主要运用于分期乐电商平台,对用户在消费时发生的消费金融行为进行风控,外部机构合作的数据都会主动进入"鹰眼引擎"中,成为数据原料,然后通过算法对科技风控系统能力进行深加工,得出精准的用户画像,同时还包括运用人脸识别、机器指纹等技术进行交叉验证。

"鹰眼引擎"融合了逻辑回归、随机森林、梯度决策树、神经网络等多种科技风控手段，并囊括四大数据模型体系，即信用评估模型体系、交易风控模型体系、用户风险洞察模型体系、账户管理模型体系，多维度地勾勒用户"画像"。其中，信用评估模型体系涵盖授信平台、额度平台、审核系统平台，通过机器学习、深度学习技术对用户的消费能力、消费行为、消费意愿、还款能力等进行多维度分析，从而对分期乐商城用户进行信用甄别和风险判断，给予不同的授信额度，供银行金融机构放贷参考。交易风控模型体系通过监控用户在分期乐平台上的行为，全程监控用户整个生命周期的轨迹，构建交易风控系统，自动调整用户的信用等级及额度，交易风控系统几乎实现了99%的全系统自动化。用户风险洞察模型体系在用户产生交易后会智能化地为用户生成账单，并对用户还款的各个环节进行精细化运营，确保用户准时完成还款，用户的良好还款行为会提高其信用等级及额度，形成一个良性循环。账户管理模型体系包括反欺诈系统、用户订单智能查询系统、催收系统，对于异常订单，会触发预警机制，实时拦截高风险，通过人工智能主动进行分析，保障用户账户和资金安全；对于风险较高的用户，可通过智能化催收系统提醒还款，帮助用户树立信用意识。目前，"鹰眼引擎"已累计处理超过5 000万个订单，每日处理能力超过300万个，并拥有超过10 000G数据沉淀、超过1 000个数据基础维度和800多个维度的决策规则，已经可以对分期乐商城95%的订单做出自动审核处理，最快3秒钟反馈结果，自动审核覆盖了分期乐平台上1 500多万名用户。与此同时，"鹰眼引擎"还能够通过快速迭代和参数调整，不断完善对用户的精准画像，这些数据会在平台上进行沉淀，从而使用户的信用能够在平台上不断成长。基于"鹰眼引擎"的探索结果，乐信集团还自主研发和推出了用户消费信用评分卡，更加具象地体现用户信用评分，并根据用户风险状态的变化，实时、动态地调整信用评分，成为消费金融信贷服务的预授信依据。

在外部数据合作方面，乐信集团与腾讯、阿里巴巴、京东等互联网巨头合作，将QQ、微信等社交数据，支付宝、微信支付等第三方支付数据，淘宝、天猫、京东等购物数据整合，同时配合接入银行征信和第三方征信公司数据，如鹏元征信、国政通、神州融、同盾、前海征信、聚信立等，进一步完善大数据底层基础。

实践证明,乐信集团的科技风控运用取得了很好的成效,近年来将分期乐电商平台的消费金融资产不良率控制在1%左右的水平。

四、科技在另类信贷业务中的作用

(一)金融科技对另类信贷的前端获客效率的优化

1. P2P 网络借贷

传统的民间借贷是在线下进行的,通常会存在借贷双方不匹配的问题,资金需求者找不到出借人,有多余资金的出借人找不到借款人。随着金融科技的发展,在客户开发上,线下的借贷逐步转变为线上与线下并行的模式,互联网技术的运用使得出借人和借款人的信息能够被有效地传递和整合,借贷双方能够突破时间和空间的限制,从而实现资源的有效配给。

各个 P2P 线上借贷平台的运作模式不尽相同,但办理借贷业务的基本流程大致相同:

(1)出借人与借款人在 P2P 平台上注册为用户;

(2)借款人提交借款需求与相应的信用资料;

(3)平台对借款者的资金需求进行审核;

(4)平台在网上公布通过审核的借款者的详细信息;

(5)出借人根据公开信息进行自主投标;

(6)借贷完成后系统生成电子借条;

(7)借款人根据合约定期向出借人还本付息。

金融科技对前端的优化主要体现为流程(1)。网络借贷平台将大数据应用于平台的客户服务功能,通过大数据来优化客户的开发和服务,具体是指通过互联网技术从各个维度和各个层面来搜集有用的信息,服务于网络借贷业务的用户开拓。

一方面,网络借贷平台可以借助大数据的应用,来锁定精确人群,预测他们的投资意愿和投资倾向。在出借人使用网络借贷平台进行投资时,大数据的应用还可以根据投资者的个人喜好和消费习惯等因素为其提供更为详细的投资信息,定制更为个性化的投资方案。对于借款人,平台可以通过大数据的应用,根据借款人的信用、工作、住所、消费需求等信息,为借款人匹配更加合适的出借人或者贷款产品,以适应借款人的个性化需求。

另一方面,由于借款者具有较强的地域特征,线下的小贷公司可能会拥有当地更多的客户资源和客户信息。网络借贷的线上平台还可以通过大数据的分析来寻求合适的线下合作,与线下的小贷公司及担保公司进行合作,来开发线下的客户,或者进行债权转让。大数据与线下信息整合,可以有效地解决信息不对称问题,更充分地开发平台客户。

2. 互联网消费金融

大数据技术在互联网消费金融领域的发展创新中也扮演着至关重要的角色。互联网消费金融,可以通过大数据采集、筛选来挖掘潜在客户,通过客户的行为数据来构建用户肖像及关系图谱,充分了解客户的个性需求并提供差异化的服务和解决方法,对其进行精准营销。大数据的应用可以以更少的成本开发出更多的有效客户。另外,通过机器学习,可以对客户的信息进行整理、建模,实现对客户关系的管理。

互联网消费金融通常需要资金提供方和消费供给方进行合作,消费与信贷相辅相成,几乎同时发生,与传统现金贷业务消费与信贷分离的情况有所区别。消费信贷需求者通常出现于不同的消费场景下,将生活中的高频场景作为互联网消费金融的切入口,在具体的消费场景中嵌入合适的互联网消费产品,可以抓住不同客户的消费需求,来吸引对应的消费信贷需求。在选择场景时,需要选择生活中常见的场景,比如衣、食、住、行等。这些看似普通的场景反而能更大范围地覆盖消费人群,吸引众多普通消费者。

在开发新的消费场景时,可以通过大数据进行分析,挖掘更多有价值的场景。例如,大学生分期购买手机的情形具有高频度,可以作为有效场景载入消费金融产品。

在同一消费场景下,也可以将消费者按照特征进行分类,如租房场景下,可以分为学生租房和其他租房需求;家装场景下,可以按照装潢层次进行区分。将各种消费需求者进行区分,依托场景化的布局,围绕其个性化的需求定制产品,做到精确化地定位客户,有利于开发更多的潜在消费信贷客户,提供更加专业化的服务(见表9—8)。

表9—8　　我国互联网消费金融主要场景分类

场景分类	服务形式	信贷对象	主要机构
电商场景	在电商平台购买商品和服务时进行分期支付或者小额消费贷款	网络购物消费人群	蚂蚁金服、京东金融、苏宁金融
医美场景	用于购买医疗美容机构服务的消费分期贷款	有整形、医美需求的消费人群	新氧、百度有钱花、丽分期、口袋喵
教育场景	用于购买教育培训产品或服务的消费贷款,包括各种考试培训资料、考试费用、学费等贷款	有学习、提升技能需求的学生或职业人士	百度有钱花、蜡笔分期、京东教育白条
汽车场景	用于购置车辆后的消费贷款	有购车需求的人群	易鑫车贷、车国
旅游场景	用于旅游需求,包括机票、酒店、景点或者一站式服务的消费贷款	有旅游需求的人群	携程、途牛、去哪儿
租房场景	用于租房的消费贷款	有租房需求的学生或工作人士	58月付、会分期、自如白条
家装场景	用于住房家装,包括设计、施工、家具购买的贷款	有装潢需求的人群	小窝金服、居分期
婚庆场景	用于婚礼设计、婚礼筹办等消费贷款	有婚庆需求的人群	结婚贷、新婚宝
其他消费场景	为其他消费场景提供服务的消费贷款	有其他消费需求的人群	其他互联网消费金融机构

(二)金融科技对另类信贷的业务创新

1. 网络借贷的业务模式

P2P网络借贷平台的业务模式通常是将借款人的债权出售给投资人(即出借人),资产端为借款人的债权。P2P网络借贷平台初期的主要业务大多是个人对个人的借贷，但是随着市场竞争的愈发激烈，以往大而全的业务模式已经无法满足 P2P 网络借贷平台未来的发展，各个 P2P 平台开始寻求新的创新，开发自己独特的业务模式，从而实现新的增长点。

对于资产端，P2P 深入细分领域挖掘差异化的资产供给来寻求创新，与其他互联网金融行业进行合作，比如以供应链债权为资产端，以融资租赁应收款债权为资产端，以银行或商业票据为资产端，或者直接对接消费金融的债权。P2P 平台切入细分领域，有利于其继续保有优质资产并吸引投资者（见表 9—9）。

表 9—9　　P2P 平台行业细分情况

细分资产	代表平台
供应链金融债权	爱投资、银湖网、海易融、道口贷
融资租赁应收款债权	拾财贷、爱投资、今日捷财
银行或商业票据	京东票据、陆金所、金银猫、票据宝
消费金融债权	金蛋理财、玖富金融、积木盒子

2. 网络借贷的交易方式

在交易方式上，区块链技术在未来可能能够帮助 P2P 平台加快转型。如本书第五章所介绍，区块链是一串使用密码学方法相关联产生的数据块，可以在保障交易者身份信息安全的情况下，将所有交易信息在网络平台内进行实时直播，每一个人都能获得相同的信息，也就可以实现一个“去中心化”的创新性信用系统。区块链去中心化的特征奠定了金融脱媒的技术基础，交易都是在既定的交易规则下进行的，无须加入第三方的管理。区块链中的信息是全公开、透明且无法篡改的，保障了交易的真实性、可靠性。

区块链的技术能够帮助网络借贷平台真正实现点对点的直接交易。在区块链的支持下，P2P 借贷平台实际上实现了一个新的技术规则，即平台只是作为一个信息中介，而不是信用中介，为借款人和出借人提供借贷的服务场所，不接触参与者的资金，实现安全、合规的交易。借款人和出借人都能够在公开、公平的环境下进行交易。

区块链技术也能够帮助网络借贷平台开展智能合约的业务模式，使得借贷信息更加公开、透明，使借贷资金的安全更有保障。由于整个交易都是在区块链技术的基础上完成,所有事先公布的信息都已经记录在智能合约中,智能合约持续跟踪出借资金的使用情况,用于确保所出借的资金只能用于约定的用途。一旦借款人无法偿还借款时,智能合约可以强制对合约约定的贷款抵押物进行处置,以确保出借人的权益不受侵犯。

3. 消费信贷

电商系消费金融平台,可以利用自身的一系列优势来对产品和业务进行优化。

第一,利用用户黏性自动匹配消费信贷。电商平台利用其自身电商平台的流量优势,实现场景流量变现,逐步将业务拓展至金融服务领域,通过与自有线上、线下消费场景的强关联打造消费及金融服务生态闭环。包括阿里、京东、苏宁在内的各大电商平台具有天然的客户优势,平台积累的庞大的消费人群对平台有很强的用户黏性,在客户需要消费信贷时会更愿意选择在消费的同时取得快速信贷的方式,所以电商平台利用它们本身平台的用户黏度,建立自动化流程来自动匹配消费信贷,来建立与旗下的消费金融公司的联系,将产品快捷、易用地传递给消费者。

第二,利用服务渗透能力来优化业务运作。电商平台能搜集消费者在线上消费的记录,智能化分析用户的消费行为和消费习惯。在对消费者进行精确化分析后,平台设计出恰当的互联网消费金融产品,解决用户支付不便或者资金紧张的问题,如此扩展了电商系消费金融平台的业务,具有很强的渗透性。例如,2013 年京东金融开始独立运营,2014 年消费金融产品“京东白条”推出,2015 年推出外部消费场景的“京东白条”,拓展除电商平台以外的业务,2016 年推出“京东金条”,进一步拓展消费信贷业务。

4. 征信系统

征信是金融业务的基础。征信系统通过大数据对筹资者进行信用评估。目前我国征信系统还不够完善,大多数企业的客户信用信息是相互独立的,另类借贷行业很容易产生信息不完善而带来的信用风险,需要建立一个统一的征信平台为行业提供基础的数据支持。传统的征信机构(鹏元、中诚信)与互联网征信机构(芝麻信用、腾讯征信)合作,共享自身的数据资源,共建统一的征信体系,与侧重传统银行的央行征信中心形成差异互补,能很好地填补市场空白，促使金融行业形成完备的大数据征信体系，为用户提供更加全面、清晰、安全的金融业务，提升整个互联网金融行业的安全程度。

百行征信有限公司（简称“信联”）是拿到首张个人征信牌照的公司，主要股东涵盖了消费、借贷、保险、理财以及专业征信技术等方方面面的征信机构，包括互金协会、芝麻信用、腾讯征信、前海征信等各领域征信的先行者。信联的数据源广大且质量高，但是目前存在的问题是各平台对个人信用评价的模型算法还不统一，未来的发展方向是形成统一、确定的征信模型，以确保信用数据能更加便捷、高效地在业内传递。

5. 风险控制

风险控制是指风险管理者采取各种措施和方法，消灭或减少风险事件发生的各种可能性，或风险控制者减少风险事件发生时造成的损失。

(1)大数据技术加强风控

大数据风控即使用大数据来进行风险控制，通过运用大数据构建模型的方法对借款人进行风险控制和风险提醒。事实上，每一家 P2P 平台都应有自己的风控措施，但是行业仍然经常暴雷，出现风控问题，这是因为大部分平台的风控系统还不够完善，不成体系。其中，过度授信的问题尤为严重，很多平台并没有对借款人进行深入的调查和风险评估便随便出借资金，从而造成大量的损失。风控手段不成体系，有头无尾，支离破碎，将在很大程度上增加平台的风险，平台必须将贷前、贷中、贷后的风控有机结合起来，才能实现严密的风控体系，减少漏洞。

P2P 平台可以通过大数据，来采集大量授信企业和个人的信息数据，整合为数据库，并以此为基础建立数据模型，以更好地管控贷前风险。常用的数据模型包括信用评级模型和违约概率模型。信用评级模型是通过对借款人的年龄、工作、家庭等信息进行收集，再代入大数据模型中计算出借款人的信用等级，以此来估计违约风险。平台需要对数据库进行实时更新以确保违约风险预测的准确性。违约概率模型是通过大数据的应用，对历史数据进行分析，从而预测出较准确的用户违约概率。

随着互联网消费金融的蓬勃发展，行业内企业数量逐步增多，各类型场景的消费金融公司百花齐放，但由于我国互联网消费金融的法律法规还不够完善,导致行业行为不够规范,容易出现恶意欺诈行为。比如消费信贷套现行为,此类欺诈行为通常发生在贷中,利用大数据技术,可以使互联网消费金融的各个流程更加规范,精准地识别客户的基本信息、借贷需求是否存在异常值,从而提高反欺诈的能力。比如,有的客户借款后未将借款使用于规定的用途,大数据能从贷前的信息分析识别出异常客户,阻止借贷行为的发生。

风险管理需要一个全面的流程,而不是仅仅关注放贷之前,放贷之后反而是风控的重点节点,很多异常情况往往会出现在放贷之后,比如互联网消费金融的借贷者取得贷款后将自己名下的固定资产出售,或者产生其他增加还款风险的事项。这些贷后才出现的异常信息不能被忽视,但贷前风控流程无法审核。运用自动化技术来生成可拓展、个性化贷后管理方案,自动对客户在贷款后的网络行为进行追踪,当识别出客户还款风险增加到一定程度时,便提示催收部门,采取主动催收等止损措施,能最大限度上避免损失。

(2)区块链技术加强风控

另一种可以加强风控的手段是区块链技术,其一大特征是信息的不可篡改性,可以将区块链这一性质运用于 P2P 借贷的征信流程中,将真实的交易记录完整地存档,这些信息既包括出借人和借款人的交易信息,也包括违约信息。由于信息一旦被记录在区块链中便无法篡改,所以 P2P 网络借贷的参与者可以通过查看被记录的信息来获悉对手真实的信用情况。征信问题在区块链的应用下有一定程度的缓解。

P2P 网络借贷平台的所有交易记录都被记载在区块链中,监管机构可以更全面地了解到平台交易的发生、交易余额、参与者数目、交易违约等情况,减少无效的调查时间,进一步提高监管效率。同时,当整个 P2P 网络借贷行业都使用区块链来记录交易信息后,信息披露会更加真实、可靠,劣质平台会因为屡屡触犯法律底线而面临市场出清,优质平台会获得更大的市场份额。

专栏 9—4

京东白条——天网风控系统

京东白条是京东商城推出的允许消费者在京东商城购买所销售的商品时

进行赊购(即先收取商品或享受服务后付款)的一项金融服务,是业内第一款互联网消费金融产品。在京东网站使用白条进行付款,可以享受账期内延后付款或者最长24期的分期付款方式。

小额消费信贷套现行为通常发生在贷中,不良客户和不法商家联合进行不法套现,将损害电商平台消费金融服务商的利益。京东通过大数据基础、云计算以及机器学习等科技手段研发出的"天网"风控系统可以有效地防止京东白条的套现行为。"天网"风控系统包含业内领先的实时风控系统、订单监控系统及用户信用评估系统等子系统。实时风控系统会在用户使用京东白条时,实时地将账户当前的设备环境、操作行为与用户的历史数据进行对比,有效地保障了用户的支付安全,防止了被盗号的风险。订单监控系统直接连通京东自营物流配送系统,京东白条的订单提交后,会实时监控该订单,并且通过大数据模型智能地识别出高危地址库等信息,对高风险订单实行预警。用户信用评估系统则是通过用户画像,有效识别高风险用户。目前,"天网"风控系统已经在防止套现、账户安全保护等方面取得了显著的应用效果。

蚂蚁花呗——智能套现识别系统

CTU系统是蚂蚁金服风险管理的核心系统,通过数据分析、数据挖掘进行机器学习,自动更新完善风险监控策略。CTU系统涉及的技术除了常见的短信验证、安保问题验证、设备及银行卡信息验证、历史交易数据验证外,还应用到最新的指纹、人脸、虹膜等生物技术来提高验证的可靠性。

1. 基于生物识别、机器学习和大数据处理的套现识别系统(见图9—15)

长期以来,在打击利用"花呗"非法套现及诈骗方面,依托蚂蚁金服自主研发的智能实时风控系统(CTU系统),蚂蚁花呗打造基于海量数据的智能风控大脑、反欺诈决策引擎以及合作伙伴的联防联控机制的反套现风控系统。

每天有上亿笔交易在支付宝平台产生,最高峰值每秒有8万多笔交易。每笔交易,CTU系统都会进行8次风险检测:通过网络环境、使用设备和本人此前的使用习惯等多个纬度,来判断是否本人在使用这个账户,并在此基础上再判断资金、个人隐私、相关数据有无风险。整个过程耗时100毫秒,既保障安全,又不会干扰到用户的操作。

定不同的客户在不同的时间最优的催收方式和催收频率,以此构建智能化催收策略,选择合适的资产处置方,通过大数据技术调查补全相关信息,为债权人和债务人提供信息沟通渠道,有利于拖欠款项的回收。

参考文献

[1]Jay D. Wilson, Jr:《金融科技:FinTech 定义未来商业价值》,中国工信出版集团,2018。

[2]林华:《FinTech 与资产证券化》,中信出版社,2016。

[3]中国人民银行中关村国家自主创新示范区中心支行课题组:《互联网消费金融对传统消费金融:冲击与竞合》,《南方金融》,2016 年第 12 期。

[4]钱金叶、杨飞:《中国 P2P 网络借贷的发展现状及前景》,《金融论坛》,2012 年第 1 期。

[5]王李:《互联网金融时代“银行小贷”与“电商小贷”模式对比研究——基于小微企业、个体工商户融资需求满足性的视角》,《社会科学战线》,2015 年第 7 期。

[6]罗晶、徐培文、刘海二:《互联网消费金融与中低收入者的消费信贷选择》,《湖南财政经济学院学报》,2016 年第 10 期。

[7]九次方大数据研究院:《如何运用“大数据风控”助力 P2P 发展?》,《国际融资》,2015 年第 11 期。

[8]程雪军:《论我国场景消费金融发展与风险防范》,《金融与经济》,2018 年第 9 期。

[9]杜娟:《基于场景理论的互联网消费金融设计研究》,《商业研究》,2017 年第 14 期。

[10]艾媒咨询:《2019 年全球及中国 P2P 网贷行业研究与风险预警报告》,2019。

[11]网贷之家:《2018 中国网络借贷行业年报》,2019。

[12]零壹财经・零壹智库:《P2P 网贷合规备案进度全景报告》,2019。

[13]苏宁金融研究院:《互联网金融行业 2019 第二季度报告》,2019。

[14]金融城:《消费金融风控创新白皮书》,2017。

[15]恒大研究院:《中国消费金融玩家:谁将勇立潮头?》,2018。

第十章

科技与金融监管

面对以信息技术为代表的科技进步，信息传播方式和传播速度的变化均发生了巨大变化，金融机构合规部门面临诸多新的挑战。各国监管合规成本持续上涨，成为制约经济发展的一项重要因素。以美国为例，2008 年次贷危机以来，监管成本一路走高并长期保持在较高水平。例如，2013 年，美国 3 485 家上市公司的平均审计成本达 710 万美元。为了适应当前经济和金融发展新特征，科技也可以显著改进监管的流程和效率，降低金融机构的合规成本等。英国金融市场行为监管局(FCA)于 2015 年底提出了“RegTech”(合规科技)的概念，即高效、低成本地解决监管与合规要求的科技创新应用，主要应用对象是金融机构。

科技的发展改变了金融业务的风险特征。大数据的运用、信息的安全加速了风险外溢，给现行监管部门带来挑战。如何利用监管科技(SupTech)来提高监管效率？自 2017 年以来，中国证监会启动内幕交易初步调查 386 起，立案调查 117 起，对 122 起内幕交易案件做出行政处罚，移送公安机关 23 起，各种类型的内幕交易案件屡禁不止。

换句话说，科技对于监管的作用包括两方面：一方面是金融机构如何利用科技满足监管的合规要求，另一方面是监管机构如何利用科技对金融机构进

行有效的监管。从2012年开始,合规科技(RegTech)和监管科技(SupTech)开始不断崛起,如图10—1所示:

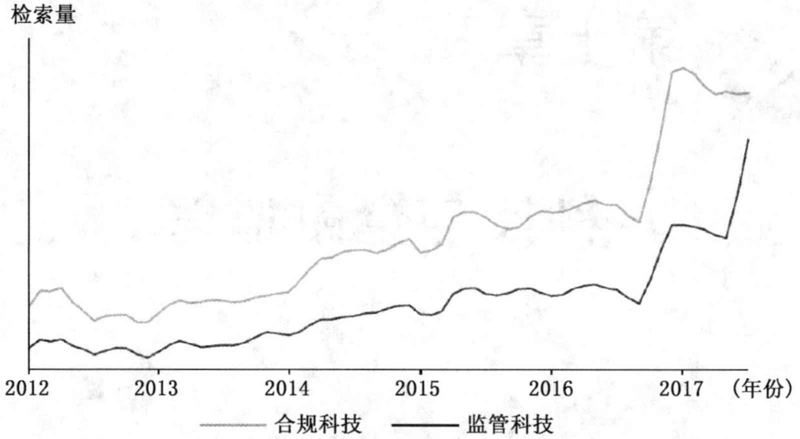

图10—1 合规科技和监管科技检索量[①]

一、合规科技(RegTech)出现的背景

2008年的全球金融危机之后,金融部门的监管随之加强。十年过去了,新规的浪潮几乎没有减弱的迹象(见图10—2)[②]。这些新法规不仅涉及资本和流动性要求,还涉及消费者保护、洗钱、数据访问、隐私、网络犯罪等。遵守这些法规并适应其战略意义已成为首席风险官、首席运营官等金融机构高管的主要关注点。

这些监管要求加剧的直接后果是满足合规要求的复杂性和合规成本上升。比如说,合规部门的职员数量持续增长。据Oliver Wyman估计,合规部门员工已占总员工人数的10%到15%,他们的工作主要是与监管相关的文书工作。自2008年以来,投资银行在合规方面的支出增加了两倍。据《金融时

① CB insight:《全球监管科技发展趋势报告》,2017.

② Subas Roy, Michael Heaney, Hanjo Seibert, Regtech on Rise. 2018 Oliver Wyman.

报》一篇文章，全球银行业的合规成本为 7 800 亿美元，不仅是金融机构受到更繁重的监管环境的负担，而且还有他们的客户。例如，由于反洗钱和 KYC 法规，对于客户开设银行账户这一简单业务，变得更复杂和耗时。金融机构的合规成本最终会转嫁为客户成本，也将影响股东回报。

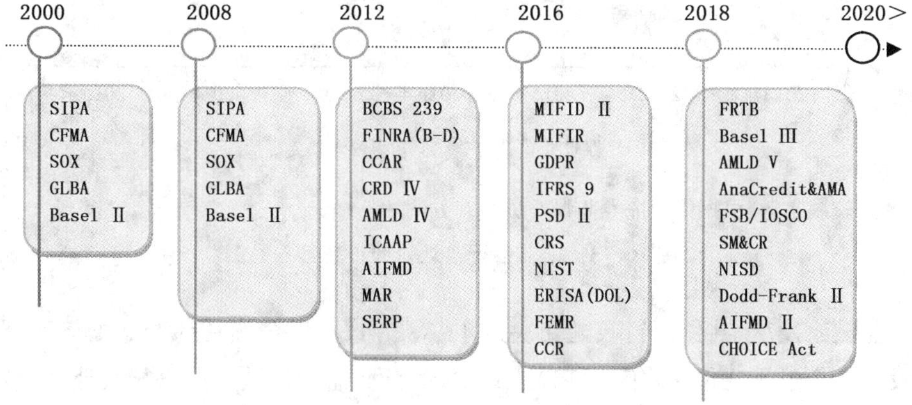

图 10—2　监管态势演进图

最近几年里，我国金融机构也面临日渐趋紧的监管环境。“一行两会”对我国金融机构的处罚和监管力度一直保持在一个很高的水平。根据中国证监会及其派出机构公开披露的信息，2018 年，证监会对于证券公司及从业人员所采取的行政处罚和行政监管措施共计 114 项，罚没金额共计 7 989.75 万元。其中，罚款金额 5 647.27 万元，没收金额 2 342.48 万元；针对机构罚没款 4 378.64 万元，针对个人罚没款 3 565.41 万元。在采取的处罚措施中，主要有罚款、责令改正和出具警示函，对于少数违法违规较严重的机构和个人，采取暂停业务、暂停新增客户或撤销资格等监管措施。从行政处罚和市场禁入两个指标看，监管也一直有趋严的态势(见图 10—3)。

同样地，银保监会以强化金融监管为重点，以防范系统性金融风险为底线，始终保持整治金融市场乱象的高压态势，持续加大行政处罚力度，从严打击重点领域违法违规行为。根据中国银保监会官网数据统计，2017 年至 2019 年第二季度，银保监会系统严厉查处违法违规行为，有效规范市场秩序，促进

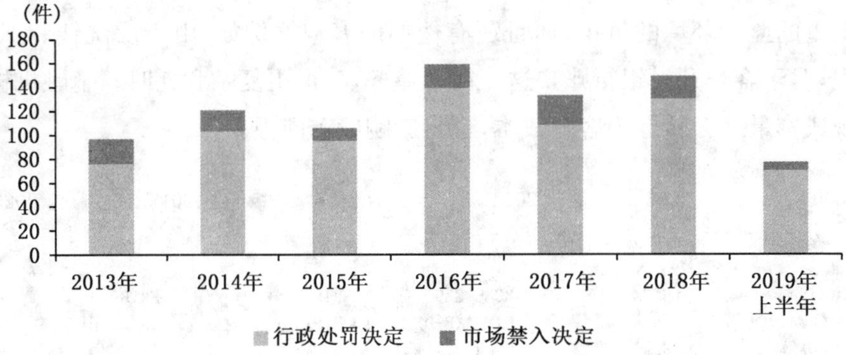

资料来源:根据中国证券监督委员会官方网站整理。

图 10—3　证监会行政处罚和市场禁入数据

行业健康发展,共做出行政处罚决定 11 735 份,罚没金额总计 59.41 亿元,罚没金额超过了之前 10 年的总和。其中,银行业监管领域共做出行政处罚决定 8 888 份,合计 54.88 亿元;保险业监管领域共做出行政处罚决定 2 847 份,罚没合计 4.53 亿元。从 2011 年开始到现在,银保监会持续加大对金融机构的监管力度,见图 10—4:

资料来源:根据中国银行保险监督委员会官方网站整理。

图 10—4　银保监会规章及规范性文件

随着合规成本的上升和监管态势的趋严,合规科技(RegTech)也应运而生。目前,大部分的合规科技都是围绕被监管部门为降低合规成本而展开的,为它们新的合规需求提供技术解决方案,帮助它们有效地规避现有的监管法规。

合规科技不是一类新生的技术,但是像其他的技术一样,正经历快速的发展期。下面将合规科技的历史分为三个阶段[①],如图 10—5 所示:

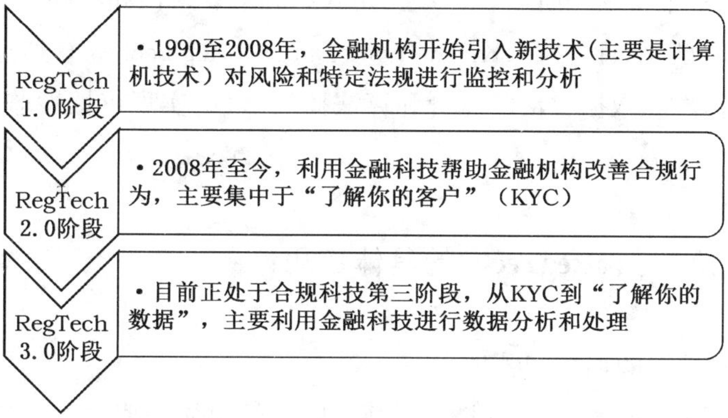

图 10—5　合规科技的发展

1. RegTech 1.0 阶段

2008 年金融危机之前,大型金融机构就已经开始应用风险价值以及其他电脑化的交易模型对风险和特定法规进行监控和分析。金融机构开始因为合规性目的而大量使用科技,我们将此阶段称为 RegTech 1.0。

2. RegTech 2.0 阶段

从 2008 年至今,RegTech 提出了针对复杂的新法规、金融机构面临的诉讼、监管补救领域以及整体降低合规成本的解决方案,我们将此阶段称为 RegTech 2.0。这主要因为在金融危机之后,金融机构面临巨大的合规成本,对于合规服务的需求激增。这些公司针对后来出台的法规,如 PSD 2(开放式银行)、MIFID II、4MLD 和 GDPR,围绕 SaaS 和 Open API 的模型提供解决方案。他们还基于大数据技术提供数据处理服务,如数据收集、监控、分析和报告等。

① KPMG. There's a revolution coming,kpmg. com/uk/regtech.

3. RegTech 3.0 阶段

RegTech 3.0 具备了过去的学习经验以及世界各地监管机构和政府的大力支持,正处于合规科技新时代的拐点。在大多数金融机构还在被动地应对3C(合规性、成本和复制性)时,一些进步的公司遵从 RegTech 3.0 的"召唤",开始进入了一个全新的阶段。这些公司开始寻求复杂性和不确定性的解决方案,并使其转型为数据公司(Know Your Data)。RegTech 3.0 通过监管数据共享与集成,建立数据驱动的监管和算法监管,最终实现审慎性监管,防范金融风险。

二、合规科技(RegTech)的具体应用

1. 风险数据的加总和管理

金融监管越来越多地受到数据的驱动,监管机构需要更大力度和更频繁的数据。风险数据指遵守审慎监管规定所需的数据,通常是定量的,并且数据质量上要求是结构化的,定义明确、准确和完整的。

巴塞尔委员会的《有效风险数据加总和风险报告原则》,针对全球系统重要性银行(GSIB)的内部基础设施设定了具体要求,以汇总风险数据。[①] 具体包括 GSIB 的数据加总应主要基于自动化,并应该包含所使用名词的定义字典,以保证数据定义的一致性等。但在实践中,风险数据的汇总通常是劳动密集型任务。金融机构通常拥有庞大的遗留 IT 系统,由较旧的技术组成。监管和法律要求也可能导致下属机构的系统互不兼容。此外,不同司法管辖区对金融产品定义的不同也使数据难以汇总。例如,如果一个司法管辖区的"短期债务"的定义不包括回购债券协议,而是将其包含在另一大类中,则这些数字将不能汇总。针对上述问题,以下合规技术有助于改进数据的加总和管理:

云技术和开放平台可以创建标准化的共享程序功能。共享实用程序可以为单个金融机构中的不同子公司提供服务,例如,云上的中央数据存储库。当

① Basel Committee on Banking Supervision, "Principles for effective risk data aggregation and risk reporting," *Basel*, January 2013.

共享实用程序为整个行业的多个组织(例如 KYC 实用程序)提供服务时,它将使银行能够优化其核心流程,并且也能够从规模经济效应中获得收益。这些技术可以降低合规成本,提高监管和合规性应用的扩展性和灵活性。这种共享功能还可以推动数据标准化以及监管合规性的简单化。当然,这种共享程序功能也面临一些挑战,主要包括机密性、安全性、维护责任、可靠性和数据质量。通过识别大型数据集中复杂的非线性模式,基于机器学习的数据挖掘算法可以帮助组织和分析大量非结构化数据。数据挖掘算法通常对于探索高容量或高维数据非常有效。通常地,该算法也是为通用应用程序设计的,可以处理非结构化数据。

2. 建模和预测分析

在建模和预测分析上,压力测试是金融机构面临的最苛刻的监管要求之一。金融机构应使用包括定量分析和定性分析在内的多视角技术来实现其压力测试计划。① 比如,一家美国投资公司曾需要每个业务部门对受到 2 600 个宏观经济变量影响的收入流进行建模分析,以确定这些变量中最为关键的变量,然后纳入该集团的风险管理模型。

合规科技可以帮助改进风险模型,创建更准确和更精细的统计分析方法。机器学习可以识别大型数据集中的复杂非线性模式,并制定更准确的风险模型。通过机器学习开发的新型模型提供了比以前更深入的数据洞察力。例如,Khandani,Kim 和 Lo 开发了一种通过机器学习算法改进消费者信用风险模型的方法。②

3. 交易监控与身份验证

反洗钱、反恐基金和制裁条例要求金融机构向监管机构报告其交易数据,并要求这些金融机构根据交易中的元数据识别和标记可疑交易。③ 金融机构

---

① Basel Committee on Banking Supervision,"Principles for sound stress testing practices and supervision,"*Basel*,May 2009.

② Khandani,Amir,Adlar Kim,and Andrew Lo,"Consumer credit risk models via machine learning algorithms,"*Journal of Banking and Finance*,2010,34(11).

③ 例如,由金融行动专题组(FATF)设计并根据国家法律管理的反洗钱/反恐怖主义金融标准,以及联合国安全理事会、外国资产控制办公室等制定和执行的制裁制度。在美国,欧盟的欧洲对外行动服务(EEAS)和英国的财政部。

需要对交易进行事后检查，并实时监控，阻止或报告所有非法交易。因为大部分的支付交易（特别是国际上的交易）是在不同银行系统内进行的，这些系统的运作十分复杂。缺乏统一的全球支付标准意味着不同的系统使用不同的元数据或者意味着将元数据提交到交易系统的能力不同，例如，字段大小限制的不一致，这就会使得一个系统中的交易信息成为另一个系统的噪声。这些问题使得用于识别可疑交易的元数据解释过程变得复杂化。

反洗钱、反恐基金和制裁条例也规定了“客户尽职调查要求”(CDD)。了解您的客户(KYC)是 CDD 金融监管的关键领域之一，需要通过分析不同的信息来源（公共和私人）来识别客户和业务合作伙伴（包括自然人和法人）。KYC 标准通常由金融行动特别工作组(FATF)在全球范围内制定，并根据国家法律进行管理和调整。由于了解您的客户(KYC)是跨境的，受到司法解释的复杂性和差异性的影响，因此，许多金融业务（特别是代理银行业务）越来越需要在不妨碍流程有效性的情况下提高 KYC 的效率。

区块链上的数字身份可以实现及时、高效且可靠完成 KYC 这项工作。例如，由若干服务提供商开发的 KYC 公用事业公司将相关的调查信息和数字身份信息存储在单个存储库中，以便于随时调用。这些公共平台具有相当大的前景，许多金融机构对此类技术解决方案都非常感兴趣；然而，对于有效依赖这些公共平台还必须有一个现实的评估。另外，通过与生物识别技术相结合，实现指纹和虹膜扫描、人脸识别以及远程护照识别，可以更有效地验证个人身份和更快地完成金融服务。

4. 监测组织内部行为和交易任务

监测组织内部行为主要是对组织成员的决策和行为信息进行定性分析和管理。因为金融机构这类公司属于劳动密集型的行业，监控组织内部行为是很难实现自动化的。许多金融机构仍在寻找提高检测内部行为和合规监督效率的有效方法。使用量化指标进行公司内部行为检测和风险控制是一种不可逆转的趋势。麦肯锡的研究报告中已经提到：现有金融机构的内部监管机构不再接受关于内部风险评价的定性陈述。[①] 通过非结构化数据分析与自然语言处理技术相结合的方法,我们可以解决组织内部行为和文化的监控。利用机器学习工具可以实现自动化系统输入非结构化数据,例如,自动生成电话呼叫记录、电子邮件和 pdf 文件。

金融产品交易受到来自多个方面的监管。金融市场的参与者需要管理他们的风险并拥有适当的风险管理框架。例如,美国证券交易委员会将风险管理要求扩展到包括高频交易员在内的所有参与者。除非已遵守所有关于预先设定的规定,否则不允许超过预先设定信用额度或资本门槛的订单进入市场。金融衍生工具通常是受到单独监管的,例如,欧盟的 EMIR 指令[②]和美国证券交易委员会的 CFTC 规则。这些法规鼓励场外衍生品的标准化,并要求通过中央对手方(CCP)清算标准化衍生品。根据上面讨论的法规,金融机构如果想要在金融市场上进行高效的交易,需要能够实时地处理多种任务的系统。例如,需要这些系统可以实时计算保证金和资本要求,选择一个合适的中央对手方进行交易。

利用强大的计算引擎允许实时的风险管理和抵押品管理。[③] 金融机构也越来越依赖实时计算能力来快速、有效地进行衍生品交易,并满足合规要求。云分析也越来越多地用于实时分析。云分析是一种集成技术架构,可以以千兆字节的规模传输和融合不同的数据类型,具有先进的预测分析功能,将这些技术结合金融机构自身的内部监管框架,从而产生实时分析能力,可以满足监管的实时合规要求。[④]

5. 跟踪监管动态

对于金融机构来说,随时追踪监管部门的新规已经是一件不简单的工作。

---

① McKinsey & Company,"The future of bank risk management," McKinsey Working Papers on Risk,December 2015.

② EU Regulation No. 648/2012.

③ Opelia,Nancy,"Real-time risk management: prime brokers are racing to upgrade infrastructure and core technology",CFA Magazine January-February 2006.

④ 集成的实时分析技术架构包含必要的技术平台,公共云或私有云,单个安全数据存储库,高吞吐量、低延迟摄取管道,由分析工具提供支持,可由合规专业人员操纵相关工具数据科学技能,以创建可自定义的数据可视化。

但是这还远不够,金融机构需要实时确定适用于自身的监管新法规,分析新规对企业的潜在影响,并将相应的报告和合规义务分配给相关的单位,这将是一项复杂的任务。完成这些任务需要大量的人力资源。特别是对于一些大型的金融机构,其分公司和部门位于多个不同的司法管辖区,面临着不断变化的区域性和全球性法规。当不同的监管机构以不同的格式和方式发布各种新法规时,如何相互比较和分析这些法规,以及它们在哪些方面是一致或是不同的,然后在机构内部以高效的方式发布这些新规,这些都是一项艰巨的挑战。

利用金融科技技术制作的“监管雷达”软件可以在一个包括所有新规的数据库中捕获新法规的流程,允许金融机构评估法规对公司的适用性。然后,它可以将公司当前合规流程所需的法规与任何重叠的现有法规进行比较,以确定是否需要对现有的法规进行变更。最后,它还能确保将新法规中的相关义务分配给相关的金融部门。[①] 上面简要介绍过的机器学习可用于分析非结构化数据(例如,电子邮件、口语、pdf 和元数据),有利于金融机构更加了解监管动态。机器学习还可以帮助规范法规的公布和分析。

三、监管科技(SupTech)出现的背景

金融与科技融合发展是经济社会信息化水平、智能化水平提高的一个重要方面,同时也是全球金融创新的热点。为了适应这一趋势,全球越来越多的国家开始制定支持金融科技发展的战略规划。但对于金融科技公司的监管难点在于,金融科技公司可以在非常短的时间内完成从规模太小而不必要关注(too-small-to-care)到规模庞大而不能倒闭(too-big-to-fail)的过程(见图10—6)。换言之,盈利能力和市场覆盖力的迅速提高,伴随着的是风险的快速膨胀,这对监管者的反应速度和应对能力都是很大的挑战。通常监管者扮演的都是较为审慎的角色,平稳有序、有迹可循的增长对监管者建立监管模型是非常有帮助的,但很明显金融科技并不符合这个特点,所以要借助更多的科技

---

① 认知计算使用诸如机器学习、神经网络、自然语言处理和行为智能等应用的超集来解决以模糊和不确定性为特征的复杂情况。IBM 已将其定义为“大规模学习,有目的、理性的自然与人类互动系统”。

手段来帮助实现监管目标。

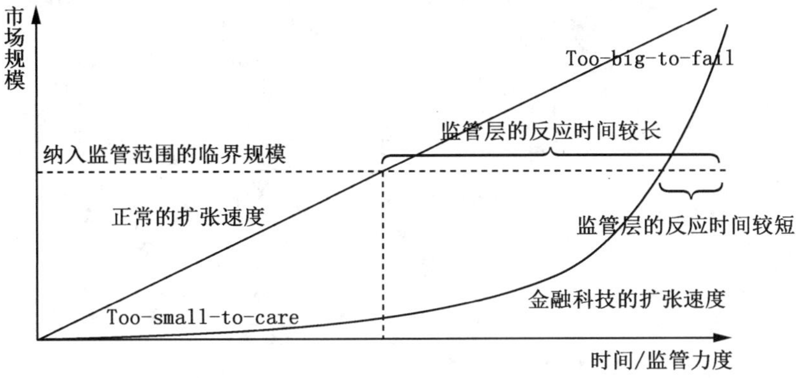

图 10—6 市场规模与监管需求

具体来说,我国监管科技出现的背景包括:

首先,从宏观层面上看,随着我国金融业对外开放的力度不断加大,监管部门面临的风险和挑战也在加大。比如,2019 年 7 月 20 日,国务院金融稳定发展委员会办公室推出 11 条金融业对外开放措施,包括:允许外资机构在华开展信用评级业务时,可以对银行间债券市场和交易所债券市场的所有种类债券评级;将原定于 2021 年取消证券公司、基金管理公司和期货公司外资股比限制的时点提前到 2020 年;允许外资机构获得银行间债券市场 A 类主承销牌照;进一步便利境外机构投资者投资银行间债券市场等。既然扩大了金融对外开放,金融风险的防范不能从简单的事前这样一个环节去把握,更重要的是对事中和事后进行监管。客观上来说,扩大金融业的对外开放和金融监管风险不存在必然的矛盾,重要的是需要监管机构采取更多的有效措施来管控风险。这就非常必要采用监管科技(SupTech)技术。

其次,随着我国日新月异金融产品的出现。一是新型的金融产品(P2P、众筹、数字货币等)、模式(移动支付、互联网保险、金融科技公司和传统金融机构合作)层出不穷,监管机构要监管的东西也在增加,资金、数据等方面的监管投入也随之增加。

最后,一些改头换面的违法违规交易需要特别监管。比如说,在一些互联网金融平台中存在异常的互联网金融网站(见图 10—7)以及网贷引申出来的跑路贷事件。这类风险事件频发,仅靠人力识别无法做到,这些都是需要用到监管科技技术的。

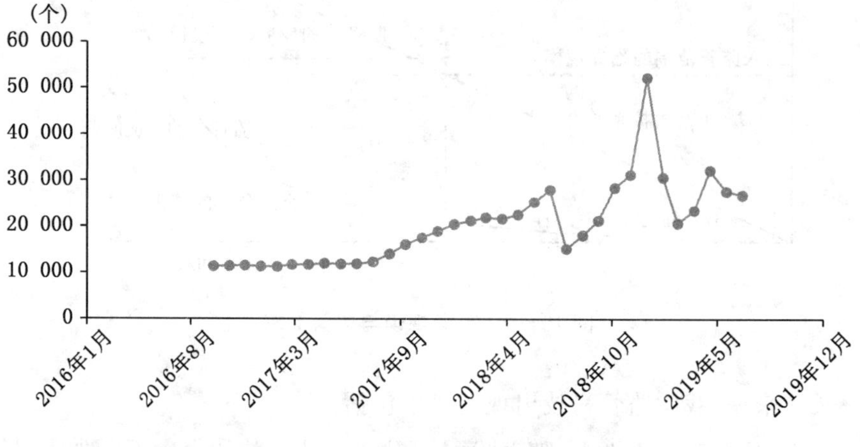

数据来源:国家互联网金融风险分析技术平台。

图 10—7 存在异常的互联网金融网站数据统计

针对上述问题,我国监管部门强调金融创新,重视金融与科技的深度融合,开始对部分业务加强监管,如图 10—8 所示。

我国对监管科技的重视主要源于互联网金融的监管,监管策略由相对宽松变为逐步强化,相应的监管政策和措施也不断推进。2016 年 4 月,国务院牵头多个部委共同参与的互联网金融专项整治行动在全国范围内展开。2016 年 10 月,国务院办公厅公布了《互联网金融风险专项整治工作实施方案》,针对金融科技不同的监管对象,确定了监管分工。2017 年 5 月,中国人民银行成立金融科技委员会,强化监管科技的应用实践。2017 年 6 月,央行印发《中国金融业信息技术“十三五”发展规划》,其中明确提出要加强监管科技研究与应用。2017 年 7 月 4 日,中国人民银行发布的《中国金融稳定报告 2017》指出,提高和改进监管能力,形成金融发展和监管的强大合力,补齐监管短板,避免监管空白。7 月 15 日闭幕的以“服务实体经济、防控金融风险、深化金融改革”为主题的全国金融工作会议重点突出“要加强金融监管协调、补齐监管短

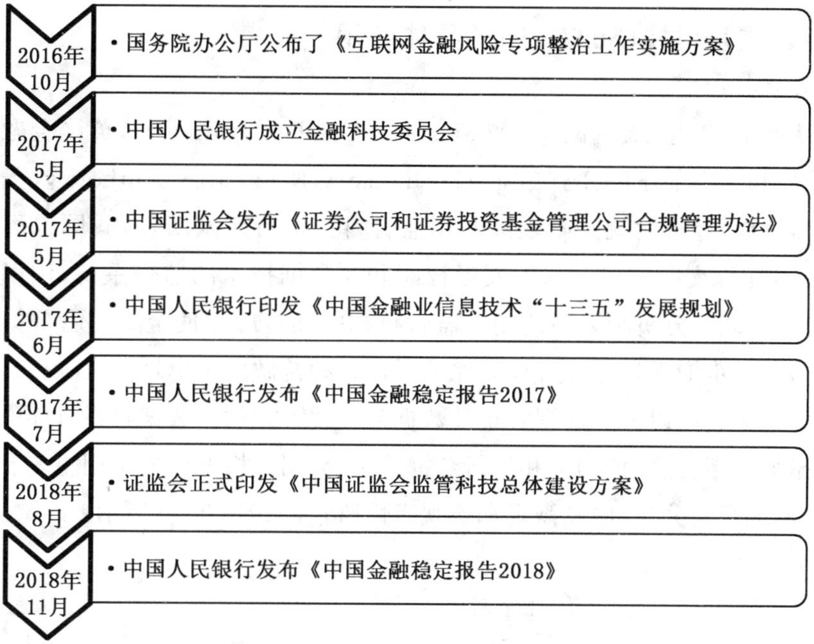

图 10—8　我国监管机构近年来的监管政策

板”，并把“强化监管”作为做好金融工作的四个重要原则之一。2018 年 11 月 3 日，中国人民银行发布的《中国金融稳定报告 2018》指出，以治理金融控股集团野蛮成长为导向出台非金融企业投资金融机构监管指导意见，启动金融控股公司模拟监管，加快制定金融控股公司监管办法。

从中国证券业监督管理委员会官网法规栏可以看出，监管机构对证券业的监管也在增强。2017 年 5 月 15 日，中国证监会发布《证券公司和证券投资基金管理公司合规管理办法》，从“合规管理职责、合规管理保障机制、自律管理”等方面要求券商强化全员合规、优化合规管理组织体系。证监会在 2018 年 8 月正式印发《中国证监会监管科技总体建设方案》。随着我国即将成为全球最大的金融科技应用市场，探究如何发挥监管科技的作用、进一步提升金融监管能力是金融监管部门急需解决的问题。

四、监管科技(SupTech)的具体应用

从2014年起,英国的FCA(Financial Conduct Authority,英国金融行业监管局)和美国的FINRA(Financial Industry Regulatory Authority,美国金融业监管局)等机构就开始陆续利用监管科技进行风险防控,我国也逐步跟进,2016年深交所构建了基于人工智能和大数据技术的监察系统,用以进行实时监控、调查分析和风险监测。监管科技的逐步应用使金融监管部门的监管能力进一步增强,为规范市场、保护投资者利益做出了卓越的贡献。监管科技具体的运用可以分为数据收集和数据分析两大方面。数据收集方面的运用主要是形成报告、虚拟助手和进行数据管理;数据分析方面的运用主要有市场监管、不端行为分析,以及微观和宏观审慎监管,如图10—9所示:

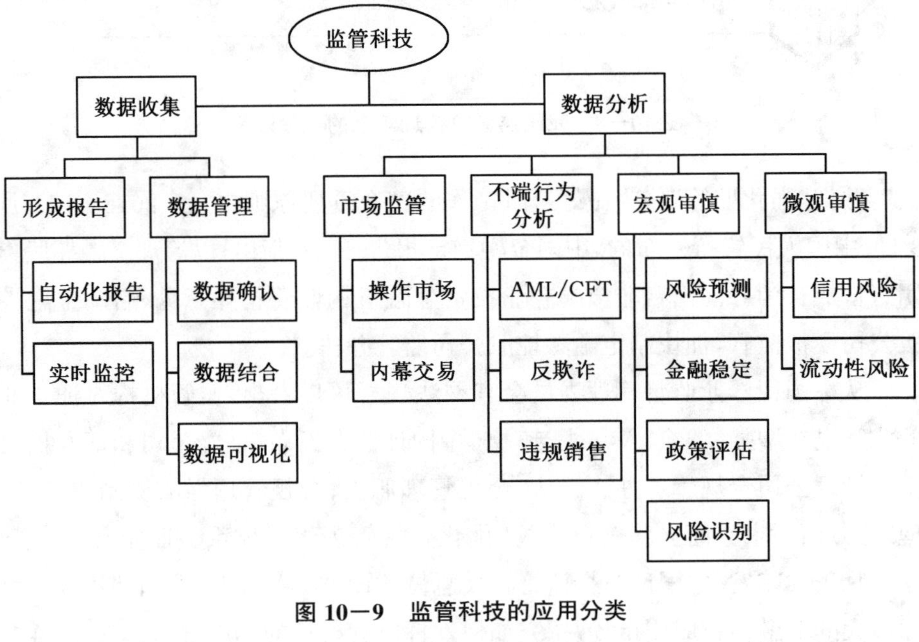

图10—9 监管科技的应用分类

(一)数据收集

合规科技的数据收集应用侧重于报告生成,数据管理。合规应用程序包括各种形式的自动报告和实时监控。数据管理的关键应用是数据验证、整合以及可视化。自动报告主要为监管科技提供数据推送方法。数据验证是监管科技应用的另一个关键领域。自动数据验证包括检查数据接收,检查数据的完整性,检查数据的正确性、合理性以及一致性等。数据整合也是许多监管科技应用程序的重要组成部分。监管科技允许通过汇总微观数据(例如,风险敞口和金融机构之间的互联)创建宏观数据。监管科技应用程序能够组合多个数据源以支持分析工作。这通常涉及连接结构化数据和非结构化数据。

从技术的角度看,区块链技术在数据收集方面有很显著的优势。由于监管机构和金融机构收集的信息涉及具体个人的隐私和金融机构的商业秘密,所以应建立严格、规范的数据使用机制、加密机制和脱敏机制,建立全面、完善的数据收集系统。对于交易的参与人,应结合其银行账户、证券账户等信息,在系统内登记其资金信息和账户信息。由于设计上的透明性,使得区块链可以成为监管机构直接、即时和完全透明的信息系统的传送机制,将所有的交易数据和信息对接到区块链交易系统,金融机构所有的交易都可以记录在分布式分类账上,因此,监管机构可以进行全面、安全、准确的跟踪,而且这些数据和信息都是永久存在的。

专栏 10－1

BAT 助推监管科技(RegTech)

从 2017 年以来越来越多的互联网企业开始“去金融化”,自称为金融科技公司,而助力金融科技监管升级便是其转型的核心方向之一。其中,BAT 利用自身在 AI、大数据等方面的技术优势,其布局速度位居行业前列。

在互联网巨头中,百度较早宣布了其在助力金融监管方面的成果。2017 年 5 月份,百度金融(现度小满金融)宣布,与贵州省政府金融办、大数据局联合推出“贵州金融大脑”,成立国内首个打通政府、企业、金融机构、互联网数据的中小微企业智能融资撮合平台,提供中小微企业综合评估系统、融资撮合、智能监管等功能。利用“百度大脑”为代表的人工智能技术,“贵州金融大脑”可以提取多个数据维度的信息,并在机器学习的基础上形成企业画像和综合评估报告,精准评估企业信贷风险,同时采集分析数个日常生活信息指标,进行贷后风险预测和监控,大幅提高金融监管智能化水平,可用于开展区域金融监管监测的全新探索。

而在阿里巴巴方面,通过蚂蚁金服,其布局速度也走在行业前列。2018年4月份至今,阿里巴巴已与北京、广州、西安、天津等至少7家金融局(办)达成合作,装备“蚂蚁风险大脑”,提升科技监管能力,防范涉众金融风险。目前,更多的地方监管部门也在密集考察、调研中。“蚂蚁风险大脑”可以根据金融风险特征及各地方监管机构提供的专家经验建立风险模型,从企业股权、工商合规、产品经营、舆情分析、负面涉诉等多个维度进行分析,计算出相关从业金融机构的非法金融风险、业务风险及合规风险,实现风险定性后,为监管部门提供处置依据。

腾讯则在2017年底与深圳市金融办签署战略合作协议,联合开发基于深圳地区的金融安全大数据监管平台,通过金融风险的识别和监测预警,助力地方金融监管,保障金融业务安全,防控金融风险。资料显示,腾讯安全自研的金融安全大数据监管平台——灵鲲,在落地深圳示范点之后的100天内,政企协作效应明显,先后预警两批,共22家金融风险公司,其中一家已经立案,一家提交国家处非联办发出预警。除此之外,该平台目前已经实现深圳当地金融机构全覆盖,预判准确率在95%以上。

资料来源:综合媒体报告。

(二)数据分析

在数据分析方面,监管科技主要包括四个关键领域:市场监督、不端行为分析、微观审慎监督和宏观审慎监管。(1)市场监督侧重于可疑交易,例如,市场操纵和内幕交易。金融市场上每个交易日都会产生大量的数据，因此，证券监管机构通常在处理巨大的交易数据量方面经验丰富。(2)监管科技在不端行为分析中的应用侧重于反洗钱/打击恐怖主义融资(CFT)检测、欺诈检测和不当销售。反洗钱/打击恐怖融资领域的创新技术正处于规划阶段，许多监管机构(如BoI、BNR、BSP、MAS和CNBV)开始尝试利用监管科技来分析监管过程中的不端行为。(3)在微观审慎监督中，可以找到信用风险评估和流动性风险检测的应用程序。比如，ML算法可用于信用风险评估，神经网络可用于检测流动性风险。(4)宏观审慎监管主要是为了确定宏观金融风险，包括识别金融体系中出现的风险信号以及政策评估等。比如，利用来自FMI的大量数据(例如支付系统)来识别风险信号，使用NLP进行情绪分析等。

从技术的角度来看，即人工智能(AI)、区块链(Block Chain)、云计算(Cloud Computing)和大数据(Big Data)均可以在数据分析方面发挥作用。监管机构可以借助人工智能、区块链、云计算和大数据等最新技术，评估金融机构乃至具体个人的风险。区块链下的结算体系是全方位的数据库，结合金融机构的既有交易信息，通过云计算的方式进行数据分析，可以较好地实现对特定机构的风险水平等核心信息的分析。在此基础上，可以依据既有的监管规则和监管经验，为金融机构划定风险预警线，一旦金融机构的风险可能触及风险预警线，或者依据大数据分析，虽然金融机构尚未触及风险预警线，但有其他迹象表明其可能面临风险的，则监管机构可以介入监管，采取相应的措施。

专栏10－2

SupTech在数据分析中的具体应用

2015年，蚂蚁金服反洗钱中心通过大数据搭建起智能反洗钱体系，以挖掘并发现洗钱交易信息。首先，人工在海量网络数据中清洗出与洗钱有关的数据并建立数据集市。通过分析黑样本以及线下反洗钱经验，由研究人员归纳出各种洗钱相关上位犯罪的可疑特征，建立起数据模型。一旦账户情形和这些数据模型匹配,反洗钱系统会自动预警,认为账户存在可疑交易,再由人工做进一步分析,确认可疑后提交给反洗钱部门或者公安机关。其中运用了人工智能和机器学习等前沿科技,代替了传统人工排查,因此大大提高了效率,也减小了误报率。

2017年7月15日,全丘科技与银联商务共同建设的区块链征信项目——厦门"鑫e贷"小额贷款信用信息共享平台正式投入商业运营,厦门金融办作为厦门地区小贷公司的主管机关全程参与,指导平台前期规划、设计与开发,系统上线后厦门金融办作为监管节点接入,穿透监管。作为区块链征信领域的商用平台,目前已经有厦门5家小贷公司作为接入节点参与记账,并开始上传资产数据,后续还有多家小贷公司、银行机构接入。

资料来源:南湖FinTech研究。

参考文献

[1]李文红:《关于金融科技发展与监管的思考和建议》,《清华金融评论》,2017年第11期。

[2]羌建新:《金融全球化、全球金融治理改革与国际金融安全——基于信息科技革命的视角》,《国际安全研究》,2015年第6期。

[3]李文红,蒋则沈:《金融科技(FinTech)发展与监管:一个监管者的视角》,《金融监管研究》,2017年第3期。

[4]李扬,孙国峰:《中国金融科技发展报告(2017)》,社会科学文献出版社,2017。

[5]杨涛,贲圣林:《中国金融科技发展报告(2018)》,社会科学文献出版社,2018。

[6]Dirk Broeders and Jermy Prenio. "Innovative technology in financial supervision (suptech) — the experience of early users", July 2018.

[7]Financial Conduct Authority (FCA), Call for Input: Supporting the Development and Adoption of RegTech, November 2015.

[8]Basel Committee on Banking Supervision, "Implications of FinTech developments for banks and bank supervisors", February 2018.

[9]Subas Roy, Michael Heaney, Hanjo Seibert, RegTech on Rise. 2018 Oliver Wyman.

[10]Basel Committee on Banking Supervision, "Principles for effective risk data aggregation and risk reporting", *Basel*, January 2013.

[11]Basel Committee on Banking Supervision,"Principles for sound stress testing practices and supervision", *Basel*,May 2009.

[12]Khandani, Amir, Adlar Kim, and Andrew Lo,"Consumer credit risk models via machine-learning algorithms",*Journal of Banking and Finance*,2010,34(11).

[13]McKinsey & Company,"The future of bank risk management", McKinsey Working Papers on Risk,December 2015.

[14]Opelia,Nancy,"Real-time risk management: prime brokers are racing to upgrade infrastructure and core technology", *CFA Magazine*, January-February 2006.

[15]杨祖艳:《监管沙箱制度国际实践及启示》,《上海金融》,2018 年第 5 期。

[16]张红伟,陈小辉:《我国对 FinTech 有必要实施沙盒监管吗?》,《证券市场导报》,2018 年第 7 期。

[17]孙国峰,赵大伟:《监管科技的挑战与破局》,《中国金融》,2018 年第 21 期。

[18]宋湘燕,谢林利:《美国监管科技在金融业的应用》,《中国金融》,2017 年第 11 期。

第三部分

经典案例篇

第十一章

蚂蚁金服

蚂蚁金服是阿里帝国“王冠上的明珠”。为了打造全方位、多层次、宽领域的商业布局,阿里巴巴将蚂蚁金服作为其战略转型的重要支撑。蚂蚁金服起步于2004年成立的支付宝。2014年10月,蚂蚁金服正式成立。公司以“为世界带来更多平等的机会”为使命,致力于通过科技创新能力,搭建一个开放、共享的信用体系和金融服务平台,为全球消费者和小微企业提供安全、便捷的普惠金融服务。

一、蚂蚁金服发展历程

2004年阿里成立并独立运营的“支付宝”在线支付服务,为阿里的金融业务和征信体系建设打下了深厚的基础。此后,支付宝的支付业务不断扩张,总用户于2010年3月超过3亿。2012年,支付宝获得基金第三方支付牌照,迈出了其在金融领域探索的关键一步。2014年10月,“蚂蚁金服”作为阿里金融业务的代表(原名“阿里金融”)宣布成立。在接下来的几年间,蚂蚁金服以“为世界带来更多平等的机会”为使命,通过科技水平和创新能力,涉足金融服务、征信体系、普惠金融等多领域建设,营业收入呈指数型增长,2017年税前利润已破百亿。截至 2018 年 3 月 31 日,蚂蚁金服已经服务了大约 8.7 亿活跃用户,国内活跃用户达到 5.52 亿。目前,蚂蚁金服已完成 140 亿美元的 C 轮融资,市场估值超过 1 500 亿美元,成为中国第一的独角兽企业。

蚂蚁金服的发展分为三个阶段:第一个阶段为平台的孵化期。2003 年,为解决线上交易支付痛点,担保交易作为工具推出,并发展为支付宝钱包。2004 年,淘宝将旗下的支付宝正式分拆。2011—2014 年,支付宝逐步搭建起理财、信贷、保险平台。2014 年,蚂蚁金服正式于杭州成立。第二个阶段为平台的快速发展期。2015 年,蚂蚁金服涉足大信贷领域,花呗、借呗和芝麻信用等消费金融产品陆续推出,网商银行成立,并依托蚂蚁聚宝(现蚂蚁财富)提供公募基金销售。第三阶段为技术输出和版图扩张阶段。2016 年,蚂蚁金服对外输出金融技术服务,并扩大海外支付渠道建设。2017 年,联合国环境规划署和蚂蚁金服在达沃斯世界经济论坛上正式启动全球首个绿色数字金融联盟。这是联合国环境署成立 45 年来第一次携手中国企业发起的国际性联盟。2018 年,基于蚂蚁金服的区块链技术,AlipayHK 联合菲律宾电子钱包 GCash 上线全球首个区块链跨境汇款服务,为中国香港和菲律宾居民提供便捷、安全、透明、低成本的汇款服务。

而从 2015 年开始,随着国家金融改革和监管的深入进行,原本大受欢迎的"互联网金融"概念风光不再,把金融业务与技术结合、用技术助长金融创新的"金融科技"一词,则逐渐腾飞,占据了舞台的中心(见图 11—1)。面对金融与场景深度融合的新局面,蚂蚁金服顺应时代,努力找寻"金融"与"科技"的平衡点,构建了一个由多层级组成且逐渐扩张的业务生态闭环,并利用技术开放企划探索出其独特的解决方案。

显然,蚂蚁金服之所以取得如此令人骄傲的发展成果,与采取了正确的金融科技发展战略不无关系,并且这样的战略将对蚂蚁金服乃至中国金融业的发展历程产生深远的影响。

二、互联网公司的金融科技优势

蚂蚁金服之所以能够取得如此重大的发展,背后的原因值得探究。一份

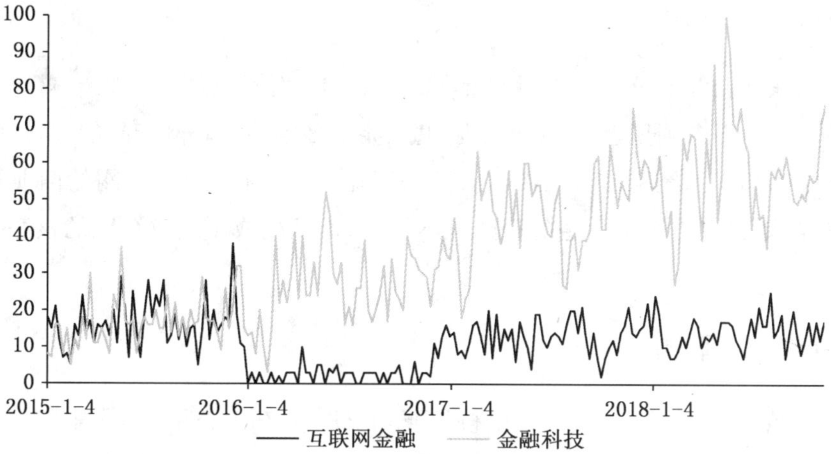

资料来源：谷歌趋势。

图 11－1　谷歌搜索热度（2015 年至今）

来自中信证券的研究报告认为，阿里（蚂蚁金服）作为互联网数据企业，抓住了自身的以下几个优势：

（一）场景基因

新金融企业诞生于场景，服务于场景，以信任和便捷完善了互联网场景交易闭环。蚂蚁金服已具有超过 8 亿用户，其应用服务涵盖场景极其广泛，涵盖大数据、安全监测、云服务、安全风控、云计算等基础场景，信用、花呗、网商贷、保险、余利宝、分期等金融场景，以及优惠券、红包、会员卡、小程序、触达、实名认证、生活号等运营场景。

（二）数据基础和科技能力

作为互联网数据企业，蚂蚁金服依托大数据平台，用自身技术手段解决用户痛点，而这正是传统金融机构所欠缺的。蚂蚁金融云是基于底层基础阿里云之上的，同时又提供量身定制的服务，降低了运营成本，提高了运营效率。蚂蚁金服在区块链、人工智能等技术的应用金融场景也走在国内前列，通过金融大脑 Antzero 提供一揽子开放方案，为长远发展提供有力支撑。

(三)互联网商业逻辑

互联网企业的核心和逻辑起点是用户思维,而不是产品思维。蚂蚁金服脱胎于商业平台阿里巴巴,吸收了阿里沉淀十多年的互联网产品的宝贵经验。天然基因和产品经验使得蚂蚁金服懂得以用户为导向,用互联网的商业逻辑来看,阿里巴巴进军新金融的边际成本极低,而这构成了蚂蚁金服的核心竞争力。

(四)金融抑制

金融监管和重构管制是金融科技蓬勃发展的必由之路。由于中国严重的金融抑制,一些金融服务如信用卡业务、信贷业务的客户量级不大,为创新公司留下了巨大的业务空间。一旦新的技术涌入,降低金融业务的操作成本和壁垒,蚂蚁金服业务量将会剧增。参考美国金融监管改革历程,经历了“自由→管制→再放松→重构管制”的过程。而中国的证券市场成立至今不到三十年,高速发展背后也存在很多隐患和问题。短期的监管压力并不会改变金融科技的发展空间,相反,会促进普惠金融的提早到来。

三、蚂蚁金服金融科技生态体系

基于上面提到的四点优势,蚂蚁金服自上而下打造了一套闭合的生态系统。从最上端的蚂蚁金服开始,真正意义上的闭合生态系统架构包括以下四层:(1)入口层:“支付宝”移动支付入口;(2)业务层:理财、消费信贷、保险的产品平台;(3)能力层:信用体系、风控体系、运营平台小程序等;(4)技术层:基础设施 BASIC(区块链、人工智能、安全、物联网、蚂蚁金融云计算)。具体的架构逻辑如图 11—2 所示。

(一)入口层:移动支付连接用户商户

“支付宝”移动支付平台是蚂蚁金服金融生态的起点。掌握了支付平台就锁定了大多数的用户。据易观国际统计,2019 年第一季度,中国第三方支付

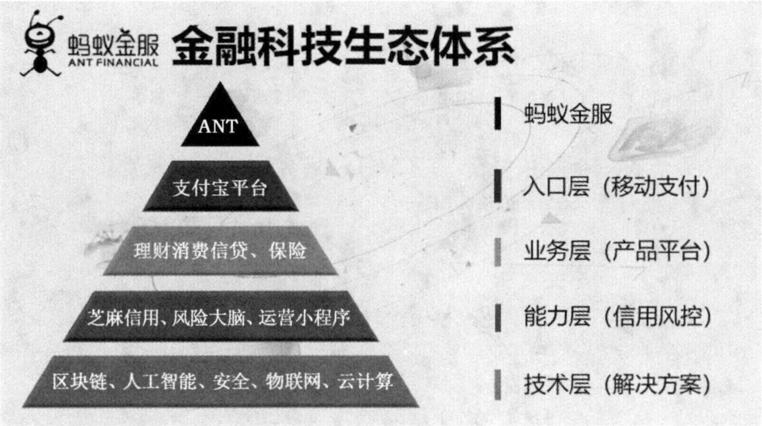

资料来源：蚂蚁金服官网。

图 11—2　蚂蚁金服金融科技生态体系

移动支付市场交易规模达 47.70 万亿元。其中，支付宝以 53.21%的份额排名市场第一，相当于第一季度交易规模在 25 万亿元。

在线上支付格局基本稳定之后，蚂蚁金服将重点转到线下，与口碑、飞猪等进行战略合作，投入资源进行线下布局，取得了一定的效果。

支付业务盈利来源于：(1)转账手续费，包括向商家和普通用户收取的银行卡/支付宝的账户间转账手续费。(2)向商家收取支付手续费，即收单服务，目前支付宝提供四种收单服务：电脑网站支付、手机网站支付、App 支付、收款码和收钱码，前三种属于线上支付，收款码和收钱码则属于线下支付。收款码由与支付宝合作的服务商提供，主要针对大型商家，支持效率高的扫码枪支付，费率为 0.35%。收钱码直接由支付宝提供，主要针对小型商家和个人，仅支持付款者扫二维码支付，目前无手续费。支付业务占营业收入的 54%，目前是蚂蚁金服盈利的重要来源；从蚂蚁金服的规划来看，未来并不是盈利的主要方向。

相对于腾讯旗下的微信支付，立足社交的高频率使用特点，蚂蚁的优势在于多维。自 2017 年 9 月开放公测以来，支付宝小程序已陆续开放工具、零售、生活服务、旅游出行与交通、公益、金融、教育、医疗、政务九大类目。支付宝

"城市服务"分类见图 11—3。

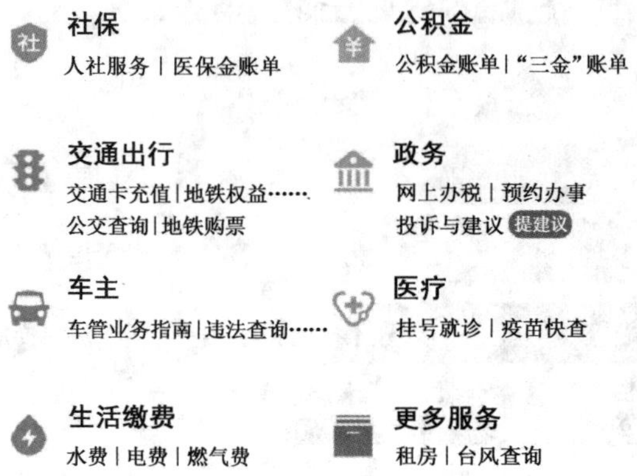

资料来源:支付宝 App。

图 11—3　支付宝"城市服务"分类

(二)业务层:理财信贷保险平台入驻

1. 理财

理财方面,蚂蚁金服一直追求的方向是"简单理财"。目前,蚂蚁金服支付宝的"财富"标签页下有余额宝、定期、基金、黄金、股票五大板块。2013 年 10 月,支付宝通过入股天弘基金,获得 51%的股权,解决了公募基金直销的名义问题。同时,2015 年 4 月支付宝控股数米基金网,获得了第三方基金销售牌照。2017 年 6 月,"财富号"功能上线,每个"财富号"的内容由金融机构自己运营。截至 2017 年,余额宝的规模已经超过 1.43 万亿元。蚂蚁财富已经成为规模最大的第三方在线财富管理平台。蚂蚁财富 App 集合了基金销售、股票查询、财经新闻、投资讨论四大核心功能,提供的金融产品包括公募基金、定期理财产品、黄金连接 ETF 等。蚂蚁财富通过基金代销佣金获得盈利,此外,为入驻基金公司提供运营、用户资源及流量分发、大数据及研发支持三大方面服务,并收取相关服务费。通过 AI 技术实现用户理财产品的迁移和转化,蚂蚁金服可以利用人工智能等手段分析流量大数据,为用户提供更为良好的基金购买体验,例如,依托客户在阿里生态圈的交易数据为客户进行具有针对性的智能投顾服务。余额宝限购后，蚂蚁金服通过大数据优势精准匹配客户需求，实现余额宝到理财产品的转化。

2. 消费信贷

信贷方面，分为C端的阿里小贷（花呗、借呗）及B端的网商银行。C端借呗类似现金贷，花呗类似信用卡，仅在消费场景下使用。根据借呗ABS产品说明书，借呗无指定用途，无免息期，利率根据客户资质、还款方式而不同，APR（Annual Percentage Rate）最高可达21.6%，利率区间在5.4%—21.6%之间。2017H1借呗贷款规模为1 669.85亿元，逾期率为0.68%，不良率为0.47%。根据花呗ABS产品说明书，花呗对淘宝及线下平台用户发放的消费性授信融资余额992.09亿元，其中，账单分期为893.24亿元，交易分期（2017年4月从商融商业保理处承接）为98.86亿元。

2017年末监管升级后，蚂蚁金服开始打造信贷开放平台，向各类传统金融机构开放业务。蚂蚁金服主导的网商银行及其前身“阿里小贷”，多年来通过大数据模型发放贷款。蚂蚁金服通过对客户相关数据的分析，依照相关的模型，综合判断风险，形成了网络贷款的“310”模式，即“3分钟申请、1秒钟到账、0人工干预”的服务标准。5年多来，为400多万家小微企业提供了累计超过7 000亿元的贷款，帮助它们解决了资金难题，有利于这些小微企业的生存和发展，并创造了更多的就业机会。截至2018年末，网商银行资产总额为959亿元，负债总额为905亿元，所有者权益为53.7亿元，年末资本充足率为12.1%，各项指标在国内同业中处于较好水平。

3. 保险

保险方面，通过创设场景产品、搭建销售平台和技术开放，努力促成技术与保险公司互为生态，通过人工智能和数据建模帮助保险公司完成产品设计、定价、营销及自动理赔等环节。保单设计环节，蚂蚁金服向保险公司提供大量的用户数据帮助后者设计保单，数据来自用户在阿里生态中留下的历史记录。投保环节，以目前支付宝平台销量最高的尊享e生百万医疗保险为例，客户只需要在支付宝上填写个人信息即可购买，且保费相对低廉而保额不低。蚂蚁金服同时为保险公司提供理赔技术支持，降低运营成本，如推出车险“定损保”，车祸发生后只需用户拍照在App中上传，使用人工智能定损而省去人工成本。保险行业渠道为王,平台导流的互联网渠道助力保险板块迅速弯道超车。蚂蚁金服的保险板块之所以可以迅速实现放量增长,是因为借助平台优势,互联网保险渠道实现较快、低成本转化,渠道的搭建速度快于传统银保、零售(保险代理人)渠道。蚂蚁金服保险总裁尹铭将蚂蚁金服保险业务也定义为技术输出型公司,在提供保险销售平台的同时专注于做好技术,和保险公司一起互为生态,通过技术和科技助力保险公司。

蚂蚁金服持股 12.83%的众安保险是中国最大的纯互联网保险科技公司,2017 年 9 月在港交所上市。2018 年度,众安保险保费规模首次突破百亿,达约 113 亿元,保费同比增长 89%,规模效应初步呈现;按保费规模计,位列全国财险市场第 12 位,较 2017 年提升 6 位。同时,综合成本率显著下降,从 2017 年的 133.1%下降至 2018 年的 120.9%,同比下降 12 个百分点。2018 年,众安保险服务了逾 4 亿用户,其中,35 岁以下人群占比达到 56%。保险科技产品 2018 年签约 25 家保险行业客户,系列中的最新产品——面向下一代的保险核心系统 Graphene,可以帮助保险公司降本增效,使之在一周内完成新渠道对接、1—3 天内完成新产品上线、一周内处理逾 20 亿张保单;商保科技产品目前已连接全国 800 多家医院(二级及以上医院为主),为 10 余家商保公司提供与健康险相关的医疗数据在线直连以及风险解决方案。

(三)能力层:信用风控系统提供保护

芝麻信用是蚂蚁全产品平台的串联线索。蚂蚁金服掌握用户的消费和生活场景数据,而由于个人行为所表现出的一贯性和稳定性,这些数据会与金融场景数据密切相关。通过这些数据衡量的践约度,可以推算出相应的违约概率,进而有效降低风险定价的成本。截至 2017 年 3 月,芝麻信用激活用户达到 2.57 亿,同比增长 95%。

"芝麻信用分"是芝麻信用对海量信息数据的综合处理和评估,主要包含用户信用历史、行为偏好、履约能力、身份特质、人脉关系五个维度。芝麻信用基于阿里巴巴的电商交易数据和蚂蚁金服的互联网金融数据,并与公安网等公共机构以及合作伙伴建立数据合作。与传统征信数据不同,芝麻信用数据涵盖了信用卡还款、网购、转账、理财、水电煤缴费、租房信息、住址搬迁历史、社交关系等。“芝麻信用”通过分析大量的网络交易及行为数据，可对用户进行信用评估，这些信用评估可以帮助互联网金融企业对用户的还款意愿及还款能力得出结论，继而为用户提供快速授信及现金分期服务。

蚂蚁金服旗下的小微贷款放贷业务利息收益较高。通过平台大数据控制风险，获得利差的风险溢价，取得了优于银行的不良率水平。网商银行不良率为0.78%，花呗不良率为1%，显著低于银行业平均水平。

蚂蚁金服目前的7 000余名员工中，其中超过1 500个员工从事风险管理业务；2 000多台服务器专门用于风险的监测、分析和处置；平均100毫秒实时风险识别与管控能力，比眨一次眼快4倍；支付宝资损率在十万分之一以下，低于被陨石打中的概率，即便用户不幸发生损失，支付宝也已经建立了包括快捷支付保障、余额支付保障、手机支付保障在内的一整套会员保障体系。

目前，蚂蚁金服正在与公安机关、检察院、法院合作，协同侦破线下扰乱互联网金融秩序的案件，打击犯罪。此外，蚂蚁金服还积极与银行、其他第三方支付公司、风险防控有关的软硬件厂商、支付宝商户和用户、高校及科研机构等社会各界展开广泛合作，以提升支付行业的安全防范能力。

随着自身信用体系的日益完善，蚂蚁金服正在搭建以信用体系和风控体系为核心的共享平台，并形成了一整套成熟的向外输出的行业风控解决方案，通过与传统金融机构及其服务的连接完成授信和受信过程，具体开放内容将在后面的部分提及。

（四）技术层：BASIC构成平台基础

BASIC是一个缩写，代表区块链（Blockchain）、人工智能（Artificial Intelligence）、安全（Security）、物联网（Internet of Things，IoT）和云计算（Cloud Computing）五种核心技术。正是这五种技术构成了蚂蚁金服的基础设施，也构成了蚂蚁FinTech的核心竞争力。

其中，云计算及其所承载的大数据是各开放生态的共同底层。蚂蚁金融云基于底层基础阿里云，负责上层数据、平台、金融应用系统的构建，并为自身和传统金融机构提供量身定做的解决方案。

人工智能方面，2017年10月金融大脑AntZero对外发布。作为金融智能平台解决方案，AntZero 涵盖了增强学习、风险防备、智能营销、智能理赔等多个方面，打通了完整的生命周期。

区块链方面，阿里巴巴在《2017 全球区块链企业专利排行榜》中以 49 件的总量排名第一，蚂蚁的区块链平台也已经开始落地，并在蚂蚁公益、信美互助保险等平台领域测试上线。

由上所述可以看出，蚂蚁金服所搭建的四层架构深度拟合、互成生态，形成极强的协同效应，并构成一个可扩张的金融业务闭环。

蚂蚁金服的支付收入占比不断下降，与此同时，技术服务的收入占比不断提升。2015 年，支付连接占据了蚂蚁金服约 64％的收入，金融服务占比 23％，技术服务占比 14％。2016 年，支付连接收入占比为 65％，技术服务的收入比例上升至 17％，金融服务收入占比为 18％。2017 年，蚂蚁金服技术服务的收入占比大幅上升至 34％，支付连接收入占比下降至 54％，金融服务收入占比缩水至 11％。根据分析师预测，到 2021 年，蚂蚁金服的技术服务收入将上升至总收入的 65％，超过支付收入，成为第一大收入项。ATEC 金融科技开放峰会是蚂蚁金服一年一度的大事件，也是人们了解阿里金融科技应用进展的重要平台。通过对 ATEC 2018 技术大会的了解，我们发现，蚂蚁金服的全开放生态已经成型。

1. Blockchain（区块链）：连接信任的基础设施

信任是区块链的最大核心价值。从 2016 年开始，蚂蚁区块链主要聚焦两件事情：

第一，自主研发，打造金融区块链平台。如前所述，阿里巴巴在区块链企业专利排行榜中排名第一，是全球申请区块链专利最多的公司。

第二，探索区块链落地场景，服务实体经济。信用标的物包括数据、物体、合约、资产、人等多个方面，已经在金融、零售和生活三个领域有所实践。图 11—4 为蚂蚁区块链行业解决方案。

2. AI（人工智能）：数据科学预见金融未来

蚂蚁金融人工智能提供的是 AI 一体化工程平台，通过与应用层深度耦合，提供实时决策、洞察和分析的核心能力，进而提供智能营销、智能风控、智能信贷、智能客服、智能舆情和金融视觉等能力，最终耦合于金融场景，应用于

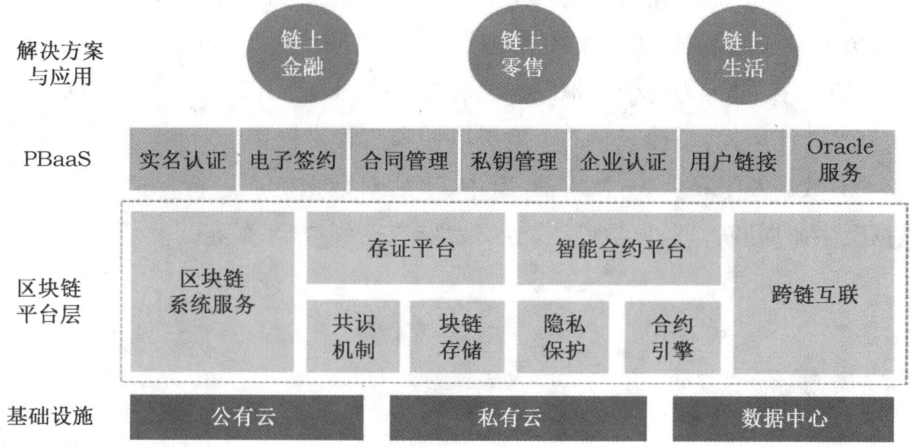

资料来源：ATEC 2018，中信证券研究部。

图 11—4　蚂蚁区块链行业解决方案

支付、信贷、保险等多个方面。

2019 年，蚂蚁的金融智能平台是基于上年 AntZero 平台的发展。图 11—5 以 AntZero 为例，说明人工智能产品的应用场景和业务逻辑。

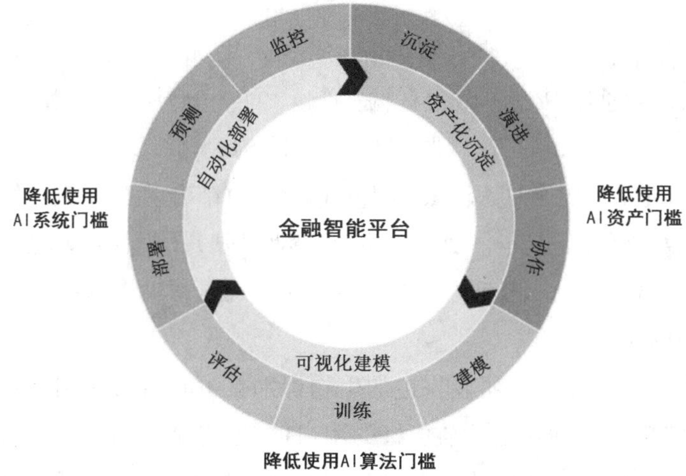

资料来源：ATEC 2017，中信证券研究部。

图 11—5　金融智能 AntZero 完整产品解决方案

3. Security(金融安全):实现全周期智能风控及身份验证

金融安全处于 BASIC 战略中的核心位置,包括三个部分:

(1)数字身份:为每个虚拟账户生成与人唯一且稳定对应的设备 ID。

(2)智能风控:敏捷轻量的金融级风控和监管科技平台。

(3)数据及隐私保护:从事前、事中、事后对数据资产进行保护,功能包括数据全生命周期管理、异常检测、数安大脑、安全多方计算等。

资料来源:ATEC2018,中信证券研究部。

图 11—6 蚂蚁金融安全产品架构

支付宝第五代智能风控引擎 AlphaRisk 借助 AI 和大数据,实现智能风控。AlphaRisk 通过 Perception(风险感知)、AIDetect(风险识别)、Evolution(智能进化)、AutoPilot(自动驾驶)4 大模块的构建,将人类直觉 AS(Analyst Intuition)和机器智能 AI(Artificial Intelligence)结合,实现风控引擎的自学习、自适应、数据闭环。其中,AutoPilot(自动驾驶)作为核心功能,利用智能算法推荐最优核身策略,实现核身方式的精准推送,帮助风险控制从千人一面向千人千面的转换。

蚂蚁金服一直致力于研发先进的生物识别技术并将其应用于互联网身份认证领域,实现更高的安全性与更好的用户体验,以领先的人脸比对算法为基础,研发了交互式人脸活体检测技术和图像脱敏技术,并设计了满足高并发和高可靠性的系统安全架构。以此为依托的人脸验证核身产品提供服务化接口，已经成功实现产品化并在网商银行和支付宝身份认证等场景应用。其中的几项核心算法分别是活体检测算法、图像脱敏算法以及人脸比对算法。根据 2014 年香港中文大学做的一项研究结果表明，在国际公开人脸数据库 LFW 上，彼时人脸识别算法的准确率（99%）已经超过了肉眼识别（97.2%），而目前蚂蚁金服运用的人脸识别算法在这个数据库上的准确率已经达到 99.6%。除此之外，蚂蚁金服在 2015 年初向公安部提交了人脸识别算法和技术的测试申请，进一步验证人脸活体检测防攻击和人脸比对两方面在实际真实场景的性能。

4. IoT（物联网）：实现业务的最后一公里

在识别人和商品上，蚂蚁金服混合使用了计算机视觉和传感器感应，此外，借助非配合生物识别技术，能够让用户在无感知的状况下完成身份核实，以降低误判率。

视觉传感器、压力传感器等多种传感器结合，还有用户在店内的整个行为和轨迹都会被捕捉，整个线下的购物流程就被数字化了，客人逛超市最喜欢走哪条路线，哪个货架客流最密集，哪个货架客人停留的时间最长，客流曲线和销售曲线是高度重叠还是有明显反差……商家还可以根据相关数据调整库存和店内的商品摆设。

从现场的观察来看，压力传感器应该是部署在货架上，当有人拿起货物，就会检测到；刚刚上面提到天花板的七个摄像头，应该就是捕捉用户轨迹的眼睛。

5. CloudComputing（云计算）：建立分布式架构及数据库

在 IoT 数据上进行实时安全计算，保障海量交易是蚂蚁金服最底层的技术能力。经过几年的建设努力，蚂蚁金融云已经具备如下特点：高可用容灾（99.99%的可用性）、资金安全管理（上百亿资金/每日的变动）、高并发交易（8.59 万笔/秒的峰值处理能力）、实时安全控制（毫秒级风险防御能力）、低成本交易（几分钱/单笔交易）交易技术是蚂蚁金服打磨时间最久的技术能力。SOFAStack 和 OceanBase 是海量交易技术的关键。

（1）SOFAStack——金融级分布式中间件

SOFA 历经了五代的发展。在第五代也就是 2017 年，伴随着蚂蚁金服科技的整体对外开放，全称正式演化成 Scalable Open Financial Architecture。Scalable 以“异地多活”为目标，使系统能在多个数据中心内任意扩展，提供机房级容灾能力，保证业务的连续性；Open，整体设计秉承“开放”原则，使新兴架构向下兼容，能与经典架构有机融合，同时开放技术标准，拥抱开源生态；F 代表 Financial，即这个架构是金融级，安全、稳定、可靠是其内在的属性，具备“分布式事务”和“无损容灾”能力，保证在分布式架构下承受高并发交易，在系统扩展、容灾恢复、更新发布时确保数据无损，服务可用。经过四代架构演进，八年“双十一”的考验，2017 年“双十一”支付峰值达 25.6 万笔/秒，2016 年春节红包“咻一咻”峰值达 210 亿次/分钟。在蚂蚁自身核心资金链路的分布式架构改造中，SOFAStack 被广泛应用于支付、理财、基金、保险、借贷、信用等多种金融业务。SOFA 的关键词包括无限伸缩能力、一致性、秒级容灾和极低成本并且做到极致，从而定义了新的“金融级分布式架构”。

（2）OceanBase——金融级分布式关系型数据库

OceanBase 让用户能够以最小的迁移成本使用高性能、可扩展、持续可用的分布式数据库服务，同时提供金融级可靠保障。OceanBase 利用 Paxos 协议在底层实现了多副本数据一致性，这种技术会将数据保存在多份副本上，每一次对数据的修改操作都会强同步到多数派副本上，在保证数据冗余的同时，不再像“主从复制”技术那样依赖某个数据节点的稳定性，从而消除了传统主从复制技术下从节点给主节点带来的风险。同时，在主节点出现故障的情况下，其余节点会自动选举出新的主节点以实现高可用（个别从节点故障则完全不影响服务），整个过程非常快速且完全无须人工干预。而经过了淘宝、支付宝、网商银行等多年实际应用场景的历练后，在高并发、高访问量、24×7 持续交易场景的锻炼下，OceanBase 数据库已经摸索出一套完整的、经过实践检验的高可用及容灾方案。一旦出现个别硬件故障、机房级灾难甚至城市级灾难，OceanBase 都能通过分布式多副本数据一致性协议的原理，找到对应的解决方案。

此外，2017 年 7 月蚂蚁金服推出了“三地五中心”金融级高可用架构（见图 11—7）。这一方案的核心优势在于不仅实现了低成本交易、无限可拓展，更具备了城市级故障容灾能力。即使某地线路被切断，依旧可以保证“数据不丢失，业务不停机”。现场演示中，在 40%的服务器突然无法工作的情况下，系统 20 多秒完成自动切换，实现自愈，用户资金和数据零丢失(见图 11—8)。

资料来源：ATEC 2018，中信证券研究部。

图 11—7　蚂蚁金服分布式架构演进

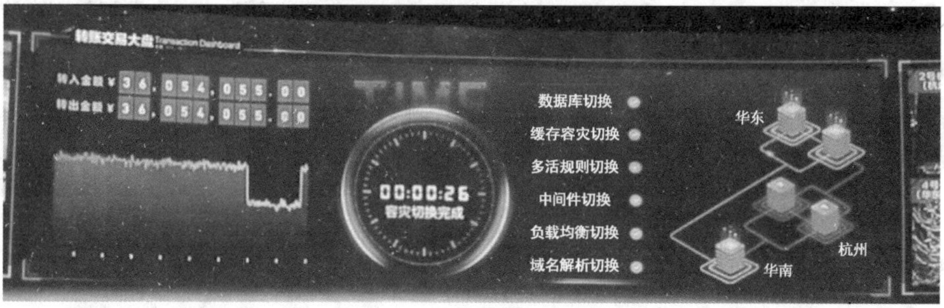

资料来源：ATEC 2018，36 氪。

图 11—8　26 秒恢复正常运转

6. 蚂蚁技术发展趋势

过去十五年，蚂蚁金服通过 BASIC 技术重塑了支付和微贷业务，这五大技术在未来仍会是金融科技的基石。而在 BASIC 技术中最基础的能力是计算能力，只有不断提升计算能力，才能适应未来应用场景的千变万化。对蚂蚁金服来说，主要是解决两个关键的计算问题：一个是在线交易支付的问题，另外一个就是解决金融级数据智能的问题，狭义来讲，就是 OLTP(On-Line Translation Processing，联机事务处理)和 OLAP(On-Line Analytical Processing，联机分析处理)的问题。

在在线交易支付问题上，蚂蚁以 SOFAStack 解决金融级的分布式中间件，依托 OceanBase 数据库实现分布式数据库能力，自主研发了 TRaaS 体系防范技术风险，并通过 Mesh 化改造把金融级的能力沉淀到基础设施。总的来说,蚂蚁交易支付的理想架构包括分布式中间件、分布式数据库、技术风险防控体系、安全可信的容器基础设施以及 Service Mesh,以此来保证金融业务开发非常简单,业务只需要关注自己的事情,其他都交给金融级云原生基础设施来完成。在这种趋势下,金融级分布式系统最终将走向云原生化,现有的中间件能力将通过 Service Mesh 形式下沉至基础设施,安全、可信的执行环境是金融级系统的底线,安全容器将成为金融行业的强需求。

在金融级数据智能问题上,蚂蚁金服认为主要是解决 PB 级数据量的计算问题和 AI 问题。在计算问题上,蚂蚁用的是内部研发的 MaxCompute,并通过 Streaming 计算解决数据时效性问题。在 AI 问题上,蚂蚁金服认为,金融级数据智能未来的趋势是 Big Data Base,因此,未来需要开放式的计算架构,从统一存储规范、可插拔的引擎组件、融合计算引擎到统一的智能 SQL,数据处理与人工智能系统需要进一步融合,最终形成开放智能计算架构。

四、企业服务业务正在崛起

蚂蚁金服金融科技开放的脚步开始清晰起来:蚂蚁区块链发布"双链通"、蚂蚁金服移动开发平台 mPaaS 升级到 3.0 版本。蚂蚁金服在金融科技开放上动作频频,也是金融科技 ToB 服务的一次加速进化。

数字化转型对于银行势在必行。84%的中小银行失去客户基础和数据;64%的年轻客户流失;48%的存款理财化造成资金成本升高;40%的小微贷款业务被冲击;36%的理财资管业务被第三方争夺。银行要推动数字化,科技投入必不可少。麦肯锡一份报告指出,国际领先的外资银行平均每年投入税前利润的 17%—20%用于数字化转型和创新。相比之下,国内银行的投入仅仅占利润的 1%—3%,中小银行在金融科技上的投入更是相形见绌。数字银行是在银行建立一个数据大脑,在所有业务领域实现数字驱动。其中,数据资产化、决策数字化、业务线上化以及流程敏捷化是四大重要的方面。

蚂蚁金融科技给出的数字银行的解决方案,是推动银行建立新一代数字银行"操作系统",打造三大数字化核心能力:最佳客户体验、敏捷型业务和生态开放能力。数字化转型不是靠一个云计算项目、一个大数据项目就能完成的，它是组织、文化、管理、考核、KPI 等全方位的转型；对于银行而言，数字化转型也不是一个科技部门的战略，而是银行管理层、全行业战略的转型。这一解决方案也是蚂蚁金融科技开放的重要板块。蚂蚁金服通过将自身最佳实践的“金融敏捷中心”进行全面开放，使得金融机构像搭积木一样调用平台上的业务组件来编排业务模块，创新业务就这样“乐高式”地搭建。

数字化成熟度高的银行将率先完成“乐高式银行”，通过各移动端渠道服务客户，实现围绕场景金融打造的业务运营平台目标。可以发现，蚂蚁金服的金融科技早已超越了传统单纯技术产品输出的概念，而是让金融机构从技术、数据、业务，到组织、规划、最佳实践等全面系统化地提升数字化敏捷能力。这是蚂蚁金融科技在探索一条新的开放路径：不是单纯地把金融科技包装成一件产品、一套解决方案给客户，而是去推动“生态”建设。

在这个巨大的开放生态中，金融机构可以进一步形成生态开放市场，让各种创新想法、各个行业开发者都可以调用和消费银行的技术能力、业务组件、数据资产，形成以银行为核心的多样化的场景金融形态。

五、技术出海，加速扩张

截至 2018 年 12 月 31 日，蚂蚁金服海外投资事件 17 起（包括 2018 年 12 月拟收购英国跨境支付公司 WorldFirst 事件，该次投资事件已于 2019 年 2 月 14 日完成，WorldFirst 成为蚂蚁金服全资子公司），涉及 14 家企业。投资地区覆盖新加坡、印度、泰国、美国、韩国、菲律宾、印度尼西亚、马来西亚、巴基斯坦、孟加拉国、英国 11 个国家和地区。蚂蚁金服海外投资布局的地点涉及“一带一路”沿线国家或地区，主要是因为这些国家人口密集、经济处于上升期，与中国国情相似或者比中国更为落后，但是金融体系普遍发展缓慢且不均衡，普通用户获得金融服务的成本较高。“一带一路”沿线国家或地区中，发展中国家占多数，金融业务的升级扩展空间巨大。蚂蚁金服与这些地区的合作也仍处于重建当地金融基础设施的阶段。随着这些国家向无现金社会的快速转换，蚂蚁金服在其中的角色将不只是基础设施提供商，更将多年的业务积累经验、技术和风控能力输出海外，同时向外推行中国移动支付行业的标准和成果。图 11—9 为亿欧智库:蚂蚁金服投资版图及全球办公区域全景。

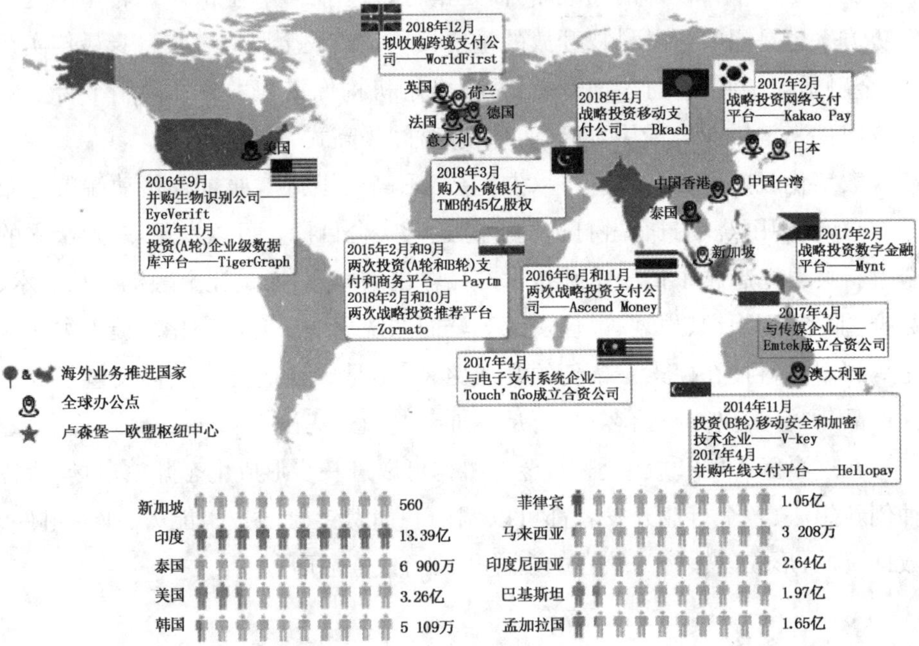

资料来源:亿欧智库。

图 11—9　亿欧智库:蚂蚁金服投资版图及全球办公区域全景

从海外投资分布的行业来看,蚂蚁金服主要布局移动支付和普惠金融。蚂蚁金服已投资韩国互联网银行 K—Bank,并在东南亚一些国家(印度 Paytm、印度尼西亚 Emtek、菲律宾 GCash、泰国 Ascend Money、新加坡 Hellopay、马来西亚 TNG、巴基斯坦 TMB、孟加拉国 Bkash)扶持本地支付宝钱包,同时与日本最大电商平台乐天、美国在线支付公司 Stripe、欧洲退税机构瑞士环球蓝联、韩国互联网领军企业 Kakao 进行战略合作。

印度是蚂蚁金服出海第一站,也是与我国贸易往来频繁的重要合作伙伴之一。从人口数量来看,印度全球人口排名仅次于中国,但在合作之初,2015 年印度的 GDP 却只有中国的 20%。在中印两国人口接近的情况下,印度 2017 年人均信用卡数量和人均储蓄卡数量分别相当于中国的 1/14 和 1/7,反映了印度银行发展水平较低的现状。印度信用卡数量少,现金交易仍占印度交易额的70%,为电子支付提供了广阔的发展空间。

Paytm是印度最大的移动支付和商务平台,蚂蚁金服通过2015年的两次增资成为其持股40%的最大股东。除了投入资金,蚂蚁金服还将第三方支付的业务经验传输到印度,并利用蚂蚁金服的技术能力对Paytm的产品进行改进。在支付宝系统的七个板块中,基础业务板块和管理平台保持不变,其余的访问渠道、产品、公共服务、合作伙伴接入和银行接入板块通过印度本土市场进行了适应性调优。除了支付,还加入餐饮、团购、打车、电影票等生活服务场景。根据公布的数据,Paytm在与蚂蚁金服合作后,用户数从不到3 000万升至2018年超过3亿,成功超越PayPal(截至2018年第四季度,PayPal活跃账户数量为2.67亿),成为全球第三大电子钱包。

蚂蚁金服出海的首站告捷,证明了投资Paytm的模式可行且可以复制到其他国家,明确了蚂蚁金服的核心竞争力对于海外的企业来说应该是技术和服务。

从蚂蚁金服国外金融板块投资各地区的合作成果可以发现,想要把支付宝甚至蚂蚁金服的业务推出海外,首先,产品出海是通过中国境外游客打开海外市场,以协议协作和建立海外分公司、子公司的形式推广;其次,技术出海是和当地的合作伙伴打造本地支付类产品,类似于KakaoPay公司的合作模式,主要体现为技术输出;最后,模式出海是通过国际市场拓展输出支付宝和其他产品的整个模式,类似Mynt、Emtek公司的合作模式,甚至是Hellopay以Alipay的名义推广这种模式,可以为支付宝带来更高的全球品牌知名度(见图11—10)。

印度（2015年）

潜在市场：根据瑞士信贷2018年报告，现金交易仍占印度交易额的70%

合作成果：Paytm用户数从不到3 000万升至2018年超过3亿，成功超越PayPal,成为全球第三大电子钱包

泰国（2016年）

潜在市场：2017年移动支付2 600万活跃账户下交易金额高达3.76万亿泰铢，通过移动银行累计完成的交易记录是4.8亿次

合作成果：合作一个月后，Ascend Money宣布用户数量达到2 000万，其中超过一半来自泰国本土，剩下的来自其他东南亚国家

韩国（2017年）

潜在市场：韩国主流支付方式为当地信用卡支付以及在线银行转账。2018年，网络覆盖率为84%，互联网活跃用户占74%，网购经验人口占70%，4 500万的智能手机使用者。银行卡普及率高——借记卡用户达96.1%，信用卡普及率达到90.2%，人均信用卡持有数1.91张，人均借记卡持有数1.26张

合作成果：韩国人可以在更多线下场景使用Kakao Pay支付，而中国游客则能在这些场景使用支付宝消费，支付宝可以为Kakao Pay带来4.5亿消费用户

菲律宾

潜在市场：55%的菲律宾人越来越多地使用线上支付，总支出已从2017年的925亿比索增加到2018年的1 219亿比索，增长32%，在支付方式方面，PayPal占据了跨境交易总额的76%

合作成果：2017年，Mynt的移动钱包平台GCash推出了二维码支付系统

新加坡

潜在市场：东南亚地区最大经济体，在电商市场上占据主导地位，金英证券2018年报告显示，新加坡的在线零售额占零售额的5.4%，在东南亚地区最高

合作成果：HelloPay在其运营的每个国家将以AliPay的名义推出

印度尼西亚

潜在市场：2017年印尼智能手机用户过亿，仅次于中国、印度和美国

合作成果：2018年3月，蚂蚁金服与Emtek联合推出的电子钱包DANA正式上线为超过5 000万的印尼BBM(当地第二大聊天工具)用户提供数字支付和金融服务

马来西亚

潜在市场：截至2018年，网上银行仍然是马来西亚人进行交易的主要渠道，网上银行渗透率高达85.1%，说明通过电子钱包或手机银行进行的移动支付是执行小额支付的首选渠道

合作成果：从2017年4月开始，支付宝在马来西亚逐步上线扫码付服务，为中国游客提供和国内同样便利的支付方式。2018年，获得Bank Negara批准，将在马来西亚提供电子钱包服务——e-wallet，利用支付宝技术支持整个服务流程，并于2018年5月投入运行

巴基斯坦（2018年）

潜在市场：据世界银行2018年统计数据，超过1亿人没有银行账户，占全球无银行账户人群的5%

孟加拉国

潜在市场：截至2018年3月，孟加拉国互联网用户数量达8 454.5万人，78%的网上购物主要针对低值商品，单笔消费均价不到1 000塔卡(合人民币78元)。在线下市场中，95%的交易使用现金付款

资料来源:亿欧智库。

图11—10 亿欧智库:蚂蚁金服国外金融板块投资各地区潜在市场及合作成果

六、总结

阿里进军金融领域十几年来取得了长足发展，其中，2014 年成立的蚂蚁金服营业收入呈指数级增长，市场估值超过 1 500 亿美元，成为中国第一的独角兽企业。

蚂蚁金服的发展成果与其金融科技战略密切相关。蚂蚁金服抓住了场景优势、数据优势、商业逻辑优势和监管优势，打造了一套四层次、可扩张的闭合金融科技生态系统，是金融科技助力公司发展的绝好例证。

在最底层的基础设施技术方面，阿里近年来加重了 FinTech 中 Tech 的部分，推动技术开放步伐，从被称为 BASIC 的五大技术手段入手，将有关技术开放给传统金融机构的平台使用，着力构建全开放生态圈，是在新的金融监管形势下保持自身发展的重要举措，也是提高金融企业服务实体经济效率的重要步伐。

参考文献

[1]【中信非银|FinTech 观察之四】蚂蚁金服(一)：打造闭合且可扩张的金融生态。

[2]【中信非银|深度】蚂蚁金服(二)：找到金融与科技的平衡点。

[3]【中信非银|深度】蚂蚁金服(三)："业务+技术"双轴开放，进一步加固护城河。

[4]【中信非银】蚂蚁金服：阿里入股扫清上市障碍，加速向 Techfin 平台转型。

[5]【中信非银】蚂蚁金服：以短期投入换长期空间。

[6]【中信非银】蚂蚁金服：高用户增长下强投入仍将持续。

[7]【中信非银|数读金融之一】透过阿里看蚂蚁：以支付撬动综合金融，收入结构多元化指日可待。

[8]【中信非银|数读金融之二】透过阿里看蚂蚁：正处于指数增长的起点。

[9]支付宝秀秒级自愈力：自剪机房光纤 26 秒恢复。

[10]【招商证券】蚂蚁金服：揭秘中国第一独角兽。

[11]详解阿里金融十年发展路线。

[12]蚂蚁小微金服今成立，阿里金融架构趋完善，品途商业评论。

[13]蚂蚁金服系列研究：《蚂蚁败走美国，互联网企业的出海热还能持续多久?》。

第十二章

微众银行

深圳前海微众银行股份有限公司(以下简称“微众银行”),2014 年 7 月 24 日获批成为首批民营银行试点;10 月 22 日创立;12 月 12 日由深圳银监局批复开业并获金融许可证,4 天后完成工商注册;12 月 28 日官网正式上线,国内首家民营银行落地,成为国内第一家互联网银行。2015 年 1 月 4 日,第一笔 3.5 万元的放贷业务由李克强总理在微众银行敲下电脑回车键完成。微众银行注册资本 30 亿元,由互联网巨头腾讯、百业源投资、立业集团为主发起人,其中,腾讯出资 9 亿元,占 30%的控股比例,是其第一大股东。创建伊始,微众银行即明确自身定位:以普惠金融为目标,个存小贷为特色,数据科技为抓手,同业合作为依托,连接互联网企业和金融机构,共同服务微小企业和普罗大众(此即微众的由来),支持大众创业、万众创新。

一、微众银行的成立背景

早在 2012 年,银监会便已印发《关于鼓励和引导民间资本进入银行业的实施意见》。2013 年 6 月,李克强总理在国务院常务会议上提出,“鼓励民间资本参与金融机构重组改造,探索设立民间资本发起的自担风险的民营银行和金融租赁公司、消费金融公司等”。2013 年 7 月，国务院下发《国务院办公厅关于金融支持经济结构调整和转型升级的指导意见》，明确提出，尝试由民间资本发起设立自担风险的民营银行、金融租赁公司和消费金融公司等金融机构。历时多年，我国民营银行制度逐步成型。2014 年 3 月，银监会确定深圳前海微众银行、上海华瑞银行、温州民商银行、天津金城银行、浙江网商银行五家民营银行进入首批试点，揭开了民营银行的发展序幕(见表 12—1)。

表 12—1　首批 5 家试点民营银行情况

名称	注册资金	主要发起人	定位	主打模式
深圳前海微众银行	30 亿元	腾讯(30%) 百业源投资(20%) 立业集团(20%)	服务个人消费者和小微企业客户	大存小贷：存款限定下限，贷款限定上限
上海华瑞银行	30 亿元	均瑶集团(30%)、美特斯邦威(15%)、凯泉泵业(10%)、赣商联合(10%)、上海骋宇实业(10%)、上海建桥集团(10%)	服务小微大众、科技创新和自贸改革	特定区域存贷款；限定业务范围、区域范围
温州民商银行	20 亿元	正太集团(29%)、华峰氨纶(20%)、森马集团(9.9%)、奥康集团(9.9%)、力天房产(9.9%)、富通科技(9.9%)	服务中小微企业、小区居民	特定区域存贷款：限定业务范围、区域范围
天津金城银行	30 亿元	华北集团(20%) 麦购集团(18%)	服务特定区域小微企业	公存公贷：只对法人，不对个人
浙江网商银行	40 亿元	蚂蚁金服(30%)、上海复兴工业(25%)、万向三农集团(18%) 宁波金润资产管理(16%)	服务小微网商、个人创业者、普通消费者包括农村消费群体	小存小贷：限定存款上限，设定财富下限

资料来源：银监会官网，天风证券研究所。

二、微众银行的现状

微众银行 2018 年报显示，最近三个年度，微众银行的资产总额、营业收入、净利润、吸收存款、发放贷款和垫款五项指标均实现大幅增长。2018 年，微众银行的资产总额为 2 200.37 亿元，较 2017 年的 817.04 亿元增长 169.31%；营业收入为 100.30 亿元，较 2017 年的 67.48 亿元增长 48.63%；

净利润为 24.74 亿元，较 2017 年的 14.48 亿元增长 70.85%（见图 12—1）。

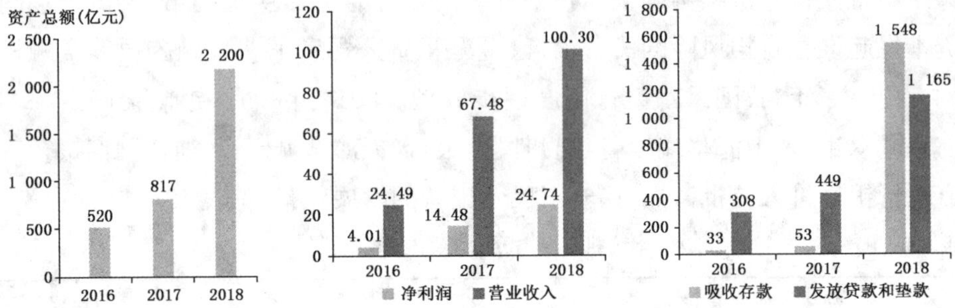

资料来源：微众银行年报披露。

图 12—1　微众银行 2018 年财报业绩亮眼

2018 年，微众银行吸收存款飙升，吸收存款总额为 1 547.86 亿元，较上年同期翻了 28 倍，这很大程度上得益于其 2018 年推出的揽储神器“智能存款＋”。智能存款是民营银行为主要发起者的线上创新型银行存款产品，其底层资产以三年或五年期定期存款为主，通过收益权转让给第三方机构实现随时支取功能，智能存款的利率比传统银行定期存款利率更高，且受《存款保险条例》的保护。“智能存款＋”2018 年 9 月正式上线，在当时互联网货币基金、银行理财产品收益率持续下跌的情况下，“智能存款＋”以其存取灵活、收益高等优点，备受市场追捧，为微众银行带来强大的存款流入。但该系列产品存在利用期限错配高息揽储之嫌，处于灰色地带，2018 年底即下线。2019 年 5 月，微众银行再次上线智能存款产品，但与此前“智能存款＋”相比，存款利率大幅度降低，尤其是前三年持有利率大不如前，吸引力也大幅下降。智能存款产品利率调整后，如何继续吸引存款客户以防止吸储量下跌，是微众银行需要重点考虑的问题之一。

微众银行在民营银行中同样出色，即使是同为互联网银行的网商银行，其营业收入增速和净利润在 2018 年也被微众银行拉开了差距。通过与网商银行的横向对比可以看出：2018 年，微众银行与网商银行的营业收入差距主要体现在手续费及佣金净收入上，微众银行的手续费及佣金净收入大幅增长，业务多元化提升；而网商银行的营业收入中净利息收入占七成以上，利润受利率波动影响较大(见图 12—2)。当然,两家银行的战略定位有所不同,面向的主题客户也不同——微众银行主要面向个人客户,网商银行主要面向小微企业和农村客户。

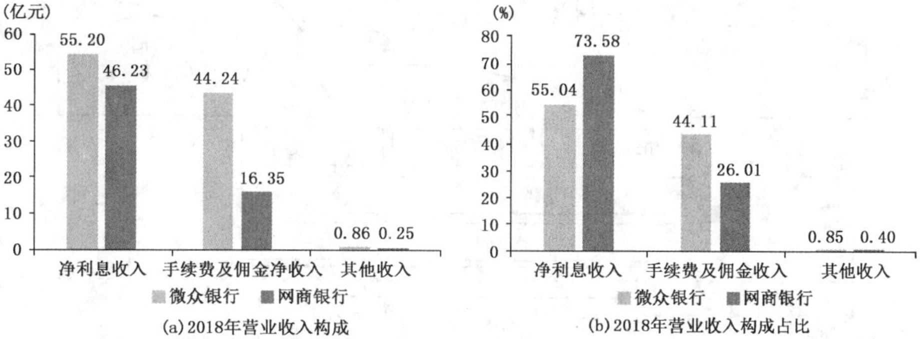

资料来源:微众银行、网商银行年报披露。

图 12—2　横向对比:微众银行与网商银行

三、业务模式及目标客户

依托大股东腾讯在互联网技术、用户基础、数据获取上的优势,微众银行不设任何实体网点或柜台,而是将互联网作为唯一的服务渠道,并通过无缝接入腾讯的微信和 QQ 入口,获得大量的潜在客户。2018 年,微信及 WeChat 合并月活跃账户 10.98 亿,同比增长 11%。QQ 月活跃用户为 8.07 亿,同比增长 3.0%。作为微众银行的主要获客渠道之一,“微信+QQ”的强流量入口不仅为微众银行的客群拓展提供了想象空间,还在用户数据沉淀方面起到了重要的作用。

微众银行业务实践中践行平台战略,将自身定位为“持有银行牌照的互联网平台”(见图 12—3),即向目标客户普罗大众和微小企业提供金融产品,向其他银行和非银金融机构提供经数据模型筛选过的客户,降低金融业的整体营销成本;通过向同业提供风控相关数据,降低信贷业务坏账成本;通过提供科技支持,降低自身运营成本,并由此推动全社会融资成本逐步下降。

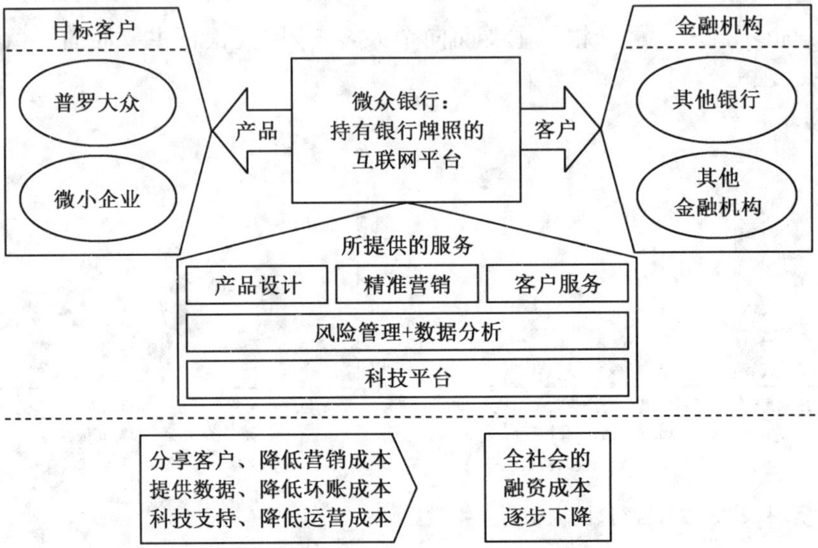

资料来源:张晓朴,姚勇等:《未来智能银行:金融科技与银行新生态》。

图 12—3 微众银行:持有银行牌照的互联网平台

微众银行的主要客户包括小微企业(个体工商户、自雇人士、创业企业、小型服务企业等)和普罗大众(产业工人、农民工、服务业从业者、年轻白领以及乡镇居民),原因有三:一是上述群体有服务痛点,普遍面临融资难、融资贵问题,同时现有银行机构针对其需求提供的有效产品不足且手续繁杂;二是在信贷渗透率较低的情况下,未来随着上述群体收入的增加,服务前景可期;三是受牌照和资本金等实力约束,微众银行没有能力服务包括大中型企业、外资机构、各级政府、社会团体和高净值个人等大客户,服务小微和普罗大众是必然的选择。以践行普惠金融为目标,微众银行的发展愿景是在 10 年内为 3 000 万微型企业和 3 亿大众提供服务,且其中 80%以上的信贷业务额度在 50 万元以下,以此落实“个存小贷”的业务模式。截至 2018 年末,微众银行授信的个人客户中,约 80%为大专及以下学历,3/4 为非白领从业者。同时,72%以上的个人客户单笔借款成本不足 100 元;授信的企业客户中,约 2/3 属首次获得银行贷款,充分体现了其普惠金融的定位和特色。目前,微众银行着眼于其

“个存小贷”定位已发布微粒贷、微车贷及微业贷等产品(见表12—2)。

表12—2　　微粒贷、微车贷与微业贷的区别

产　品	定　位	说　明
微粒贷	互联网小额信贷	手机QQ、微信均有入口。主要与同业合作联合贷款,即微众银行与金融机构合作放贷,通过“联贷平台”,微众银行只发放少量贷款资金,大头的贷款资金由合作银行发放。微粒贷在2018年10月已累计放贷超万亿规模
微车贷	互联网+汽车金融	服务于购车、用车、养车消费者和车商,主要向汽车金融合作方提供资金,目前已经合作优信、灿谷、瓜子、美利车金融、人人车等一系列汽车金融平台或汽车融资租赁公司
微业贷	线上小微企业贷	为中小微企业提供的线上流动资金贷款服务。2018年9月,微业贷户均授信金额32.19万元,笔均提款仅19.47万元。上线近1年,微业贷为5万小微企业提供超过150亿元的授信金额支持

四、首款贷款产品分析:微粒贷

微众银行提供的产品力求实现可获得性、可承受性和普适性三个特征的统一。微粒贷作为一款针对个人用户的消费类贷款产品,具有“无抵押、无担保,按日计息、随借随还”的特点。贷款全流程均在线上完成,获得邀请的借款人开通微粒贷后,借款在几分钟内即可到账。在客户获取上,微粒贷目前面向微信和手机QQ的广大用户群体,以“微信钱包”和“QQ钱包”作为产品入口,采用预授信的模式,以“白名单”邀请制的形式逐步向符合授信标准的用户定向开放,也有利于控制业务发展节奏和风险。

在资金来源上,微粒贷采用了与合作银行共同提供资金的模式。微众银行提供客户、渠道和风控服务,资金则由微众银行和合作银行共同提供。微众银行按照信贷量的一定比例向合作银行收取服务费用,风险损失双方按照出资比例共同分担。通过这种模式,微众银行降低了自有资金投入和资本占用,大大提高了资金回报率,体现了“平台化”的互联网银行思维。2019年5月,微众银行发布了2018年财报,截至2018年末,微众银行管理贷款余额超过

3 000 亿元,表内各项贷款余额 1 198 亿元,比年初增长 151%。

表 12—3　　传统银行贷款与微众银行:微粒贷的区别

项　目	传统银行贷款	微众银行:微粒贷
营业时间	工作日 8 小时 非工作日不营业	全天候
申请	书面申请复杂 往往需要跑 2—5 次网点	无纸化申请 只需 6 次点击
处理	人工审批	自动化
审批	>15 天	<1 分钟
还款	一般不能随借随还	支持随借随还

"微粒贷"的客户筛选是基于白名单制度。基于客户在社交数据上的行为表现,再通过腾讯的数据分析进行初步的白名单过滤,接着利用传统银行的联网核查、征信等步骤进行进一步的分析和判断。"微粒贷"还开发了六大风控模型,实现了反欺诈、风险评分和贷后监控的全线上操作。这六大模型包括公安数据模型、人民银行征信数据模型、微信社交模型、手机 QQ 社交模型、财付通支付数据模型和资金饥渴度模型。微众银行在这些模型的基础上引入大数据,其中既有自身基于腾讯平台获得的庞大的社交数据和支付数据,也有传统的金融数据比如银行征信、公安数据、教育数据等。有别于传统银行的"三张表"的透明度较低的分析方式,微粒贷所使用的大数据能更全面地反映客户的还款能力和稳定性,尤其在反欺诈方面拥有独特的优势。

五、发力 ABCD 战略,见证金融科技的力量

发展数字普惠金融的背后,离不开金融科技的支持。微众银行从立行开始,就在金融科技技术的四大领域("ABCD")即人工智能(AI)、区块链(Block Chain)、云计算(Cloud Computing)和大数据(Big Data)连续多年积极投入,成功打造了多个国际和行业领先的创新性技术及应用。

（一）基于人工智能，推出智能客服与极光守卫

基于人工智能技术，微众银行开发的应用包括“微金小云”智能客服机器人、基于人脸识别的 KYC（Know Your Customer）服务等。“微金小云”的开发有微模式识别团队参与，基于微信千亿级的数据量，使用深度学习模型训练而成——数据量对人工智能程序的优劣起着决定性作用，国内能达到微信数据量级别的应用少之又少。

微众银行客服机器人是以自然语言处理、机器学习、深度学习等 AI 技术和大数据平台为基础支撑，以与金融业务相关的客服场景为研究对象，实现了业务知识库的灵活录入、金融类词汇自动发现、金融知识图谱、金融知识自动抽取、用户情感分析、搜索和推荐系统、上下文语义关联、任务式场景服务等功能模块，可以为用户提供 7×24 小时、高效、精准、个性化的在线咨询服务。

智能客服节约了大量的人力成本。通过机器人客服加上 8 个人工客服，微众就能处理日均 90 万的消息量。如果换算成传统客服模式，这 90 万的消息量，要用 400 个传统电话，客服共计 10 个小时电话连线才能完成。微众银行立足于“在线客服为主，电话客服为辅”的运营策略，高频小问题集中通过智能机器人快速响应，机器人无法满足时快速切换至人工客服处理，通过在线、人工处理平台的自由切换，实现客户服务的完美体验。

此外，微众银行还联合腾讯云安全全天御、腾讯有图，开发出以人脸识别为核心的金融级多因子身份验证服务程序 KYC，又称为以人脸识别为核心的金融级多因子身份验证服务。多因子包含身份证 OCR（Optical Character Recognition）及验证，银行卡 OCR 及三或四要素验证并支持 SDK、微信公众号、小程序等多种渠道接入。

在 KYC 基础上，微众银行于 2017 年 11 月推出光线活体检测技术“Aurora Guard（极光守卫）”。“极光守卫”与普通的人脸识别技术相比主要有以下优势：一是刷脸验证时不再要求用户做任何动作，保持静止即可；二是适用范围更广，硬件要求更低，支持所有移动设备和机器使用；三是在安全性能上，通过屏幕来发射不同颜色和强度的光线，投射到面部并由摄像头接收，最后再用一系列算法处理和卷积神经网络，从包含变化光线信号的视频中分析并推

导活体判断所需的人脸3D和质感信息，同时该方法建立在密码学的坚实基础之上，是目前已知安全级别最高的技术之一。

(二)挖掘区块链技术，应用率先落地

微众银行在区块链应用方面的成果主要有三：

一是微众银行于2016年5月联合平安银行、招银网络、京东金融、深圳市金融信息服务协会等25家机构，成立“金融区块链合作联盟(深圳)”，简称“金链盟”。至今，金链盟成员已涵括银行、基金、证券、保险、地方股权交易所、科技公司六大类行业的80余家机构。2016年7月，微众银行联合腾讯云成功开发出区块链产品——“区块链云服务BaaS”，仅向“金链盟”成员开放。BaaS是一个区块链的底层开发工具，提供开发API、图形化管理台和浏览器，可用于快速开发区块链程序(见图12－4)。

资料来源：微众银行官网，天风证券研究所。

图12－4 BaaS架构

二是微众银行联合万向区块链公司、矩阵元公司在2016年成立了联合区块链实验室，致力于共同进行区块链底层平台开放，推动区块链应用场景落地。2017年7月31日，推出完全开源的区块链底层平台BCOS(Block Chain Open Source)，打造深度互信的多方合作共同体，推动分布式商业生态系统形成。

三是2016年9月微众银行联合上海华瑞银行，基于BCOS平台的早期版本，推出“微粒贷”备付资金管理与对账平台，这在国内银行业属于首家。在联合贷款模式下，微众银行和数十家合作方银行之间的资金清算比传统银行频率高出许多。在传统的清算模式中，交易和资金结算分开，双方各自记账，当交易完成后，双方需要花费大量的人力对账。因为数据由对手记录，双方都无法确认数据的真实性。引入“微粒贷”备付金管理与对账平台后，由于所有信息都记录在区块链网络上，并且无法篡改，交易过程可以并行清算——这就做到了实时清算，合作银行原来“T+1”才能拿到的数据，现在可以进行实时调阅和核对(见图12—5)。

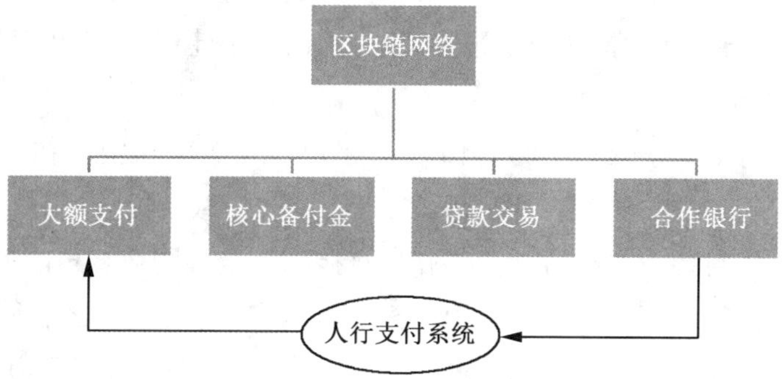

资料来源：万联网，天风证券研究所。

图12—5 “微粒贷”备付金管理与对账平台

目前，“微粒贷”备付金管理与对账平台已有华瑞银行、洛阳银行、长沙银行接入。截至2017年11月，微众银行宣布其跨机构联盟链在生产环境中运行的应用数据记录笔数已超过500万笔交易。2018年5月，中国科学院计算机技术研究所正式加入“金链盟”，代表科技国家队对微众银行区块链技术的认可。

(三)云计算，把IT成本降至行业平均的1/10

微众银行开启行业先河，其IT架构是全分布式的去IOE开源架构。传统银行的IT架构由IBM的小型机、Oracle的数据库、EMC的存储设备组成，俗称IOE。IOE架构的弊端有四：一是软件和硬件设备被上述三家公司垄断，价格十分昂贵。在大数据环境下，系统和数据存量增量都极其庞大，采购付出成本太高，且易形成依赖性；二是在IOE架构下，数据存储和处理都是基于结构化的关系型数据库，无法有效处理大数据环境下的非结构化数据；三是IOE的硬件平台兼容性差，比如惠普硬件无法与IBM系统形成无缝的跨平台；四是扩展性有限，IOE系统数据处理都属于TB级，而支持PB级分析交易能力有限。

由于IOE架构的种种制约，加上资本金限制、筹建时间短等因素，微众银行选择了全面去IOE自主可控的全分布式架构——将整个IT体系搭建在云计算基础之上，自身业务系统已经全部上云。2016年12月8日，微众银行行长李青南在银监会银行业例行新闻发布会上表示，微众银行于2015年采取开源技术，按分布式架构搭建技术平台，成为国内首个建成"去IOE"科技架构的银行，并拥有全部知识产权。

传统银行IT成本约为20—100元/账户/年，而微众银行在完成去IOE架构之后，其IT成本不到行业平均的10%。同时，微众银行还把自身云计算产品做了整体封装，对外进行商业输出，直接满足金融同业客户的需求。目前已经有多家银行使用微众银行的智能云客服服务，这套智能云客服系统可以通过腾讯云快捷、安全、零成本地进行接入，解决金融企业客服人力成本高、服务效率低等问题。微众银行的信息系统架构、技术策略已被"后来者"百信银行所模仿。微众银行新一代IT架构见图12—6。

（四）大数据风控，守护资产质量

微众银行的大数据技术应用主要在于构建其大风控体系，一是借助传统征信数据源+腾讯特色数据源，构建微众自身专有的征信数据源；二是在专有数据源基础上，运用大数据技术，开发一系列带有"互联网风控"特色的模型对客户进行全面信用评估，实行贷前、贷中、贷后全流程风险管控。

微众银行依托腾讯公司专有数据源和传统信用评级数据源，建立自有的信用评级数据源，全面评估信用风险。其中，在腾讯公司专有数据源体系中，包含微信、QQ、财付通、TC安全平台（国内最丰富的反欺诈数据平台之一）等深度的社交、生活财务数据。

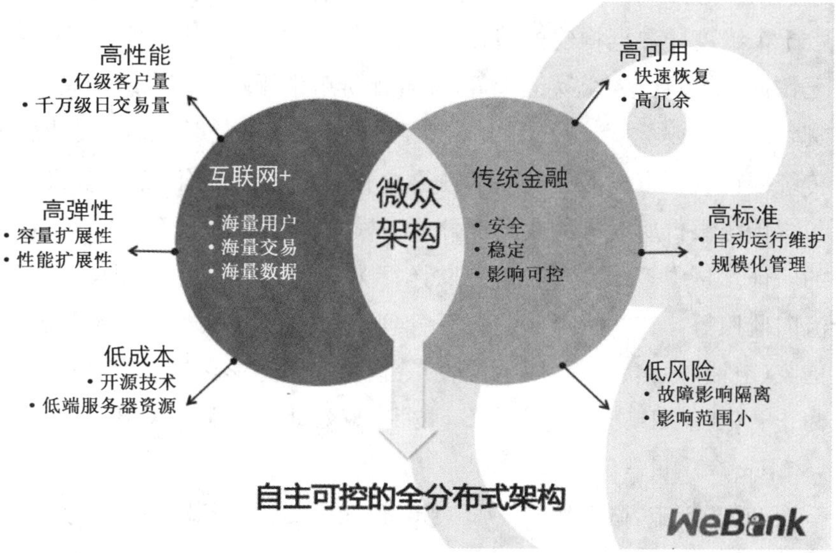

资料来源：微众银行基础架构产品部：《微众银行基于自主可控技术的分布式架构实践》，天风证券研究所。

图 12－6　微众银行新一代 IT 架构

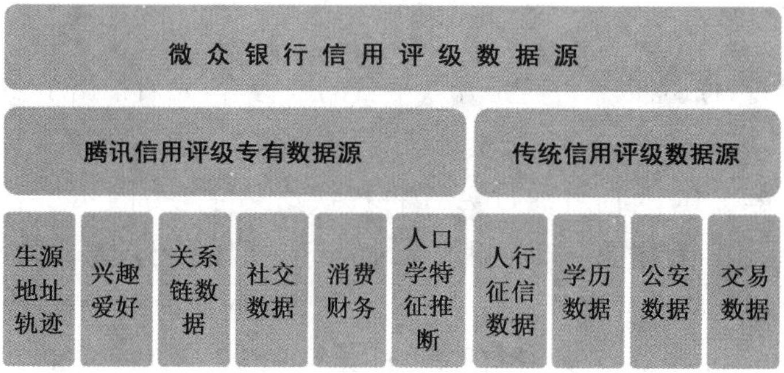

资料来源：微众银行官网，天风证券研究所。

图 12－7　微众银行信用评级数据源

微众银行基于上述两大数据源，运用大数据技术，建立了风险计量等一系列模型，广泛用于贷前、贷中、贷后的白名单筛选，以及反欺诈等日常风险控制工作。贷前筛选方面,"微粒贷"基于大数据信用评级进行白名单筛选——运用了数千个维度的数据构建模型,包括人行征信数据、社交数据、公安数据、人口登记数据、学历数据、交易记录等,综合评价申请用户的信用级别,决定是否发放贷款以及发放额度。这一切均在客户打开"微粒贷"页面的数秒之间完成。传统银行线下审批的依据要素在微众银行的模型都有,而微众银行的模型还包含传统银行所无法触及的部分——模型的有效性已经过近三年数亿笔交易的验证。贷中多维度实时监控欺诈行为,比如异常支付监测、短信验证、资金流向监控等。在"微粒贷"的贷后管理工作中,贷后预警、黑名单识别、多层次催收(电话、短信、诉讼、属地催收)等模型如影随形,一直到客户归还贷款本息为止。依托 AI 及"极光守卫"等技术,高效地防范欺诈风险,依托大数据风控,守卫资产质量。

截至 2018 年末,微众银行不良贷款率为 0.51%,贷款拨备率为 4.30%,拨备覆盖率为 848.01%,流动性比例为 61.61%,资本充足率为 12.82%,各指标优于监管标准和行业平均水平,主体信用评级由 AA+级调升为 AAA 级。

六、微众银行布局开放银行

微众银行自成立以来一直是开放平台的践行者,先后推出了多款基于场景的金融产品,如基于二手车买卖场景的微车贷服务、基于线下商超购物场景的金融服务等。其中,前者通过 API 将贷款及支付能力嵌入二手车交易流程,后者则采用小程序的形式将银行支付服务与实体商超购买场景相融合,用户无须前往银行网点或打开银行 App,即可享受便捷的银行服务。此外,微众银行还推出了"微动力"理财超市,将自身的理财产品通过 SDK 集成于合作银行 App,为当地用户提供更丰富的产品选择。

2019 年 3 月 29 日,腾讯云与微众银行双方宣布成立金融科技创新实验室,合作研发面向"开放银行"场景的金融科技应用。金融科技创新实验室将基于"开放银行"发展理念,从基础架构、金融应用、体验创新三个层面展开联合探索研究和技术创新。

参考文献

[1]何大勇，谭彦，陈本强，刘月：《银行转型 2025》，中信出版集团，2017。

[2]张晓朴，姚勇等：《未来智能银行：金融科技与银行新生态》，中信出版集团，2018。

[3]天风证券：《行业专题研究：详解微众银行，见证金融科技的力量》，2018 年 9 月 8 日。

第十三章

度小满

度小满金融，原百度金融。2018 年 4 月，百度宣布旗下金融服务事业群组正式完成拆分融资协议签署，拆分后百度金融将启用全新品牌“度小满金融”。“度小满”这一名称，取意“源自百度，小得盈满，前行不止”。“度”是延承百度技术基因，“小满”是节气，更是一种小得盈满、恰到好处的人生状态。这也是度小满金融想与用户分享的生活态度：永远谦逊有节，值得信赖；永远前行不止，追寻美好的生活。度小满的品牌 Logo 由红、蓝两色组成，代表消费金融和财富管理两大业务平台。2019 年 5 月 21 日，度小满金融迎来独立运营 1 周年。CEO 朱光在品牌日庆祝活动上总结了一年来的成绩。据介绍，度小满金融在信贷、理财、支付、金融科技服务等业务上全线成长，不仅速度快，而且越来越稳。在毕马威咨询公司公布的 2018 FinTech 100 榜单中，度小满金融排名第四。

一、“源自百度”的度小满

在 2018 年从百度大家庭分拆出来之前，度小满的曾用名为“百度金融”。百度金融脱胎于百度，依托于百度的数据、AI、场景、用户等优势，如同一趟高

图 13—1　度小满品牌 Logo

速列车，两年间成就了名副其实的金融独角兽。分拆时，百度方面表示，独立后的度小满金融，其战略布局将更加灵活，百度将一如既往地在技术、平台、资源等多个维度与度小满金融保持紧密协同。拆分的同时，度小满获得了一轮高达 19 亿美元的融资，由 TPG、凯雷投资集团领投，泰康集团、农银国际等跟投。

(一)从百度母体带出来的 AI 基因

其实，度小满之所以能在两年内从百度“毕业”，离不开百度在 AI 方面的巨大投入。自 2015 年开始，百度的研发资金便超过了 100 亿元，约合 15.67 亿美元，同比增长 45.8%，在那之后，研发支出也是年年创下新高(见图 13—2)。在经历了 2016 年的重大危机后，百度开始坚定转型，撤并非核心业务，并加大对人工智能领域的投入。

而根据现金流量表，2015—2017 年百度的经营活动和筹资活动现金净流入之和约等于投资活动的现金净流出，说明百度几乎将经营和筹资所得全部用于投资，而投资的方向主要为人工智能(见图 13—3)。

(二)百度金融“毕业照”

在从百度分拆出来之前，百度金融事业群的布局就已十分全面。

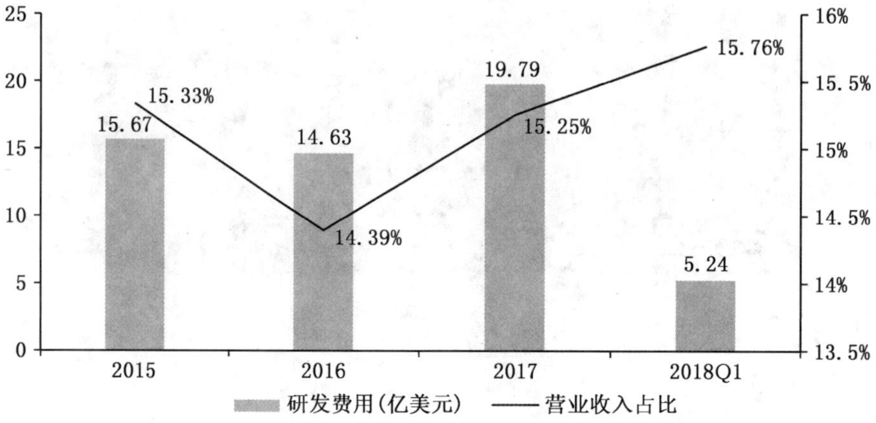

图 13—2　2015—2018 年第一季度百度研发投入约占营业收入的 15%

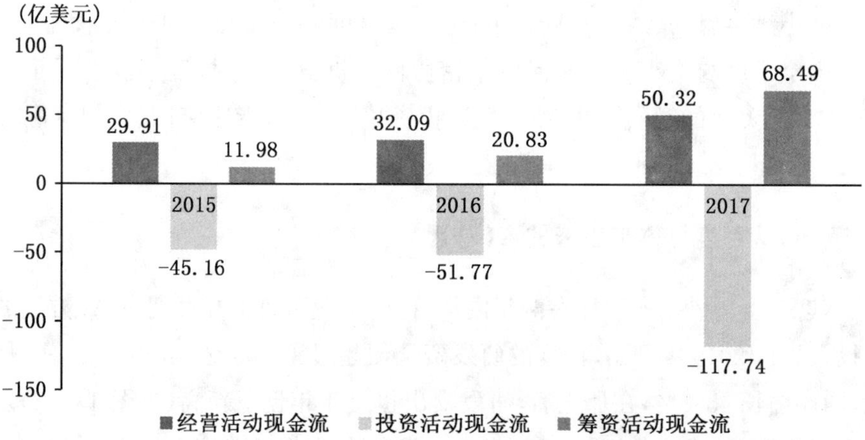

图 13—3　2015—2017 年经营和筹资所得几乎全部用于投资

在百度的众多智能金融应用中,大数据风控最为成熟,目前已被使用到消费金融产品的授信过程和资产管理产品中的标的选择中,并与中信银行、浦发银行达成合作共享数据。此外,百度依托其强大的云计算和深度学习能力,也在智能投顾、智能获客、量化投资、身份安全防护等多项功能上实现了突破,为其庞大金融版图武装上“智能”的盔甲(见图 13—4)。

表 13—1　　百度智能金融成果

进　展	时　间	成　果
建立百度金融事业群组	2015 年 12 月	将百度消费金融业务及团队、百度钱包支付业务及团队、百度金融市场研究与策略团队等陆续并入百度金融事业群
投资金融科技公司 ZestFinance	2016 年 7 月	ZestFinance 是一家将机器学习和大数据分析结合，从而为客户提供精确信用评分的金融科技公司。百度将借助 ZestFinance 的技术判断用户的信用
与征信巨头 FICO 达成合作	2016 年 9 月	金融与美国征信巨头 FICO 签署合作协议，双方将在风控、智能评分、大数据应用、金融场景建设等领域开放合作，共建金融生态
与易方达基金和申万宏源证券达成合作	2016 年 9 月	结合百度开放合作的大数据因子、机器学习投资决策模型和人工智能技术，进行量化投资领域产品研发及信用预警新模型建立，从而在提升投资收益和降低投资风险方面做出努力
百信银行获批	2017 年 1 月	百度和中信银行联合发起的百信银行是国内首家独立法人模式的直销银行
领跑教育信贷市场	2017 年 2 月	消费金融产品“百度有钱花”以 75%的市场份额继续领跑教育信贷领域，合作教育机构已经近 3 000 家，目前每天新增教育贷款学员超过 3 000 名

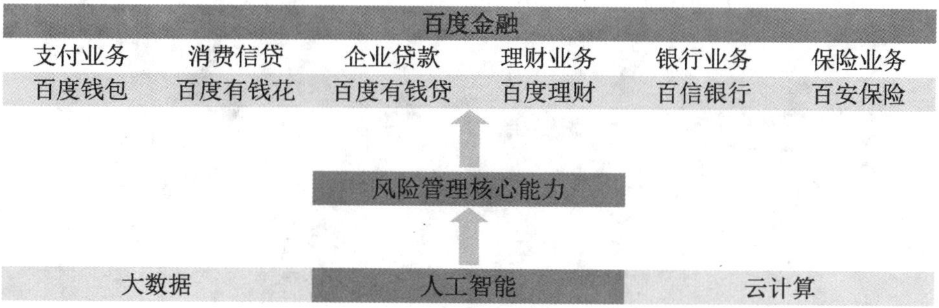

图 13—4　百度金融版图

到 2018 年分拆前，百度金融的可授信用户已达 3.3 亿，业务规模增长喜人，可以与之类比的是，央行联手全国数千家银行，多年积累的有效征信人口也刚过 3 亿；财富管理服务边界不断拓展，积累了数百万忠诚理财客户，合规理财产品、基金业务、支付业务等金融布局日益完善;智能信贷业务迅速推进,在教育分期这个垂直领域,度小满已经是全国第一,累计为超过50万大专以下学历的用户发放教育消费信贷超百亿元;与银行、保险、证券、消费金融等400多家机构进行技术合作。

"毕业成人"的重要条件,就是自我造血和生存能力,而百度金融在2018年第一季度便实现了盈利,数据、业绩、用户量都让百度金融走到了独立的关口。因此,2018年4月28日,百度宣布旗下金融服务事业群组完成拆分融资协议签署。5月21日,度小满金融品牌正式对外发布,实现独立运营。

二、业务板块介绍

(一)有钱花

度小满金融旗下的信贷服务品牌,提供面向大众的个人消费信贷服务,打造创新消费信贷模式。利用人工智能和大数据风控技术,为用户带来方便、快捷、安心的互联网信贷服务,具有申请简便、审批快、额度高、放款快等特点,可根据用户的借款需求进行精准匹配,为用户提供值得信赖的信贷服务(见图13—5)。

图13—5 有钱花借款步骤

（二）度小满理财

度小满金融旗下的专业化理财平台，提供基金投资、活期理财、定期理财等多元化理财产品，帮用户安心实现财富增长。通过专业化的团队，精选高品质的金融产品，提供快捷、优质的金融服务，打造一站式的专业、全面、安心的互联网金融服务平台。

（三）度小满钱包

度小满金融旗下的在线支付应用和服务平台，通过与手机百度、百度地图、百度糯米、爱奇艺、携程等百度系及外部伙伴合作，构建起完整的支付生态闭环，并全面打通 O2O 生活消费领域，同时为用户多样化创新金融服务能力，让用户在移动时代轻松享受一站式的金融体验。

（四）金融科技

度小满金融使用百度金融大脑作为底层基础架构，开发出智能获客、大数据风控、身份识别、智能投顾、智能客服、金融云、区块链七大核心能力，反欺诈产品、信用产品、验证类产品、智能催收产品四大产品和金融大脑、供应链金融、信贷风控三种解决方案，构建出一个覆盖金融业务全流程的 AI FinTech 解决方案。核心能力是产品和解决方案的必要条件，而风控是金融业务的核心，图 13—6 主要说明了七大核心能力，我们将在后续内容中再详细介绍大数据风控下的四大产品和三种解决方案。

度小满金融依托百度集团在 AI 方面的技术优势，以金融大脑作为核心能力，依托感知引擎和思维引擎，通过综合运用人工智能、大数据、云计算、区块链等技术，为银行、消费金融、信托等企业提供完整的解决方案，助力传统金融企业实现转型升级。目前，度小满金融已与中国农业银行、南京银行、百信银行等 500 余家银行互金机构达成相关合作，通过共建联合实验室、提供解决方案等方式，在大数据风控、智能催收、智能投顾等领域进一步提升金融机构的智能化水平。

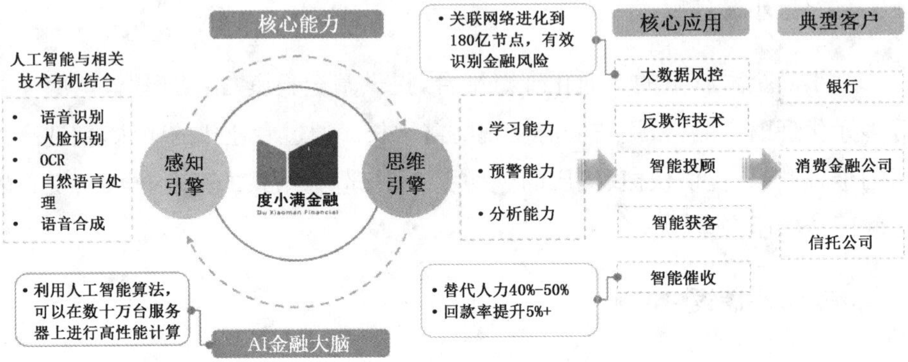

图 13—6 度小满金融 AI FinTech 解决方案

三、携手银行进行生态布局

2019 年 6 月 12 日，中国光大银行与度小满金融签署战略合作协议。双方宣布将基于各自的资源优势，在金融科技、个人金融、消费金融、支付与场景、公司金融、员工综合服务、综合金融等领域全面深化战略合作。据透露，度小满金融还将和光大银行理财子公司深度合作，优势互补，探索多个领域的合作空间。

2018 年 12 月 19 日，度小满金融与天津银行签署战略合作协议（见图 13—7），将在金融科技、普惠金融、支付结算、零售金融等七大领域全面深化战略合作，第一步，天津银行将向度小满金融提供 200 亿元的授信额度支持，其中 100 亿元定向用于教育分期等场景消费金融。

除了光大银行和天津银行外，度小满金融也早已与农业银行、百信银行、南京银行和天津银行建立了合作关系，从其官网可以看出，在它的合作伙伴标杆中，不只是有战略合作的银行，也有光大银行、民生银行、广发银行、温州银行、包商银行、济宁银行等多家银行，它们有的加入度小满消费金融开放平台，有的使用度小满磐石等智能金融解决方案（见图 13—8）。

图 13—7　度小满金融与天津银行签署战略合作协议

图 13—8　度小满合作伙伴

例如，2017 年，度小满和农业银行联合孵化了“金融大脑”。至 2019 年上半年，农业银行上线的掌上银行，用户已可以刷脸登录 App，并通过语音进行转账操作；百信银行于 2017 年底成立，度小满和百度云向其输出 AI 技术，用于用户画像和精准获客。截至 7 月末，百信银行已为 200 万用户累计投放了 400 多亿元的消费贷款，同时度小满帮助南京银行智能获客。据悉，通过百度大数据推送给南京银行的客群，通过率已达到 81.5%。二者合作服务了 150 万用户，累积放款超过 200 亿元。

度小满金融之所以如此受银行的欢迎，也是由于它拥有很多其他金融科技巨头不具备的东西，银行的能力偏重于“金融”，比如在风控模型、客户识别、客户服务、大客户、Call Center 等业务上更有经验；银行的另一个优势是低成本的资金,大中型银行存款成本几乎都在2%以内,和银行合作,意味着能获取大量的低成本的资金,远低于互金公司的资金成本。而度小满则代表"科技",基于AI、大数据、区块链等技术和线上渠道做出更适合在线经营的金融产品。这种能力的互补,是它们合作的首要原因。

除了这种能力上的协同,银行与度小满在渠道、客群和牌照上也有着协同效应。渠道上,银行的线下服务,比如身份认证、长流程业务办理、顾问式服务等,是不可替代的,但度小满可以帮助它大幅拓宽线上渠道;客群上,度小满金融依托百度,中国95%的网民都是百度用户,每天产生数十亿搜索以及相关互联网服务,如知道、百科、贴吧、信息流和地图等,这些搜索背后蕴藏着巨大的金融需求,比如分期付款、企业小贷。基于这些向银行等金融机构提供智能获客能力,不仅能获取优质潜在客户,还能降低获客成本;牌照上,传统银行资历更老、牌照更全、业务更多,比如天津银行就有同业金融市场业务、投行业务、资管业务、信用卡、理财诸多牌照。传统银行可以涉足更多金融业务,与金融科技巨头牵手就可以让后者的资源发挥出更大的价值。

2018年5月16日,中国银保监会黑龙江监管局披露《关于核准哈尔滨哈银消费金融有限责任公司增加注册资本和调整股权结构的批复》显示,百度旗下的全资金融科技公司——度小满(重庆)科技有限公司向哈尔滨哈银消费金融出资4.5亿元,持有哈银消费金融30%的股权,仅次于持股53%的哈尔滨银行,成为哈银消费金融的第二大股东。

公开数据显示,迄今为止,全国总计只有27家持牌消费金融公司(其中4家尚未开业),基本上按照一省一家的方式颁发。大部分持牌消费金融公司背后是银行持股。此次以投资入股方式曲线获取消费金融牌照,度小满金融成为百度、阿里巴巴、腾讯、京东(BATJ)中首家获得消费金融公司牌照的巨头。而除了BATJ之外,苏宁金融曾通过发起设立的方式获得消费金融公司牌照。此番合作,一方面,实现了金融科技和金融机构的融合,同时也是消费金融行业智能转型的契机;另一方面,百度也借此进一步巩固自身的金融科技生态圈。从行业整体来看,近年来市场消费需求和信贷规模的上涨,将继续激发BATJ等互联网巨头积极布局消费金融领域,而作为稀缺资源的消费金融牌照也将影响市场格局的演变。

消费金融业务一般包括银行信用卡消费、持牌消费金融公司业务、小额贷款和消费金融 ABS 等方向。持牌消费金融公司与小贷公司类似,都是提供小额借贷,但区别在于场景和资金的具体用途,在金额杠杆率上也有差别。在严监管的环境下,网络小贷的杠杆率受到限制。如重庆等小贷业务比较集中的地方,杠杆率在 2.3 倍左右,若要扩大业务则需要增资。而消费金融的杠杆率为 8—10 倍,业务空间更大。

度小满选择与哈尔滨银行合作,是因为它作为城商行,服务于小微企业和个体工商户的比例比较高。类似的银行短期零售贷款包含小微金融业务,适合消费金融业务的开展。

四、“信贷+理财”两大业务推动普惠金融

(一)信贷

1. 信贷业务概况

作为百度生态的首位“AI 毕业生”,度小满金融经过一年的发展,在信贷和理财两大金融主赛道实现了双丰收。其中,信贷可授信用户达到 3.3 亿,过去两年,度小满累计放款超 2 500 亿元,其中 2018 年以来放款 1 700 亿元,累计帮助金融机构获得利息收入超过 50 亿元,服务小微企业达 700 万元,不良率低于业界平均值。度小满金融与合作伙伴共同服务的信贷客群中,小微企业主占比达到 40%。

2. 场景多样化

百度搜索涉及的用户群体非常广泛,消费场景非常丰富。据介绍,每天通过百度检索与理财相关的信息的次数达到 3 500 万以上,不仅有数亿用户在搜索与教育、装修、旅游等相关的消费信息,也有大量小微企业在查询经营方面的信息。庞大的搜索信息背后也潜藏着巨大的金融需求,如教育、旅游、3C 产品消费、家装等,而且场景一旦形成消费闭环,就会具备非常高的壁垒优势。

度小满的信贷业务全部都是场景贷,而这些场景来源于每天有数亿的用户在百度搜索产品和服务时产生的巨大的信贷融资需求。在众多的场景中,

教育是度小满最早布局的场景,目前教育分期已经累计服务了超过150万人,累计提供超过230亿元的贷款,其中40%以上的用户来自农村,15%来自国家级贫困县,超80万用户是大专以下学历。

在度小满金融服务的客群中,三、四、五线城市用户需求越来越多,信贷服务三、四、五线城市的用户比例更是从2017年的37%提升到近50%,小微群体金融可获得性越来越便利。

2018年12月13日,度小满金融场景贷ABS"天风一度小满教育贷2018年第1期资产支持专项计划"发行成功,发行规模为18.29亿元,优先A级利率为4.25%,利率优于同业。据悉,该"资产支持专项计划"由度小满金融旗下小额贷款公司作为原始权益人和资产服务机构,天风证券股份有限公司担任计划管理人。该产品分为优先A档(AAA评级)、优先B档(AA+评级)、优先C档(AA评级)等层级,基础资产为小额贷款,类型丰富、信用层次多元、期限序列完整,吸引了包括国有商业银行、股份制银行、城市商业银行、农村商业银行、券商资管、公募基金、私募基金等多类型机构投资人的积极参与,最终优先A档获得超额认购1.88倍,优先B档超额认购1.92倍,优先C档超额认购3.08倍。

(二)理财

在理财管理上,度小满后发而至。在2018年11月份获得基金销售牌照后,两个月内迅速接入1 800只基金产品,截至目前,为用户赚取了数十亿元收益,理财用户人均持仓规模增幅近70%,合作伙伴遍布100多家基金公司、数十家银行、券商和保险机构。

(三)领衔探索区块链应用

据度小满金融区块链负责人李丰透露,目前度小满区块链的应用场景涉及消费金融ABS、区块链游戏莱茨狗、区块链服务平台等近10个场景。在拆分之前,度小满金融区块链实验室的前身是百度体系内首个探索区块链的部门,发起于2016年。目前,集团搜索公司也成立了区块链实验室,主要探索搜索领域的区块链技术应用。而度小满金融区块链实验室的定位是立足于金融，不止于金融，通过其他行业和场景的探索来反哺金融业务。李丰认为，真正要在区块链领域做出价值，应该专注两方面：一是解决区块链应用的核心技术问题，包括存储等；二是解决如何将技术与应用场景相嫁接。而这正是度小满金融区块链实验室的重点任务。

以 2017 年推出的“百度—长安新生—天风 2017 年第一期资产支持专项计划”为例，这是国内首单基于区块链技术的交易所资产证券化产品（ABS），百度金融作为技术服务商搭建了区块链服务端 BaaS(Block chain as a Service)并引入了区块链技术，项目的各参与机构（百度金融、资产生成方、信托、券商、评级、律师事务所等）则作为联盟链上的参与节点。

此外，莱茨狗是度小满金融推出的基于区块链技术的加密宠物，主要是为了让更多普通人了解区块链，目前已经积累了超过 600 万用户，平均日活跃用户超过 50 万。李丰透露，目前莱茨狗的区块链网络仍未对外开放，度小满金融希望以此先培养自己的运行维护能力。在企业端客户（to B）领域，度小满金融则在探索区块链云能力的输出。

五、大数据风控“4+3”

（一）覆盖流程及核心价值点

1. 大数据风控覆盖流程

度小满金融大数据风控覆盖信贷领域的流程见图 13—9。

在贷前，通过对灰中介进行挖掘和评分，可有效识别灰产，目前中介总体规模达 300w+；通过多头监控系统，可及时捕获异常状况，提前 1 个月准确预警风险表现，并指引合作机构进行防范。

在贷中，通过获取用户实时行为数据，运用深度学习模型组及多维度用户标签，随时掌握用户行为和需求变化，实现账户实时监控；通过聚类分析，实现账户分类管理，从而提高用户满意度，并降低资产风险；通过 Test & Learn 价格和额度实验平台，随时掌握用户需求和市场供给，实现可视化管理、秒级计算和周级迭代。

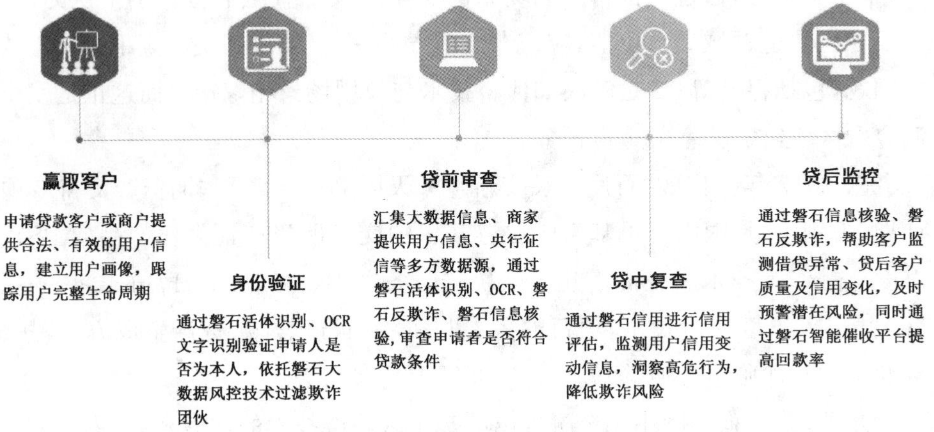

图 13—9　度小满金融大数据风控覆盖信贷领域的流程

在贷后，推出催收平台 3.0 的智能催收机器人及智慧分案两大产品，可针对逾期客户模型、策略、画像等特征进行分析，实现风险区隔，并采用对应手段完成催收，提升催收效果。智能机器人具备标准化、零投诉、产能高、回收率高等优势，可节省 40%—50%人力，并持续提升用户体验。数据显示，目前日外呼量已超 10 万通，约等于 300 人/天外呼量。此外，智能催收支持下，催收效果得到大幅提升，回款率平均可提升 5%以上。智慧分案能更有效地完成催收资源匹配，综合回收率可提升 5%+。

2. 核心价值点

度小满金融大数据风控的核心价值点如图 13—10 所示。

目前，度小满金融发布了云帆和磐石两大技术开放平台。云帆平台围绕智能消费金融，向合作伙伴开放智能获客、大数据风控、客户经营、贷后管理四大能力。

在智能获客方面，度小满金融致力于用自身数据优势及金融科技能力，打破传统获客模式局限，为金融机构提供不断升级的智能获客解决方案。大数据支撑下的高效获客和客户经营模式，具备了需求洞察快和用户触达广两大优势。度小满金融技术负责人许冬亮表示，百度拥有 10 亿＋移动设备，可授信用户数已有 3.3 亿，信贷注册用户数 6 600 万，申请用户数达 1 700 万，未来

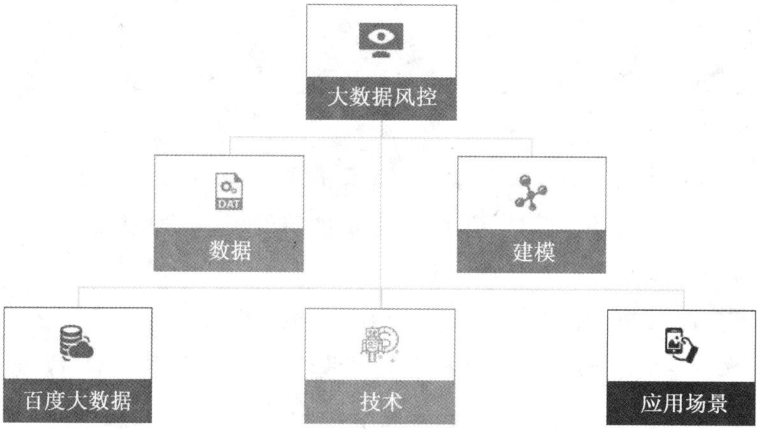

图 13—10　度小满金融大数据风控的核心价值点

可服务用户群体达 3 亿以上，用户规模大，覆盖范围广，具备多维运营和触达广的特点，可及时有效触达用户需求，实现转化能力的快速提升。

在快速洞察需求方面，百度拥有 60 亿＋日搜索，14 款过亿用户 App 和 10 亿＋移动设备，拥有覆盖 95%＋中国网民的大数据能力。搜索数据可以真实反映用户在某个特定时段和特定场景下的需求，结合实时海量多维可信的数据，通过多样意图分析、丰富的用户画像及强化学习的支撑，可实现对用户需求快速精准的洞察，并针对不同层面的用户需求，采用相应的触达方式。数据显示，在精准获客渠道层面，通过强化学习方式，获客量可达到月同比增长 40%以上。

在大数据风控方面，可在央行征信数据基础上将风险区分度提升 15%，多头监控系统，提前 1 个月准确预警风险，动态监测不同地域和不同行业的信用水平变化。

风控支撑的客群管理覆盖了信贷业务客群经营的贷前、贷中、贷后全流程。针对金融领域大数据风控面临的样本集群不大导致的高维、稀疏、小样本这一问题，许冬亮给出了最新的升级版解决方案，即通过集成学习和深度学习来解决大数据高维、稀疏问题，通过 Co-training 半监督学习和深度神经网络来破解信贷样本的小样本难题，同时推出联合建模平台 Etron，集项目管理、数据管理、建模工厂、模型管理于一体的可视化联合建模平台。具有亿级/分钟的动态建模样本算力、丰富的特征体系、可视化效果评估及秒级的模型一键部署四大优势,为客户建立专业化、有效的风险控制模型,助力风控能力的进一步升级。

此外,在反欺诈领域,基于智能图计算的关联网络,百度已拥有 170 亿+节点、700 亿+条边的运算能力,可以达到秒粒度图快照和秒级查询响应,实现风控的全面升级。

在提升效率方面,智能机器人在电销申请阶段的召回率已经接近人工水平,但成本仅是人工的 1%,智能机器人催收的回款率可提升 5%以上。

磐石一站式金科平台,则集合了反欺诈产品、信用产品、验证类产品和智能催收产品,四类金科产品可灵活、自由组合,覆盖金融信贷业务的贷前、贷中、贷后全流程。这部分将于下一节详细介绍。

据介绍,度小满的智能机器人已经走到业界龙头的位置,目前应用于客服、催收、营销等环节,得到合作伙伴的认可。据透露,度小满每个月拿出了超过 5 亿元的贷款催收加以训练,不仅结合了前沿的科技,也创造了非常好的用户体验。

(二)全周期风控“4+3”模式

金融供给侧改革,说到底就是通过调整现有不合理的融资结构、产品体系以增加金融服务的有效供给,但从金融机构的风险偏好来看,小微、“三农”、零售等风控非标准化业务领域,依然难以补足。2019 年 2 月 22 日,中共中央政治局会议强调,实体经济健康发展是防范和化解风险的基础,要注重在稳增长的基础上防风险,坚持在推动高质量发展中防范和化解风险。

度小满金融通过独具特色的巨型关联网络以及深度学习能力,让风控防线更加坚固;通过对多头监控、行业监控、区域监控等大数据风控管理,提前对可能产生问题的行业、地区、职业等环节,采取风险防控措施;通过大数据做出全方位排查,及时发现并提前预警。

1. 4 个产品:反欺诈产品、信用产品、验证类产品、智能催收产品(见图 13—11)。

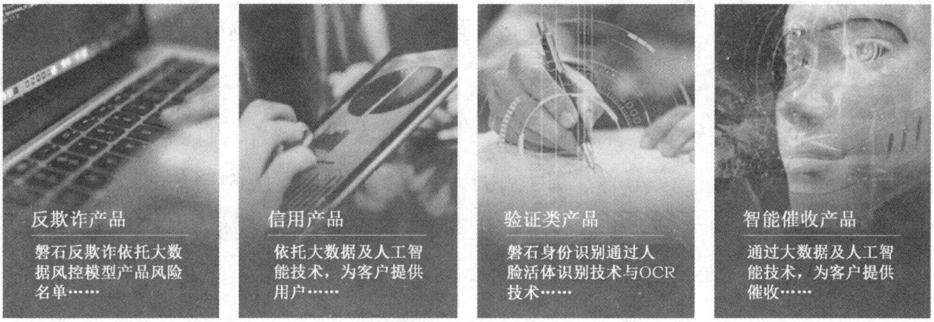

图 13—11　度小满 4 个产品

度小满金融的大数据风控技术为其合作伙伴相关金融业务提供技术支持，主要是贷前审批、贷中复查以及贷后监控服务，度小满金融与其合作伙伴双方实现双赢，二者之间是产品接入和资金、数据流动的关系，在应用大数据风控技术的产品服务下，相当于为合作伙伴优化了其产品服务，提高了效率和风控能力，有效地降低其金融业务的风险。对于用户，度小满大数据风控是审批、监测自己的信用动态，进行个人征信。大数据风控在增强合作伙伴产品业务的风控能力的同时也提高了其效率。度小满金融的金科产品的业务模式信息流如图 13—12 所示。

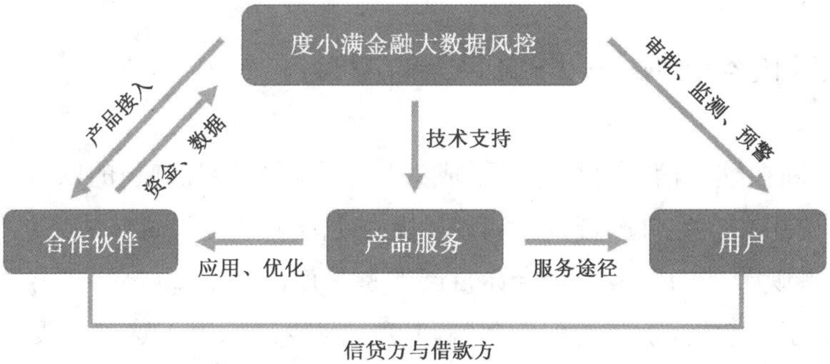

图 13—12　度小满金融的金科产品的业务模式信息流

2. 3 种解决方案：金融大脑、供应链金融、信贷风控

3 种解决方案的业务模式并不完全一致，但基本业务模式与产品相似。

下面我们进行具体分析。

(1)金融大脑:金融大脑的后台数字化支撑能力→金融服务标准产品←智能风控

据度小满金融资料显示,其金融大脑利用人工智能、云计算、大数据等金融科技所构建的听说读写等感知能力以及学习、分析、预测等思维能力,帮助金融机构搭建金融大脑,为金融机构上层各类业务应用提供智能化支持。其中,大数据风控是服务于金融机构的金融服务标准产品,属于前台智能化服务。

(2)供应链金融:大数据风控→供应链金融平台←合作方服务需求

据度小满金融资料显示,其目的是解决核心中小企业和上下游链路企业的资金需求。通过金融科技 AI 及大数据能力获取物流、信息流、贸易流、资金流等信息,将风险控制在最低,并协助核心企业建设完整的资金流账户体系。其中,大数据风控服务于供应链金融平台,是平台底层能力。

(3)信贷风控:大数据风控→申请用户信用动态、信贷业务场景

据度小满金融资料显示,其拥有海量数据和先进模型,为互联网金融机构账户安全、贷前审批、贷中复查、贷后监控等业务场景提供整体解决方案,同时拥有多种可选接入模式,满足不同类型的业务需求。其中,大数据风控贯穿于整个信贷过程,是信贷全过程核心能力。

六、春晚红包战——一次实力的考验

度小满在继微信、支付宝之后,成为第三个冠名春晚红包的巨头。春晚有个规定,要想在春晚打广告,产品日活得先过亿。因为产品日活不过亿、技术不过关,春晚带来的庞大流量会让自己的系统崩溃。而 2019 年 1 月百度 App 日活达到了 1.6 亿,于是度小满金融和度小满钱包承担了这次百度春晚红包活动。2019 年春晚直播期间,百度 App 红包互动活动次数达 208 亿次,总共邀请全球观众参与共同瓜分了 9 亿元现金红包大奖。

对于度小满金融来说,这除了是对其实力的一次考验以外,更是展示、推广金融科技技术的一次难得的机会。机会带来的不仅仅是用户的增加,更能

吸引更多的B端客户。因为账户级支付平台具有双边网络效应,用户和场景一方的增长将带动另外一方的增长,这次红包战理所当然会为度小满金融带来绑卡支付用户数大规模增长的最直观效果,而支付用户数与B端客户呈螺旋式上升才是度小满真正的诉求。

百度的公共数据基于多样的海量互联网行为数据,搜索本身就是用户需求的真实表达。对场景方来说,数据维度更多意味着画像更立体,主动表达的需求(购物、旅游、租房等)则更有针对性,使得“想用户所想,提用户所需”的精准获客成为可能。

百度本身在AI领域就有积淀,度小满金融可以将金融账户体系和百度的人脸数据技术(Face ID)能力相结合,为各种各样的金融机构提供技术支持,拥有整个账户底层。

百度还具备金融云解决方案,为银行或金融机构提供安全IT基础设施、人工智能、安全防护、智能获客、大数据风控等整体解决方案,可以为金融机构提升基础能力和服务效率提供创新技术与服务支持。

此次春节活动中,看似简单的提现流程,背后除了需要自身系统全链路具备高并发处理能力外,还强依赖着银行鉴权签约服务、身份验证服务、付款服务等众多外部服务能力。

为了确保用户能够顺利完成提现,在短短1个月时间内,度小满完成了整个系统关键流程的自动异步化,关键服务双备份,同时准备了16个共3个不同等级的应急预案,在确保用户体验的同时,尽可能保证服务的高可用。

此外,度小满还建立了反作弊、防暴击、流量隔离保护等多重技术堡垒,在保证用户顺利完成红包提现的同时,也让黑产无机可寻,保障用户资金安全。

在提现高峰期的大年初一,度小满钱包承接了数亿次交互,处理了近2亿笔交易流水,没有出现任何延迟,实现春晚红包历史上首个“零宕机”,可以说是完全经受住了这次考验,每一个经历过春晚红包这样“炼狱级”考验的团队,未来必然会更成熟。这次红包战让百度云计算业务、百度金融业务都受到一次全方位的洗礼和精进。

参考文献

[1]光大证券:《众里寻他千“百度”:从搜索引擎到人工智能》,2017。

[2]联讯证券:《百度——以 Feed 流和 AI 为主航道,搜索引擎巨头意欲创新》,2018。

[3]艾瑞咨询:《中国人工智能+金融行业研究报告》,2018。

[4]罗超频道:《拿下天津银行,度小满凭什么独得银行恩宠?》,2018。

[5]中国新闻网:《许冬亮:度小满金融进入大数据风控 2.0 时代》,2018。

[6]证券日报:《度小满金融独立运营一周年:累计放款 3 800 亿元》,2019。

[7]证券时报:《度小满金融:金融科技为金融供给侧改革提供助力》,2019。

[8]中国企业报:《小微困局破解样本:度小满的“稳”和“进”》,2019。

[9]深几度:《大战春晚红包,领跑金融科技,度小满稳坐 BAT 的战术与战略》,2019。

[10]零壹财经:《度小满金融:大数据风控于 4+3,模式如何?》,2019。

第十四章

京东数科

一、京东数科简介

京东数字科技集团创立于京东集团内部，前身为京东金融，于 2013 年 10 月开始独立运营。京东数字科技旗下将包含京东金融、京东城市、京东农牧、京东少东家、京东钼媒等多个独立子品牌。公司以大数据、人工智能、物联网、区块链等时代前沿技术为基础，建立起核心的数字化风险管理能力、用户运营能力、产业理解能力和 B2B2C 模式的企业服务能力(见图 14—1)。

京东数科是中国第一家提出金融科技定位的公司，第一家提出 B2B2C 服务模式的公司——第一个 B 指京东数科自己，第二个 B 既指金融机构，也包括其他数字化程度相对较高，可直接接入金融服务的公司如互联网平台企业；两个 B 合作，为最终的消费者、投资者提供金融服务。公司在技术输出的过程中采用“组件化”理念，将产品和技术按金融机构的实际需求灵活解耦，模块化输出，让金融机构可以将技术服务柔性组合，真正实现“自主可控”的技术应用。京东数科也是当前市场上与金融机构合作范围最广、唯一一家实现所有银行类型(国有银行、股份制银行、城商行、农商行等)全覆盖的科技公司。截

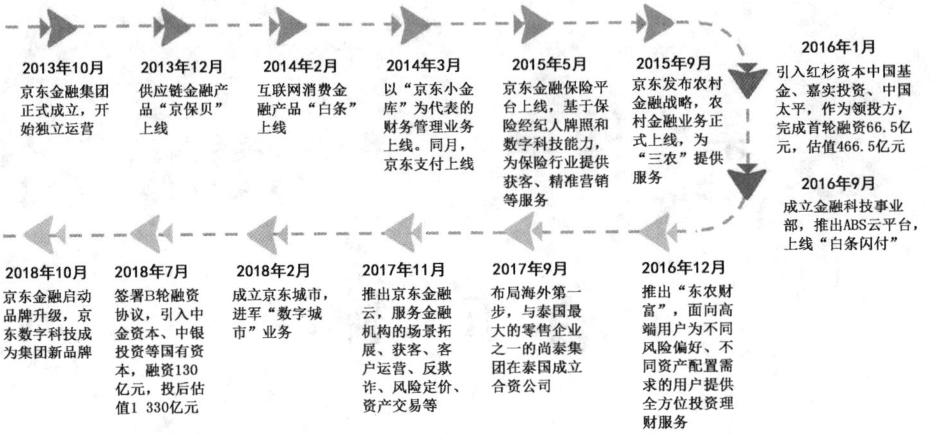

资料来源:亿欧网。

图 14—1　京东数字科技发展历程

至 2019 年 2 月,京东数科已累计服务金融机构超过 700 家(涵盖 400 余家银行,120 余家保险公司,110 余家基金公司,40 余家证券、信托、评级机构),并与各界合作伙伴共同服务 800 万线上线下小微商户和 4 亿个人用户,是在全球范围内为白领、中产阶级提供金融服务最多的科技公司,也是金融服务覆盖中国农村范围最广、服务农民数量最多的科技公司。

二、发展历程

京东数科的定位经历了从自营金融服务阶段到科技服务金融阶段的转变。

(一)自营金融服务阶段

第一个阶段,京东数科以消费金融和供应链金融为切入点的自营式金融服务阶段(2013 至 2016 年),掌握大量数据的京东推出以京保贝为代表的供应链金融和以白条为代表的消费金融,在市场尚处空白的情况下迅速发展壮大。这一阶段的运作模式与蚂蚁金服相似,都是背靠着自己的自营电商平台获得丰富的数据来源，以解决客户日益增长的金融需求。这一阶段京东数科的商业模式为 Finance（金融）在前，Technology（科技）在后，金融为主，技术辅助。在此阶段，需求旺盛的供应链金融和消费金融需求旺盛，业务不断扩张，白条和京保贝也成为京东金融的标志性产品，而支付业务占比下降（见表14—1）。

表 14—1　　京东数科主要业务情况

业务	种　类	内　容
供应链金融	京保贝	基于企业的应收账款、给予对价的融资额度，企业在额度范围内申请融资，到期还款
	京小贷	为中小企业定制，实现全程线上操作、秒级放款、按日计息、随借随还
	动产融资	为大量中小微企业，尤其是消费品经销商提供的新型质押类融资产品
	企业金采	业内首款向企业用户提供定制化赊购的金融产品
	企业金库	为企业用户打造的资产增值服务的产品
	企业征信	以机器学习、区块链等技术客观描述征信主体的信用状况
	京东 e 享	为个人及企业用户提供按天租赁、随借随还、京东物流上门取件的“无界租赁”体验
消费金融	白条	让用户可以享受到“先消费、后付款、实时审批、随心分期”；“白条闪付”覆盖全国 1 900 多万台银联闪付 POS 机、线下 800 多万家商户
	金条	在延伸的消费场景和需求方面推出现金借贷产品
	京东钢镚	业内首款积分资产管理产品
	小白卡	与工商银行、中信银行等 10 家大中型银行合作推出“小白卡”，用户申请量超过 1 000 万
支付	京东闪付	中国最大 NFC 支付产品

（二）科技服务金融阶段

第二个阶段（2016 年至今），京东数科以科技输出为核心的科技服务金融方式。京东数科发展依靠的数据模型叠加前沿科技带来的优势凸显，坚定京东数科以科技输出为后阶段主推力。Technology 加大比重，超越 Finance 成为公司发展和前进的推动力。此时的京东数科以科技输出逐渐走出体系外,独立性更强。经过前期自营阶段的铺垫,京东金融无论在技术还是运营能力上都逐渐突破自身限制。此阶段的京东金融从 2C、2B 开始向 B2B2C 阶段过渡,用技术协助金融机构和政府部门并最终为消费者服务。表 14—2 为 2015 年以来京东数科发展大事件。

表 14—2　　2015 年以来京东数科发展大事件

时　间	事　件	内　容
2015 年 8 月	中信小白卡	首款"互联网+信用卡"
2015 年 9 月	京东农村金融战略	帮助农村全产业链全产品的金融服务
2016 年 3 月	白条独立域名	白条结合教育、租房、校园等多消费场景,从单一金融产品成为行业性金融品牌,已经成熟
2016 年 5 月	两款证券产品	京东金融大数据消费指数及量化策略开发平台
2016 年 7 月	京东众创平台	用京东自由生态和技术帮助中小微企业解决在供应链中遇到的设计、营销、融资等问题
2016 年 9 月	京东 ABS 云平台	ABS 云平台旨在为券商、信托、基金子公司、评级、会计师事务所等中介机构提供更好的服务,帮助它们搭建和管理 ABS 底层系统
2017 年 11 月	"工银小白"	与工商银行联合推出数字银行"工银小白"
2017 年 11 月	京东金融云	为金融机构提供 FaaS,金融即服务
2017 年 12 月	京东金融 AI 实验室	在美国硅谷正式投入运营,让人工智能能更好地结合集团战略,与其他分块合作
2018 年 2 月	城市计算事业部	协助政府部门更好地把握城市规划、物联网设计、舆情收集等工作
2018 年 3 月	北斗七星	"北斗七星"是京东金融发布的零售信贷产品,旨在帮助中小银行提升零售信贷效率
2018 年 3 月	京东稻田	京东稻田是企业级数据服务平台,依托亿级海量数据、强大的数据挖掘和建模能力,整合 AI 服务、营销服务、数据服务、舆情服务、行研服务五大模块,为企业提供一站式数据服务体验
2018 年 9 月	京东数科	京东金融品牌升级为京东数科,战略转型"金融科技",京东金融成为金融数科子品牌

三、金融科技

（一）数据基础

京东数科目前的科技运用的数据基础主要体现在大数据风控、京东超脑、大数据量化、数据技术能力这四个方面。

1. 大数据风控

京东数科围绕金融业务的特点，构建了金融 AI 模型体系，包含特征工程、模型算法、计算平台等。特征工程是指利用 AutoEncoder、LSTM、RNN 等新技术，经历从获取、筛选、监控的一整套完整的流程方案。算法架构以画像模型和业务模型为主，结合半监督、无监督模型，应对复杂的金融场景。计算平台使用 Spark、TensorFlow、Theano 等算法框架，利用优势匹配不同的业务问题，同时结合自身的经验，不断升级优化框架。将 AI 算法应用于金融领域，可以解决互联网数据维度多、系数、非结构化等突出问题，从而能将互联网海量的碎片化数据转换成可靠的征信数据。

京东数科通过以机器学习、知识图谱等人工智能算法为核心的 AI 模型体系，深度挖掘提炼互联网大数据价值，提升对单点用户的了解深度，并通过知识图谱技术构建以点到面的网络关系，全面、深入地了解用户，对用户形成全方位的风险洞察，贯穿于实时授信、风险定价、欺诈识别、风险预警、催收管理等全流程风险环节，对用户行为节点的异常性和账户总体安全进行评估判断，实现风险实时识别和关联可视化分析。

京东数科应用生物探针和设备指纹等技术，通过设备、网络环境等间接非隐私数据挖掘建模，构建设备、账户、人之间的全景关系，以非监督学习算法为突破，实现对用户行为模式的精准识别，实时识别欺诈行为及团伙作案风险，保障用户的账户安全。

京东数科通过自主研发生物识别系统，在用户无感知的状态下结合用户设备环境、传感器、行为序列等数据，利用机器学习与循环神经网络等深度学习算法，对用户专属行为进行刻画，辅助用户识别，同时将安全验证策略与灵活交互相互结合,有效区分机器人与政策用户,实现安全平衡。

2. 京东超脑

京东超脑致力于将计算机视觉与人工智能相结合。

人脸识别系统是基于深度学习,准确识别图片中的人脸,进行人脸比对和人脸检索。人脸比对是通过计算两张人脸的相似度,从而判断是否为同一个人。人脸检索是给定一张照片,与指定人脸库中的 N 个人脸进行比对,找出最相似的一张脸。

活体检测系统通过检测图片中的人脸,准确定位人脸,对人脸进行分析,获得眼、口、鼻、脸、轮廓等 106 个关键点,通过判断张嘴、眨眼、点头、摇头动作来判断真人动作。

基于京东超脑的深度学习算法,还可以识别人脸,判断性别、年龄、表情等脸部特征,实现个性全面的人脸识别功能,增加人脸识别的娱乐性和多样性。

除了人脸识别,京东超脑还可以实现物体识别。基于深度学习训练模型,检测视频或图像中的商品,并通过对商品特征进行分析,准确判断商品类目,支持包括服饰、3C 数码、商超、家居、日用品、交通工具等商品的检测。

京东数科基于 LSTM、RNN、透视变换等人工智能技术和“围墙算法”等多项专利研究成果,可以实现图片中文字信息的自动识别,目前已应用于身份证、税票等 OCR 识别的应用场景,其中身份证识别率已超过 99%,达到了行业领先水平。

3. 大数据量化

京东数科的策略回测引擎,利用证券市场历史的财务数据、行情数据,对现有的策略进行历史回测检验,帮助用户修正策略、验证策略在过去市场的有效性及稳定性。

策略实盘引擎依托券商的专业交易通道,把实盘交易中的策略实时调仓信息推送到券商交易中心,实盘交易引擎根据策略信号实时调仓自动完成交易。

量化风控模型支持 Barra、晨星风格箱等,直观、便捷的模型分析工具多角度给策略提供风险预测,帮助投资人分析策略、基金的收益归因、风险暴露及投资风格。

京东金融大数据消费指数包含 12 个大消费类行业的价格指数和销售指数，直观地反映了各行业网上销售情况及价格趋势，提高基本面投资的有效性。京东舆情数据通过爬虫技术收集关键信息，运用聚类等多种算法进行信息分类，构建特征库，叠加智能数据识别当前市场中的舆情热点。

4. 数据技术能力

京东数科创建的标签管理中心可以深度挖掘全网用户行为数据，通过 Bitmap 转换技术，实现毫秒级精确人群的圈定。

京东数科的地址画像系统基于对电商业务中大量积累的行为数据的加工，同时补充外部地图数据，在地址分词、分类、完整度、POI 提取、相似度等基础算法的基础上，从地址角度出发刻画用户的群体画像，进而支持各类风控和营销业务。

京东数科的 DMP(Date Management Platform)数据管理平台，通过对超过 6 亿用户的电商大数据的汇聚、清洗、智能运算，构建了庞大的第三方精准人群数据中心，可以提供标准的精准人群标签，帮助优化投放和提升营销效果。

京东数科的用户关系网络是基于大数据图计算应用的可视化分析产品，将多元数据进行有效融合，按照业务需求进行关系挖掘，形成用户的关系网络，以可视分析方式有效融合机器的计算能力和人的认知能力，从而获得对于海量数据的洞察力，帮助用户更为直观、高效地获取信息和知识。

京东数科打造的数据交易平台，通过 B2B 的数据共享实现多企业间的数据互通，形成互利共赢的数据联盟生态圈。同时，让京东内部的数据能力走出去，可以对外提供金融风控、反欺诈、人工智能等数据服务。

数据规范平台以数据质量为目标，以数据标准化和数据模型为基础，把数据安全和数据质量等管控手段贯穿到整个大数据生命周期中，有效地输出平台的资源支撑能力、计算能力、数据整合处理能力、数据管控能力、数据安全保障能力，为用户和领导层提供数据支持与决策基础。

数据运营平台是利用计算机软、硬件技术对数据进行有效的收集、存储、处理和使用的过程。通过数据管理便于用户快速地了解金融集市的业务系统属性,定位所需内容,通过检索的方式快速了解所需的数据表信息,并根据需求进行数据加工并调用。

资源投放系统可以帮助业务运营人员在京东金融 App 上进行资源活动投放,使其数据上传和数据追踪的流程更加简单、便捷,系统会自动根据活动的质量效果进行流量分发。资源投放策略依托于京东大数据、用户行为、智能机器学习标签等,从而能更精准地锁定目标人群。

个性化推荐是根据电商、证券、基金、理财、贵金属等多种业务场景,提供定制化的建模服务,通过机器学习挖掘用户数据,解决头部商品曝光过度的问题,实现精准推荐和覆盖更多长尾商品的功能,以此提高用户点击率、购买转化率和营收效率。

(二)科技模型及系统

京东数科目前已经自主开发出成熟的大数据生态模型体系和智能风控系统,并开始向传统金融机构进行技术性服务输出。

1."四大发明"大数据生态模型

京东数科的大数据生态模型体系包括"司南"风险控制模型体系、"火药"量化运营模型体系、"活字"用户洞察模型体系和"造纸"大数据征信模型体系。"司南"风险控制模型体系包含申请评分、欺诈评分、套现识别、催收评分等几十个模型。"火药"量化运营模型体系从分期概率、用户对白条的响应概率、用户的价格敏感度等方面进行量化分析,以此提高运营推广、收益定价等核心竞争力。"活字"用户洞察模型体系可以实现识别、发掘、认识用户、个人资产评估、身份特征画像、履约历史评估、用户行为偏好甚至用户关系网络的构建,支撑起对用户的画像和社交关系的构建,帮助提升精准识别、社群管理等用户运营效率。"造纸"大数据征信模型体系对京东的海量信息进行标准化处理,为前三个模型体系奠定大数据基础,其中用于信用评分的"白热度"产品从身份特征画像、个人用户评估、履约历史评价、关系网络评估、网络行为偏好及信用风险预测六个维度刻画用户,为用户进行风险评估时提供更多有价值的参考,也增强了风险管理模式的有效性和可控性。

2. 智能风控系统

京东数科的智能风控系统包括“天网系统”实施拦截风险订单、“天盾系统”实时防范欺诈安全、“天机系统”实时分析信用数据、“天策系统”实时部署风险决策。

天策决策引擎系统、天盾账户安全与反欺诈系统、天网交易风险监控系统对每次账户行为进行后台安全扫描，实时计算，识别恶意行为及高风险订单，并和商城配送体系打通，对高风险订单实现配送最后一公里拦截。通过强大的自动化风控系统，实现全流程风险监控，使得正常用户继续享受便捷、极致的服务，欺诈恶意分子作案成本不断提高，以此有效地控制风险。

四、京东数科主要产品

(一)消费金融

京东数科下属消费金融的产品包括京东白条、京东金条、京东小白卡等。京东白条作为京东数科旗下最典型的消费金融产品，其产品中金融科技的运用值得分析和研究。

1. 京东白条

京东白条是京东商城推出的允许消费者在京东商城购买所销售的商品时进行赊购(即先收取商品或享受服务，后付款)的一项金融服务，是业内第一款互联网消费金融产品。在京东网站使用白条进行付款，可以享受账期内延后付款或者最长 24 期的分期付款方式。

(1) 用户画像

用户画像是指综合运用统计学模型、文本挖掘、机器学习等多种技术，将在京东网站上搜集到的海量用户数据转化为简单、形象、人机均可理解的行为标签，对用户进行更加深刻的刻画。京东目前已经有 300 个以上的用户标签，覆盖用户基本属性、购买能力、行为特征、社交网络、心理特征、兴趣爱好等多个方面，用户标签可以运用于精准营销、智能机器人、推荐、广告等领域。

通过用户画像，可以了解用户的各种消费行为和需求，以此精准地刻画人群特征，将消费金融的需求人群进一步划分为兴趣人群和需求人群。兴趣人群是指对消费金融有过一定关注的人群,例如,访问过相关的网站或者下载过相关的手机应用。需求人群是指已经有过消费金融产品申请记录的人群。当用户在使用京东商城进行购物时,京东对其的用户画像计算也在同时进行,当识别出用户为兴趣人群时,可以为其提供加入白条免息等优惠措施来吸引兴趣人群转化为需求人群。

(2)符合消费需求,契合消费习惯

京东商城发展到现在,已经深入中国千家万户的日常生活中,京东也已经通过多年的经营活动积累出了一批消费周期稳定、具有较强消费意愿且信用较好的优质消费金融贷款的潜在客户。

京东白条相对于在电商平台绑定银行卡进行消费拥有自身一定的优势。在电商平台购物,使用借记卡消费时,消费额度会受限于卡内余额,使用信用卡消费时,在绑卡和使用时存在一系列繁琐的验证程序。由于用户在电商平台的消费行为与其消费冲动紧密相关,在传统的银行卡支付条件下,用户可能会因为繁琐的验证程序和一两次的支付失败而取消下单。而用户使用京东白条时,支付手续大大简化,京东白条也为平台的默认支付选项,用户在支付时跳过了繁琐的验证程序,为用户节省了时间,也提高了京东白条的订单量。

(3)风控机制

①贷前信用评估

发展初期,京东白条在选择客户时采取筛选白名单模式。筛选白名单模式是基于京东商城的大数据平台里海量的用户数据,运用统计学模型、文本挖掘、机器学习等多种技术,进行用户画像,建立模型工具体系,再由风险控制部门的人员利用这些模型工具建立授信政策体系,从而能够得到一批优质客户,组成白名单,然后在商城首页或者微信等京东商城入口对白名单客户进行京东白条激活的推介,引导白名单客户开通白条业务。

现在京东白条业务已经全面对京东用户开放。用户在进行白条开通申请时,京东会基于其数据库里的用户消费行为数据,应用大数据建模技术来建立违约风险评估和额度测算的量化模型。

京东数科目前依靠京东内部的大数据基础,通过多维建模和机器算法等科技手段,建立起了自有的一套独立的信用评估体系,借助该信用评估体系可以直接得出用户的信用评分，即京东商城“白热度”。白热度信用评分主要是通过用户身份特征、用户资产情况、用户社会关系、用户履约记录和用户的购物偏好，来预测用户的信用风险（见图 14—2）。

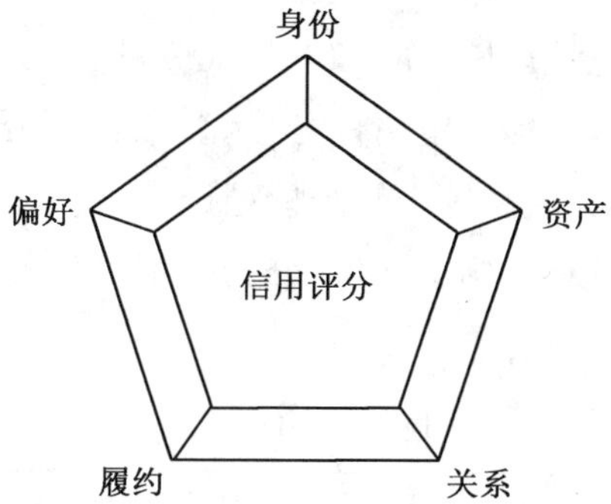

图 14—2　白热度信用评分

②贷中客户行为监测

京东白条的贷中风控主要体现于防套现和分期还款跟踪两方面。

小额消费信贷套现行为通常发生在贷中，不良客户和不法商家联合进行不法套现，将损害电商平台消费金融服务商的利益。京东通过大数据基础、云计算以及机器学习等科技手段研发出的“天网”风控系统可以有效地防止京东白条的套现行为。“天网”风控系统包含了业内领先的实时风控系统、订单监控系统及用户信用评估系统等子系统。实时风控系统会在用户使用京东白条时实时地将账户当前的设备环境、操作行为与用户的历史数据进行对比，有效地保障了用户的支付安全，防止出现被盗号的风险。订单监控系统直接连通京东自营物流配送系统，京东白条的订单提交后，会实时被监控，并且通过大数据模型智能地识别出高危地址库等信息，对高风险订单实行预警。用户信用评估系统则是通过用户画像，有效识别高风险用户。目前，“天网”风控系统已经在防止套现、账户安全保护等方面取得了显著的应用效果。

目前，京东白条的大部分用户的授信额度在 3 000 元至 6 000 元之间，在分期还款的情况下，每期还款的数量十分小额化，用户的还款压力也不大，降低了用户因暂时偿付能力不足而产生的违约风险。另外，由于消费信贷实行分期偿还的机制,一旦用户在分期期间出现无法偿付的情况,京东平台可以第一时间知晓并可以通过停止后续信贷额度的发放来加以防范违约风险,之后及时督促用户偿还拖欠款项,以此最大限度地防范京东白条的违约损失。

③贷后欠款追偿

传统的追偿手段包括短信提醒和电话催收的方式。京东数科独创的"司南"风险控制模型体系,囊括了申请评分模型、欺诈评分模型、套现识别模型、交易检测模型、催收评分模型等十几个模型。其中,根据逾期期限和逾期账户的风险特征,催收评分模型将逾期账户分为逾期提醒类(A类)和逾期催收类(B类)(见表14—3)。

表14—3　　逾期账户的类型

逾期账户类型	逾期账户划分依据
逾期提醒类(A类)	逾期不足90天,且不具备其他高风险特征
逾期催收类(B类)	逾期超过90天,或逾期不足90天但具备其他高风险特征

逾期白条将被排入催收系统,系统会根据逾期账户和工作量情况自动将京东白条的应收账款分配给内部催收和委托外部催收团队。逾期提醒类账户主要是以内部催收为主,辅以外部催收团队;逾期催收类账户的催收工作主要由专业催收公司来展开。

(二)供应链金融

供应链金融包括京保贝、京小贷、动产融资等。京保贝是京东对创新金融的首次尝试,收集供应商合作期间的采购、销售、财务等数据,集成数据池,根据还款周期、库存周期、账期等相关因子分析进行放贷,即供应商信用借款。之后推出的京小贷则是对京保贝的补充,把目标客户从合作供应商扩展到第三方商家。截至2018年6月,供应链金融覆盖约60%的合作供应商和平台第三方商家,共计放贷115亿元。

1. 京保贝

京保贝是京东数科推出的池保理融资方案。所谓池保理业务是指供应商将其现在或将来产生的应收账款全部转让给保理商,由保理商根据应收账款核定最高额度并向其提供融资服务，帮助供应商解决融资难、放款慢、应收账款周转周期长的问题。京保贝解决了传统供应链融资存在的诸多问题，如融资额度固定、审核周期长、开户和提交资料繁琐等，提高了供应链融资的效率。

"京保贝"1.0 于 2013 年 12 月份上线，2014 年规模破百亿，2015 年规模达到 300 多亿。目前，"京保贝"产品已经升级为 2.0 版本，"京保贝 2.0"采用开放式的系统架构设计，实现与客户系统的灵活对接，同时不会获取客户的敏感交易数据，只接收应收账款的必要特征值，确保客户信息安全。

"京保贝"通过对京东平台上采购、销售、财务等数据进行集成和处理，完成自动化审批和风险控制。由于整个流程都在线上进行，实现放款的时间可由以前按天计算缩短到 3 分钟以内。该业务融资期限长达 90 天，融资金额和还款时间还可由供应商自主决定。

"京保贝"的风险控制主要由两方面构成：一方面，京东之前通过与银行合作开展供应链金融，积累了大部分供应商的相关财务资料、采购及销售信息、货物来源等；另一方面，京东通过 B2C 电商平台，通过消费者对所购产品的评价，能够对相关供应商所提供的货物质量有一个较为清晰的认识，同时对产品货物质量的分析，使京东能够更深刻地了解供应商的一些道德品质等传统金融机构所不能收集的信息；而对于 B2B 平台，京东通过会员企业的交易信息化及消费企业对相关产品的评价能够评估出相关会员企业的信用等级。通过以上两方面，京东数科可以较为透彻地分析出申请融资的中小企业的信用等级，酌情为企业融资。

京东"京保贝"是京东数科推出的第一款电商金融产品，旨在服务中小电商企业，缓解中小企业资金需求。京东数科发展至今，"京保贝"的作用功不可没，京东数科对中小企业融资的后续产品都是以"京保贝"的风险评估模式为基础，为进一步弥补"京保贝"的不足而逐步研发出来的。无论对于京东数科自身，还是对于需要融资的供应商来说，"京保贝"都具有其不可替代的独特性。

2. 京小贷

京东作为一个综合的电子商务平台，不仅通过京东自营的方式销售来自供应商的产品，而且也允许其他商家以开放平台商家的身份入驻京东平台来销售它们的产品。不同于为京东供应商提供信用贷款服务的“京保贝”，“京小贷”是京东数科依托京东大数据于 2014 年 10 月份推出的一款为京东开放平台商家提供融资贷款业务的供应链融资产品。产品的定位是为在京东商城开设店铺的商家提供小额贷款服务，主要有两个子产品，分别是订单贷款和信用贷款。目标用户是在工商局注册满 1 年并在京东商城上开店时间大于 3 个月(含)的京东开放平台商家。

其中，“京小贷”中的订单贷款方式能够释放在途订单金额，加快资金回笼，提高销售周转率，且最高贷款额度能达到 500 万元，其具有秒级放款、日利率低至 3.3‱、贷款期限长达 2 个月等特点。而“京小贷”的信用贷款方式结合商家的综合经营情况，包括日常经营数据、销售额、客户对商家的信用评价、商家的产品线等，评定出具体的授信额度，其最高贷款额度可达 200 万元，且提供多种还款方式，最长贷款期限为 12 个月，提前还款零手续费。

京东开放平台商家使用“京小贷”的融资步骤如下：第一步，入驻的开放平台商家需要与京东签署合作协议；第二步，入驻的开放平台商家需要入驻京东并产生交易满 3 个月；第三步，需要融资的商家可以登录“京小贷”系统，查看其所得的融资额度；第四步，商家在线提出融资申请，等待系统审核；第五步，商家在“京小贷”中自主选择贷款的方式及额度；第六步，京东数科将该商家的融资消息告知京东商城；第七步，“京小贷”系统自动审核商家的融资申请，审核通过后系统自动将贷款发放至商家的企业账户中；第八步，商家贷款的本金和利息在结算中自动扣除或由商家主动还款，完成整个融资过程。

“京小贷”主要通过以下三个方面来控制融资风险：(1)融资商家在京东平台上被记录的、大量的、真实的交易数据为商家的信用评价提供了丰富的素材，主要数据包括商家的销售记录、经营记录以及消费者对商品的评价。基于海量的商家数据，京东能够利用数据挖掘技术训练得到相当准确的商家信用评分模型。借助学习到的信用评分模型，“京小贷”将融资商家分级，只有满足京东对融资商家信用的基本要求的开放平台商家，“京小贷”才会通过融资申请并发放贷款。对于信用评分较低的商家，京东并不会为其提供融资资格。这种基于商家交易大数据的信用评分模型十分可靠，并且可以嵌入“京小贷”的系统中，实现信用审核、贷款审核、贷款发放的全自动实现。(2)“京小贷”根据商家的信用评分，严格控制不同信用级别商家的信贷额度，在技术上尽可能地保证不同商家获得的贷款额度是在商家还款能力范围内的，以减少违约情况。(3)京东对于"京小贷"融资商家的贷款违约行为实行零容忍政策。开放平台商家在使用"京小贷"申请贷款时虽然不需要提供任何新形式的质押物，但是一旦商家违约，京东将终止其开放平台商家资格，即该商家无法再通过京东平台销售自己的产品，对于在供应链中处于弱势地位的商家来说，失去京东这样的销售平台即意味着企业经营的中断，将会带来远比违约成本更大的损失。正是因为如此，"京小贷"能够极好地将坏账率控制在极低的水平，有效地控制融资风险。

3. 动产融资

2016 年 9 月，京东推出了动产融资业务，是企业以自有动产(通常为企业具有所有权的货物)作为质押，向京东数科申请贷款的业务。与"京小贷"和"京保贝"不同的是，"动产融资"是京东跳出电商思维的关键一步，动产融资产品不仅仅服务于京东电商平台上的企业用户，它的目标用户是除了京东电商平台用户以外的全网企业用户。

由于传统动产质押模式对质押物的要求较为严格，且商品价值难以估计，动产质押的审核监察成本高以及货物一旦被质押，流动性会大大降低等因素，传统金融机构并不偏好使用动产质押模式给企业开展融资业务。但京东电商平台发展多年，积累了大量的交易数据与订单数据，通过投资数据公司，以数据化和模型化的方式，建立先进的数据模型以估算质押品的价值，成功打开了消费品质押融资行业。

京东"动产融资"产品所采用的融资模式是动态质押融资模式，属于融通仓类融资模式的一种。融通仓融资模式就是存货类融资模式，通常包含两种：一种是现货类融资，另一种是仓单类融资。现货类融资模式包含静态质押融资模式和动态质押融资模式；仓单类融资模式包含普通仓单融资模式和标准仓单融资模式。一般情况下，货物是高速流动的，在企业看来，质押贷款和销售盈利之间是天然矛盾的。这是因为货物在质押给金融机构后，为降低金融机构的风险，货物就不可以再动了，但是这种模式又很难被货物流动性大的电商平台企业所接受。通过和先进的仓配企业合作，并应用先进的商品价值估算模型,京东将质押商品的全链条数据牢牢把控,包括从最开始的生产,到运输过程,到储存,再到销售的所有数据。通过这些数据的交叉关系来进行验证,几乎不可能出现数据造假的情况,从而实现了动态质押。

京东“动产融资”的主要流程有以下六个步骤:第一步,需要融资的商家将商品的仓储委托给京东或与京东有合作关系的仓储公司,与仓储公司建立合作关系;第二步,需要融资的商家登录京东金融平台并提交合作申请;第三步,京东金融向仓储公司核实融资企业提出的合作申请,并评估仓储公司中质押货物的价值;第四步,通过合作申请后,融资商家向京东提交申请材料并通过京东钱包与京东签订协议,完成动产融资授权;第五步,京东完成贷款的发放;第六步,融资商家通过京东钱包在贷款到期前向京东还款。

(1)智能质押系统

动产融资系统十分智能,支持智能质押,系统自动核准质押率。支持智能质押,系统可以自动核准质押率。在动产质押融资模式中,SKU(Stock Keeping Unit)是一个重要的概念。SKU 即库存量单位,是商品进出仓库的计量单位,比如箱、盒、卷等计量单位。每种产品都会有唯一且不重复的 SKU。传统金融行业的动产质押模式中,SKU 的数目通常较少,只有几十个。在京东的数据库中,因为商品种类十分庞大,所以拥有海量的 SKU 数据。通过这些数据,京东的数据模型就可以间接且有效地分析出库存商品的价格曲线、产品生命周期等有效的信息。通过此项数据模型,只要有 SKU 的进出,就可以快速地完成对应产品的价值评估。且京东的数据库中拥有大量关于产品的丰富数据,比如采购差价、毛利等,通过这些有效数据,京东可以预估出接下来几个月的商品价格走势,从而可以实现质押率的自动化评估。

(2)智能监管

在传统的银行动产质押模式中,通常会采取人工现场监管的方法,占用了大量的人力成本,且效率低下。京东通过和智能仓储公司合作的方法,并且充分应用自身的大数据技术和信息技术,可以轻松地检测到仓库中货物的进出,无须派专人去现场进行监管,实现了轻松控货,监管成本更低。

(3)质押物可流动

在传统的质押过程中,货物一旦成为质押物,就不可以再继续流动,只有还款后才可以继续售卖。对于以零售、分销为主的电商企业用户来说，如果货物压死无法出售，也就意味着很难回笼资金。京东"动产融资"产品通过先进的数据模型，可以计算出货物进出中的质押清单。商家可以销售已经质押的货物，让质押的货物流动起来。

参考文献

[1]程国凯：《京东白条消费金融产品资产证券化的案例研究》，华中科技大学，2018。

[2]侯懿轩：《京东金融理财产品分析》，辽宁大学，2018。

[3]方蕤：《京东供应链金融融资模式及对应产品研究》，天津商业大学，2018。

[4]冯晓霞：《京东金融领跑》，《光彩》，2018 年第 1 期。

[5]韩骋：《互联网＋背景下的普惠式金融：京东金融》，《特区经济》，2016 年第 5 期。

[6]王冲：《京东"京保贝"电商金融产品案例分析》，《辽宁大学》，2016。

[7]恒大研究院：《京东金融：基于数据风控的发展演变之路 ——新经济系列研究》，2018。

第十五章

建信科技

建设银行于 2018 年 4 月 18 日成立全资子公司——建信金融科技有限责任公司，注册资本 16 亿元。在定位上，建设银行将建信金融科技有限责任公司称为“赋能传统金融的实践者、整合集团资源的链接者及推动银行转型的变革者”，在金融与科技的各细分领域不断深耕融合，以创新的产品支撑建设银行集团；同时，期望通过内部科技积累，以共享的平台给同业提供技术输出。

一、设立背景

2018 年，建设银行全面实施“住房租赁、金融科技和普惠金融”三大战略（见表 15－1），三大战略相互支持，互相作用，紧密协作，致力于服务大众安居乐业，建设现代美好生活。

银行发展的第一曲线指的是传统业务，中国商业银行基本上已经做到了极致，现在更是一片红海，未来的增长潜力非常有限。所以，建设银行在 2019 年工作会议上，其董事长田国立提出了建设银行的“第二发展曲线”（见图 15－1），即 B 端赋能，营造共生共荣生态，做企业全生命周期伙伴；C 端突围，回归普罗大众做百姓身边“有温度”的银行；G 端连接，开创政银合作新模式。

第二曲线的核心理念是哪里有社会痛点，哪里就是银行的出发点。“第二发展曲线”将成为建设银行未来创新发展的动力引擎。前述“三大战略”的实施，已为建设银行“第二发展曲线”的启动奠定了基础。

表 15－1　　三大战略的区别

住房租赁	金融科技	普惠金融
·2017 年 11 月，住房租赁综合服务平台投产 ·2018 年 3 月，成立建信住房服务有限公司	·2018 年 4 月，成立建信金融科技有限公司 ·7 家开发中心，1 家研发中心，3000＋规模的研发队伍	·2017 年成立普惠金融发展委员会和普惠金融事业部 ·37 家一级分行成立普惠金融事业部
·打造“建融家园”长租社区，探索存房业务新模式，引导社会资金参与住房租赁业务，发布住房租赁价格指数。在促使房地产逐步回归本源居住属性的同时，赢得新的消费金融和新服务业态庞大客群	·启动新一轮金融科技“TOP＋”战略，运用大数据、区块链、人工智能等为产品创新、客户服务和风险管理赋能，将新一代核心系统延伸覆盖到海外机构和子公司，实现集团信息科技能力整体跃升	·“小企业，大事业，无止境”，融合现代科技，探索出以“批量化获客、精准化画像、自动化审批、智能化风控、综合化服务”为特色的普惠金融新模式，普惠贷款余额及增速领先同业

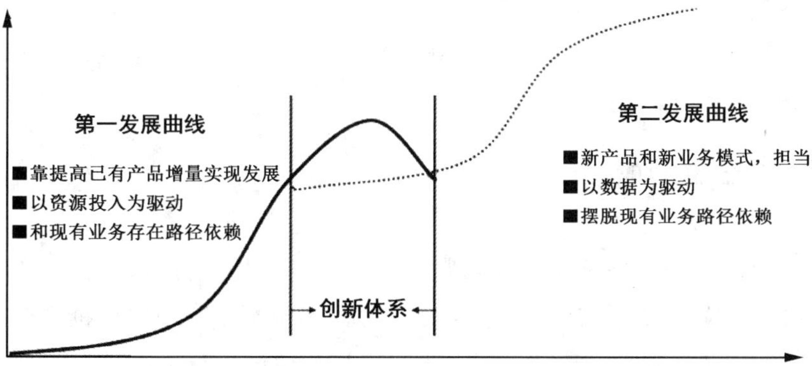

资料来源：建设银行官方发布。

图 15－1　建设银行“第二发展曲线”

以 G 端为例，建设银行已与云南、山东、福建等省签署战略合作协议，将在数字城市建设、智慧政务等方面输出技术。比如，2019 年 1 月 10 日，建设银行为云南打造的“一部手机办事通”App 正式上线运营，云南辖内全部 319

个建设银行网点 1 581 台智慧柜员机开通智慧政务功能。人们通过 App 可以轻松办理户籍、查询职工养老保险、预约办税等多项政务服务。截至 2019 年 2 月 19 日,该 App 注册用户突破 91.29 万次,累计办理业务逾 149.47 万件(见图 15—2)。

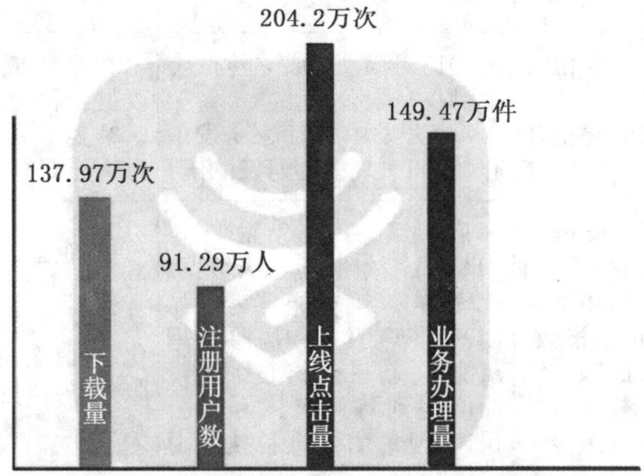

注:数据统计截至 2019 年 2 月 19 日。

资料来源:建设银行官方发布。

图 15—2 "一部手机办事通"运行情况

二、建信金融的成立

为顺应金融科技发展潮流和金融服务生态深刻变化,迎接新一轮科技和产业革命带来的崭新机遇和挑战,建设银行主动实施金融科技战略,推进全行科技创新体制改革。组建全资金融科技子公司,是建设银行推进科技创新体制改革的关键举措。

建信金融科技有限责任公司(以下简称"建信金融")为建设银行全资子公司,于 2018 年 4 月 18 日在上海开业,注册资本金为 16 亿元,总部位于上海浦东新区。建信金融由建设银行体系内直属的 7 家开发中心和 1 家研发中心整体转制而来,初期规模为 3 000 人,是迄今为止中国商业银行规模最大的科技公司。经营范围包括软件科技、平台运营及金融信息服务等。

依托建设银行集团的技术储备和人才优势、资源优势，以及整体的市场化体制和机制优势，构筑银行金融与科技互相渗透、互相促进、螺旋上升的良性机制，以金融科技引领全行客户营销模式、产品研发机制、业务经营方式、风险防控能力及运营保障体系的转型升级；同时构筑全新的市场化人才激励机制，激发和释放人员的科技力量和创新动力，在各金融细分领域不断地探索新的商业模式，塑造大型商业银行面向未来的核心能力，共同迎接和创造未来金融。

三、母公司优势

建设银行以“综合性经营、多功能服务、集约化发展、创新型银行、智慧型银行”为转型方向，其在金融科技发展方面的优势体现在以下三个方面：一是技术优势。2017 年，建设银行耗时六年时间打造的“新一代”核心系统建设全面竣工并成功上线，率先建成了国内最大的金融私有云，其可信度、业务服务能力等方面在业界具有较大优势。二是业务优势。在“新一代”核心系统带来的技术支撑下建设银行在金融产品创新、营销、运营、风险管理、数字化服务方面的业务能力得到全面优化，新一代技术优势正逐步显现为业务优势。三是 G 端客户优势。建设银行因其国资背景，通常更能获得政府、事业单位等 G 端客户的青睐。尤其是近年来建设银行积极响应国家号召，切实履行国有大行社会责任，打造住房租赁平台“CCB 建融家园”，全力推动住房租赁市场健康发展，使得 G 端客户关系较为良好。

建设银行的发展路径与其他成立金融科技子公司的银行一样，都是遵循由内到外的发展轨迹。成立初期主要以服务集团及集团内部子公司为主，在此基础上逐渐实现技术输出，服务同业。这些银行系金融科技子公司最大的优势在于对金融行业运营、业务、监管的理解更为深刻，同时集团化优势能给予其更多的金融资源，但与互联网金融科技公司相比，在技术、场景和体制机制方面仍存在差距。

四、探索市场化的运作模式

建信金融科技采取公司化的运作模式，一方面，继承与母行的一体化运作模式，锻造建设银行金融科技的主力军；另一方面，充分利用市场化机制，主动探索自我发展道路，通过打造企业级金融科技兵工厂，运营创新实验室，提升技术能力，激发研发人员活力等手段，增强自身的市场竞争力和服务水平。

1. 打造企业级金融科技兵工厂

建信金融科技引入“兵工厂”概念，提供可定制化的产品仓库，以流水线进行产品生产和装配，从客户与产品、渠道与运营、风险与支持、社会化平台四个维度构筑不同层次客户的金融科技服务模式，提供包括标准单一产品、成熟模块、“金融＋科技”生态、咨询顾问、整体解决方案在内的五层货架，重点推出慧系列、房产估值、双录云、云档案、定报价平台等拳头产品，分阶段、大范围地满足建设银行集团客户和外部客户，践行“服务母行、赋能同业、构建生态”的宗旨。

2. 运营创新实验室，提升技术能力

建信金融科技与上海市金融服务办公室、中国科学院计算机网络信息中心签署了共建金融科技创新实验室的战略合作备忘录。三方将发挥各自的优势，对未来有望重塑金融业务模式和流程的核心技术，如云计算、大数据、区块链、人工智能、互联网、物联网、生物技术等主流和热点技术应用开展前瞻性、创新性的应用研究，着力打造中国金融科技创新的“贝尔实验室”。另外，建信金融科技还与宝武钢铁集团等11家企业签署了金融科技创新能力输出协议。

3. 激发研发人员活力

建信金融科技对标业内领先实践，建立市场化的职业发展机制和薪酬激励体制，释放科技人才的创新动力。建立明晰的员工职业发展通道，设置更灵活的技术人员职业晋升通道而不用遵循国有银行相应的级别，设立多支团队进行灰度研发、开展内部竞争，根据创新成果的市场表现对突出的团队或个人进行多种形式的激励。加强人才储备，为拓展金融科技新技术的应用做好准备。加大对人工智能、数据挖掘、应用数学、金融数学、金融工程、数理金融、数量经济学等专业人才的引进力度，构建更加完善的金融科技战略人才队伍。

五、建信金融的 IT 管理——分布式架构

建设银行认为，在当前环境下，“集中＋分布式”的融合架构仍然是大型商业银行的最佳架构选择。建设银行在传统集中式核心系统下采用模型驱动的开发方法进行应用组件化改造，而分布式核心则借鉴互联网的最新技术进行全新开发。“双模式”融合架构发挥主机可用性高、稳定、可靠、管理简单的优点，将对私存款与借记卡这类交易量大、可用性和一致性要求高、需求变动不频繁的关键应用仍然保留在主机上；而将交易量大、可用性要求高但一致性要求略低的重要应用的部分功能部署在分布式平台上。总体上，系统将逐步从大型机、小型机集中式架构向 X86 分布式架构过渡。大型商业银行在面对分布式架构挑战时可以采取以下具体措施：一是做好业务架构的顶层设计；二是以企业级的视角，建立新的 IT 架构，更好地承接业务能力；三是通过基础平台框架、工具的研发，沉淀科技能力，赋能上层应用开发；四是走“软件定义基础设施”之路，加大对云计算的研究投入；五是应用研发向敏捷转型，建立对于业务需求和市场的快速响应能力。建设银行分布式架构建设历程见图 15—3。

架构是为业务价值服务的，没有业务价值的架构就是没有成长的土壤。通过技术的创新突破赋能银行业务才是未来的方向，技术发展到今天，已经不是原来简单的业务提需求，IT 实现功能的信息化阶段，人工智能、区块链、云计算、大数据、物联网等金融科技新技术，已经呈现出颠覆式的影响力，未来技术与业务的融合程度将进一步加深。

未来，建信金融将继续着力实施金融科技战略，发挥科技的力量，形成聚合前沿科技、金融场景、创新商业模式的“生态朋友圈”，全方位提升对现代科技的吸收、转化和实践能力。建信金融将进一步赋能建设银行实现数字化转型，支持其平台展业和数字化运营，并用“建行方案”精准服务实体经济。

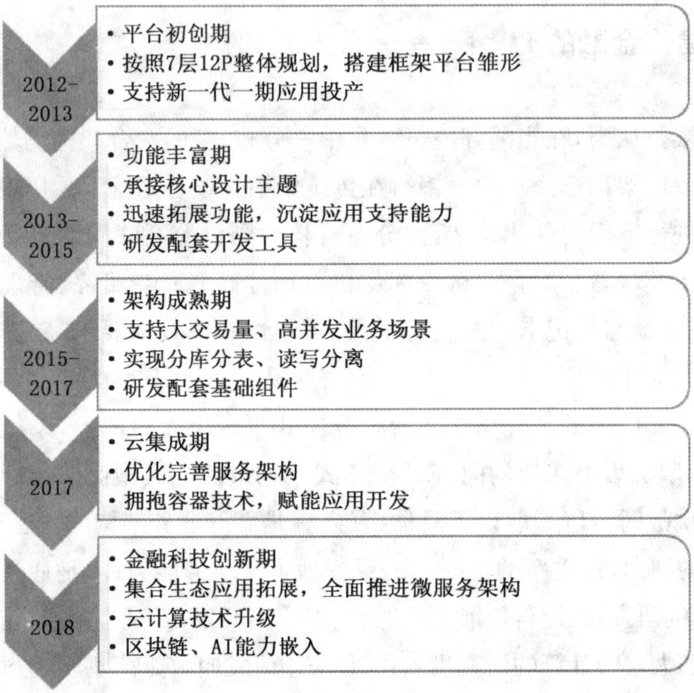

资料来源:建设银行官方资料。

图 15－3　建设银行分布式架构建设历程

参考文献

[1]郭炎兴. 建信金融科技有限责任公司挂牌 建行变革金融科技[J]. 中国金融家，2018(5):44－46.

[2]林磊明. 金融科技促转型的建行探索[J]. 中国金融,2018,881(11):33－34.

第十六章

金融壹账通

作为中国平安集团的联营公司，金融壹账通依托平安集团 30 年金融行业的丰富经验，精准把握金融机构需求，通过独特的“科技应用＋业务服务”双赋能模式，为银行、保险、投资等多个金融垂直领域提供端到端的服务。

截至 2019 年 3 月 31 日，国内外专利申请累计超过 2 200 件，先后斩获 IDC 全球区块链大奖、BAI 全球保险认证大奖、OMG 微表情竞赛世界第一名等 15 项国际专业大奖，并获得 CMMI 4 国际认证，IDC2018 年全球金融行业科技公司 100 强第 73 位、KPMG2018 全球金融科技 100 强第 11 位。金融壹账通已为中国所有主流银行提供服务（见图 16－1）。截至 2018 年 12 月 31 日，公司拥有客户约 3 500 家，涵盖全国 99％的城商行和 38％的保险公司。

一、核心科技介绍

1. 人工智能

金融壹账通拥有人工智能等领域的权威专家，成立了加马人工智能研究院，累计申请专利技术 40 多项，已推出多项全球首创的人工智能场景化应用。目前，金融壹账通已推出智能营销、智能投顾、智能贷款、风控模型在内的诸多

数据来源:公司官网。

图 16—1　金融壹账通网站主页

行业解决方案。应用场景主要集中在开户/申请、智能定损、智能调度、智能客服等。

2. 区块链(壹账链 FiMAX)

壹账链 FiMAX 是金融壹账通自主创新、拥有多项知识产权、性能优越的区块链产品。壹账链 FiMAX 为各类机构及企业提供标准化、可快速接入的区块链应用搭建服务,并已在金融、房产、汽车、医疗和智慧城市五大生态圈多个应用场景中落地,在香港 eTradeConnect 贸易融资网络、天津口岸区块链验证试点项目、周大福钻石盗损险项目等落地应用。

3. 云平台

基于国内先进的金融云平台——平安金融云,金融壹账通的云平台技术自主可控,机房与网络达到国家 A 级,可以支持万亿级交易,并具有极高的安全合规性、高性能及可用性,已服务数百家金融机构,在以下方面具有领先优势:安全合规、性能卓越、高效率/低成本、技术自主可控、规模庞大。

4. 生物识别

金融壹账通拥有强大的生物识别技术，在人脸识别、声纹识别、微表情识别、语义识别等方面均达到世界先进水平。其中，脸部识别准确率达到99.8%，声纹识别准确率也达到99%以上。应用场景主要集中在开户/申请、智能定损、精准营销、智能客服等。

二、布局金融各大生态

1. 智能银行云

“智能银行云”面向中小银行输出全方位、一站式的金融科技服务。该板块包含F2C互联网零售银行服务模块、F2B中小企业金融服务模块和F2F同业资产交易服务模块，每个模块下均可提供包括销售、产品、服务、风控和运营五方面的解决方案，可提供定制化的互联网零售银行搭建及运营服务，一站式的中小企业金融服务平台以及产品丰富、安全可靠的资产交易服务平台。

F2C：先进的O2O零售银行云平台，助力银行零售转型。F2C模块的定位是打造“O2O互联网零售银行”服务平台。该平台为银行提供移动银行、智能营销、资产端和负债端四大类解决方案，针对性地解决零售银行的业务痛点，全面赋能零售银行转型。

F2B：最先进的中小企业融资服务平台。F2B模块主要是通过中小企业金融服务云平台为中小银行提供与中小企业信贷相关的金融服务。平台通过整合海量、多维度的中小企业相关数据，全面分析及挖掘客户，精准引流，并通过覆盖中小企业信贷全生命周期的智能量化风控工具及流程，帮助中小银行迅速提升服务能力，显著降低风控及运营成本。

平台可为中小银行提供丰富的获客场景及流量，贷前360度客户数据报告，覆盖贷中、贷后的智能量化评估决策及预警监测服务。全流程线上化程度高达70%，相较传统作业模式耗时降低90%以上，并可为中小企业提供包括信贷产品申请、企业信用管理及增信、进销存管理及支付、行业动态及投资理财等综合金融服务。

2. 智能保险云

“智能保险云”正在建立以智能认证、智能闪赔、智能公估为核心的保险金融科技产品体系,努力建成全面的保险科技服务平台。该平台基于AI技术,以线上线下的交互为特色,为保险公司提供“灵活接入、快速升级、自主开发、全程响应”的智能化服务和极致化体验,全面提升保险行业的科技运用水平。中小保险公司可以较低的成本与先进的保险科技接轨,从而推动保险全行业在效率、风控、成本、客户体验等诸多方面的提升。

智能保险云的系列产品为保险公司的投保、理赔、客服、保全等传统模式带来了智能化革新,也为行业未来的远程、线上、移动服务提供了广阔的发展空间。保险与人工智能紧密结合,更为客户提供了完整的消费服务体验。上海某人寿保险公司引入金融壹账通“智能核身”技术,是通过前台人脸识别+OCR身份证识别技术,后台通过互联网身份认证系统进行智能比对,进行在线验明身份,用前沿科技技术代替人工智能,将多个保险业务服务互联网化。

3. 智能投资云

“智能投资云”拥有海量、实时、智能化的数据(包括利率、汇率、投资组合、策略信息等)分析,业务增值服务包括PB业务、融资融券、智能投研等,并提供全流程、端到端的平台应用,涵盖产品管理、资产管理、交易管理、清算、风控等。

旗下主要是F2F:资产管理服务平台。F2F模块主要依托金融机构壹账通平台,为广大中小银行等金融机构提供开放的一站式金融资产服务,实现机构间金融资产的高效安全流转和资金便捷融通。同时,平台还提供智能资产负债管理服务,解决银行资产负债余缺,改善资产流动性。

金融机构壹账通平台是全面接入清算服务功能及全面使用区块链技术的同业服务平台,并提供大数据客户画像、基于云平台的智能ABS云(ABS生态圈)、智能投资(端到端COSMOS平台)、智能风控(IFRS 9系列)、智能合规(智能合约/反洗钱)等前沿金融科技服务。目前,平台拥有基金、资产管理、银行理财等八个系列产品,并创新提出“商城+商铺”开放服务模式,支持广大银行和泛金融机构在平台自助开店和自行经营店铺,满足客户多层次的服务需求。

4. 开放平台

金融科技开放平台旨在将全球三大类科技方案输出给金融机构。开放平台现将部分科技组件通过API热插方式在平台上提供,未来将向第三方科技公司提供入驻式开发，以进一步拓展科技组合。

开放平台下有借助金融科技手段打造的金融产品销售管理系统，可以运用于所有实人认证的场景的智能认证——KYV，实现风险信息共享，并提供多种应用个人信用风控系统——KYR等产品。

三、国际化、全球化布局

1. 金融壹账通新加坡公司正式开业，全球化第一步

长期以来，中国平安积极响应"一带一路"倡议，以科技赋能金融，以金融服务实体经济，正逐步走向海外。随着平安区块链、人工智能等多项全球领先的科技项目在"一带一路"沿线国家或地区落地，中国平安尝试为更多的用户提供金融科技服务，并积极为亚太地区乃至全球的贸易融通、资金畅通做出自己的努力。

2018年12月18日，金融壹账通在新加坡开业，希望以新加坡市场为起点，逐步辐射东南亚甚至亚太市场，在不断地尝试中，稳步将平安的金融服务带给全球客户。金融壹账通在区块链和人工智能等领域的技术应用，如人脸识别、声纹识别、智能风控等产品，已经受到来自新加坡、泰国、菲律宾、越南和马来西亚客户的密切关注。

2. 金融壹账通获发香港虚拟银行牌照，助力香港金融科技创新发展

2019年5月9日，金融壹账通公布，其全资子公司平安壹账通有限公司("平安壹账通银行")顺利取得由香港金融管理局("香港金管局")颁发的虚拟银行牌照。

平安壹账通银行预期可以于6至9个月内正式推出服务。虚拟银行是指通过互联网或其他形式的电子渠道，而非实体分行，提供银行服务的银行。平安壹账通银行期望通过人工智能、区块链等技术，推动香港金融科技发展和创新，同时为香港市民和中小企业提供更加便捷、专业的金融服务，提升客户体验，促进普惠金融。

3. 与日本SBI集团成立合资公司，迈出亚太市场拓展的重要一步

2019年4月26日，金融壹账通与SBI Neo Financial Services株式会社签

订协议，在日本成立合资公司 SBI—金融壹账通日本公司（SBI One Connect Japan）。

今后，SBI—金融壹账通日本公司将从移动端应用开始，推进金融壹账通各类金融科技解决方案的本地化应用。SBI—金融壹账通日本公司将充分运用 SBI Neo Financial Services 与日本区域金融机构的关系网络及 SBI 集团各公司的关系网络，向全日本的金融机构和商户提供金融壹账通的金融科技服务。

SBI 集团是世界最大的综合互联网金融集团之一及亚洲最大的风险投资、私募股权资产管理机构之一。SBI Neo Financial Services 是 SBI 控股株式会社全资子公司，致力于借助 SBI 集团在互联网金融方面的经验和洞察，通过引入移动银行、移动支付、RPA、机器学习平台等数字化解决方案，推动海内外创新技术在日本区域金融机构等不同用户群中的运用，助力金融机构数字化转型，促进区域经济振兴。此次成立日本合资公司，为金融壹账通在亚太市场布局的重要一步。图 16—2 为金融壹账通在国际上的应用。

数据来源：平安科技投资者日报告。

图 16—2　金融壹账通在国际上的应用

四、破解传统供应链金融困局，助力实体经济

当前，中小企业融资难依然是各方关注的焦点。习近平总书记多次就解

决民营企业特别是小微企业融资难、融资贵问题做出重要指示。2019 年,政府工作报告中 12 次提到"小微企业",其中 6 次是关于融资难的问题。仅 2018 年到 2019 年银保监会及各部委就密集出台了多项文件,对金融服务民营企业、推动供应链创新与应用及普惠金融发展做了重点部署。

金融壹账通近两年在供应链金融领域重点发力,运用区块链、大数据、云计算及人工智能等先进科技,打造了壹企链智能供应链金融平台,链接核心企业与多级上下游、物流仓储、银行等金融机构,实现了区块链多级信用穿透、重新定义核心企业、下游融资全流程智能风控、对接境内外贸易平台和构建跨地区服务联盟。通过金融科技有效支持"两小一大",即帮助供应链上中小企业解决融资难题,赋能中小银行提升供应链金融服务能力,推动大型优质企业成为供应链核心企业,并助力其产业集群发展。壹账通已经在为某大型通信企业、某大型基建类央企等核心企业供应链上数十万家中小供应商提供各类融资服务,为中小供应商,特别是长尾端的供应商解决融资难、融资贵问题。

壹账通搭建的智能供应链金融生态圈,兼具连接、互信、穿透、生态四大特点:(1)连接:通过连接多方机构,打破信息孤岛;(2)互信:多维大数据风控结合区块链技术,实现智能交叉验证,确保信息真实、可信;(3)穿透:运用区块链实现信用多级穿透,电子凭证支付自由切分流转,以及全链条智能风控,重新定义核心企业,惠及大量的中小企业;(4)生态:打通境内外贸融平台,构建多银行服务多核心、多上下游的智能供应链金融生态圈。

在传统模式下,供应链金融普遍存在链条与链条独立无交集,覆盖场景少,且产品、资金和服务都比较单一。智能供应链金融平台,可以通过区块链底层技术链接海外和国内贸易平台,链接海外大型核心企业及国际银行、国内海量出口中小企业及相关中小银行,构建内外贸一体化平台,确保跨境多方交易关系及数据真实、可信。

以壹账通的 IFAB 贸融平台为例,该平台链接境内外的贸易空中走廊,通过区块链、云计算、人工智能等,实现贸易融资全业务流程数字化、线上化、智能化,有效解决产业全景数据缺失、贸易区域化、跨境难打通、操作时效低等痛点。此外,智能供应链金融生态圈还将打通资产、信贷、ABS、理财、保险,构建起金融全产业链生态。

2019 年,金融壹账通依托打造的壹企链智能供应链金融平台,联合中国中小企业协会、中小银行互联网金融(深圳)联盟三方宣布发起成立中国中小企业协会供应链金融工作委员会,共同推动以金融科技变革传统供应链金融模式,构建智能供应链金融生态圈,这将有利于链接大量的核心企业,增强中小企业的信用,提升中小银行的风控能力,构建敢贷、愿贷、能贷的长效机制,必将更好地服务中小企业,逐步缓解融资难题。

参考文献

公司官网:https://www.oneconnectft.com/。

第十七章

众安保险

众安在线财产保险股份有限公司(以下简称"众安",众安在线或众安保险)是中国首家互联网保险公司,同时也是一家以技术创新带动金融发展的金融科技公司。众安在线是中国最大的互联网保险公司,注册资本为12.41亿元,总部位于上海,不设任何分支机构,完全通过互联网进行在线承保与理赔服务。其股东背景雄厚,由阿里巴巴于2013年10月发起,九名股东注册成立,股权中排名前三的即蚂蚁金服、腾讯计算机系统和平安保险,另六家均为网络科技型、金融服务型公司,比如优孚、携程。强大的股东背景使得众安无论在资金、技术、客户数量、应用场景多样性方面都具备了更优越的基础条件,使其产品迅速嵌入各种生态系统合作伙伴的平台①。

一、众安保险的成立与发展

从2013到2019年,众安从无到有,迅速发展起来。表17—1列出众安发

① 2018年,众安开始竭力摆脱股东依赖,据年度财务报告显示,上半年的股东业务依赖度从92%降至13%。

展过程中的主要事件。其中的标志性事件包括:2017 年 9 月,众安在香港联合交易所首次公开发行股票(IPO)。图 17—1 显示了众安保险 IPO 前股东占比与股权结构。2017 年 12 月,众安国际在香港成立,标志着众安的国际化探索正式启动。2017 年 12 月 4 日,众安保险进入“港股通”。这也代表了香港的资本市场对于金融科技的重视程度在显著提高。

2018 年,众安国际与软银愿景基金签订股东协议,双方将共同按需分步投资 2 亿美元,用于推动众安在中国境外的科技解决方案输出业务[①]。此次合作初期将聚焦亚洲市场,众安国际计划将众安先进的技术和专业能力与软银丰富的国际化生态系统紧密结合,共同为众安在亚洲多个市场进一步实现商业化发展。众安国际总裁许炜首次发布众安国际化战略,希望以香港为基地,打开国际市场的大门,致力于成为全球领先的保险科技提供方。表 17—1 为众安发展历程时间轴。

表 17—1　　众安发展历程时间轴

<table>
<tr><th colspan="2">时　间</th><th>事　件</th></tr>
<tr><td>2013 年</td><td>11 月</td><td>开始运营,众安保险成立,获得中国首张互联网保险专业牌照,注册资本金 12.4 亿元</td></tr>
<tr><td rowspan="3">2014 年</td><td>3 月</td><td>中国保监会批准扩大保险业的许可业务范围,包括添加短期健康及意外保险</td></tr>
<tr><td>4 月</td><td>自营技术平台“无界山”上线[②]</td></tr>
<tr><td>11 月</td><td>“双十一”购物节一周内售出的保单总数达创纪录的约 1 亿份</td></tr>
<tr><td rowspan="2">2015 年</td><td>5 月</td><td>获中国保监会批准将机动车保险,包括机动车交通事故责任强制保险及机动车商业保险及保险信息服务纳入许可业务范围</td></tr>
<tr><td>6 月</td><td>完成首次公开发售前投资,募得 57.75 亿元,A 轮融资,由中金公司、摩根士丹利等参与投资,估值八十多亿美金(达到 500 亿元人民币)。获得第一轮融资以后,众安保险的股本金也由 10 亿元人民币增加到近 80 亿元人民币,入选 2015 年独角兽排行榜的第五位</td></tr>
</table>

① 2018 财年,众安的科技输出为其带来了 1.12 亿元的收入,较上一年增长 1.7 倍。

② 为了应对超大规模、超多渠道、超高并发的情况,众安保险是大金融企业首个将核心系统搭建在云上的公司。目前,“无界山”核心系统可以支持 90 亿量级的保单,历史双十一峰值处理量达到 3.2 万张/秒。

续表

时　间		事　件
2015 年	9 月	众安在线财产保险股份有限公司获中国保监会批准在黑龙江、山东、广西、重庆、山西及青岛六个商业车险试验区采纳中国保险行业协会商业车险综合示范条款
	11 月	发布首个互联网至线下车险及保养品牌互联网车险，“双十一”当天保单数 2 亿张，保费 1.28 亿元
	12 月	毕马威会计师事务所与澳大利亚金融科技投资公司 H2Ventures 联合发布金融科技百强，众安在线财产保险股份有限公司摘得桂冠
2016 年	4 月	发布保贝计划，利用先进的技术和风险管理能力，将消费金融平台与金融机构合作伙伴（包括银行、证券经纪的资产管理部门、信托、融资租赁公司、小额贷款公司及保理公司）连接起来
	5 月	众安信息技术服务有限公司获中国保监会批准注册成立
	8 月	发布一款中档医疗保险产品尊享 e 生
	10 月	在毕马威会计师事务所与澳大利亚金融科技投资公司 H2Ventures 联合发布的金融科技百强榜单名列第五
	11 月	发布众安科技品牌，旨在支持保险行业技术升级及促进和发展区块链、人工智能及其他新技术在保险行业的应用。保险科技亦对外赋能。众安便成立众安科技，将科技技术变成商业产品对外服务
	12 月	2016 第一财经新金融峰会获颁年度互联网保险奖
2017 年	2 月	成立北京有我在科技有限公司。同年 3 月，众安保险为众安科技增资 4.5 亿元。随后，众安科技成立上海分公司和全资子公司——众安（深圳）生命科技有限公司。目前，众安保险已初步在京、沪、深、杭构建了科技板块布局
	9 月	于香港联合交易所上市，股票代码 6060。软银主席孙正义作为基石投资者在公司首次公开募股（IPO）时斥资 5 亿美元认购 7 190 万股股份，占公司流通股份的 15.31%
	12 月	成立众安国际，以香港为基地，作为众安的国际发展平台，在海外市场发掘金融科技以及保险科技的国际业务发展、合作及投资机遇，并将亚洲作为业务发展初期的重心，建立海外业务阵地

续表

时　间		事　件
2018 年	1月	发布新零售、新金融、新出行、车联网四位一体的汽车生态战略,联合多方合作伙伴,打造开放、多元的汽车生态格局
	7月	发布众安生命品牌,致力于探索检测技术、基因技术、细胞技术等前沿技术在大众健康领域的应用,帮助人们精准、有效地管理健康
	8月	与软银愿景基金签署协议,以推动众安在中国境外的保险科技、金融科技及其他科技解决方案业务的输出
	9月	发布面向下一代的保险核心系统 Graphene,推动保险生态从传统核心向数字化核心进化,众安国际向日本 SOMPO 输出保险科技解决方案

资料来源:众安保险与众安在线公司官方网站及其他公开资料整理。

众安在线招股说明书以及财务报告显示,2018 年众安在线的总保费 113 亿元(同比增加 89.0%),营业收入为 96 亿元(同比增长 72.1%),2018 年众安单用户人均保费 28 元,较 2017 年同比上升 103.1%。

如果我们把视角拉得更长,2014—2018 年,众安保险总保费收入分别为 7.94 亿元、22.83 亿元、34.08 亿元、59.54 亿元和 113 亿元,在 2014 年众安的人均保费仅为 3.9 元,五年时间翻了 7 倍多。图 17—2 显示了从 2014 到 2018 年众安的总保费收入和年度增长率。

表 17—2 比较了我国现有的四家持有互联网保险牌照的公司在经营范围和规模上的差异。众安保险是毋庸置疑的领先者。从总保费看,众安保险 2018 年总保费约为第二名泰康保险的 4 倍。从保险牌照获批日期看,众安较其他任一家都早两年以上,具有显著的行业先驱优势(经验、客户忠诚度、资源支持等)。

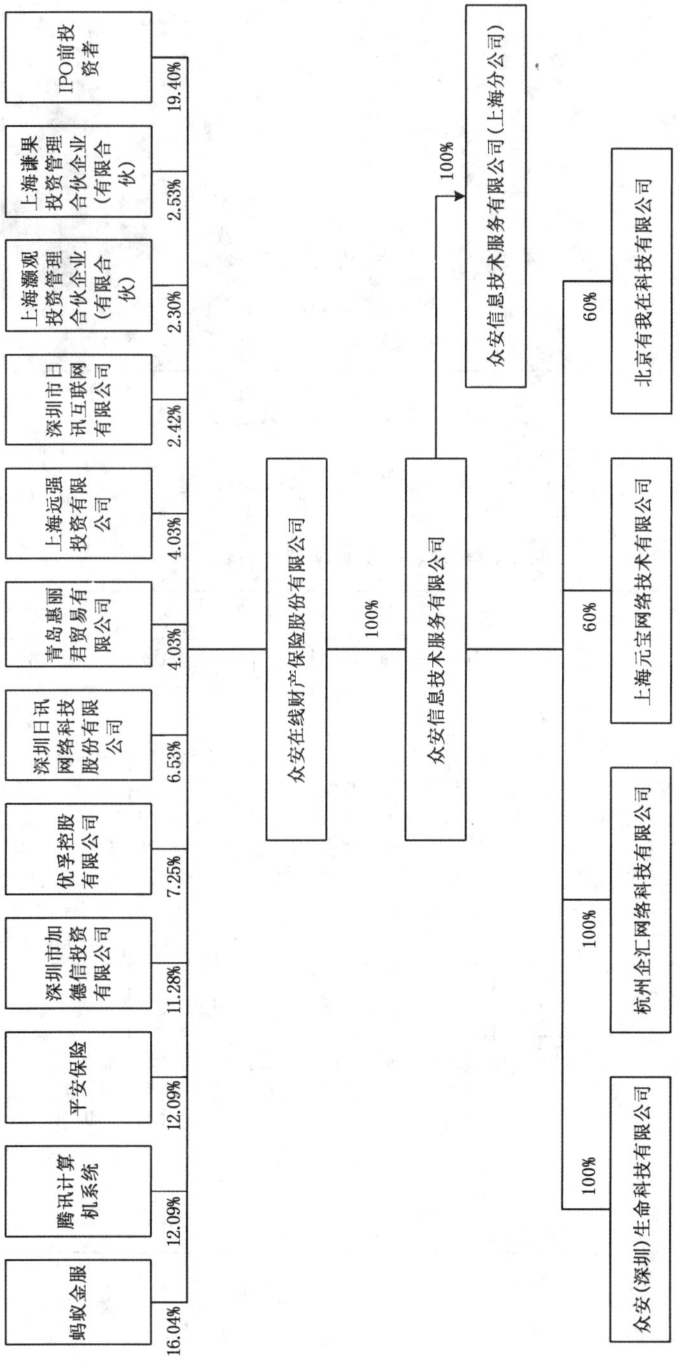

数据来源：众安在线招股说明书。

图17-1　众安保险IPO前股东占比与股权结构

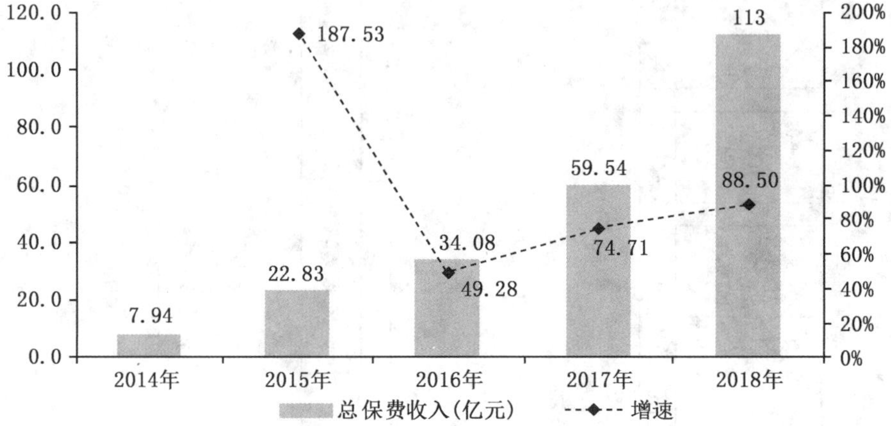

图 17—2 众安保险保费总收入与增速

表 17—2 四家持有互联网保险牌照的公司

	众安	泰康在线	易安	安心
成立时间	2013 年 10 月	2015 年 11 月	2016 年 2 月	2015 年 12 月
注册资本	12.41 亿元	10 亿元	10 亿元	10 亿元
经营范围	企业/家财险、货运保险、责任保险、信用保证保险、短期健康/意外伤害保险;机动车保险	企业/家财险、货运保险、责任保险、信用保证保险、短期健康/意外伤害保险;机动车保险	企业/家财险、货运保险、责任保险、信用保证保险、短期健康/意外伤害保险	企业/家财险、货运保险、责任保险、信用保证保险、工程保险(仅限家庭装修工程保险)、短期健康/意外伤害保险;机动车保险
保险牌照获批日和范围	—	—	—	—
主要股东	蚂蚁金服 19.9%;腾讯 15%;平安保险 15%等	泰康保险集团 99%;泰康资产管理 1%	银之杰 15%;光汇石油 15%;银必信资管 14%等	玺萌置业 15%;通宇世纪 14.5%;洪海明珠 14.5%;中诚信 14%等
2018 年度总保费	—	—	—	—

二、众安的五大保费生态系统

有别于传统保险公司，众安保险的产品体现出小额、高频、海量的特点。众安基于科技对于大众生活方式的改变，不断发现互联网经济中新的保险需求，将保险植入不同的应用场景。同时，众安运用前沿科技的力量，解决新的保险需求在获客、定价、赔付和风险控制等各个保险环节的落地问题。科技对众安的改造分成三个阶段：(1)用保险连接电商、航旅等各类场景；(2)沉淀用户和数据，形成平台化能力；(3)连接更多平台，整合垂直领域，形成生态系统。到目前为止，众安将自己的保险业务分为五大生态系统：

①生活消费生态系统；

②消费金融生态系统；

③健康生态系统；

④汽车生态系统；

⑤航旅生态系统。

众安通过建立这五大生态系统(见表17—3)，重新定义保险，并通过生态系统创新重构保险价值链，在价值链中不断通过科技创新来增强自身的竞争力。目前众安已与300多家相关企业建立合作关系。①

五个生态圈的构建中，折射出众安业务模式从生态系统的参与者到连接者和构建者的演进。生活消费和航旅生态圈，众安主要将自己的产品嵌入合作伙伴的场景进行销售；在消费金融生态圈，众安扮演着资金方和资产方之间的桥梁角色，解决两者由于不信任、信息不对称等产生的痛点。众安五大生态圈凭借人工智能、云计算、大数据等科技与保险业务的融合运用，推动保险价值链的重构。

---

① 根据Oliver Wyman发布的报告。

表 17—3　　众安在线的保费五大生态系统

生态系统	主要内容	保险类型	保险产品	科技优势	主要竞争对手
生活消费生态	与电子商务平台合作,提供与质量、物流、安全风险相关的产品;与电子产品制造商合作,为消费电子产品提供意外损坏及维修保险服务	保证保险、责任险、货运险、家财险、退货运费险等	退货运费险、任性险、商家保险金保险、手机意外险、手机碎屏险	大量交易和多样化的客户动态定价和大数据处理	人保、国泰、华泰
消费金融生态	为资金提供方所可能受到的违约风险提供保险产品及方案,并促进互联网融资平台的借贷及消费;满足消费者融资需求	保证保险、信用险、家财险	马上花、保证保险、保贝计划	高并发、高频交易大数据技术、用户画像①众安保险自主研发的高频保单交易系统	—
健康生态	与医院、研究机构、医疗设备制造商、互联网医疗平台、医药公司及分销商等合作,提供与医疗及保健开支风险相关的产品;个人及团体医疗保险产品计划	健康险单病种保险产品	尊享 e 生、步步保、糖小贝、肠命百岁、健康团险计划	云联网进行低成本、便利销售,同时基于与医疗健康等产业合作产生的数据基础提供能定制化、个性化的健康医疗解决方案	—
汽车生态	就车辆损坏、人身伤亡、车辆失窃提供保险产品	车险	保骉车险	—	—
航旅生态	针对因旅行产生的各类风险,如意外、航班延误及取消等提供保障	意外险	航空意外险、延误险	航班的不确定性、安全性以及在付款和个人信息方面存在的潜在风险不是按平台代销手续费方式付费,而以双方共同研发产品和系统的项目来打包收费	华泰、太保、人保、平安

① 在消费金融生态中众安目前已与近百家生态场景合作,触达 3 000 多万用户,由此衍生出万级的特征衍生变量,从而构建出全面而立体的用户画像。

三、大数据与机器学习在消费生态系统的运用：退货运费险

（一）场景开发与退货运费险的由来

保险天生就是依附于场景存在的金融产品。科技和市场的发展会让新场景出现，而新场景会催生新保险产品。比如，退货运费险（简称退运险）、航班延误险（简称航延险）、碎屏险都属于为新型场景定制的保险产品，也是新型互联网保险公司最早开始切入的赛道。退运险的兴起源于人们购物方式的改变，大量的购买行为不再在实体店发生，而是在电商平台完成。航延险的出现是因为人们的出行方式的改变：越来越多的人为了节省长途旅行时间，采用飞机作为出行方式。而航班的增加以及天气等不可抗力因素使得航班延误成为常事。以上几例只是众多场景中的几个典型代表，保险场景化会随着科技对于人们生活的改变而不断推陈出新。就目前而言，曲速资本 2017 年发布的数据显示①，我国互联网场景分布较为集中，网络购物场景占绝大多数比例，出行场景是第二大场景，占 28%。

众安保险始于解决淘宝退货纠纷的“退运险”。顾客在淘宝上购物，只要购买了众安运费险，只需付出很少的钱作为保险费用，退货邮费就可以由保险公司承担。由于运费险的件均保费很低，往往只有几毛钱或者一两块钱，一经推出，就大受欢迎。在众安保险发展的最初几年，“退运险”曾经占到其保费总额的绝大部分。以 2014 年的数据为例，众安保险全年保费收入为 7.94 亿元，退货运费险保费收入为 6.13 亿元，占比为 77.20%。

表 17—4 为众安科技数据用户场景数据收集标签。

① 曲速资本联合互联网保观联合发布的《2017 年度互联网保险行业研究报告》。

表 17—4　众安科技数据用户场景数据收集标签

用户标签	行为数据	浏览、搜索、社交、线下活动
	场景数据	时间、地点、LBS(Location Based Service)
	兴趣数据	品牌数据、体育数据、娱乐数据
	属性数据	性别、年龄、学历
	状态数据	婚恋、消费、居住
	设备数据	设备类型、设备型号、操作系统

(二)利用大数据和机器学习实现退货运费险的差别定价

退运险的特点是小额、高频、大量、碎片。传统意义上的保险产品一般有多重保障,很少有针对某单一风险的保险产品,而互联网保险需要将传统的保险产品拆分从而降低费率和出险率。原来的金融行业覆盖这类场景的成本太高,而以众安为代表的互联网保险公司恰恰利用科技,将整个投保、核保、理赔完全自动化、线上化,同时能根据投保人和环境做动态差别定价。

在退运险火爆背后,支撑其业务逻辑的是复杂的算法模型。最初,退运险的定价依据主要是消费者所购买产品的价格。随着退运险的普及,消费者的退货倾向和行为模式发生改变,定价模型开始进行升级,逐渐发展为根据消费者购买商品的退货历史记录定价。

众安保险将其退货运费险嵌入合作的电子商务平台,利用"互联网、大数据和人工智能"设定的系统,对投保人在淘宝、支付宝、微信等多家公司的各种信息数据进行收集,分析投保人的个人喜好、经济水平。随着加入退运险定价模型的数据越来越多,这些数据不仅来自保险体系内,还可能来自合作方、股东方,甚至是互联网的社交数据和行为数据,而定价模型不仅能确定合适的费率,还可以综合多种因素预测消费者未来的退货率。图 17—3 为风险建模收集的信息数据。

从客户、商家及产品的多个维度数据分析,建立机器学习模型,通过模型预测出险的概率,结合产品定价方法对运费险保费实现精准计算,进而实现针对不同投保人的差异化定价。退运险差异化定价主要有两个特点:第一,进行

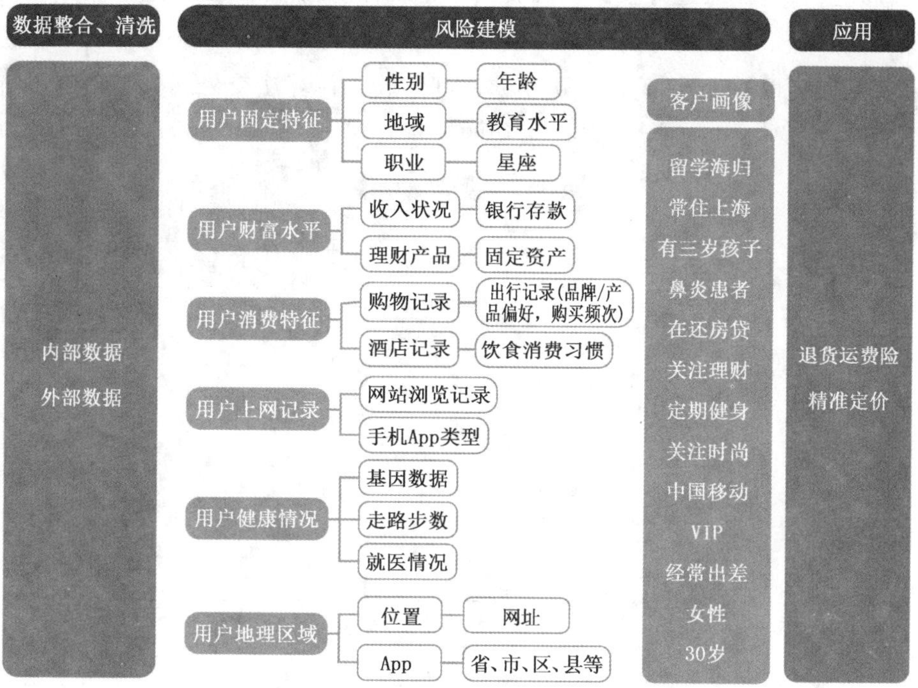

图 17－3　风险建模收集的信息数据

风险定价的数据更加精细。保费和保额将利用买家、卖家在电商平台上的每一笔交易进行精准定价。第二，运费险中进行风险定价的数据是实时的。利用信息技术实时跟踪个体买家或卖家的情况，风险数据可以实时更新，定价也随着风险因子的改变而改变。图 17－4 为大数据与机器学习技术在运费险的定价环节。

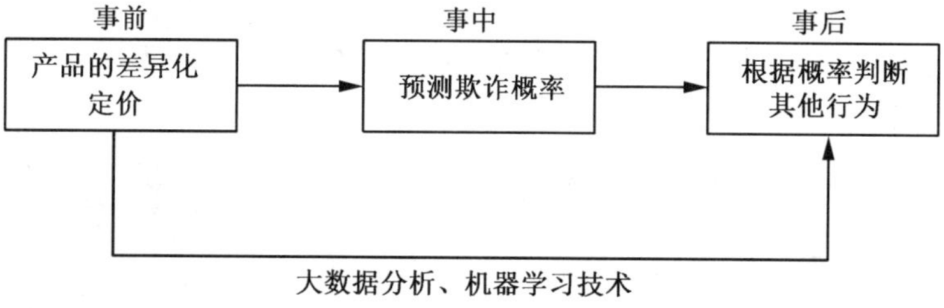

图 17－4　大数据与机器学习技术在运费险的定价环节

众安保险在通过大数据和机器学习完成客户画像后,会通过数据分析对互联网产品带来的财务风险进行预判并对保险产品定价。用户能够在购物时获得实时的保费定价,确保了购物的便利体验。在算法交易和大数据的支持下,众安完成了互联网金融科技最初的探索。图 17—5 为风险率与运费险保费价格阶梯。

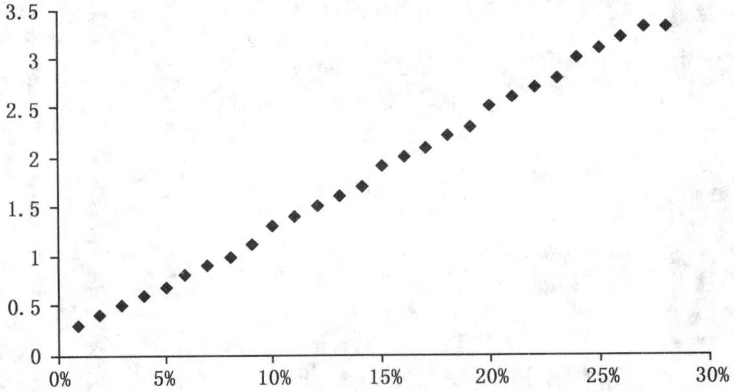

数据来源:众安在线运费险(卖家版)投保协议。

图 17—5 风险率与运费险保费价格阶梯

随着业务的逐步发展,以及自身金融科技能力的沉淀,众安保险得以将合作扩展至与生态系统价值链(包括长尾内容、垂直及线下平台)中的其他生态系统合作伙伴。基于差别化动态定价技术,众安带来了系列产品创新,车险和健康险等传统产品通过与大数据集合,也推出了差别化定价保险产品,注重保险产品与场景的结合;后开发出借款信用保险、账户安全险、保证金保险、履约保证险等多种互联网保险产品,为阿里电商生态提供全面保险保障。

四、大数据与人工智能在汽车生态系统的运用:车联网与基于使用量的车险

(一)车联网

车险是一个比较成熟的险种,但传统固定保险费率的车险存在诸多问题。

首先,对保险消费者而言,风险程度不同的被保险人需要支付相同的费率,风险程度低的被保险人在补贴风险程度高的被保险人,"平等"反而造成了"不公"。其次,对保险公司而言,固定的保险费率导致其竞争手段单一,仅有有限的方式可以开展市场竞争,如手续费的方式,影响其经营利润的实现。最后,对保险运作而言,被保车辆特征,如每年的行驶里程、行驶区域不会对保险费率造成任何影响,这会助长被保险人的道德风险行为,影响保险的运作根基。

随着科技的发展,车联网(Internet of Vehicles)的出现为新的车险模式提供了可能。车联网是指由车辆位置、速度和路线等信息构成的巨大交互网络。车联网主要依托移动通信与信息科学技术,通过无线通信技术(例如 GSM、GPRS 等通信方式)、地理位置定位技术(例如 GPS、LBS 定位)、汽车传感器技术(汽车总线 CAN-bus) 以及行车记录仪技术等完成车辆行驶状态与周边环境的采集、数据的传输与处理工作。随着软、硬件技术的发展,车联网数据可通过分布式集群、云计算等方法进行建模分析,从而解决了数据的收集和处理问题,并通过其与传统保险精算方法的结合实现保费的差异化定价。

图 17—6 显示了车联网在保险行业业务流程中的各个应用场景。从保险产品的设计、定价、营销到承保、理赔和运营与服务,车联网所提供的大数据都能够为保险公司所用。比如,在承保业务中,车联网数据对于基于使用量的车险的产生和发展就起到了积极的推动作用。

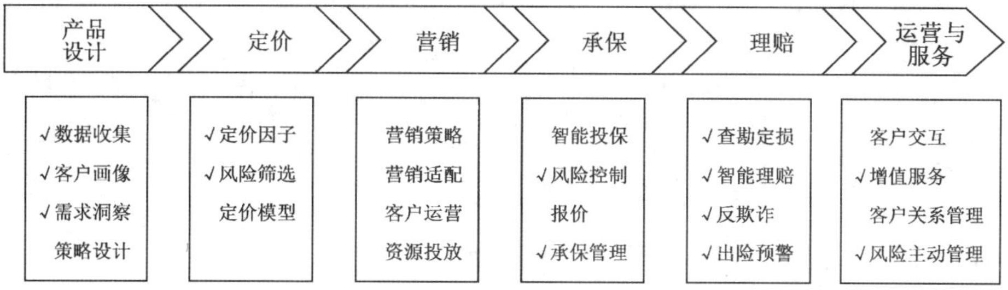

图 17—6 车联网在保险行业业务流程中的应用场景

(二)基于使用量的车险

基于使用量的车险(Usage Based Insurance,UBI)是一种根据驾驶人的实际驾驶时间、地点、里程、具体驾驶行为,来确定该缴多少车险的险种。其中心概念是指对在驾驶汽车过程中行为表现安全与正确的驾驶员给予保费优惠。

UBI在全球的发展大体经历了三代产品形态:第一代被称为现驾现付型(Pay as you drive),技术上主要基于初级的车载信息系统和T-BOX设备,主要针对年轻人或开车较少的客户,按里程投保和厘定费率。第二代基于驾驶里程、驾驶方式、驾驶路况进行定价(Pay how you drive),技术上主要依托手机和车载诊断系统(On-Board Diagnostics,OBD)设备,对驾驶过程数据进行实时采集,重在建立驾驶员风险的识别、评估与预测模型,最终决定给予客户的优惠程度。第三代被称为管理驾驶行为(Manage how you drive),技术上主要基于新一代车联网技术ADAS、前装网联设备和后装智能化OBD,通过基础车联网、智能辅助驾驶等技术,主动进行驾驶风险干预,发挥驾驶行为的事中干预,以提高驾驶的安全意识,降低出险率和赔付率。图17—7显示了UBI的产品模式。

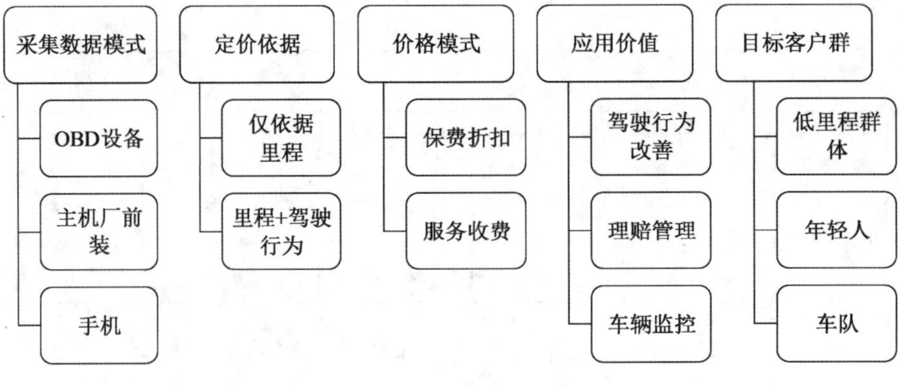

资料来源:众安金融科技研究院。

图17—7 UBI的产品模式

无论其产品形态，UBI的成功都依赖于三个组成部分：车载信息系统、车险定价指标体系和UBI费率定价算法[①②]。

车载信息系统，比如OBD，能够全面监测驾驶行为，即通过车载传感设备收集驾驶员的驾驶信息。其中比较易操作的是搜集行驶里程、累计驾驶年龄、损耗率、转向、速度、驾驶时间等数据。更细节的数据收集包括驾驶行为习惯，如超速、夜间行驶、转弯速度、急刹等数据。这些数据用于区别不同风险级别的驾驶人。

车险定价指标，是指UBI通过采集人、车、地三维数据后，确定的车险定价因子。OBD系统会提供大量的数据，如何将这些数据与保险定价联系起来？这就需要对数据进行分类和整理，将数据结构化，并抽象出不同的定价因子。传统的车险定价因子就是简单的基于驾驶记录、汽车型号、驾驶区域等从车辆信息因子和驾驶人违章信息因子对机动车辆险进行费率厘定。而通过车载传感器收集的驾驶者开车行为数据和车辆行驶数据要丰富和详细很多，从而使保险公司能够提炼出一系列驾驶行为风险因子，从而来制定更加合理的保险费率。图17—8比较了传统车险定价与UBI定价模式上的区别。

UBI费率定价算法，将驾驶行为因子引入传统车险定价模型，最终厘定车险定价，即通过建立各种模型并确定最优模型来得到驾驶行为变量对出险概率的影响程度。建立模型可协助保险公司发掘影响车辆出险的风险因子和驾驶人员的重要行为方式，最终根据司机的驾驶安全性对他们的保费进行差异化定价。

UBI的出现对于保险的意义，并不仅仅在于一个新的保费计价方式，从车年定价转变为按里程计价，从车静态风险因子评估转变为按驾驶行为风险给予折扣，更重要的意义在于把物联网技术、大数据分析技术与传统精算技术充分融合，实现对单体车辆风险的刻画，促进车险运营和服务模式的革新，彻

---

① 彭江琴，刘南杰，赵海涛，等：《智能UBI系统研究》，《计算机技术与发展》，2016年第1期。

② 众安汽车对外公布运用机器学习算法对依托车险、非车险、互联网行为等数据开展车险大数据定价，目前已取得实质性突破：车损险区分度达到9倍，比行业平均水平高出15%以上，三者险区分度也比行业平均高出15%以上，极大地提高了定价精准度，这也为UBI定价创新奠定了扎实的数据基础。

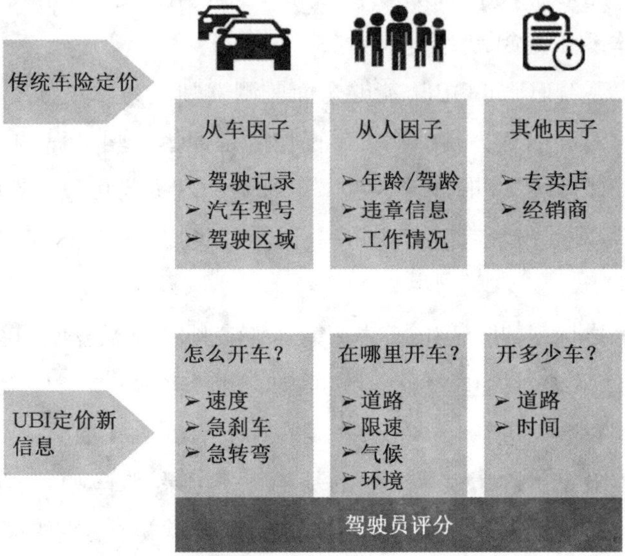

资料来源：众安金融科技研究院。

图 17－8 传统车险定价的 UBI 定价模式的比较

底改进客户体验，可以说是当下保险科技的一个最为典型的案例。

五、区块链技术的运用：精准扶贫

精准扶贫是粗放扶贫的对称，是指针对不同贫困区域环境、不同贫困农户状况，运用科学、有效的程序对扶贫对象实施精确识别、精确帮扶、精确管理的治贫方式。自 2013 年"精准扶贫"概念被提出以来，《"十三五"脱贫攻坚规划》强调，到 2020 年实现让 7 000 多万农村贫困人口摆脱贫困。国家陆续出台相关优惠政策，实施精准扶贫方略，增加扶贫投入，鼓励有条件的企业设立扶贫公益基金，开展扶贫慈善信托，完善对龙头企业参与扶贫开发的政策支持。

区块链技术也称分布式记账法，是一种利用去中心化和去信任的方式维护整体数据簿，用链的形式把不同区块间的数据集合到一起，每一个分布式数据库都会包含一整条区块链的信息。由于区块链是分布式的，所以每一个站点都备份有一份账本，且都可以查询，所以是公开的。区块链的链式结构一环扣一环，可以沿着链条追溯到创世区块。又因为后一区块包含前一区块的信息，所以如果要篡改，必须要把需篡改的区块之后的区块全部更改，几乎是不可能的，可以达到在没有第三方的情况下，解决陌生人之间信任机制建立的问题。

以区块链技术为底层架构可以在保险行业中实现诸多创新，通过区块链技术塑造的智能合约可以实现合约对账、储存、交易和账户管理上的升级，在产品的运营过程中可以实现自动理赔、清结算、身份验证和交易风险控制，以达到提升用户体验、改善服务流程、降低运营成本的效果。将区块链技术运用到精准扶贫，可以保证扶贫款发放全流程的公开、透明，也可以解决贫困户识别不准确的问题。图 17—9 为区块链交易模式。

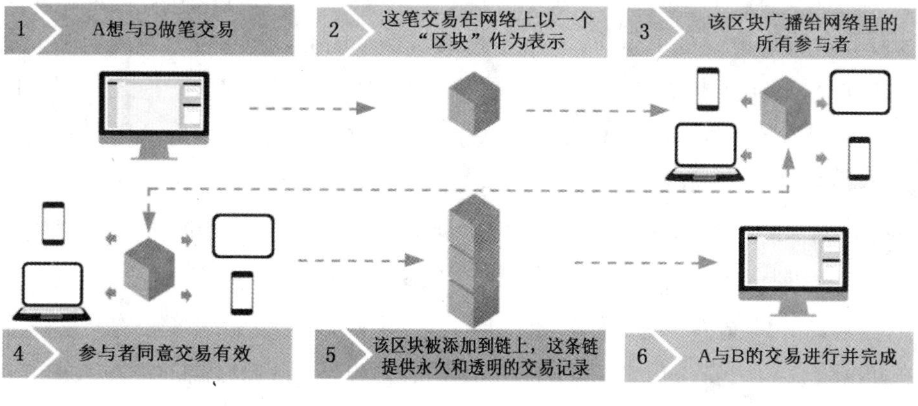

图片来源：众安金融科技研究院。

图 17—9　区块链交易模式

(一)众安区块链技术

众安已经独立开发了自己的区块链系统，包括安链(Ann-chain)和安路由(Ann-Couter)。

安链是一种区块链通信协议，是区块链应用程序和解决方案的基础。安链是企业级区块链产品，用以建立切实可行的监管审计机制，保护交易隐私和搭建数据分享平台等。安链采用三层架构:协议层、扩展层和应用层,分别用于存储不可篡改的原始数据,实现各种功能(例如,智能合约)和运行各种应用(例如,银行的移动应用)。

安路由是区块链网络组件,旨在链接同极和异极的区块链,用来增强区块链系统对交易的处理能力(提升交易速度),打通链与链之间的通信壁垒,建立链与链之间的联通和信任(跨链通信)。

区块链的分布式网络特征使其具有明显的开放性和可拓展性,基于众安科技,安链已经在农业防伪溯源、钻石溯源、公益、再保险、电子保单存证、数字资产管理等领域落地应用并进入生产阶段。

(二)区块链+精准扶贫

互信问题,是以往扶贫工作中的最大难点。对于困难群众而言,他们希望拿到手中的扶贫资金不打折扣;对于扶贫机构而言,最头疼的是如何准确识别困难群众,不让扶贫款被重复申领、冒领。"区块链+扶贫"这一模式利用了区块链点对点、分布式存储的特性,将扶贫信息记录在区块链上,或利用区块链实现扶贫款项的流转。区块链技术共识机制的独立存在,使其能够在降低合约执行成本的同时提升其执行效率,达到在没有第三方的情况下解决陌生人之间信任机制建立的问题,可以实现公开、透明、可追溯与不可篡改。

图17-10显示了基于扶贫助困工作区块链数据存证系统架构。这一系统可以将贫困户身份信息、扶贫助残服务信息以及扶贫款流向信息记录在区块链上,以解决扶贫机构与扶贫对象之间的互信问题。在这个系统中,困难群众的个人、家庭信息及资金发放信息已经全部打通,并会被记录在区块链上。通过搭建起区块链的精准扶贫数据存证系统架构,通过区块链平台记录贫困、残障人员的身份信息,扶贫助残的服务信息,资金流向信息,实现精准扶贫、助残,包括对民生资金点对点使用过程的监管、追溯、结算等,实现民生资金的点对点发放和精确使用,而且还可以通过检索姓名、居委会、救助申请时间等关键词,工作人员可以便捷地在系统内查找相关数据。

众安科技运用其安链区块链产品,正在积极推进农业精准扶贫脱贫。2017年5月,作为国内首个由政府支持的"区块链精准扶贫"项目,贵阳市政

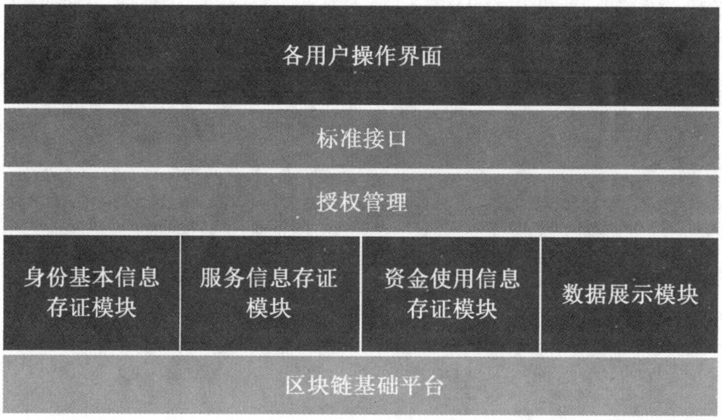

图 17—10　扶贫助困工作区块链数据存证系统架构

府与众安科技签约合作，成立政企合作的贵阳一众安区块链联动创新中心，利用众安科技安链云服务，推动农业精准扶贫等区块链应用落地。[①]

(三)步步鸡扶贫项目

区块链应用于溯源的技术特性有三点：一是链上区块按时间戳记账，上链数据可追溯且不可篡改；二是数据分布式存储，受多方监管；三是非对称加密，持有私钥才能对加密信息解密，确保其安全性。步步鸡是国内首个基于区块链＋物联网实现全链条防伪溯源的农业养殖项目。

众安科技安链云输出全生态区块链技术，全程记录步步鸡从鸡苗入栏到成鸡，经屠宰运输等，直至用户餐桌的全过程的数据信息，一经记录，不可修改，实现真正防伪溯源。类似给农产品发一张唯一数据标识的“身份证”，上面记录了农产品的品种、出生时间、使用过的饲料等。在养殖鸡的过程中，包括鸡牌在内的配套物联网设备、传感器、基站等能够自动搜集步步鸡的位置、运动轨迹、养殖环境、温湿度等信息，并实时上传区块链。为了让鸡在足够优越的环境中成长，步步鸡养殖采用物联传感设备对养殖环境进行全方位的智能监控，包括气温、空气湿度、污染物、与土壤相关的指标如温湿度、鸡只饮用水

① 《贵阳区块链发展和应用》白皮书。

质等,辅助养殖户在对饲养方式进行决策。同样地,环境传感器和区块链技术相通,环境传感器自动监测到的数据会自动上传到区块链上(见图 17—11)。

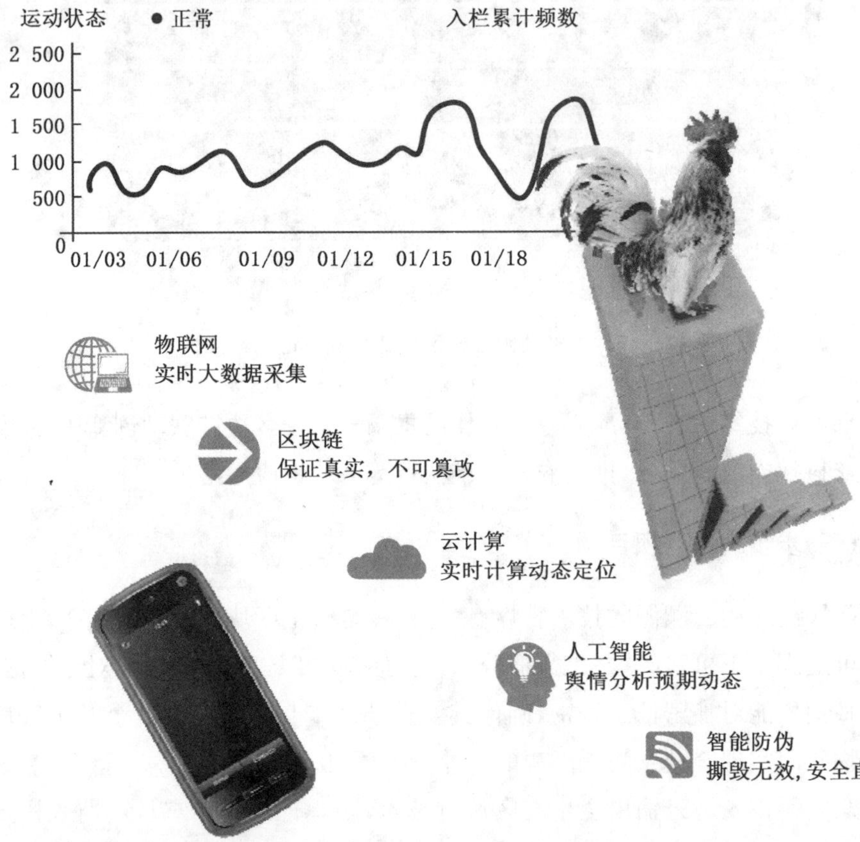

图 17—11　步步鸡项目

消费者收到步步鸡后可以通过产品溯源 App 进行防伪溯源信息查询,还可以通过众筹提前认领一只鸡。每只步步鸡都戴着脚环,它记录了鸡只的全生命周期信息:重量、日龄、来源的养殖场、饲料、运动步数、检疫合格证等。另外,通过区块链溯源,银行能确认农户用这些钱去买鸡苗,且一旦这些鸡出现问题,银行马上就能做出相应的反应,解决了小微企业、“三农”客户长期以来因担保物不足、信用数据获取成本高等,而导致的融资难问题。

每一只步步鸡的部分销售收入将捐献给公益组织，以支持农村地区发展。扶持步步鸡项目的落地，正是众安科技扶贫探路的先行之举。根据规划，到2020年，步步鸡项目预计覆盖上千个贫困乡县，每年为农民创收27亿元。随着步步鸡扶贫项目的推广，众安保险未来还将根据农户的经济状况提供贷款融资等金融类服务，同时根据销售情况将步步鸡销售收入的一定比例捐献给火堆公益及其他公益组织。所有资金通过扶贫平台的流转、公示，都将在区块链上进行，让扶贫信息更加透明和易于监管。

参考文献

[1]众安保险、毕马威中国:《保险科技:构建“新保险”的基础设施》,2018。

[2]奥纬咨询(Oliver Wyman):《Oliver Wyman:2019年金融行业态势报告》,2019。

[3]曲速资本、互联网保观:《2017年度互联网保险行业研究报告》,2018。

[4]彭江琴,刘南杰,赵海涛,等:《智能UBI系统研究》,《计算机技术与发展》,2016年第1期,第142—146页。

[5]贵阳市政府:《贵阳区块链发展和应用》,2017。

[6]零壹财经·零壹智库:《科技价值的觉醒——上市金融科技企业发展报告》,2019。

[7]艾瑞咨询:《2017年中国金融科技发展报告》,2017。

第四部分

学术文献和趋势展望篇

第十八章

金融科技领域的前沿文献（2018—2019年）

一、国外文献

（一）文献检索情况

金融科技（FinTech），是指将新技术引入金融领域，2017年学界对金融科技的研究还不够活跃。为了解全球与金融科技相关的研究成果，对全球金融科技领域文献进行了分析。

我们以“FinTech”和“Fin-tech”为主题，检索全球规模最大的文摘和引文数据库Scopus，相关经济与金融学文献的发表时间锁定在2018年1月1日至2019年8月15日，共检索出30篇相关程度较高的文献。

从检索结果来看，全球对FinTech这一新兴概念的深入研究才刚开始，从2018年至今，每个季度相关文献数量逐年增多。中国、韩国、日本、英国、美国、德国等国针对FinTech发表的文献较多，它们是研究金融科技的主要国家。在各个新兴市场的发展程度因国家而异，包括中国（含台湾地区）、韩国、日本等国家或地区在内的亚洲是一个重要的发展区域，与其相关的研究正在跟进。

对于“大数据”,研究机构 Gartner 给出这样的定义:“大数据”是需要新处理模式才能具有更强的决策力、洞察发现力和流程优化能力的海量、高增长率和多样化的信息资产。我们以“Big Data(大数据)”为主题,检索了 SCI-EXPANDED、SSCI、A&HCI、CPCI-S、CPCI-SSH 等数据库,相关文献的发表时间锁定在 2018 年 1 月 1 日至 2018 年 8 月 15 日。检索发现,2018—2019 年大数据领域的主要研究国家是中国、美国、英国、印度、德国、新加坡等。

这些文献主要从金融科技创新(包括区块链合约、大数据、人工智能)与资产价格,金融科技兴起与监管的应对范式,科技在金融领域的应用,金融科技发展与安全隐私等方面,选取了国际金融学与经济学顶尖期刊的一些文献,综合探讨了金融科技带来的对金融等其他行业的变革。

(二)关于金融科技的重要价值文献

1. To Fin-Tech and Beyond①

Itay Goldstein 等在这篇介绍性文章中描述了金融科技领域中最近发生的现象,也解释了遵循注册报告格式,关于金融科技,作者讨论了从提交的提案中学到什么。以及我们选择哪些提案去完成。作者还提供了观察结果,用来帮助指导金融科技领域的未来研究。

2. How Valuable Is Fin-Tech Innovation?②

Mark A. Chen 等(2019)提供了金融科技创新发生及其价值的大规模证据,使用 2003 年至 2017 年的专利申请数据,应用机器学习技术,识别和分类基础技术创新。作者发现,大多数的金融科技创新为创新者带来巨大价值,其中区块链尤为重要。对于整个金融部门,物联网(loT)、机器人咨询和区块链是最有价值的创新类型。但当创新涉及非金融初创企业的颠覆性技术时,它

---

① Itay Goldstein, Wei Jiang, G. Andrew Karoly. To Fin-Tech and Beyond [J]. *The Review of Financial Studies*, Vol. 32, Issue 5, May 2019, pp. 1647—1661, https://doi.org/10.1093/rfs/hhz025.

② Mark A. Chen, Qinxi Wu, Bao zhong Yang. How Valuable Is Fin-Tech Innovation? [J]. *The Review of Financial Studies*, Vol. 32, Issue 5, May 2019, pp. 2062—2106, https://doi.org/10.1093/rfs/hhy130.

们对金融业的影响相对负面,但大力投资于自身创新的市场领导者,可以避免许多负面价值效应。

Gai、Qiu 和 Sun[①](2018)从技术特征的角度对金融科技领域的文献做了详尽的梳理。作者认为,作为金融行业的一个新词语,金融科技已成为描述金融服务机构所采用的新技术的流行术语。这一术语涵盖了当下技术发展的很大范围,因而学者和相关专业人士都需要对其有准确而清晰的认识。该文回顾了有关金融科技发展的成果,对金融科技做了综述。在此基础上,作者提出了一个由数据驱动的金融科技理论框架。他们认为,金融科技主要包括安全和隐私、数据技术、硬件和基础设施、应用程序和管理以及服务模型五个方面。

(三)关于区块链技术的文献

区块链(Block chain)技术是互联网技术进一步发展的产物,它是基于计算机代码构建的分布式记账,在区块链上发生的所有交易都会被忠实记录。

1. 区块链冲击与智能合约[②](Block chain Disruption and Smart Contracts)

何治国(芝加哥大学布斯商学院、美国国家经济研究局)和丛林(芝加哥大学布斯商学院),探讨了区块链技术与智能合约可能会给经济带来的影响,区块链技术提供了"去中心化的共识",并可能通过智能合约扩大合同空间。与此同时,产生分散的共识需要传播信息,而这些信息必然会改变信息环境。该文分析了"去中心化"与共识质量的关系以及区块链的典型特征如何重塑竞争格局。智能合约可以缓解信息不对称,通过增强市场进入能力和鼓励竞争来

① Gai K, Qiu M, Sun X. A Survey on Fin-Tech[J]. *Journal of Network and Computer Applications*, 2017: S1084804517303247.

② Lin William Cong, Zhi guo He. Block-chain Disruption and Smart Contracts[J]. *The Review of Financial Studies*, Vol. 32, Issue 5, May 2019, pp. 1754 — 1797, https://doi.org/10.1093/rfs/hhz007.

改善福利和消费者剩余[①],但在共识产生期间传播信息可能会鼓励更大的共谋[②]。总体而言,区块链能够维持市场均衡,带来更广泛的经济成果。此节进一步讨论了区块链技术在反垄断方面的应用[③]。

2. 基于区块链的资产交易结算[④](Block Chain-Based Settlement for Asset Trading)

Jonathan Chiu(加拿大银行)和 Thorsten V. Koeppl(女王大学)探讨了基于区块链的证券结算的潜在利益和风险,提出证券能否在区块链上结算?如果可以,那么相对于现有的结算系统有哪些收益?基于区块链的证明(PoW)结算方式将比现有的结算方式更快、更灵活。然而它也存在风险,参与者可能会为避免财务损失而分叉区块链。若使用 PoW,区块链证券结算需要通过限制区块时间和区块规模,然后收取交易费用,从而为采矿提供大量的资金。尽管采矿需要很多的成本,但作者对美国企业债务市场的估计产生的区块链净收益在 1—4 个基点之间。他们的结论是,如果有适当的技术规格和激励措施,区块链证券结算可以提供适度的市场收益[⑤]。

该报告描述了大多数 PoW 区块链的基本激励模型,但只是用更传统的

---

① 以 Green and Porter(1984)不完全监督重复博弈为例,在真实商业社会中,部分厂商难以根据产品质量收费,仅能通过产品价格吸引客户,因此,高质量的产品得不到开发。但是智能合约解决了此类问题,消费者可以根据产品的质量付账,因此优质的厂商也可以进入市场,区块链技术的应用降低了厂商进入门槛,故而增强了市场进入能力,鼓励了竞争,这不仅仅减轻了信息不对称,还提升了社会福利与消费者剩余。

② 在传统世界,由于信息的不可观测,现有厂商往往担心竞争者偷走了其市场份额,因此通过价格战来赢回客户。但是在区块链世界,由于全部信息可被观测,寡头之间的价格战等类似的行为就会减少,因此,区块链可能会鼓励共谋,尤其是在共识产生的过程中。

③ 反垄断是政府的重要职责,共谋是寡头进行垄断的方式。政府监管由于区块链防篡改性和及时性的特性,因此其得到的监管数据不存在虚假汇报与时间滞后的问题,进一步,政府机构可以以较高的频率监督共谋与市场失灵等问题。此外,区块链还可以用来执行反垄断政策,比如采用分离共识产生过程,仅让最终用户达成共识,仅允许厂商使用智能合约与用户签约等手段,进而减轻共谋问题。

④ Jonathan Chiu, Thorsten V. Koeppl. Block Chain-Based Settlement for Asset Trading[J]. *The Review of Financial Studies*, Vol. 32, Issue 5, May 2019, pp. 1716—1753, https://doi.org/10.1093/rfs/hhy122.

⑤ 作者发现区块时间约为 27 分钟是最佳的,同时区块尺寸非常大。这将大大改善现有的结算制度,其结算周期为 T+2。使用作者的校准方法,发现快速结算带来的收益大约在 1—4 个基点的范围内:投资者仍然倾向于没有许可的区块链,即使对原有结算系统的补贴达到这个数额。

经济术语。这种框架很有趣,因为为加拿大央行撰稿的作者们似乎提出了一个经济学论点,即去信任的区块链系统相对于许可的区块链(在主要的金融机构中更受欢迎)提供了安全优势。不过,他们确实指出,如果有适当的法律和经济激励措施,获得批准的区块链可能也会奏效。

(四)关于区块链的文献

1. 区块链无名氏定理[①](The Block Chain Folk Theorem)

区块链是运行在点对点网络中的分布式分类账。作者将区块链协议中的工作量证明机制模型化为一个随机博弈,并分析了理性、有策略意识的矿工会采用的均衡策略。根据中本聪(2008)的观点,挖掘出的最长链是没有分叉的马尔可夫完美均衡。但区块链协议自身是一个含有多重均衡的协调博弈,在这个均衡中若存在分叉,会导致区块中出现孤立的块,链条中也存在持续分歧。Bruno Biais(图卢兹经济学院)等加密货币支持者认为加密货币总量恒定,比不值得信任的中央银行能更好地控制通货膨胀。而他们却忽略了分叉其实也相当于通货膨胀。在这样的大背景下,作者分析 BCH 分叉的情形。区块链是分布式数据存储、点对点传输的新型应用模式。

作者将工作证明(PoW)的区块链协议建模为一个随机博弈模型,并分析了理性的、有策略的矿工的均衡策略。开采最长的链是一个马尔可夫完美均衡,没有分叉,与 Naka moto(2008)一致。然而,区块链协议是一个具有多重均衡的协调博弈,平衡中分叉又导致孤块和链与链之间的永久分裂。作者在论文中显示了信息延迟和软件升级是如何导致分叉的。最后,作者确定了负外部性,这意味着计算能力的均衡投资是过度的[②]。作者展示了分叉如何因为信息的延迟和软件升级而出现,最后还识别出负外部性,这暗示在当前计算容量下均衡投资过度。

2. 其他的关于区块链的文献

---

① Bruno Biais, Christophe Bisière, Matthieu Bouvard, Catherine Casamatta. The Block Chain Folk Theorem[J]. *The Review of Financial Studies*, Vol. 32, Issue 5, May 2019, pp. 1662—1715, https://doi.org/10.1093/rfs/hhy095.

② 他们指出了加密挖矿产业的一个重要问题:耗电量大。

其他的关于区块链的文献包括:Mark A. Chen[①] 等(2019)利用 2003 年至 2017 年的专利数据,通过机器学习的方法识别了这些专利技术的创新性。他们发现大部分的金融科技创新对发明者产生了很大的价值,特别是区块链技术。对于所有金融部门,物联网、智能投顾和区块链是最有价值的创新类型。创新会对金融行业产生负向影响,但是市场领导者增加在自身创新上的投入可以避免许多的负向影响。

Sean Foley[②] 等(2019)发现大约 1/4 的比特币使用者涉及非法交易行为。他们估计大概每年有 760 亿美元的非法行为涉及比特币(为比特币交易量的 46%)。非法比特币交易的份额随着大家对比特币兴趣的增加和更多透明的加密货币的出现而开始减少。文章提出的技术已经在加密货币监管中开始使用了。

Francesco D'Acunto[③] 等(2019)研究了财富管理中智能投顾引入的问题。智能投顾能够根据投资者的持仓量和风险偏好构建特定的投资组合。采用智能投顾的投资者能够获得分散化投资的收益。事先没有采取分散化策略的投资者会增加股票持仓量,也会持有更少波动和更好收益的投资组合。作者发现那些采用智能投顾的投资者能显著地降低行为偏差,包括处置效应、趋势跟随和排序效应。

(五)大数据文献

大数据作为治理机制(Big Data as a Governance Mechanism)[④]。作者实证研究调查了替代数据可用性的两个效应:股价信息含量和对经理人行为的约束。最近的计算技术进步,使得科技公司能够收集实时、精细的基本面指

---

① Francesco D' Acunto, Nagpurnan and Prabhala, Alberto GRossi. The Promises and Pitfalls of Robo-Advising[J]. *The Review of Financial Studies*, 2019, 32(5): 1983-2020.

② Christina Zhu. Big Data as a Governance Mechanism[J]. *The Review of Financial Studies*, 2019, 32(5): 2021-2061.

③ Mark A. Chen, Qin xi Wu, Bao zhong Yang. How Valuable Is Fin-Tech Innovation? [J]. *The Review of Financial Studies*, 2019, 32(5): 2062-2106.

④ Christina Zhu. Big Data as a Governance Mechanism[J]. *The Review of Financial Studies*, Vol. 32, Issue 5, May 2019, pp. 2021-2061, https://doi.org/10.1093/rfs/hhy081.

标,并将其售卖给专业投资人士。这些数据包括消费者交易和卫星图像。数据的引入,通过降低信息获取成本,提高了股价信息含量,特别是经验丰富的投资者会有更大动力去发现信息。作者还记录了两个效应对管理者的影响,首先是管理人减少了机会主义交易;其次是投资效率提高,价格信息含量增加,提高了经理人投资和撤资的积极性。

(六)金融科技与贷款文献

金融科技强调金融和科技(Finance + Technology)的结合,落脚点在科技,意在科技给金融服务赋能,以提升金融服务效率,规避金融风险。每种科技与金融的结合都会产生不同的业务形态,比如大数据与 P2P 借贷结合,主要用于分析用户的信用度。

1. P2P 贷款人与银行:替代还是补充(Peer-to-Peer Lenders Versus Banks: Substitutes or Complements?)①

文章研究的是在消费信贷市场中,P2P 贷款平台提供的服务是作为银行的补充,还是去替代银行。作者开发了一个概念框架,并推导出可以测试的预测方法来区分这两种可能。利用监管变化作为银行信贷供应的外源性冲击,作者发现,P2P 贷款在服务于边缘银行借款人上,代替了银行贷款,但在小额贷款方面则是补充了银行贷款。这些结果表明,P2P 贷款导致的信贷扩张,可能只发生在已经获得银行信贷的贷款人身上。

2. 市场借贷:一种新的银行模式?②(Marketplace Lending: A New Banking Paradigm?)

市场借贷(Marketplace Lending)依赖于投资者的筛选和信息生产,这种方式是对传统银行模式的重大偏离。理论上,有经验丰富的投资者的参与,会改善筛选结果,但同时也会在投资者中形成逆向选择。平台在最大化贷款量

---

① Huan Tang. Peer-to-Peer Lenders Versus Banks: Substitutes or Complements? [J]. *The Review of Financial Studies*, Vol. 32, Issue 5, May 2019, pp. 1900—1938, https://doi.org/10.1093/rfs/hhy137.

② Boris Vallée, Yao Zeng. Marketplace Lending: A New Banking Paradigm? [J]. *The Review of Financial Studies*, Vol. 32, Issue 5, May 2019, pp. 1939—1982, https://doi.org/10.1093/rfs/hhy100.

的过程中会权衡这两种力量,但随着平台发展,它通过优化的方式增强了平台预筛选的强度,同时减少了对投资者的信息提供。利用新投资者的数据,我们发现经验丰富的投资者系统性地表现出色,但当平台减少向投资者提供信息时,他们的出色表现就会减弱。我们的发现揭示了这种新的贷款模式中信息生产的最优分布。

3. 技术在抵押贷款中的作用(The Role of Technology in Mortgage Lending)①

从2010年到2016年,以技术为基础的放贷机构(金融科技贷款人)将其在美国抵押贷款市场中的份额从2%增加到8%。作者利用抵押贷款申请和发放的贷款数据,控制了可观测的其他变量后,发现金融科技贷款人在处理抵押贷款申请时,速度比其他贷款人快20%。(同时)更快的处理速度没有以更高的违约率为代价。采用了金融科技的贷款机构,可以比其他贷款机构,更加灵活地调整供应,以应对外部抵押贷款需求变化带来的冲击。在利用金融科技贷款较多的地区,借款人会更多地再融资,尤其在利率对他们适合的时候。同时我们还发现没有任何证据表明,使用金融科技的贷款方,他们的目标是那些难以获得融资的借款人。

(七)金融科技与资产管理文献

机器人咨询的承诺和陷阱②(The Promises and Pitfalls of Robot Advising)。作者研究了新引入的财富管理机器人顾问,该顾问根据投资者持股和偏好构建投资组合。(作者研究中)采用机器人咨询的人和没有采用的人,在人口统计数据和与人类顾问的互动上表现的情况大致相同,但采用这项技术的人往往(交易)更为活跃,管理的资产更多。采用机器人咨询的投资者可以获得多样化的好处。事前没有充分分散化的投资人,会增加股票的持有,同时

---

① Andreas Fuster, Matthew Plosser, Philipp Schnabl, James Vickery. The Role of Technology in Mortgage Lending[J]. *The Review of Financial Studies*, Vol. 32, Issue 5, May 2019, pp. 1854—1899, https://doi.org/10.1093/rfs/hhz018.

② Francesco D'Acunto, Nagpurnan and Prabhala, Alberto G, Rossi. The Promises and Pitfalls of Robot Advising[J]. *The Review of Financial Studies*, Vol. 32, Issue 5, May 2019, pp. 1983—2020, https://doi.org/10.1093/rfs/hhz014.

他们持有的投资组合,波动率更小、回报率更高。已经高度分散化的投资者,持有的股票则更少,但研究中能看到(他们的投资组合)波动性有所降低,在采用这项技术后,发生的交易也更多。所有的投资者都通过登录在线账户提升关注。作者发现采用机器人咨询的用户,显著的行为偏差都呈现出下降趋势,这里面的行为偏差包括处置效应、趋势追随和等级效应。作者的研究结果强调了机器人咨询工具的承诺和陷阱,这些工具现在正变得无处不在。

二、国内文献

(一)文献检索情况

对中文文献的计量,集中在中国学术期刊网络出版总库、中国重要会议论文全文数据库、国际会议论文全文数据库、中国重要报纸全文数据库等数据库,相关文献的发表时间锁定在2018年1月1日至2019年8月15日,其中与金融科技相关的论文,在2018年呈现爆发式增长。

国内对金融科技的主要关注机构包括金融监管机构,如中国人民银行、中国银行业监督管理委员会、中国人民银行数字货币研究所等,还包括一些学术研究机构、咨询机构以及传统金融机构的研究中心等。

随着国内对金融科技的关注,出现了与"金融科技"相关的研究热点,包括金融机构、金融信息化、商业银行、金融创新、科技发展等。此外,2016年"金融科技"尤其是"FinTech"一词百度指数呈现跃升趋势(见图18—1)。

整体而言,目前中国对金融科技的范畴、特点的辨析较少,关于金融科技的底层技术、细分领域与交叉领域探讨较少。对金融科技本身的风险和与之带来的社会进步,目前在主要金融学期刊学术文献发表,集中在金融科技监管、网络贷款、区块链等,目前中国还未展开大规模的金融科技学术的研究。

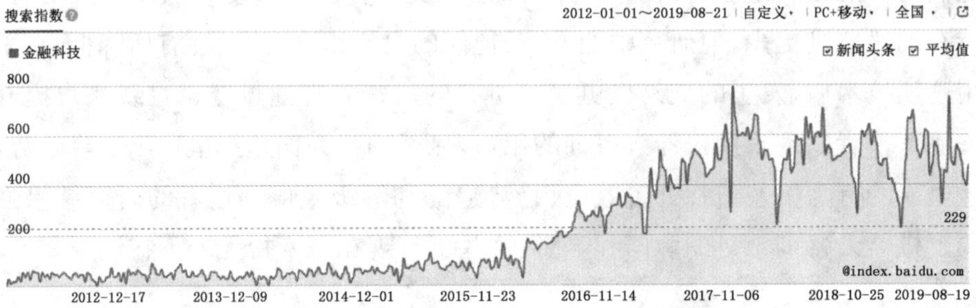

图 18－1 “金融科技”一词百度指数呈现跃升趋势

(二)金融监管科技影响文献

尹振涛、范云朋(2019)[①]表示借助云计算、区块链、人工智能和大数据技术,合规和监管科技初创公司正在帮助客户处理日益复杂的合规和监管问题。近年来,随着金融科技的快速发展,金融产品和金融供给创新层出不穷,在有效提升金融服务便利性和可得性的同时,金融风险也出现了一些新特征,这些新型金融风险倒逼监管改革,因此,监管科技适时地被引入讨论和应用。监管科技应被视作在整个金融系统中帮助企业处理监管合规和风险控制等相关问题的各种信息技术应用和解决方案。监管科技的潜在价值远大于降低金融机构的合规成本,它将有助于建立一套金融运营实时监测,风险识别、评估及处置的监管体制。我国监管科技起步晚,基础较为薄弱,与发达国家相比有较大的进步空间,因此,应从顶层设计角度及早谋划我国的监管科技产业布局,制定监管科技发展长期规划,提高金融监管的质量和效益,增强我国金融业的核心竞争力。

李敏(2019)[②]分析了金融科技带来的系统性风险,对金融监管的挑战及如何应对。作者认为后金融危机时代的监管改革均以传统的金融服务业态为基础,并没有考虑到金融科技本身及其在传统金融业态中引发的巨大变化。

① 尹振涛,范云朋:《监管科技(RegTech)的理论基础、实践应用与发展建议》,《财经法学》,2019年第3期。

② 李敏:《金融科技的系统性风险:监管挑战及应对》,《证券市场导报》,2019年第2期。

金融科技的系统性风险诱因包括对不利的经济波动更为敏感,并会将这种不利因素传导至整个行业。

杨东(2018)[①]表示科技驱动的金融创新所内含的技术风险、操作风险,甚至诱发系统性风险之可能,迫使监管者必须予以有力回应。然而,监管技术匮乏、监管法律滞后和监管理念守旧等问题,以审慎监管、功能监管、行为监管等为核心构建的传统监管体系和法规无法有效应对去中介、去中心化的金融交易现状。因此,必须在审慎监管、行为监管等传统金融监管维度之外增之以科技维度,形塑双维监管体系,从而更好地应对金融科技所内含的风险及其引发的监管挑战。

王静(2018)[②]认为2008年金融危机后,监管合规成本的上升、现有金融体系边界的限制、政策对科技进步和创新精神的支持、人口结构和消费行为的变化推动全球金融科技(FinTech)快速发展。新的进入者进而推动金融业从金融中介向金融和数据中介转变,对金融科技的包容支持和创新监管已成为各国共识。

张红伟、陈小辉(2018)[③]研究我国对FinTech实施沙盒监管的必要性。研究结果表明,我国FinTech在发展过程中面临的制度性约束较广、监管资源严重稀缺致使监管信息极度不对称继而本能性地抑制FinTech创新、宏微观风险发生变异并产生新型风险,监管沙盒恰好可破除前述困局,因此有必要结合我国的基本国情,择机推出新时代中国特色的监管沙盒,助力我国金融体系在本轮FinTech大潮中实现全球崛起。

张景智(2018)[④]对各个国家和地区"监管沙盒"制度设计进行提炼总结,实施情况和特点进行实证研究,结合当前我国金融创新发展趋势和金融监管体系特点,提出建立我国"监管沙盒"制度的启示。"监管沙盒"是现行法律框架下的相机决策制度安排,具有甄别、宣示和窗口作用。作者认为,当前,中国

---

① 杨东:《监管科技:金融科技的监管挑战与维度建构》,《中国社会科学》,2018年第5期。

② 王静:《全球金融科技发展动因及监管科技发展趋势》,《证券市场导报》,2018年第2期。

③ 张红伟,陈小辉:《我国对FinTech有必要实施沙盒监管吗?》,《证券市场导报》,2018年第7期。

④ 张景智:《"监管沙盒"制度设计和实施特点:经验及启示》,《国际金融研究》,2018年第1期。

金融创新的主体仍以银行业为主,而且银行业在机构资质、风险防控、信息系统和人才储备等方面都较其他类型金融机构具有比较优势,“监管沙盒”可对银行业先试先行,鼓励金融科技公司与金融机构联合测试。

(三)区块链与数字货币文献

徐忠、邹传伟(2018)[①]从经济学角度研究了区块链的功能。首先,在给出区块链技术的经济学解释的基础上,归纳出目前主流区块链系统采取的“Token范式”,厘清与区块链有关的共识和信任这两个基础概念,并梳理智能合约的功能。其次,根据对区块链内 Token 的使用情况,梳理了目前区块链的主要应用方向,再讨论 Token 的特征、Token 对区块链平台型项目的影响、区块链的治理功能以及区块链系统的性能和安全性等问题,最后总结并讨论区块链能做什么、不能做什么。

姚前(2018)[②]认为数字货币作为新兴事物,它的出现在一定程度上使传统货币理论出现了“失语”,需要新的解释逻辑。作者基于布坎南的公共选择理论范式,构建了基于交易费用与共识成本优化的逻辑框架,利用一致同意规则重新解释了物物交易,物“权”交易,商品货币、贵金属货币、信用货币到数字货币的演化。研究发现,货币是一致同意规则下的社会共识。让所有成员的铸币收益均等的货币方案,才能获得一致同意,成为公众广泛接受的真正货币。私人数字货币不符合货币一致同意规则,因此难以成为真正货币,更遑论取代满足一致同意规则的法定货币。展望未来,法定货币或将出现数字化和智能化趋势,从而更好地降低交易费用和共识成本。该文探索性地提出法定数字货币发行的 AI 模型和学习算法。

(四)金融科技与贷款文献

金融科技用于金融预测与反欺诈,利用机器对数据大规模以及高频率的处理能力,获取用户的征信信息和交易行为信息,判断用户的真实度、还款意

① 徐忠、邹传伟:《区块链能做什么、不能做什么?》,《金融研究》,2018 年第 11 期。

② 姚前:《共识规则下的货币演化逻辑与法定数字货币的人工智能发行》,《金融研究》,2018 年第 9 期。

愿以及还款能力。融资授信,在人工智能环境下通过智能系统判定用户信用程度,甚至还具备自动决策功能,免去人工决定这一最后步骤。

王靖一、黄益平(2018)①基于逾 1 700 万条新闻文本数据,使用主题模型、词向量模型等方法构建了 2013 年 1 月至 2017 年 9 月的金融科技情绪指数。该指数刻画了媒体对于这一新兴行业的关注度与正负情感值,并利用 867 家营运中 P2P 网络借贷平台和 706 家"问题平台"的交易数据,分析了媒体情绪对于市场活动的影响,发现对于正常平台,关注度、净情感的增长与平台成交量增长正相关;对于问题平台,关注度的影响与正常平台类似,但净情感的影响显著增大,同时 Shibor、上期贷款余额等变量在正常、问题平台上的表现有所不同。上述结论在一系列检验中依然保持稳健。

邱晗、黄益平、纪洋(2018)②使用 2011—2015 年 263 家银行的年报数据和北京大学数字金融研究中心基于蚂蚁金服用户数据构建的地市级数字金融普惠指数,探究金融科技的发展对银行行为的影响。研究发现,金融科技的发展实质上推动了一种变相的利率市场化,改变了银行的负债端结构,使得银行负债端越来越依赖于同业拆借等批发性资金。负债端结构的改变导致银行资产端风险承担偏好上升,但是借贷利率和净息差都有所下降,即银行选择了更高风险的资产来弥补负债端成本上升所造成的损失,但并没有将成本向下游企业转移。此外,本文还发现规模越大的银行受到金融科技的冲击越小。

王靖一(2018)③认为现金贷具有高利率、无抵押、无场景、线上放款的特性,近两年来饱受争议,一方面,现金贷因其服务对象为中低收入者和弱势群体而具有一定的普惠特性,但另一方面,部分从业者无节制放贷则让行业逐步成为监管严管的对象。为了衡量现金贷利率对于贷款者贷款数量与逾期表现的影响,本节使用某现金贷公司 2017 年 6—9 月的全部贷款数据,利用其使用连续信用分对申请者进行分级、对不同信用等级赋予不同利率的特性,进行断

① 王靖一,黄益平:《金融科技媒体情绪的刻画与对网贷市场的影响》,《经济学(季刊)》,2018 年第 4 期。

② 邱晗,黄益平,纪洋:《数字金融对农村金融需求的异质性影响——来自中国家庭金融调查与北京大学数字普惠金融指数的证据》,《金融研究》,2018 年第 11 期。

③ 王靖一:《现金贷果如洪水猛兽? ——来自断点回归设计的证据》,《金融研究》,2018 年第 11 期。

点回归设计。研究发现贷款申请人对于利率有稳健的敏感性,同时道德风险并不明显,之后进一步从不同角度分析影响贷款人利率敏感性的因素,并依据实证结果提出相关的政策建议。

朱家祥、沈艳、邹欣①(2018)构建一个网络借贷投资利率模型,并从考察平台投资利率决定是否受正规金融市场流动性松紧的影响角度,刻画网络借贷行业的基本特征。另外,作者分析了问题平台违约之前的运营行为,并在此基础上建立预警机制,主要发现:第一,虽有遵守市场规律的经营者,但网络借贷行业有不少从业者的行为不遵循基本经济规律,市场总体良莠不齐。第二,那些投资利率长期脱离行业基本标准、投资利率波动程度大、口碑较差的平台,有更大的概率成为问题平台。第三,我们提出的数字监管采用脱离正常域的指标,注册地、服务质量、周平均交易量、投资笔数、平均贷款期限等建立预警系统,并发现该预警系统对于未来 11 个月出现的问题平台的警示准确率可以高达 88%。

参考文献

[1]Itay Goldstein, Wei Jiang, G. Andrew Karoly. To Fin-Tech and Beyond[J]. *The Review of Financial Studies*, 2019, 32(5): 1647—1661.

[2]Mark A. Chen, Qinxi Wu, Bao zhong Yang. How Valuable Is Fin-Tech Innovation? [J]. *The Review of Financial Studies*, 2019, 32(5): 2062—2106.

[3]Lin William Cong, Zhi guo He. Block-chain Disruption and Smart Contracts[J]. *The Review of Financial Studies*, 2019, 32(5): 1754—1797.

[4]Jonathan Chiu, Thorsten V. Koeppl. Block chain Based Settlement for Asset Trading[J]. *The Review of Financial Studies*, 2019, 32(5): 1716—1753.

[5]Bruno Biais, Christophe Bisière, Matthieu Bouvard, Catherine Casamatta. The Block chain Folk Theorem[J]. *The Review of Financial Studies*, 2019, 32(5): 1662—1715.

[6]Francesco D' Acunto, Nagpurnan and Prabhala, Alberto GRossi. The Promises

① 朱家祥,沈艳,邹欣:《网络借贷:普惠?普骗?与监管科技》,《经济学(季刊)》,2018 年第 4 期。

and Pitfalls of Robot Advising[J]. *The Review of Financial Studies*,2019,32(5):1983—2020.

[7]Christina Zhu. Big Data as a Governance Mechanism[J]. *The Review of Financial Studies*,2019,32(5): 2021—2061.

[8]Mark A. Chen,Qin xi Wu,Bao zhong Yang. How Valuable Is Fin-Tech Innovation? [J]. *The Review of Financial Studies*,2019,32(5):2062—2106.

[9]Huan Tang. Peer-to-Peer Lenders Versus Banks: Substitutes or Complements? [J]. *The Review of Financial Studies*,2019,32(5): 1900—1938.

[10]Boris Vallée,Yao Zeng. Marketplace Lending: A New Banking Paradigm? [J]. *The Review of Financial Studies*,2019,32(5): 1939—1982.

[11]Andreas Fuster,Matthew Plosser,Philipp Schnabl,James Vickery. The Role of Technology in Mortgage Lending[J]. *The Review of Financial Studies*,2019,32(5): 1854—1899.

[12]尹振涛,范云朋.监管科技(RegTech)的理论基础、实践应用与发展建议[J].财经法学,2019(3):92—105.

[13]李敏.金融科技的系统性风险:监管挑战及应对[J].证券市场导报,2019(2):69—78.

[14]杨东.监管科技:金融科技的监管挑战与维度建构[J].中国社会科学,2018(5):69—91+205—206.

[15]王静.全球金融科技发展动因及监管科技发展趋势[J].证券市场导报,2018(2):10—16.

[16]张红伟,陈小辉.我国对 FinTech 有必要实施沙盒监管吗? [J].证券市场导报,2018(7):11—19+36.

[17]张景智."监管沙盒"制度设计和实施特点:经验及启示[J].国际金融研究,2018(1):57—64.

[18]徐忠,邹传伟.区块链能做什么、不能做什么? [J].金融研究,2018,461(11):5—20.

[19]姚前.共识规则下的货币演化逻辑与法定数字货币的人工智能发行[J].金融研究,2018,459(9):37—55.

[20]王靖一,黄益平.金融科技媒体情绪的刻画与对网贷市场的影响[J].经济学(季刊),2018,17(4):1623—1650.

[21]邱晗,黄益平,纪洋.数字金融对农村金融需求的异质性影响——来自中国家庭金融调查与北京大学数字普惠金融指数的证据[J].金融研究,2018,461(11):72－88.

[22]王靖一.现金贷果如洪水猛兽?——来自断点回归设计的证据[J].金融研究,2018,461(11):157－175.

[23]朱家祥,沈艳,邹欣.网络借贷:普惠?普骗?与监管科技[J].经济学(季刊),2018,17(4):1599－1622.

第十九章

中国金融科技发展的未来展望

地缘政治的不稳定及中美贸易的摩擦，为金融科技的发展前景蒙上阴影。然而，金融行业的全球化、技术的持续发展、监管的初步完善，将继续助力金融科技行业不断成长。

一、未来发展趋势特征

（一）科技与金融的关系正从赋能走向融合

2017 年被业界称为中国金融科技的元年，这一年中国金融业的转型创新不论是在技术上还是在体制上都取得了巨大进步。习近平主席前瞻性地提出实施国家大数据战略，要从国家战略层面来提升中国金融科技的全球竞争力，科技与金融的关系正从赋能走向融合。

2018 年，我国在大数据、云计算、人工智能、生物识别、区块链五大技术领域的专利数量绝对值均已超过美国，并且大幅领先英国、法国等国[①]。我国

① 中关村互联网金融研究院发布《2018 中国金融科技竞争力 100 强榜单》。

100强金融科技企业整体实力明显上升,在营业收入额、融资额、技术创新等方面上了一个新台阶。我国金融科技的直接投资位列全球第一。

2019年8月22日,中国人民银行印发《金融科技(FinTech)发展规划(2019—2021年)》(以下简称《规划》),明确提出未来三年金融科技工作的指导思想、基本原则、发展目标、重点任务和保障措施。《规划》提出,到2021年,建立健全我国金融科技发展的“四梁八柱”,进一步增强金融业科技应用能力,实现金融与科技深度融合、协调发展,明显增强人民群众对数字化、网络化、智能化金融产品和服务的满意度,推动我国金融科技发展居于国际领先水平,实现金融科技应用先进可控、金融服务能力稳步增强、金融风控水平明显提高、金融监管效能持续提升、金融科技支撑不断完善、金融科技产业繁荣发展。

(二)金融科技领军企业加速成长

早在2016年,中国带动亚洲替代北美成为全球金融科技投资第一目的地,多个昔日独角兽已成长为巨龙。截至2019年4月,中国金融科技企业海外上市已达25家(包含并购上市形式),其中,纽约证券交易所7家,纳斯达克10家,香港证券交易所8家,另外还有5家金融科技企业提交了招股书。上市及拟上市金融科技企业的业务模式多元化,除了P2P网络借贷,还有助贷、互联网保险、支付、互联网券商及理财等。金融科技相关上市公司分类见表19—1。

表19—1　金融科技相关上市公司分类

行　业	细分领域	相关上市公司
网络借贷	消费金融	重庆百货、奥马电器
	汽车金融	易鑫集团(港股)
	供应链金融	上海钢联、生意宝
	大数据征信	航天信息
创新支付	第三方支付	海联金汇
	智能POS	新大陆、新国都

续表

行　业	细分领域	相关上市公司
互联网保险	保险公司	众安在线(港股)
	保险中介	焦点科技
投资管理	券商	华泰证券、东方财富
	金融 IT	恒生电子、赢时胜

金融科技上市企业对行业前景持乐观态度。发展成熟的中国金融科技公司将在未来五年迎来一波上市热潮。各家公司上市地点的选择,主要取决于其投资人的偏好、筹备上市时的市场环境、公司的估值等因素,因此最终结果各不相同。总体而言,与国内 A 股市场相比,境外市场上市环境相对宽松,在现阶段更适合金融科技公司快速发展的筹资需要。中国上市金融科技融资情况见表 19—2。

表 19—2　　中国上市金融科技融资情况

金融科技公司	业务领域	上市日期	上市地点	融资规模*(亿美元)
宜人贷	信用贷款与出借咨询	2015/12/18	美国	0.75
信而富	消费信贷服务	2017/4/28	美国	0.6
圣盈信	商业支付、投融资咨询、贷款撮合	2017/8/8	美国	0.2
众安保险	互联网保险	2017/9/28	中国香港	17.43
趣店	实物分期、现金分期	2017/10/18	美国	9
和信贷	P2P 网贷投资理财	2017/11/3	美国	0.5
拍拍贷	信用借款与优质投资	2017/11/10	美国	2.21
融 360	金融产品搜索平台	2017/11/16	美国	1.8
易鑫集团	汽车交易平台、汽车融资	2017/11/16	中国香港	8.62
乐信集团	金融科技平台	2017/12/21	美国	1.08
点牛金融	互联网金融信息服务	2018/3/20	美国	0.06
汇付天下	第三方支付	2018/6/15	中国香港	2.15
维信金科	线上消费金融	2018/6/21	中国香港	1.84
51 信用卡	个人信用管理、信用卡科技服务、借贷撮合及投资	2018/7/13	中国香港	1.37

(三)金融科技生态建设大发展

传统金融机构、风险投资基金和金融科技创新企业之间有着巨大的合作发展潜力,可以构筑一整套高效创新运营体系。传统金融机构在中国经济变革时期有着巨大的战略转型动力,风险投资机构具备敏锐的市场洞察力和高效的资本配置能力,而金融科技公司则具备创新的技术与快速、灵活的团队,它们的深入合作将形成良性互动,在金融科技生态建设中起到至关重要的正面作用。2019 年以来,诸多金融科技企业与传统金融机构开展强强联合,正是其积极参与生态建设的关键体现。

金融科技生态建设大发展,各类型金融科技企业取长补短、深入合作。随着监管机制的完善以及市场的自我调整,以往单纯的复制商业模式、缺乏技术创新能力的互联网金融机构正在逐渐淡出市场,真正具有生命力的金融科技企业往往是那些不仅技术实力优秀,而且能够以积极姿态融入金融科技大生态的领先者。

对于需要引入更多互联网基因的金融机构来说,通过合作实现优势互补可以在最短时间内弥补自己的短板,享受技术红利。对于新兴的金融科技企业,通过核心技术的输出和应用,其成长边际将得以大大拓展,进而可以连接更大的金融生态。已经有不少金融科技企业做出了成功示范,转型成为金融科技服务集团,从而更加专注于提高自身大数据处理技术和金融科技产品研发能力,用科技解决传统金融的痛点,为传统金融及各类企业提供高效的金融服务解决方案。

(四)服务金融供给侧结构性改革是新战略

金融科技创新着力服务实体经济痛点,在金融信息化的大背景下,创新对于金融机构的发展具有很大的推动作用,近些年部分领先科技的突破,更赋予了金融业较大的发挥空间。未来五年,中国金融科技企业的发展,将技术应用于小微、扶贫、扶农等国家重点发展领域可以大有作为。在金融科技产品和服务方面,以市场需求为导向,积极开发个性化、差异化、定制化的金融科技产品，解决信息不对称问题，提升整个金融业的信用基础，能够为监管部门提供各种各样经济活动的流转轨迹，增加服务中小金融机构数量和业务的比重，改进小微企业和“三农”的金融服务。

例如，第十七章介绍的众安保险步步鸡扶贫项目，众安科技安链云输出全生态区块链技术，全程记录步步鸡从鸡苗入栏到成鸡经屠宰运输等，直至用户餐桌的全过程的数据信息，通过区块链溯源，银行能确认农户用这些钱去买鸡苗，且一旦这些鸡出现问题，银行马上就能作出相应的反应，解决了小微企业、“三农”客户长期以来因担保物不足、信用数据获取成本高等，而导致的融资难问题。在互联网消费金融整体市场将突破千亿元的时代，中国的大型电子商务平台基本上都已具备为小微客户和个人消费者提供金融贷款业务的能力，如京东金融的“京小贷”为小微客户提供实时、快速融资的服务，极大地提升了中小企业客户的融资效率。以云快贷（深圳）为例，它引入了具有公信力的大数据，构建小微企业全面画像。该技术解决了很多问题，节省了成本。智能风控，普惠金融：通过引入外部数据，还原企业的真实情况，再通过模型化审查，用数据评测贷后数据。解决这些问题需要综合实施，探索运用和创新金融科技技术，帮助小微和民营企业翻越“融资的高山”，着力打通政策落地“最后一公里”。监管政策进一步明确后，国内资本市场抑或放开对类金融公司的限制，如小贷公司或可上市。

（五）呈现全产业演进趋势

从2013到2018年，金融科技产业链上快速发展或转型的金融机构均大力度进行科技投入，强化运用和应用，以提升业务效率。以平台型企业为代表，兼具场景与客户，既有资产负债表业务，也有模型和数据输出业务。

未来五年，中国金融科技企业将呈现全产业演进趋势。尽管大型科技公司和金融科技公司在金融服务领域有着不同的发展方向，但它们的增长依赖于相同的驱动力，一方面是需求，具体来说，那些未满足的客户需求以及新一代消费者的偏好将引领金融科技行业发展方向；另一方面是供给，新型数据的来源、技术进步、监管政策的变化、行业集中度与竞争环境等因素决定着需求的实现难度。图19－1为中国金融科技产业链。

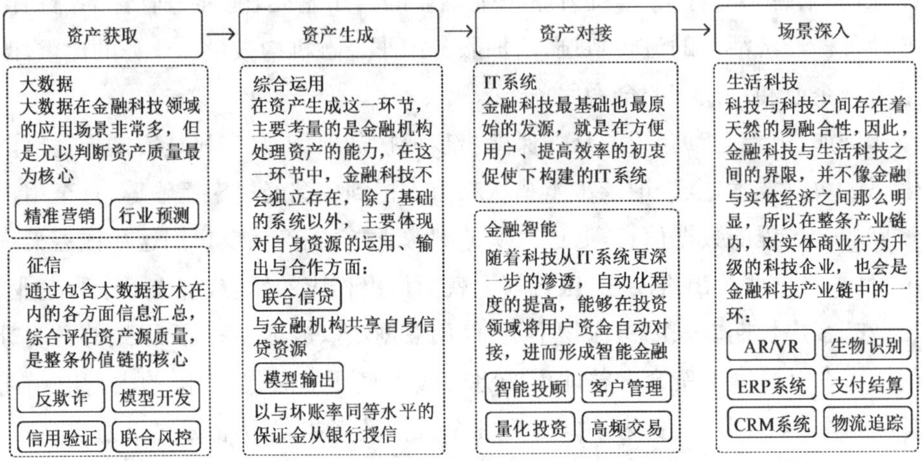

图 19—1 中国金融科技产业链

目前,大部分金融科技主要运用于银行业、互联网金融和数字货币方面,在证券行业的运用还相对谨慎。从现有的技术发展成熟度来看,区块链技术和智能投顾等人工智能技术被认为在交易市场的运用可能性最高。“金融云”快速建设落地奠定了金融大数据的应用基础,金融数据与其他跨领域数据的融合应用不断强化,金融行业数据的整合、共享和开放正在成为趋势,给金融行业带来了新的发展机遇和巨大的发展动力。大数据获取与智能算法的逐步成熟,都使得金融从业者有更多、更加精准的方式获取用户需求,并找到相应的资产匹配,解决了金融资金融通的最基本职能。

(六)技术驱动金融基础设施走向完善

随着大数据、云计算、人工智能等技术的不断迭代与产品服务的持续创新,科技已经深刻地改变了金融的发展生态。2017 年 7 月,Gartner 公司发布了年度新兴技术成熟度曲线,揭示了未来 5—10 年的技术趋势(见图 19—2)。

展望金融科技企业未来,云计算、大数据、人工智能和区块链等新兴技术等,大数据应用走向跨界融合,标准与规范是未来发展关键。人工智能如雨后春笋在金融行业涌现,区块链技术受到广泛关注,其技术公开、不可篡改和去中心化的技术属性在金融领域应用的先天优势,但在非数字货币方面还没有

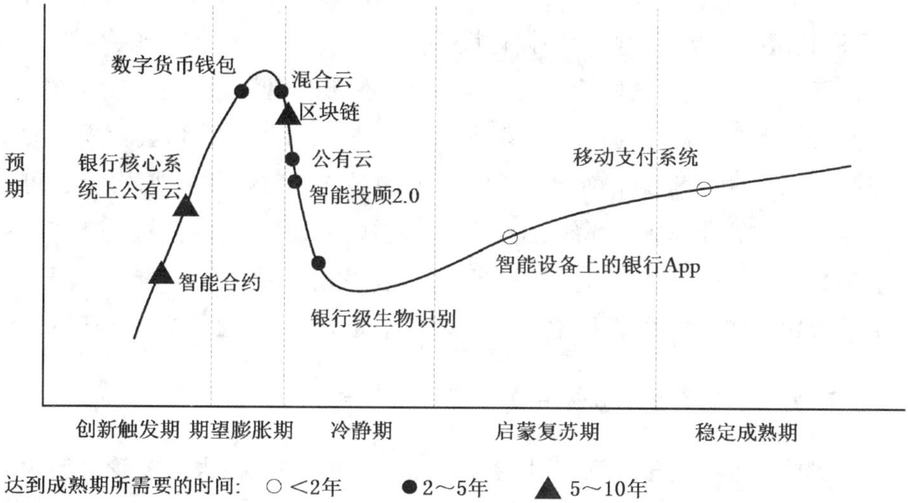

图 19－2 金融科技相关技术的 Gartner 曲线

成熟的成规模金融区块链应用。ABCD 这些技术在实际应用过程中变得越来越紧密,彼此的技术边界在不断削弱,未来的技术创新将越来越多地集中在技术交叉区域。科技创新在金融行业的具体应用落地方面,金融行业公司探索金融科技领域创新技术和创新商业模式结合,甚至成为其核心竞争力,让金融科技推动金融服务的发展,也为更好地服务我国经济的增长做出贡献。

二、未来发展的政策基础

(一)监管端与合规端共同发展

监管机构与银行等金融机构、金融科技公司合作研发是一大趋势。除了自身建立金融科技部门、加强技术研发之外,金融监管机构也在寻求与银行等金融机构、金融科技公司合作的研发模式,在这种模式下,能在一定程度上节省研发成本,同时由于金融监管机构运用监管科技的重要目的就是提升监管效率,更有针对性地对被监管机构进行监督管理,因此在与被监管机构进行合作的过程中,也更容易发现其存在的问题并有针对地、及时地进行相应的指导,帮助其做好合规端的监管科技建设。

监管市场参与者们(监管者与被监管者)不断发现新的监管思路和方法。这当然会带来金融科技的不断创新,但同时会带来合规成本和监管成本的不断提高,是一种过度创新的行为。通过合规科技与监管科技的协同发展,可以节省金融机构的合规成本,降低违规风险,监管部门也能借助监管科技实时分析监测数据,更早发现问题,实现低成本、可持续的有效监管。监管部门还可以借助金融科技技术的运用,合理放宽监管规定,减少金融科技创新成本。

(二)监管科技在监管决策中的作用需要明确

通过监管科技收集数据、分析数据得出的相关监管报告在监管决策中究竟是以什么性质、作用呈现需要进一步明确。例如,卢旺达国家银行(NBR)将自动监测形成的监管数据与内部系统数据结合起来为监管者和决策者提供信息,荷兰银行(DNB)、新加坡金融管理局(MAS)运用可视化工具将大量的、密集的、复杂的数据以一种容易理解的方式呈现给监管者。那么这些报告仅仅是作为一种辅助性的参考材料,还是作为监管者做决策时必须考虑的必要因素,抑或是对其可信度采取一种什么样的判断方式,需要继续明确;否则,可能造成投入与产出不成正比,影响到监管科技究竟能够发挥多大作用、是否能够真正提高监管效率。

(三)监管科技制度化进程需要加快推进

随着监管端运用的不断深化,监管科技的制度化进程也在推进。比如,SEC 已颁布《投资公司现代化规则》(Investment Company Reporting Modernization Rules),通过"端到端"的数据报送流程、采用现代化表格、缩短报告时间表等新要求形成一个更紧密的监督环境,提高监管效率。对此,受新规影响的约 1.3 万家美国共同基金积极寻求 RegTech 解决方案来应对,数据自动化管理提供商 Confluence 公司的 Unity NXT 监管报告平台脱颖而出,通过提供数据集成和工作流程自动化,使共同基金可以在内部重复使用单一、验证的监管数据集完成"端到端"的申报流程,满足报告要求所需的数据质量、可扩展性和时效性。[①]

(四)学术界、金融监管机构与金融机构等多方协调发展

一方面,金融科技正在蓬勃发展,各种新兴技术与监管不断融合,使得监管科技形态层出不穷,导致目前很多基础性、理论性的问题尚未明确,理论研究明显滞后于合规与监管科技发展;另一方面,在金融机构和监管机构沟通不畅、交流不足的情况下,我国的监管体系可能无法发挥其应有的作用。因此,可以构建学术界、金融监管机构、金融机构以及金融科技公司等多主体良性互动、共融发展的平台,以金融科技推动我国监管体系的进一步完善,完善我国金融监管体系不是单纯地建设监管平台、满足短期监管需要,而是旨在打造一个广泛参与、良性循环的金融监管生态体系,搭建起合规与监管科技持续、健康发展的体制。

(五)监管机构需要引入监管沙盒

沙盒(Sandbox)是一种虚拟技术,且多用于计算机安全领域。它是一种在受限的安全环境中运行应用程序,并通过限制授予应用程序的代码访问权限,为一些来源不可信、具备破坏力或无法判定程序意图的程序提供试验环境。沙盒中进行的测试多是在真实的数据环境中进行的,但因为有预设的安全隔离措施,不会对受保护的真实系统和数据的修改或安全造成影响。监管沙盒(Regulatory Sandbox)将"沙盒"理念引入金融监管领域,意在为金融创新提供安全的测试环境。监管沙盒,是一场监管者的自我完善,可视为在平衡"创新与风险"过程中监管制度的一次创新,很有启示性。监管沙盒本身就是一项突破性的金融科技创新,具有多方面的重要现实意义。

对于金融科技监管而言,英国提出的"沙盒监管"计划得到了各国监管者的积极响应,为监管金融科技创新探索了一条新路,美国、新加坡、澳大利亚等国已经采用并在不断健全和完善沙盒监管计划。沙盒监管是中国转变金融科技监管理念的有益借鉴,可以弥补现有金融监管机制的不足,是平衡创新与风

① 宋湘燕、谢林利:《美国监管科技在金融业的应用》,《中国金融》,2017 年第 11 期,第 82 页。

险的有效监管手段。从前期来看,我国现有的以机构为主的分业监管框架,很难实现对金融跨界化、科技化产品的监管,实施沙盒监管计划面临阻力。不过以 2018 年 3 月份国务院机构改革为核心的一系列金融监管体系调整与变革,使得中国未来实施沙盒监管的时机逐渐成熟,其核心原因是国务院金融稳定发展委员会的成立,其作为国务院统筹协调金融稳定和改革发展重大问题的议事协调机构,起到了监管统筹与监管协调的作用,是提升我国金融领域国家治理水平的重大体制机制创新。

参考文献

[1]中国人民银行:《金融科技(FinTech) 发展规划(2019—2021 年)》,2019。

[2]CB Insights:《2019 年全球金融科技发展趋势报告——金融科技十大趋势值得关注》,2019。

[3]清华大学五道口金融学院:《全球互联网金融商业模式——格局与发展》,2017。

[4]KPMG:《2019 年上半年全球金融科技投资报告(美国篇)》,2019。

[5]国家金融与发展实验室金融科技研究中心、金融科技 50 人论坛:《中国金融科技运行报告 2018》,2018。

[6]宋湘燕、谢林利:《美国监管科技在金融业的应用》,《中国金融》,2017 年第 11 期,第 82 页。